RURAL ECONOMIC
INVESTIGATION AND RESEARCH

农村经济调查与研究

第1部

叶兴庆 主编

中国发展出版社
CHINA DEVELOPMENT PRESS

图书在版编目（CIP）数据

农村经济调查与研究．第1部/叶兴庆主编．—北京：中国发展出版社，2015.11

ISBN 978－7－5177－0420－1

Ⅰ．①农…　Ⅱ．①叶…　Ⅲ．①农村经济—调查研究—中国　Ⅳ．①F32

中国版本图书馆CIP数据核字（2015）第259062号

书　　名：农村经济调查与研究．第1部
主　　编：叶兴庆
出版发行：中国发展出版社
（北京市西城区百万庄大街16号8层　100037）
标准书号：ISBN 978－7－5177－0420－1
经 销 者：各地新华书店
印 刷 者：北京明恒达印务有限公司
开　　本：787mm×1092mm　1/16
印　　张：23.75
字　　数：430千字
版　　次：2015年11月第1版
印　　次：2015年11月第1次印刷
定　　价：55.00元

联系电话：（010）68990642　68990692
购书热线：（010）68990682　68990686
网络订购：http：//zgfzcbs.tmall.com//
网购电话：（010）68990639　88333349
本社网址：http：//www.develpress.com.cn
电子邮件：fazhanreader@163.com

《农村经济调查与研究》编委会

前　言

Foreword

国务院发展研究中心是直属国务院的政策研究与咨询机构，农村经济研究部是国务院发展研究中心内设研究部门之一，主要职责是研究农业农村改革发展中的全局性、综合性、战略性、长期性、前瞻性以及热点、难点问题，为党中央、国务院提供政策建议和咨询意见。自1990年组建以来，在国务院发展研究中心党组领导下，农村经济研究部研究团队坚持服务"三农"发展大局，完成了大量高质量的研究报告，呈送了大量有价值的政策建议，为中国农村改革发展作出了贡献，成为中国"三农"政策研究的一支重要力量。

2014年是贯彻党的十八届三中全会《决定》精神、全面深化改革的元年，也是国务院发展研究中心将职能向改革方案和重大政策第三方评估拓展的元年，全中心研究、解读、评估的任务十分繁重。在这一年里，我们秉承农村经济研究部的优良传统，在中心党组和分管主任的领导下，完满完成了各项研究、解读、评估任务。在政策研究方面，我们承担了中央交办课题"农村集体产权制度改革研究""坚持农村集体产权制度""健全农村产权流转交易市场"和中心年度重点课题"农村集体所有制有效实现形式研究"，主要成果体现为研究著作《集体所有制下的产权重构》（中国发展出版社2015年8月版）。在政策解读方面，我们在《人民日报》《经济日报》《中国经济时报》等主流媒体上发表多篇解读性、分析性文章，接受了新华社、人民日报、中央电视台、中央人民广播电台和华尔街日报等国内外媒体采访。在政策评估方面，我们按有关方面要求对若干重大农村改革方案提出了评估和咨询意见，牵头完成了国务院办公厅委托的“精准扶贫政策落实情况”第三方评估报告和中共中央办公厅、国务院办公厅委托的“新型城镇化政策落实情况”第三方评估报告。

此外，我们还完成了农业部、国家粮食局等部门委托的课题研究，参加了大量国内学术活动和境外考察调研，根据个人学术兴趣和专长撰写了一批研究文章。为了更好地与同行交流，也为了便于日后翻检，现将这些研究成果结集为《农村经济调查与研究》（第1部）。这批文章涉及面较广，大致可分为四类：第一类是产权制度，包括赋予农民更多财产权利、农村股份合作制、土地经营权抵押、土地流转、土地征收等方面的调查报告和研究文章；第二类是现代农业，包括转变农业发展方式、国家粮食安全、农产品目标价格、农业“走出去”等方面的调查报告和研究文章；第三类是城乡变迁，包括城乡一体化、农民工进城、精准扶贫、村庄变迁、农民合作社等方面的调查报告和研究文章；第四类是比较与借鉴，包括赴美国、日本考察的报告，以及对我国台湾地区土地、农会的研究报告。

真诚地欢迎读者朋友对我们的研究成果给予批评指正，期待在今后的研究工作中得到大家的支持帮助。

叶兴庆

2015年10月3日

目　录

Contents

第一部分

产权制度

第二部分

现代农业

第三部分

城乡变迁

第四部分
比较与借鉴

第一部分

产权制度

准确把握赋予农民更多财产权利的政策含义及实现途径

叶兴庆

农村改革35年来，最重要的一条经验就是尊重农民物质利益，以此调动农民积极性。实行“大包干”、提高农产品收购价格、取消农业税、实行农业补贴，都是为了增加农民的物质利益。在新的历史起点上全面深化农村改革，必须继续尊重农民物质利益，让广大农民平等参与现代化进程、共同分享现代化成果。党的十八届三中全会讨论通过的《中共中央关于全面深化改革若干重大问题的决定》（以下简称《决定》）指出，全面深化改革要“以促进社会公平正义、增进人民福祉为出发点和落脚点”，特别是提出要“推进城乡要素平等交换”“维护农民生产要素权益”“赋予农民更多财产权利”。这是指导下一步农村改革的重大原则和方向。《决定》紧紧围绕土地制度改革，从四个方面拓展、丰富了农民的财产权利。

一、赋予农民公平分享土地增值收益的权利

土地是财富之母。农地农用和集体建设用地“集体所有、集体使用”产生的收益是生产经营收益。农用地转建设用地、集体土地转国有土地，也就是因规划和用途改变而产生的收益是增值收益。在现行制度框架下，集体土地（包括集体农用地、建设用地和未利用地）只有被征收为国有土地才能进入城镇土地市场，农村集体经济组织和农民只能得到按原用途计算的补偿费，由此产生的土地增值收益归政府所有。这种制度安排，促进了工业化城镇化的发展，但也带来农民土地财产权利受损、征地拆迁矛盾频发等严重问题。《决定》要求，“保障农民公平分享土地增值收益”，“建立兼顾国家、集体、

个人的土地增值收益分配机制，合理提高个人收益”。这是城镇化背景下推进农村土地制度改革的出发点和落脚点。实现这个目标有以下两个途径。

1. 缩小征地范围

《土地管理法》规定，农民集体所有的土地的使用权不得出让、转让或者出租用于非农业建设；任何单位和个人进行建设，需要使用土地的，必须依法申请使用国有土地。这意味着工业化城镇化推进到哪里，必须先把哪里的集体土地征收为国家所有，然后才能出让、转让、出租给各类建设项目使用。这是城镇化进程中涉地矛盾的总根源。从根本上解决这个矛盾，必须回归到“国家为了公共利益的需要”才行使征地权的《宪法》规定上来。但这涉及公益性和经营性项目的区分、财税体制调整、城市建设筹资机制改革等一系列深层次问题，解决起来需要一个过程。现阶段可以有选择地缩小征地范围。十七届三中全会曾提出，“土地利用规划确定的城镇建设用地范围外，经批准占用农村集体土地建设非公益性项目，农民可以通过多种方式参与开发经营”。这是缩小征地范围的突破口，但没有得到很好落实。《决定》进一步提出，“在符合规划和用途管制前提下，允许农村集体经营性建设用地出让、租赁、入股，实行与国有土地同等入市、同权同价”。这意味着城市规划区范围内的存量集体经营性建设用地，今后也不必都征为国家所有。这比十七届三中全会的相关规定放得更开。这是缩小征地范围的突破性举措，也是农民分享土地增值收益的重要途径。

需要注意的是，对这一突破性举措仍有严格的限制条件：强调“在符合规划和用途管制前提下”，这意味着现有的不符合规划和用途管制的集体经营性建设用地不能入市，集体经营性建设用地入市后的用途也会受到限制，特别是不可能用于商品住房开发；强调“农村集体经营性建设用地”，这意味着农村集体公益性建设用地和农民宅基地不在入市之列；农用地转建设用地实行指令性计划管理，而各地新增建设用地计划指标普遍不足，不可能分给农村集体经济组织，这意味着只有存量集体经营性建设土地可能入市。推进集体经营性建设用地入市流转交易顺利进行，必须严格土地规划和用途管制，切实增强土地利用规划和城市建设规划的严肃性、约束力，防止寻租行为；针对各地存量集体经营性建设用地差异很大的现实，合理调节集体土地入市产生的增值收益；明确土地所有权主体，完善乡村治理机制，防止少数人从集体土地入市中谋取暴利、大多数农民难享其利的现象发生。

2. 完善补偿机制

我国正处于城镇化快速发展阶段，城镇连片开发建设中既有公益性项目，也有经营性项目，严格按公共利益原则行使征地权很难操作，城镇化所需的土地大部分今后还要继续通过征收取得。目前是按原用途补偿，最高不超过30倍。按这个标准，征农民一亩地仅补偿几万元，难以保障被征地农民的长远生计，农民意见很大，矛盾纠纷不断。地方政府取得农民土地的成本很低，导致粗放用地，严重浪费宝贵的土地资源。《决定》提出“完善对被征地农民合理、规范、多元保障机制”，就是要解决这些问题。“合理”，就是要完善征地价格形成机制，改变按原用途补偿的原则，使被征地农民合理分享土地城镇化产生的增值收益；征地涉及农民住房拆迁时，不能再按地上附着物补偿，而应保障被征地农民的居住权。“规范”，就是要改革完善征地审批、实施、补偿、安置、争议调处裁决等程序，强化被征地农民的知情权、参与权、收益权、申诉权、监督权，进一步规范和约束政府的征地行为，防止地方政府滥用征地权。“多元”，就是要从就业、住房、社会保障等多个方面采取综合措施维护被征地农民权益，特别是应探索留地安置、区段征收等新途径，使被征地农民生活水平有提高、长远生计有保障，确保社会和谐稳定。

二、赋予土地承包经营权抵押、担保权能

改革开放初期，农民仅获得生产经营自主权。随着土地承包期的延长，国家、集体与农民利益关系的调整，农民获得的土地承包经营权的权能逐步扩大。《物权法》规定，土地承包经营权是用益物权，具有占用、使用、收益权能。十七届三中全会明确要求，“赋予农民更加充分而有保障的土地承包经营权，现有土地承包关系要保持稳定并长久不变”，“完善土地承包经营权权能，依法保障农民对承包土地的占有、使用、收益等权利”。完整的产权包括占有、使用、收益、处分四项权能。实际上农民早已获得出租、转包、转让等部分处分权。《决定》指出，“赋予农民对承包地占有、使用、收益、流转及承包经营权抵押、担保权能，允许农民以承包经营权入股发展农业产业化经营”。这就使土地承包经营权所包含的处分权更加完整，有利于扩大农村有效担保物的范围，在一定程度上缓解农民贷款难问题。

需要注意的是，在稳定和完善农村基本经营制度的过程中，不断扩大土地承包经营

权的权能有其时代背景，是正确和必要的，保障了承包户的权益，促进了农业发展，维护了农村稳定。但随着农村人口转移，承包主体与经营主体分离的现象越来越多，需要好好研究农村土地所有权、承包权、经营权三者之间的关系。可考虑按照“尊重集体所有权、划断农户承包权、保护务农者经营权”的思路，完善农村基本经营制度。在坚持集体所有前提下，承包权要赋予有资格的人，以体现公平；经营权要配置给有能力的人，以体现效率。只有这样，才能更好地适应推进城镇化和现代农业的新要求。“尊重集体所有权”，就是要尊重集体经济组织在占有、处分方面的权能，发挥其在处理土地撂荒方面的监督作用、在平整和改良土地方面的主导作用、在促进土地适度规模经营方面的桥梁作用。“划断农户承包权”，就是要界定集体成员资格、锁定集体成员范围，在起点公平的基础上落实“长久不变”，并对承包权的权能边界进行清晰界定。“保护务农者经营权”，就是要适应承包主体与经营主体分离的新趋势，对实际从事农业生产的经营者给予更多支持和保护，让务农种粮者得实惠。只有对所有权、承包权、经营权进行合理划分，清晰界定各自的权利边界，才能更好地把握土地承包经营权可抵押、担保、入股的改革举措。在做这种区分的基础上，可以进一步明确抵押、担保、入股的客体是经营权，而非承包权。取得经营权的人，并不能成为集体经济组织成员。

三、赋予农民住房财产权抵押、担保、转让的权能

农民对住房拥有完全财产权，但对宅基地仅拥有有限的使用权。我国现行宅基地制度的基本特征是，“一户一宅、免费取得、长期占有、村内流转、退出无偿”。尽管《物权法》已将宅基地使用权界定为用益物权，但仅具有占用、使用权能，不包括收益权能，更不包括处分权能。因为宅基地使用权仅能转让给本集体经济组织中符合宅基地申请条件的农户，还不能超出此范围流转交易。农民虽然对住房拥有完全财产权，但其住房附着在不能自由流转的宅基地上，导致农民在行使住房财产权时受到很大制约，住房价值不能得到充分体现。农村人口流动日趋频繁，农村空心屋不断增多，大量房屋闲置，非常可惜。现实生活中，农民住房流转交易现象广泛存在，由于缺乏法律保障，极易产生矛盾纠纷。为解决这些问题，近年来一些地方积极探索农民住房抵押甚至流转交易的具体办法。《决定》提出，“保障农户宅基地用益物权，改革完善农村宅基地制度，选择若干试点，慎重稳妥推进农民住房财产权抵押、担保、转让，探索农民增加财产性

收入渠道”。这里虽然仅提及赋予农民住房财产权更多的具体权能，但由于房地不可分离，住房财产权的流转势必导致宅基地使用权随之流转。从《决定》要求“选择若干试点”、“慎重稳妥推进”、刻意避免直接触及宅基地使用权流转的谨慎表述可以看出，这个问题极为复杂、敏感。可考虑分以下两步走。

第一步，放宽农民住房流转的限制条件。允许农民住房抵押、担保、转让，并允许因房地不可分离、随住房流转而必然产生的宅基地使用权流转。农村集体经济组织作为宅基地的所有者，可向购买农民住房、从而购买了宅基地使用权的人收取一定的集体土地使用权有偿使用费。在现阶段，应对购买农民住房者设置必要的资格条件，对购买农民住房后的使用、维修改造等作出约束性规定，防止城市资本一窝蜂地到农村买房，防止城市房地产泡沫向农村蔓延。浙江乐清等地将农民住房流转交易的受让人限定为县内农村户籍人口，将城镇户籍人口和外来人口排除在外，就是基于这个考虑。

第二步，放宽宅基地使用权流转的限制条件。这可借鉴土地承包经营权、集体建设用地使用权流转交易的改革经验。农民对土地承包经营权、宅基地使用权都拥有用益物权，但农民所获得的土地承包经营权的权能是逐步扩大的，直至可以抵押、担保、入股。虽然《土地管理法》规定集体建设用地使用权不得出让、转让或者出租，但又同时规定，符合土地利用总体规划并依法取得建设用地的企业，因破产、兼并等情形致使土地使用权依法发生转移的除外。这为《决定》突破企业破产、兼并的特定情形，在更大程度上允许集体经营性建设用地入市奠定了基础。与此类似，《决定》允许农民住房财产权流转交易，以及因房地不可分离而必然发生的宅基地使用权流转交易，今后也势必可以允许宅基地使用权流转交易。但这需要一个长期的过程，也需要很多前提条件。比如，改革完善农村宅基地制度，对能否再无偿取得、是否要明确使用期限、宅基地使用权的权能到底有多大、增值收益如何分配等做出具体规定。

四、赋予农民对集体资产股份占有、收益、有偿退出及抵押、担保、继承权

除了承包地、宅基地外，一些地方特别是城郊农村，还有大量的集体经营性资产。随着集体经营性建设用地平等入市，一些地方的村级集体资产将会大幅度增加。如何用制度管好这些集体资产，关系农民切身利益，也关系村干部自身安全。党的十八大报告

指出，“依法维护农民土地承包经营权、宅基地使用权、集体收益分配权”。《决定》强调，“保障农民集体经济组织成员权利，积极发展农民股份合作，赋予农民对集体资产股份占有、收益、有偿退出及抵押、担保、继承权”。从“集体收益分配权”，拓展为“集体资产股份占有、收益、有偿退出及抵押、担保、继承权”，是一个重大突破。在这方面，改革的空间更大、法律障碍更小、步伐应该更快。

前些年，一些地方推行农村股份合作制改革，在加强农村集体资产管理方面进行了很多探索。但也存在不少问题，如不可分割的集体股占比过大，农民获得的股份的权能仅限于参与收益分配，流转交易受到诸多限制，股份合作经济组织的治理结构不完备，容易被少数人操纵。应深入总结这些实践经验，在集体资产较多的地方，加快推进集体产权制度改革。对集体资产进行清资核产，对集体经济组织成员进行严格界定，将集体资产全部折股量化到有集体经济组织成员资格的所有人，实现“资产变股权、农民变股东”，实现从“共同共有”到“按份共有”的转变。同时，要明确农民获得的集体资产股权，不仅应有占有、收益的权能，而且应有处分的权能，也就是可以抵押、担保、转让、继承。这样，农民有了更大的选择空间，既可以长期持有集体股权，也可以有偿退出集体股权。允许农民“用脚投票”，有利于加强集体资产管理，也有利于农民“退乡进城”、最终融入城市。借鉴苏州部分地方的经验，在不断完善治理结构的基础上，推行增资扩股，使完成股份制改造后的原集体经济的产权结构更加开放，而不是继续封闭，这可以增强其活力。

五、慎重稳妥推进“还权赋能”改革

在土地增值收益分配、承包地抵押担保、住房财产权和集体资产股份流转交易等方面赋予农民更多权利，是《决定》的一大亮点，也是社会各界高度关注的焦点，不仅涉及利益关系的深刻调整，而且涉及法律关系的重大调整。推进这方面改革，必须抓好以下几个关键环节。

1. 坚持确权先行

确权是流转交易的基础。扎实开展农村地籍调查，抓紧解决土地所有权确权到村民小组时遇到的实际问题，保持所有权主体基本稳定，尽快完成集体土地所有权确权登记颁证工作。总结土地承包经营权确权登记颁证试点经验，探索确权确股不确地等新的办法，鼓励有条件的地方加快工作进度。对集体建设用地和宅基地的确权登记颁证工作，应尽快进行全面部署，提出明确要求。对农民住房产权也要尽快进行确权登记颁证。在确权过程中，要尊重历史，尊重基层，保持适度的灵活性。

2. 坚持先立后破

为保障改革依法进行，既要对现有法律进行修订，也要制定新的法律法规。特别是要抓紧修订《土地管理法》《农村土地承包法》《物权法》《担保法》等相关法律，清理取消现行法律中与改革要求不一致的禁止性规定。抓紧研究制定集体土地征收补偿、宅基地管理、农村集体经济组织等方面的法律法规。

3. 坚持试点探索

修改现有法律、制定新的法规，需要实践经验做支撑。即使法律障碍清除了，也并不意味着可以全面推开。具体的制度安排有一个形成的过程，需要在局部地区先行试点，以找准问题、探索办法、积累经验。需要引起高度重视的是，很多地方早已突破法律界线自行开展“试点”甚至颁布文件，比如一些地方开展土地承包经营权抵押，一些地方开展农房抵押和流转交易，一些地方开展集体建设用地流转、甚至颁布了省一级的行政规章。应尽可能将这些做法纳入新一轮试点范围，依法赋予其先行先试的权力，在既成事实与依法行政之间寻找平衡点，不能让“法外现象”长期大量存在。今后新开展试点，则必须先依法取得授权，不允许“抢跑”，不允许造成既成事实后再补办手续实现“合法化”。

4. 坚持加强研究

赋予农民更多财产权利的一个突出特征，是扩大了农民对承包地、集体建设用地、宅基地和住房、集体资产股份的处置权，流转交易的对象突破了原来的集体经济组织成员范围。这给农村集体经济和农村社会管理带来严峻挑战。例如，农村集体经济采取何种实现形式才能赶上时代步伐，集体经济组织成员资格如何界定，集体经济组织与村民自治组织是何种关系，等等。当前迫切需要对这些理论和政策问题进行深入研究，为深化农村改革提供理论支撑。

以还权于民为根本出发点推进农村集体产权制度改革

——上海市闵行区调查报告

韩 俊[①] 张云华 王 宾[②]

上海市闵行区是全国唯一以多种形式推进农村集体经济组织产权制度改革为试验项目的全国农村改革试验区，是全国最早进行农村集体产权制度改革的地区之一。20 世纪 90 年代初，该区虹桥镇虹五村就实行了村级集体经济股份合作制改革。经过 20 年的探索和实践，2011 年闵行区开始全面推进农村集体产权制度改革，到 2014 年初，已有 97 个村集体经济组织完成改革，占全区 174 个村的 56%。近期，我们对闵行区农村集体产权制度改革进行了调查，对闵行区改革试验的进展、成效进行了总结，并就推进该项改革需要解决的一些共性问题进行了分析。

一、还权于民：农村集体产权制度改革的根本出发点

农村集体产权制度改革的目的是还权于民，构建“归属清晰、权责明确、保护严格、流转顺畅”的农村集体产权制度。农村集体产权制度改革需要解决三个基本问题：第一，集体资产家底有多少，清产核资的对象是什么；第二，如何界定集体经济组织成员，怎么确定股权；第三，集体产权的代表是谁，集体经济组织需要改制成什么形式。闵行区在改革试验过程中，对解决这三个关键问题进行了探索。

---

① 国务院发展研究中心原副主任、现中央财经工作领导小组办公室副主任和中央农村工作领导小组办公室副主任。

② 国务院发展研究中心农村经济研究部原室主任，现中央农村工作领导小组办公室处长。

1. 主要对经营性资产进行清产核资，摸清集体资产家底

农村集体资产包括土地和林权等资源性资产、物业和厂房等经营性资产、行政办公楼和学校等非经营性资产。在农村集体产权制度改革之前，除了使用权已经明确到户的承包地、宅基地和林权以外，农村集体资产普遍存在产权不清晰、资产数量及价值不清楚、收益及其分配不透明等问题。农村集体产权制度改革的首项基础工作是对集体资产进行清产核资。到目前为止，闵行区的清产核资以镇、村、村民小组三级的经营性资产为主，以集体建设用地、非经营性资产为辅。闵行区对于全部土地被征用并撤村改制的村，将经营性资产和非经营性资产通过评估作价，实行全部资产量化。对于不撤村改制的村，实行经营性资产量化，集体土地和非经营性资产入台账但不量化。经营性资产与集体土地的收益纳入分配。

通过清产核资工作，闵行区摸清了农村集体资产家底。截止 2013 年底，镇村组三级农村集体总资产（不含土地）804.22 亿元，净资产 217.35 亿元，其中镇级总资产 554.91 亿元，占比 69%；村级总资产 240.86 亿元，占比 30%；组级总资产 8.45 亿元，占比 1%。清产核资让混沌不明的集体资产有了明白账。

2. 界定农村集体经济组织成员资格，实行按份共有

集体经济组织成员享有集体资产，但集体经济组织成员处于不断变动之中，成员资格认定就成为一项基础而必要的工作。实践中，闵行区将集体经济组织成员资格分为两类。一是原始资格，指 1956 年将私有财产投入到高级合作社的农民和其后出生并户籍在村的农民。二是法定迁入资格，指因婚姻、收养、政策移民等迁入集体经济组织的自然人。这些成员是集体资产的享有者。但通过分析我们发现，其实还有另一类成员，他们曾经是集体经济组织成员，后来因征地、考学等原因转为工人和市民，他们离开的时候并没有带走集体资产，他们也应享有集体资产。闵行区在实际操作中对这类成员也通过农龄股的方式让其分享集体资产。

闵行区对农村集体资产设置了农龄股（农龄从 1956 年算起）、人头股、集体股、管理岗位股等。设置股份一般以农龄股为主、兼顾人头股，但没有统一的标准，在政府指导下，集体民主决策，因村、因镇而异。2012 年底，闵行区共有农村集体经济组织成员 437286 人，人均农龄 19.6 年。

闵行区通过明确成员资格与股份，实行集体资产由集体经济组织成员按份共有、收益共享，改变了过去产权虚置不清、收益分配不明的共同共有状态。农民拥有的集体资产股份是集体收益分配的依据。有些集体明确了股份份额但没有折价量化，有些则进行了折价量化，但无论是否折价量化，农民的股份是确定的，都按股分红。少数具备条件的集体甚至允许成员兑现股份。以七宝镇九星村为例，该村2005年、2006年分别进行了两次集体经营性资产改制，共评估认定集体资产4.2亿多元，股东4245人，1956年1月1日至2004年12月31日的全村农龄7.6万年农龄，每年农龄折价3744元现金量化并兑现或入股。

3. 农村集体经济组织改制为三种形式，适用不同范围，本质都是股份合作制

经过产权制度改革，闵行区根据不同的适用范围将集体经济组织改制为三种形式：经济合作社、社区股份合作社、公司制企业。虽然形式不同，但本质上都是集体经济组织成员的股份合作制。

改制形式之一：村经济合作社。闵行区对于没有撤销村委会建制，资产主要为农田，二、三产业经营性资产较少，不存在资产量化分配的村，实行“村社分离”，成立村经济合作社，与村委会分离，村委会负责社区管理职能，村经济合作社负责集体经济运行。改革后，闵行区组建了28家村经济合作社，占全部57家新型村级集体经济组织的49%。农村改革以来，多数地区农村只有党支部和村委会而没有集体经济组织，其集体资产和集体经济职能多由村委会代行，集体经济组织被虚化了。在集体产权制度改革过程中，成立经济合作社，使集体经济组织有了具体的、独立的组织形式。新成立的经济合作社向农业行政主管部门登记。

改制形式之二：社区股份合作社。在城镇扩张中，一些农村基本没有了农用地，村委会建制被撤销，村民变为城镇居民。但这些村还拥有一些集体建设用地，以及在此基础上形成的经营性或非经营性资产。集体产权制度改革中，为了保护原村集体经济组织的资产和村民利益，这些村集体经济组织改制为社区股份合作社，农民称之为“撤村不撤社”，社区股份合作社的集体资产仍由原村集体经济组织成员按份共有、共享收益。按照上海市政策，此类社区股份合作社比照农民专业合作社向工商部门登记，取得法人资格。闵行区改制后成立了12个社区股份合作社，占新型村级集体经济组织总数的21%。

改制形式之三：公司制企业。对一些集体资产体量较大、实力较强的村，集体经济组织改制后成立了以集体成员为股东的公司。由于成立股份有限公司要求募股集资是开放式，必须向社会公开或在一定范围内公开募集资本，而集体企业往往不能向社会公开募股集资，具有封闭性，这与成立有限责任公司的要求相一致，所以集体经济组织一般会改制成立有限责任公司。但即便是有限责任公司，依然面临股东人数不超过50人的限制，闵行区不得已采取了两种变通办法。一种办法是由股东代表代持股份。莘庄镇明星村在2004年撤村改制后成立了上海黎安实业公司，是一家有1755个股东的股份合作企业，他们选出35个股东代表，全部股东名单在相关部门备案，35个股东代表依照《公司法》规定从法律形式上代大家持有股份。另一种办法是先成立社区股份合作社，再由社区股份合作社出资成立公司。前述九星村就采用了这种方式。闵行全区目前有17个集体经济组织改制后成立的公司制企业，占新型村级集体经济组织的30%。

二、集体产权制度改革是继家庭承包制后农村的又一重大改革

闵行区以股份合作制为主的集体产权制度改革，对于明晰集体产权、农民集体经济组织成员权和收益权、规范集体资产管理、激发集体经济活力，都起到了重要作用，是继家庭承包制后农村的又一重大改革。

1. 集体产权制度改革实现“资产变股权，农民变股东”，增加了农民财产性收入

闵行区通过集体产权制度改革赋予了农民实实在在的集体股份权利，农民有了股份分红收入。2013年，闵行区持有集体资产股份的农民23万余人，分红总额3.85亿元，人均分红约1600元。许多农民近年来累计分红已达数万元。闵行区农民包括股份收入在内的财产性收入占到农村居民家庭人均可支配收入的18.3%。该区成为上海郊区城乡居民收入比最小（1.48∶1）的地区。

2. 集体产权制度改革创新了集体经济组织治理结构和集体资产管理制度，促进了集体资产保值增值和集体经济发展

闵行区集体产权制度改革后，普遍建立了股东会、理事会、监事会“三会”，完善了现代法人治理结构，并以此为依托引入现代企业管理制度和运行机制。闵行区建立了集体资金、资产、资源“三资”管理制度和管理体系。农村集体所有“三资”数据都录入监管平台，市和区相关职能部门通过监管平台对集体资产和经济活动进行实时监管，农民随时可以查询本村的集体资产及收益情况。通过建立“三会”治理结构和“三资”管理制度，农民拥有了对集体经济的知情权、表达权、监督权和管理权，解决了集体经济由少数干部控制和管理落后等问题。据调查，改制后村集体资产年增值10%以上，许

多改制村的集体净资产翻了一番，而年招待费等非经营性支出普遍下降 1/4 以上。2013 年，闵行区 29 个改制后的股份合作社和公司的净资产由改制时 21.64 亿元增长到 38.91 亿元，增长了 80%。

3. 集体产权制度改革化解了社会矛盾，维护了社会稳定

通过还权于民式的农村集体产权制度改革，闵行区建立了新型的农村集体经济治理机制，农民按份共有集体资产、参与经济管理并分享收益，有效解决了长期存在的因土地征占、资产处置、财务和收益分配管理等问题引发的社会矛盾，维护了城市化快速发展地区的社会稳定。改制村集体经济效益增加，农民分红逐年增长，农民入股积极性和满意度提高，没有发生一起集体上访事件。

三、集体产权制度改革进程中亟待解决的共性问题及建议

1. 农村集体经济组织因缺乏法人地位而改制困难，应加快制定《农村集体经济组织法》或相关条例

由于农村集体经济组织不同于公司法人、社团法人、事业法人，但法律上又没有农村集体经济组织这一法人主体，因此，闵行区在农村集体产权制度改革中将农村集体经济组织改制为公司或社区股份合作社等，与此同时也遇到一些突出问题。

首先，集体经济组织改制为公司不合适。《公司法》规定有限责任公司的股东登记人数为 50 人以内，但集体经济组织成员即便以家庭为单位也往往超出这一人数限制。闵行区集体经济组织改制的公司就出现“隐名”股东或“影子”股东，他们是实实在在的股东，但法律意义上他们的权利由股东代表代理。这不仅没有很好认可多数股东的权利，也为今后的产权纠纷埋下隐患。其次，集体经济组织改制为社区股份合作社不容易。集体经济组织与农民专业合作社并不相同，改制为社区股份合作社参照的是《农民专业合作社法》，同时还需要地方出台配套政策。上海市农委、工商局等部门于 2009 年专门出台文件，创新了社区股份合作社这一法人主体的改制形式，所有股东实名登记，股权量化到人。但在对外经营活动中，又面临法人主体不对等、难以平等参与市场经济活动等问题。最后，集体经济组织确立为经济合作社的法人资格不完整。上海市以地方性政策的形式给农村集体经济组织颁发《上海市农村社区经济合作社证明书》，凭此申

领组织机构代码证，不需进行工商登记。但经济合作社不具有法人资格，市场地位未确立，严格讲仍不具有投资主体地位，无法正规参与市场经济活动。

目前，我国农村党组织、村民委员会、农民专业合作社都有法可依，唯独农村集体经济组织还没有专门的立法，一直以来无名无实，实践中村民委员会往往代行了集体经济组织的权利和职能。应着手制定《农村集体经济组织法》或相关条例，赋予农村集体经济组织法人地位，明确组织形式、职能定位和管理办法。

2. 红利税与更名税费影响集体产权制度改革，应合理设定改革中涉及的税费标准

农村集体经济组织及其改制后的经济合作社、社区股份合作社或公司制企业参与市场经济应当履行义务、按章纳税。但有三类税费的收取值得商榷。一是分红时的个人所得税，当地称之为红利税。集体产权制度改革前，集体给成员以福利等形式分配集体收益，不需缴纳个人所得税，但改革后，公司或社区股份合作社派发股份红利则需要缴纳20%的个人所得税。据闵行区测算，涉及此税的47个改制的集体经济组织2013～2015年预计要缴纳2亿元红利税。不少镇村基层干部和群众以此为理由，不愿开展集体产权制度改革。二是集体经济组织改制中更名需要缴纳资产额3%的契税和0.3%的交易费。对他们来说这是一笔巨额税费，难以承受，也不合理。红利税和更名税费在一定程度上影响了开展集体产权制度改革的积极性。三是农村集体经济大多以物业出租为主，要缴纳营业税、企业所得税、房产税、土地使用税、教育费附加税、地方教育税等7种税费。若改革后全部按章纳税，综合税率达到36%，税负较重。

对于集体产权制度改革后分红中收取的个人所得税，完全不收税是不现实的，不考虑集体成员的特殊性照单全收也是不合理的。闵行区农村居民家庭人均可支配收入为24830元，这在全国都算是比较高的，但依然低于全国城镇居民可支配收入的平均值，月均收入更低于个人所得税起征点3500元。可供参考的办法有两种：一是参考城镇职工个人所得税起征点办法，设定一个起征点，对集体组织成员按月计算的其他收入加上分红达到起征点以上的部分计征个人所得税；二是由地方根据当地人均收入状况确定对红利超过一定额度的部分计征个人所得税。此外，建议免除集体经济组织更名中涉及的契税和交易费，降低其他税费的收取标准。

3. 集体土地权能不足制约集体经济长远发展，应赋予农民集体更多土地权能，留给农民集体发展空间

集体土地与国有土地权能不对等，除兴办乡镇企业、村民建设住宅、用于乡村公共设施和公益事业外，集体土地只有被征为国有后才可以进行开发和建设，农民集体对其拥有所有权的土地没有与市场接轨的开发权能。闵行区早在2010年就在上海市主要领导支持下启动农村集体建设用地流转，陇西村的38亩土地是试点地块，计划在设定条件下，通过正规的国土招拍挂平台优先让本村获得并开发，土地性质仍属集体，土地用途按照规划属商业办公用地。闵行区农委等部门前期进行了大量准备工作并与相关部门多次沟通协商，但在2012年地块上平台之前，还是因顾虑会引起连锁反应而影响整体的征地和土地出让金收入被暂缓了，至今还因被要求做风险评估而搁置。而如果没有相关倾斜性政策，农民集体通过公开的招拍挂市场根本拿不到原本属于自己的土地来进行商业开发。集体土地被征、村办企业被拆后，集体经济组织发展后路被断，得到的是一次性的补偿，消失的是长远的收益。

十八届三中全会《决定》提出，在符合规划和用途管制前提下，允许农村集体经营性建设用地出让、租赁、入股，实行与国有土地同等入市、同权同价。这为赋予农民集体更多土地权能和留给农民集体发展空间指明了方向。多年来，此项改革没有进展的原因在于相应的市场交易规则和税费制度没有确立。集体经营性建设用地入市可以采用“税收＋分成”的税费制度，建立兼顾农民、集体、国家和各级政府利益的土地增值收益分配机制。

上海市镇级集体产权制度改革的经验与启示

韩　俊　伍振军

界定好集体经济组织成员资格，明确成员权利，解决集体产权归属问题是农村集体产权制度改革的重要内容。从北京、上海等地区的调研看，农村集体资产主要集中在镇一级。镇级集体产权制度改革，是农村集体产权制度改革的难点所在。近几年，上海市在镇级集体产权制度改革方面进行了探索，松江区镇级集体产权制度改革已基本完成。最近，我们对上海市镇级集体产权制度的改革情况进行调研，总结分析了该项改革的进展和经验，并基于上海市的调查，提出了相应的政策建议。

一、上海市镇级集体产权制度改革进展

1. 上海市镇级集体资产状况

上海市镇级集体资产约占七成。据统计，截至2013年底，上海市镇、村两级农村集体总资产3794.24亿元，净资产1167.28亿元。其中镇级总资产2646.15亿元，占总量的69.7%，村级总资产1114.77亿元，占总量的29.4%，队（村民小组，下同）级总资产33.32亿元，只占总量的0.9%。上海市镇级集体资产总量较大有其历史原因。自1956年实行人民公社制度以来，上海市普遍实行“三级所有，队为基础”的组织制度，但近郊地区和新围垦地区，尤其是村级经济实力较强的地区，只实行了村（生产大队）和乡镇（人民公社）二级核算制，很多村没有队级集体资产。据统计，现在上海市全市1711个村级组织中，已有630个村没有队级集体资产。

2. 上海市镇级集体产权制度改革背景

随着城市化的推进，上海市农村集体土地大幅度升值。部分地区土地开发之后，土

地收入基本收归镇里，镇级集体资产越来越大。与此同时，镇级集体资产管理不规范问题日益凸显。一是集体资产的经营与支配权掌握在少数镇干部手中，资产处置往往由镇干部说了算，出现集体资产流失、被贪污、挥霍的情况。二是集体经济组织成员权利不明确。成员集体资产经营管理的知情权、参与权、监督管理权与收益权等难以实现，对集体资产“看得见，摸不着”。并且，快速城镇化吸引了大量外来人口，人员结构日趋复杂，不厘清集体资产状况，不明晰产权，不界定清楚集体经济组织成员身份和对集体经济的贡献，就难以维护好当地成员的利益。

3. 上海市镇级集体产权制度改革进展

近几年，上海市主要在松江区 14 个街镇和闵行区虹桥镇开展镇级集体产权制度改革。松江区 2008 年以来，先后在新桥镇、中山街道等开展农村集体经济组织产权制度改革试点。到 2013 年底，松江区 14 个街镇 107 个村已经全部完成改革，共量化集体资产 328. 2 亿元，界定社员 570141 人，将镇级集体资产以份额形式量化到每个符合条件的社员，基本完成镇级农村集体产权制度改革，形成了以镇级资产为主，队级为补充的农村集体产权格局。上海市闵行区虹桥镇从 2011 年至 2013 年底进行了镇级集体产权制度改革，历时 3 年，已经把 70% 的镇级集体资产平均量化到 10 个村。

二、上海市镇级集体产权制度改革做法

1. 清产核资

松江区以镇为单位组织力量对镇、村、队三级资产实行清产核资，统一聘请有资质的中介机构，进行镇村两级资产评估，队一级资产由村统一收购处置，最终对区内 14 个涉农街镇的镇级集体经济合作社和 129 个村级集体经济合作社的总资产、净资产、土地等建立起明细账。2012 年底，松江区镇、村、队三级集体账面总资产 295. 12 亿元，总负债 226. 22 亿元，净资产 68. 9 亿元。其中镇级总资产 247. 06 亿元，净资产 47. 15 亿元，分别占松江区农村集体总资产和净资产的 83. 7% 和 68. 4% 。土地资产则包括部分街镇尚有农村集体土地 129204 亩，其中耕地 88112. 6 亩。闵行区虹桥镇对国有资产和集体资产、经营性资产和非经营性资产进行清理和界定，并委托财务中介机构进行资产审计，共界定镇级集体账面资产共计 10. 78 亿元，其中经营性资产 8. 88 亿元，非经营性资产 1. 9 亿元。

2. 明确成员权利

松江区对全区集体经济组织成员的农龄、尚未明确的土地、劳动贡献等全面梳理，明确每个成员占有集体资产的份额，并以此作为社员参与集体资产收益分配的依据。成员占有的份额主要由农龄股和土地股组成，具体做法是首先以 1956 年至 2012 年 12 月 31 日为基准，核算出每个社员的农龄股。然后，加总该镇所有成员的农龄股，得出农龄股总数，并根据土地股总份额与农龄股总份额6∶4的比例，计算土地股总份额。在此基础上，以该镇 1984 年核定的纳税耕地面积为基数，计算出单位土地面积的土地股数量。再以队为基础，按照人均土地面积来确定每个成员的土地股数量。最后，把农龄股和土地股数量加总，就计算出每个成员拥有镇级集体资产的份额。

资产量化之后发放社员证，实行一人一证，作为参与管理、享有收益分配的凭证。这种份额可以继承，现阶段不得变现、出售和转让，也不得做其他用途。而闵行区虹桥镇则将界定为镇级集体经营性净资产的 70%（6. 22 亿元）平均量化到 10 个村，镇资产公司暂时保留 30%（2. 66 亿元）的经营性资产。这样，镇级集体经济就从“集体所有”转变为“按份额所有”。

3. 组建镇级合作社

松江区采取镇收购村、村收购队合作社资产的办法组建镇级联合社。具体办法是镇先成立镇级集体经济联合社，出资回购城镇化地区的村集体资产，队资产由村收购，从而将全镇集体资产纳入镇级联合社的管理。比如，松江区新桥镇把村、队两级集体资产份额分配给社员之后，再拿出 6 亿元资金，把村、队两级资产回购到镇级。到 2012 年底，松江区已有 5 个镇街的镇级联合社回购了村、队级集体资产。对于未完成撤村的镇，以及村级集体资产量较大的镇，松江区采取分别成立镇级联合社和村级合作社的办法，社员同时持有镇级和村级合作社份额。到 2012 年底，松江区有 9 个镇集体资产实行镇村两级所有。闵行区虹桥镇则采取村级合作社持股镇级合作社的办法。虹桥镇以量化后剩余的净资产，量化给各村的净资产，加上各村再共同出资的 1 亿元资金作为投资，组建“上海闵行区虹桥镇农村集体经济股份合作社”。

4. 规范资产经营管理

松江区采取一系列措施完善集体资产管理制度，探索建立起联合社社员代表大会、理事会、监事会“三会”制度和《集体经济联合社社员代表会议议事规则》《理事会议事规则》以及《监事会议事规则》等规章，落实社员对集体资产的知情权、决策权和收益权，也为规范管理集体资产奠定基础。闵行区虹桥镇镇级合作社确立股东代表大会为合作社的最高权力机构。股东代表为 55 名，10 个村每个村 5 名，镇级集体单位 5 名，代表全部由全镇农民选举产生，管理也逐步规范。

三、上海市镇级集体产权制度改革成效及问题

1. 上海市镇级集体产权制度改革取得一定成效

一是镇级集体资产的产权逐渐明晰。部分地区城镇化之后，乡镇变为街道，农村消失了。但是依然存在农村集体资产，这些集体资产却没有产权主体，也没有相应的制度来管理。通过改革，产权逐渐明晰，管理逐步规范。二是集体资产实现保值增值。改革之后，镇级农村集体资产总规模不断发展壮大。2010～2012 年，松江区农村集体资产总量从 251.7 亿元增加到 295.12 亿元，增长了 17.3%。新桥镇改革伊始，镇级集体资产只有 8 亿元左右，2013 年镇级集体资产增长到 20 亿元，其中经营性资产达到 15 亿元。并且新桥镇 2012 年镇级资产公司实现租赁收入 1.42 亿元（不包括土地租赁收入），同比增长 63%。三是农民财产性收入提高。改革之后，松江区新桥镇、中山街道、洞泾镇、泗泾镇和九亭镇都进行了社员分红，累计分红 1.6 亿元。其中新桥镇在镇级集体经济联合社成立后的第二年就开始连续 3 年进行收益分配，累计分红 8762 万元，社员人均分得 3154 元。四是发挥规模效应，降低管理成本。镇级集体资产总量较大、形态较多、容易进行资产配置，集体资产抱团发展可在一定程度上改变村级集体资产分散经营、盲目竞争的状况，提高抗风险能力。同时，也大幅度降低了管理成本。比如新桥镇原来 10 个村级公司都需要管理团队，管理人员约 150 人，组建镇级集体经济联合社后，管理人员减少到 30 人。五是统筹使用，共同富裕。街镇统筹发展集体经济，发展成果将在全镇进行分配，有利于平衡好区域内全体农民的利益，也有利于解决收益分配不公平等引发的矛盾，从街镇层面促进城乡一体化发展。

2. 上海市镇级集体产权制度改革面临的问题

一是镇级资产份额分配难度大。镇级资产在全镇社员或者各村之间进行分配，所涉及的因素比村、队级集体资产在社员之间分配要多。各村村民农龄有差异，各队撤队时间不一致，各村人口规模和土地面积也不一样，各村发展过程中出现区域调整、土地调拨以及征地拆迁等等各种因素交织在一起，问题错综复杂。虹桥镇镇级集体资产改革历

经3年，改革方案主要围绕份额分配问题修改数十遍。二是改变政企不分状况难度大。镇级联合社与镇级政府负责人任职上存在交叉。松江区大部分镇级联合社理事长仍由镇党委书记兼任。这种做法在改革起步时，能够提供强有力的保障，但长远来说，政企不分开，不利于镇级联合社的发展。并且，镇党委书记多数为外派过来，并非镇集体经济组织成员，实际上并不具备担任联合社理事长的资格。三是镇级联合社法人地位难确定。镇级联合社资产多、股东数量大、股份分配相对平均，登记、注册程序也更加复杂。比如松江区共组建了14个镇级联合社，社员共570141人，平均一个联合社社员高达4万人。股东数量巨大，无论是采取实名登记，还是隐性股东，拟或持股协会，都难以操作。四是集体资产过户费用过高。镇级联合社成立之后，都面临把集体资产从村级合作社过户到镇级联合社问题，但由于集体资产量很大，资产过户需要缴纳巨额过户税费，这给镇级联合社带来负担。截至目前，松江区新桥镇的镇级联合社资产转移还没有完成。

四、推进镇级集体产权制度改革的建议

1. 明晰产权，防止集体资产流失

长期以来，镇级集体资产产权主体没有落实。一旦城镇化发展，乡镇撤销，成为街道，集体资产的处理没有政策依据。并且大部分乡镇集体资产和国有资产混合记账、混合管理的状况突出，容易造成集体资产流失。因此，在尚未改革的地区，应进一步规范乡镇集体资产和国有资产的记账、管理、收益分配制度。在开始改革的地区，要花力气对乡镇国有、集体资产进行清理，把集体资产从中剥离出来，规范管理。

2. 分类采取股份化与份额化等量化方式

在镇级集体产权改革过程中，集体资产可以量化为股份与份额，这两种办法具有不同的应用价值和作用。一类是包括土地的镇级资产，建议以份额化方式量化给社员，明确社员的收益权。从调研看，城市化地区土地升值很快，过早地把土地资产股份化，变现为股金分配给社员，一段时期之后必然有社员反悔，引发矛盾纠纷。另一类是不包括土地的镇级资产，可以采取股份化方式，变现为股金量化到人。

3. 政企分开，理顺管理体制

在改革基本完成的地区，应进一步规范《集体经济联合社社员代表会议议事规则》

《理事会议事规则》以及《监事会议事规则》等规章制度，明确界定镇级联合社的理事会、监事会成员资格，尤其是要明确过渡期乡镇负责人担任理事长的时间期限和主要职责。

4. 科学设置股权

镇级集体资产的分配应在充分考虑各村对镇级资产的贡献、各村土地比重、各村农龄数、各村劳动力人数、各村需要承担的养老人员数等诸多因素的基础上，设计出公平、合理的资产份额分配方案。

5. 明确法人地位

在制定相关法律制度的时候，应充分考虑到镇级联合社资产量大、股东人数多、股份在股东之间比较分散等特点，明确登记、注册等具体操作办法。

农村三级集体所有制的来龙去脉

张云华

一、新中国成立以来农村三级集体所有制历史演变

1. 农业生产合作社：集体的产生与社、队两级制的形成

新中国成立初期，我国农村广泛开展土地改革，实行土地农民所有制。为实行农业的社会主义改造，1953 年 12 月 16 日，中央通过《关于发展农业生产合作社的决议》，农业合作化运动开始。到 1954 年底，全国农业生产合作社发展到 48 万多个。1955 年 10 月 11 日，党的七届六中全会通过《关于农业合作化问题的决议》，提出面临着农村合作化运动日益高涨的形势，党的任务就是要大胆地和有计划地领导运动前进，而不是缩手缩脚。之后，农业生产合作社飞速发展，到 1956 年 3 月底，全国农业生产合作社共达 100. 8 万个，入社农户 10668 万户，占全国农户总数的 90%，其中参加高级社的农户已占全国农户总数的 55%。

农业生产合作化分初级和高级两个阶段，初级合作社和高级合作社的共同点是土地等生产资料统一使用、社员共同劳动、成果统一分配地进行农业生产合作，区别主要在于土地等生产资料在初级社归社员所有而在高级社归合作社公有。全国人民代表大会分别于 1955 年、1956 年通过的《农业生产合作社示范章程草案》和《高级农业生产合作社示范章程》是农业合作化运动中的两份纲领性文件。后者规定（高级）农业生产合作社是劳动农民在共产党和人民政府的领导和帮助下，在自愿和互利的基础上组织起来的社会主义的集体经济组织；农业生产合作社按照社会主义的原则，把社员私有的主要劳动资料转为合作社集体所有，组织集体劳动，实行“各尽所能，按劳取酬”，不分男女老少，同工同酬；社员有退社自由。该章程还提出农业生产合作社应该根据生产经营的

范围、生产上分工分业的需要和社员的情况，把社员分编成若干个田间生产队和副业生产队，实行生产中的责任制，生产队是农业生产合作社的劳动组织的基本单位。到1956年12月末，全国农村高级社增加到54万个，入社农户达10742.2万户，占全国总农户的87.8%。

1957年9月14日，中央下发《关于做好农业合作社生产管理工作的指示》，提出合作社建立“统一经营，分级管理”的制度，管理委员会是合作社统一经营的领导机构，生产队是合作社组织劳动、管理农业生产的基本单位。

2. 人民公社体制下从“一大二公”到“三级所有，队为基础”

1958年3月20日，中共中央在成都召开的会议上形成《关于把小型的农业合作社适当地合并为大社的意见》。文件下达后，并社风潮迅速掀起，基本的做法是一乡一社。基于对农作物产量的错误估计和急于超英赶美、早日实现共产主义的愿望，1958年8月召开的中央政治局会议通过的《中共中央关于在农村建立人民公社的决议》指出，人民公社是形势发展的必然趋势；在目前形势下，建立农林牧副渔、工农商学兵互相结合的人民公社，是指导农民加速社会主义建设，提前建成社会主义并逐步过渡到共产主义所必须采取的基本方针；社的组织规模一般以一乡一社、两千户左右较为合适；实行政社合一，乡党委就是社党委，乡人民委员会就是社务委员会；大社统一定名为人民公社。决议一出，全国迅速掀起了人民公社化浪潮。从1958年夏到11月，全国74万多个农业生产合作社改组为2.6万多个人民公社，参加农户1.2亿多户，占农户总数的99%以上。

1958年12月10日中共中央八届六次全体会议通过《关于人民公社若干问题的决议》提出，人民公社的管理机构，一般可以分为公社管理委员会、管理区（或生产大队）、生产队三级；管理区一般是分片管理工农商学兵、进行经济核算的单位，盈亏由公社统一负责；生产队是组织劳动的基本单位。至此，三级集体经济组织体系开始形成。

人民公社体制最初的基本特征是“一大二公”和“一平二调”。“一大二公”即人民公社规模大，基本上一乡一社，每个公社有成千上万农户；土地、牲畜等生产资料公有化程度高，甚至生活资料都公有。“一大二公”导致“一平二调”，合作社合并为人民公社后财产上调，统一核算，统一分配，实行平均主义。平均主义的分配方式，大量无偿调拨生产资料和生产成果的做法广泛伤及农民家庭的利益，农民生产的积极性大打折扣，农业生产大受影响，社队深藏密窖、瞒产私分的现象大量存在。

为解决分配上的平均主义、公社规模偏大、大集体对小集体管得太多太死等问题，1961 年 3 月，中共中央在广州召开的工作会议讨论和制定《农村人民公社工作条例（草案）》，并于 6 月拟定并试行《农村人民公社工作条例（修正草案）》（简称“人民公社六十条”，这是人民公社条例第一个修正草案），规定农村人民公社是政社合一的组织，农村人民公社一般分为公社、生产大队和生产队三级，以生产大队的集体所有制为基础的三级集体所有制，是现阶段人民公社的根本制度；公社在经济上是各生产大队的联合组织，生产大队是基本核算单位，生产队是直接组织生产和组织集体福利事业的单位。条例明确提出公社各级规模不宜过大，避免平均主义。人民公社六十条正式确立了人民公社、生产大队、生产队的三级集体所有制和经营管理体制。到 1961 年 8 月，全国 27 个省（区、市）的公社为 55682 个，比实施人民公社六十条前增加 30478 个；生产大队为 70. 9 万个，增加 22. 5 万个；生产队为 454. 9 万个，增加 156. 1 万个。

然而，仅将基本核算单位调整到生产大队仍然不能很好解决平均主义和农民生产积极性的问题。1962 年 2 月，中共中央发出《关于改变农村人民公社基本核算单位问题的指示》，明确将基本核算单位从生产大队一级下移到生产队一级。1962 年 9 月 27 日，中共中央八届十中全会正式通过《农村人民公社工作条例修正草案》（这是人民公社条例第二个修正草案）提出，人民公社的基本核算单位是生产队；根据各地不同情况，人民公社的组织，可以是两级，即公社和生产队，也可以是三级，即公社、生产大队和生产队；生产队实行独立核算，自负盈亏，直接组织生产，组织收益的分配；这种制度定下来以后，至少 30 年不变；生产队范围内的土地，都归生产队所有；社员可以经营自留地、饲养家畜家禽等。

至此，经过多年探索，我国农村形成了“三级所有、队为基础”的农村集体所有制和经营管理体制。“三级所有、队为基础”更准确清晰的表述应该是“公社、生产大队和生产队三级集体所有，以生产队为基本生产组织单位、核算单位和土地等生产资料所有权单位”。这一人民公社体制一直实行到农村改革之前。

3. 人民公社体制的解体与农村三级集体所有制关系的变革

20 世纪 80 年代初期，农村改革后，政社合一的人民公社体制逐步解体。在集体经济组织形式上，农村改革中实行政社分开，建立乡政府，并相应建立村委会和村民小组，乡镇、村、组三级集体经济组织格局保留不变。1984 年中央 1 号文件《中共中央关于一九八四年农村工作的通知》对农村集体经济组织的设立给出指示，指出政社分设以后，农村经济组织应根据生产发展的需要，在群众自愿的基础上设置，形式与规模可以多种多样，不要自上而下强制推行某一种模式；为了完善统一经营和分散经营相结合的体制，一般应设置以土地公有为基础的地区性合作经济组织；这种组织，可以叫农业合作社、经济联合社或群众选定的其他名称；可以以村（大队或联队）为范围设置，也可以以生产队为单位设置；可以同村民委员会分立，也可以一套班子两块牌子。到1985年春，农村人民公社政社分设工作结束，政社合一的人民公社体制正式终结。组织形式上，5.6万多人民公社转变为9.1万个乡（镇）人民政府，生产大队变成了村级单位，共有94万多个村民委员会，生产队改为村民小组。

在集体所有制上，就土地这一最重要的资产而言，农村改革后，农村土地所有权绝大多数由村、组两级集体拥有，镇级集体的所有权主要体现在拥有企业、厂房、建筑及公益设施等资产上。在集体经营体制上，农户家庭承包经营制改变了“三级所有、队为基础”的内核，土地承包到户，农民自主经营、自负盈亏，生产队不再是基本的生产组织单位和核算单位，以队为基础的集体统一经营转变为农户家庭经营。可以说，农村改革后，“三级所有、队为基础”的人民公社体制已转变为“三级所有、村组为土地所有权主体”的集体所有制和“农户家庭为生产经营主体”的经营体制。

二、农村三级集体所有制关系存在的问题

1. 集体土地所有权边界不清晰，大集体侵犯小集体权利

《物权法》规定：“农民集体所有的不动产和动产，属于本集体成员集体所有。对于集体所有的土地和森林、山岭、草原、荒地、滩涂等，依照下列规定行使所有权：属于村农民集体所有的，由村集体经济组织或者村民委员会代表集体行使所有权；分别属于村内两个以上农民集体所有的，由村内各该集体经济组织或者村民小组代表集体行使所有权；属于乡镇农民集体所有的，由乡镇集体经济组织代表集体行使所有权。”但对于在什么情况下，土地分别属于村民小组、村集体、乡镇集体所有，《物权法》《土地管理法》和《农村土地承包法》都缺乏详细规定。由于依据不明，再加上政经不分，造成乡镇、村、组三级集体之间的产权边界不清。实践中经常出现越俎代庖现象，大集体代行小集体权利，侵犯小集体利益，干预小集体经营。一些生产小组的集体产权归村集体控

制、管理，一些村的集体产权又归乡镇集体控制、管理。这在很大程度上模糊了三级集体的边界，在所有权权利上使对等经济关系演变为上下级行政层级关系。

2. 镇级集体资产产权模糊，村组集体和农民很难分享财产权利

在我国农村，村组两级农民集体是土地的主要所有者，但镇级农民集体也拥有或支配一定数量的集体土地，其中不少镇属土地是因为镇级农民集体拥有对地上物（工厂或建筑）的所有权而拥有其下土地的支配权或所有权。并且，镇级农民集体还拥有不少经营性资产和非经营性资产，尤其是在北京、上海等大城市郊区和广东、江苏等发达地区，镇级集体资产体量庞大，在农村集体经济中地位重要。譬如，截至2013年底，北京市乡村两级集体资产（不含土地等资源性资产）总额达到5049亿元，镇级占四成，上海市镇村两级农村集体总资产3794.24亿元，镇级占七成。

绝大多数镇级企业、物业等资产之下的地原本属于村、组农民集体，属于是“小集体的地上长出大集体的蛋”，小集体土地的价值和大集体资产价值混为一体。可是，镇级资产的权属多年来处于相当模糊状态，理论上乡镇全部集体成员是镇级集体资产的所有权人，镇级集体只是集体资产的代理人。但实际上，镇级资产都由乡镇政府或其下的公司管理和支配，村组集体以及农民并没有参与镇级资产管理的机会，也没有分享镇级资产权益的机制。产权模糊再加上乡镇政府对镇级资产管理和经营干预过多，政企不分、政经不分，造成镇级集体资产经营不善和效率低下。一定程度上，镇级集体资产成为乡镇政府和干部的“后花园”和“小金库”，容易滋生腐败现象。

3. 村民小组“去功能化”，村集体代行组集体土地权利

据农业部统计，到2011年，全国集体所有耕地为13.8亿亩，归村民小组农民集体所有的面积为7亿亩，占50.5%，归村农民集体所有的面积为5.2亿亩，占37.9%，尚有1.6亿亩耕地未明确所有权主体，占集体耕地的11.6%。村民小组农民集体与村农民集体是两大集体土地所有权主体。然而，农户家庭承包经营制推行后，村民小组（原生产队）功能大大弱化。农村改革后，并没有法律法规政策对村民小组的职能、组织等做出具体规定，村民小组只是共同拥有土地的一些农民的集体，不是作为一级规范的集体经济组织而存在，也没有具体的组织形式。

与组集体功能弱化相对应的是，村集体功能强化。《农村土地承包法》规定村集体（或村委会）与村民小组是集体土地的发包方，但由于事实上村民小组功能弱化且缺乏组织，该法认可了村集体可以代组集体发包土地，同时规定不得改变组集体土地的所有权。在实践中，不少地区村集体不仅代替组集体发包土地，而且代行组集体土地所有权及经济权利，如在征地情况下，村集体统一支配征地补偿费。

三、农村三级集体所有制关系发展趋向

1. 明晰三级集体产权边界，确立三级集体产权权利对等关系

在集体产权权利和经济关系上，镇、村、组三级集体之间的地位是平等的、关系是对等的，并不存在上下级行政层级关系。大集体应尊重小集体的土地权利，乡镇政府或镇集体不能再借行政力量侵占村组集体的土地，村集体或村委会可以代行组集体的管理权利，但不能因此而漠视组集体的土地权利，平调组集体的土地，随意发包组集体的土地或克扣组集体的征地补偿费。应进一步界定清楚三级集体的土地产权，特别要界定清楚组级集体的土地产权。

2. 探索镇级农民集体所有制的实现形式，镇级集体资产的所有权主体是本乡镇全体农民集体

近几年，上海市松江区、闵行区开展了镇级集体资产产权制度改革，将镇集体资产清产核资后，按股份（或份额）量化到乡镇范围内全体集体成员，明晰了产权主体和利益机制。村组集体及成员不仅明明白白拥有了镇集体的资产产权，而且分享到了实实在在的股份收益，对解决镇级集体资产产权模糊和收益分配不合理问题、改进集体资产管理方式、提高经营效率、减少镇村干部贪腐现象具有重要作用。应借鉴这类经验，积极开展镇级集体资产产权制度改革。

3. 做实村级集体，探索新型村组集体关系

应通过农村集体产权制度改革，做实村级集体经济组织，健全村级集体经济组织机构和管理机制，明晰农民拥有的各级集体资产和集体经济的股份和权利。对上，村级集体经济组织可以作为农民代表持有镇级集体资产份额，参与决策和管理；对外，村集体经济组织作为村集体全体成员代表行使村集体资产和经济权利。由生产队演变而来的村民小组大多实际上已失去人民公社时期赋予的生产合作组织和核算职能，只是保留了集体土地所有权名义上的行使主体地位。在明确组农民集体成员资格和权利的前提下，可以继续由村集体经济组织或村民自治组织代行组农民集体资产的管理职能。

农村土地产权抵质押：理论争论、现实困境和改革路径

程　郁　张云华　王　宾

一、引　言

农户缺乏有效抵押资产以及农村抵押资产变现存在障碍，金融机构缺少化解风险的渠道和机制，是其对农“惜贷、慎贷”的重要原因。探索农村土地产权抵质押贷款最核心的价值在于解开农村金融发展的制度“死结”，为金融机构下沉农村和开展信贷业务找到切实可行的突破口。十八届三中全会通过的《中共中央关于全面深化改革若干重大问题的决定》明确提出，赋予农民对承包地占有、使用、收益、流转及承包经营权抵押、担保权能，慎重稳妥推进农村住房财产权抵押、担保、转让，探索增加农民财产性收入。2014 年中央 1 号文件《关于全面深化农村改革加快推进农业现代化的若干意见》提出，允许承包土地的经营权向金融机构抵押融资，慎重稳妥推进农民住房财产权抵押、担保、转让。2014 年 6 月，国家发展改革委、中央编办等 11 个部门联合印发《关于开展国家新型城镇化综合试点工作的通知》，推动改革和完善农村宅基地制度。2014 年 9 月 29 日，中央全面深化改革领导小组召开第五次会议，审议通过《关于引导农村土地承包经营权有序流转发展农业适度规模经营的意见》《积极发展农民股份合作赋予集体资产股份权能改革试点方案》，明确了农村集体土地所有权、承包权、经营权三权分置，经营权流转的改革思路，确立了发展农民股份合作、赋予集体资产股份权能的改革方向。农村土地产权抵质押具体是指以农村集体经营性建设用地使用权、农村承包土地经营权与农村住房财产权等进行抵押融资，是新一轮农村产权改革的重要内容，是赋予农民完全资产产权的实际表现。它既反应了当前我国农村产权改革发展的要求，也体

现了农业生产向现代化转型的现实需求，并且在各项政策的推动和相关配套改革的推进支持下，将成为解决农村贷款难、激活农村金融市场的有效途径。

随着我国城镇化快速发展和农业经营深度转型，农业规模经营主体和新兴农民创业者的崛起产生了巨大的信贷资金需求，迫切需要推进农村土地产权抵押制度创新支持“三农”增信。到2012年底，全国经营耕地面积在50亩以上的专业大户已达287.5万户。其中，家庭农场87.7万户，经营土地面积1.76亿亩，户均经营耕地200.2亩，年收益18.47万元，效应明显高于普通承包农户。新型农业经营主体扩大生产规模、改善设施与生产条件需要大量的资金投入，这是现有的小额信用农贷、联保农贷业务等难以满足的。农业新型经营主体对农村土地抵押贷款政策的出台有着较高的诉求。调查研究也显示，随着农户经营规模的扩大，其希望以农村土地抵押融资的意愿会越强烈（金媛和林乐芬，2012；刘盈和申彩霞，2013；藏波等，2013；于丽红等，2014）。

我国农村土地产权抵押融资制度创新有着必要性与迫切性，但对于农村土地产权抵押融资的开展，学术界和政策层有着激励的争论，对于应该如何发展仍缺乏清晰的思路，在实践中尚处于摸索和试探阶段。本研究旨在思想认识上理清农村土地产权抵押的矛盾症结所在，发现在现实发展中农村土地产权抵押面临的困难与障碍。

二、农村土地产权抵押的可行性

土地具有可靠的安全性、持久的自偿性、确定的增值性、证券化的流动性等特征（吴文杰，1997；周诚，2003），是非常理想的信贷抵押品。但对于农村土地与房屋是否能够成为合法有效的抵押物，目前仍存在争议。

第一种观点认为，农村土地与其他土地一样具有经营性价值，在获得有效授权和可流转交易的条件下，能够成为有效的抵押物。Lerman 等（2002）、Deininger（2003）和阮建青（2011）的研究认为，土地产权的清晰化有利于促进土地经营权市场的发展，从而使银行更愿意接受土地作为抵押品。Feder（1998）的研究表明，土地登记使土地能够成为正规金融机构的抵押品，并且产权确认会使地价上升，经过登记具有合法产权的农户比没有合法产权的农户能够多获得52%的正式金融机构的贷款。肖诗顺和高锋（2010）认为，在经历过农村产权改革后，我国农村土地产权已经完全具备了排他性、可分割性以及一定的可转让性，理论上讲土地权利可以作为与农村金融机构进行贷款交易的标的。

第二种观点认为，农村土地抵押受制于现行的法律制度，以农村土地为抵押的合约无法获得法律上对抵押权的支持。我国《物权法》《担保法》均规定了农村集体所有的土地使用权不能设置抵押①。依据《物权法》第180条关于抵押财产范围的规定以及《物权法》第184条、《担保法》第37条对禁止抵押的财产的规定，农村私有房屋不在禁止之列，因而农民的住房理论上是可以抵押的。但由于法律禁止了宅基地的抵押，使得在现行“房地一体”的政策下，农民房屋财产权的抵押受到了事实上的限制。对于农村土地承包经营权的抵押，法律上一直存在争议。《农村土地承包法》虽然认可了农村土地承包经营权可以通过抵押的方式流转②，但在2005年颁布的《关于审理涉及农村土地承包纠纷案件适用法律问题的解释》认定土地承包经营权抵押合同无效，这意味着土地承包经营权抵押贷款得不到法律保护（郭继，2010）。我国《物权法草案》第五次审议稿提出了土地承包经营权人在一定条件下可以将土地承包经营权抵押，但在第六次审议时删除了该项规定。不支持从立法上赋予农村土地完整的抵押、担保权能的重要原因有三个：一是农户土地承包经营权和宅基地均是无偿分配取得的，不能等同于完全的私产，以其设置为抵押会损害集体所有者的权益；二是农村土地承担着社会保障性功能，在当前农村社会保障体系尚未建立、农民工市民化问题未能有效解决的情况下，将作为农民生存保障的土地承包经营权和宅基地用于抵押，将会产生大量无家可归的失地农民（中国物权法研究课题组，2003）；三是农村土地是集体所有的，农户承包地具有团体内部分配的性质，允许土地承包经营权抵押，将可能使农村土地承包经营权转移到集体成员之外，会改变农村集体经济的性质，对农村社会治理带来不利影响（王卫国，1997）。陈锡文（2014）指出，当前在法律上农村土地使用权仍是不允许抵押的，土地抵押可能引发高利贷和以抵押担保为名的私下土地买卖，相关法律的修改需要经过审慎研究。

第三种观点认为，应该修订相关法律赋予农村土地完整的使用权权能，使之能够成

---

① 《物权法》第184条和《担保法》第37条中规定：“耕地、宅基地、自留地、自留山等集体所有的土地使用权不得抵押，但法律规定可以抵押的除外。”《物权法》第183条和《担保法》第36条规定：“乡（镇）、村企业的土地使用权不得单独抵押。”

② 《农村土地承包法》第49条规定：“通过招标、拍卖、公开协商等方式承包农村土地，经依法登记取得土地承包经营权证或者林权证等证书的，其土地承包经营权可以依法采取转让、出租、入股、抵押或者其他方式流转。”第32条规定：“通过家庭承包取得的土地承包经营权可以依法进行转包、出租、互换、转让或其他方式流转。”

为合法的抵押物。允许农村土地承包经营权、农民住房财产权抵押，既解决了农村信贷一直解决不了的抵押品缺乏问题，也让农民获得了充分的土地权利，实现了对农民真正的还权赋能（郑风田，2009；王冠玺，2010）。韩俊（2004，2013）指出，赋予农民更加完整的土地财产权是维护农民土地权益的关键，应将包括转让、出租、入股、抵押等的处分权有条件地赋予农户。2014 年中央 1 号文件要求，“有关部门要抓紧研究提出规范的实施办法，建立配套的抵押资产处置机制，推动修订相关法律法规”，以支持承包土地经营权的抵押。在现实中，土地承包经营权抵押一直大量存在，这反映了人们对有效利用土地权利的诉求，应顺应客观现实的发展，及时研究修改《担保法》《物权法》《农村土地承包法》等法律法规，为农村土地承包经营权抵押融资提供法律保障（张红宇，2013）。周其仁（2004，2005，2011）认为，城乡土地权利不对等造成了土地资源市场的错配，农村土地也应该与城市土地一样赋予农民完全的产权，包括转让权和抵押权，而现行法律在这方面的规定存在矛盾，需要适应新的发展需求修改法律。但也有人主张法律修订需要审慎稳妥，对于农村土地承包经营权抵押的合法性问题，更切实有效的方法是在分离承包权和经营权的基础上，通过修改司法解释准予流转的经营权设置抵押。

第四种观点认为，农村土地自身价值低、价值难以实现等问题，使其在事实上难以发挥抵押物有效的风险保障功能。农村土地承包经营权的价值评估一般是以其土地租金或农业产出价值为基础，农村土地的流转被限定在集体范围内，这使得农村土地的市场估值比较低，特别是家庭承包土地的面积比较小且分散，对于金融机构来说不具有有效的抵押价值。而且农村土地产权不稳定、农村土地流转市场不发达、宅基地一户一宅的制度以及农村土地的社会保障功能等，制约了农村土地抵押价值的实现，在贷款出现偿还风险时，金融机构无法对抵押物进行处置。陈锡文（2010）认为，农村是一个熟人社会，即使外来人愿意买土地和房子，也不一定能被村里人接纳，因此土地的流动性有限，处置困难。马九杰等（2011）认为，农村土地至少在以下五个方面还难以符合理想抵押品的要求：一是可以被处置，即担保财产可以容易地从借款人转移给放贷者；二是可售卖，即容易变现；三是抵押品失去后借款人有遭受损失的感觉；四是担保品在合约期必须保值；五是给借款人带来交易成本。目前，农村土地规模小、价值低、承担较强生存保障功能（王兴稳和纪月清，2007），以及取消贷款抵押物赎回权和处置土地成本较高（钟甫宁和纪月清，2009），使得银行不愿意接受农村土地作为抵押物。

三、农村土地产权抵押贷款的典型模式

以2008年10月中国人民银行、中国银监会《关于加快推进农村金融产品和服务方式创新的意见》的下发为标志，全国陆续推进了农村土地与林权的抵押融资试点，开展了涉及林地和家庭承包土地经营权和收益权、集体建设用地使用权、农房使用权、合作社股权等多种权益的抵押融资，在实践过程中自发探索形成了多种农村土地抵押贷款模式。但由于当前存在农村土地产权不稳定、农村土地流转市场发育不完善、农村土地价值不高以及农村土地抵押权的实现困难等问题，在现实操作中农村土地还很难独立作为有效的抵押物，农村土地抵押实际上是与其他担保方式联合发挥防范信贷风险的作用。当前，我国实践中的农村土地抵押模式大致可分为以下五种类型。

1. “信用＋抵押”模式

“信用＋抵押”模式是一种直接的农村土地抵押方式，农户以其农村土地产权为抵押品直接向银行申请抵押贷款。这种模式需要政府通过规范农村土地流转市场和提供确权、评估、抵押登记、土地拍卖等服务来支持，并且有赖于抵押土地市场价值实现的保障。例如，湖南汉寿县、浙江宁波市的农村土地流转服务中心，在审核农户土地承包经营权证和流转租赁合同的基础上，对抵押的农村土地经营权进行认定和价值评估，通过办理“他项权证”以经营权设置抵押；浙江嘉兴市和湖州市是依据流转合同颁发“土地经营权证”。在农村产权市场尚未发展起来的条件下，政府的市场保护和风险分担对于农村

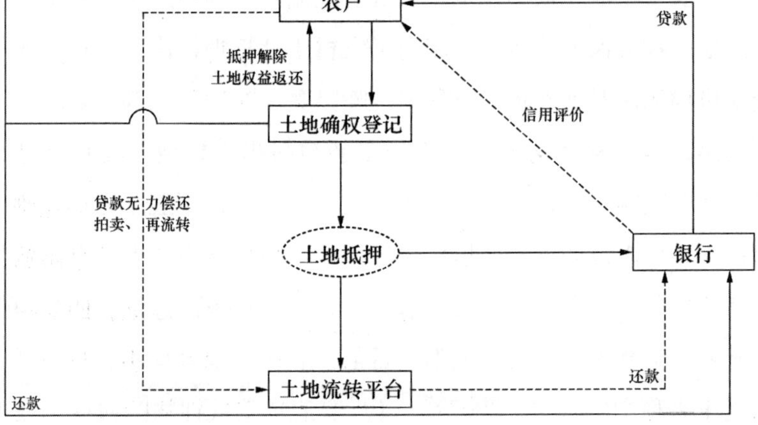

图1　“信用＋抵押”模式

土地产权抵质押市场的发展具有非常重要的作用。当前，各地政府都成立了风险基金帮助分散金融机构风险，但在这种模式下，风险基金不直接承担代偿责任，只是按照一定比例进行风险补偿，比如湖南汉寿县是15%、宁波市是15%。宁波市和陇南市还建立了抵押资产处置的回购政策作为市场底线保护，分别由集体经济组织收购和政府收储。

在“信用+抵押”模式下，金融机构通过对贷款人的信用评级和授信额度控制来预先防范信贷风险，农村土地抵押只是作为贷款增信的一种方式。在现实操作中，信用评级主要是基于信用村、信用户的建设，依托村委会的信用评议和信贷联络员来实现，并有采取“村集体授信、整村批发贷款”的方式。一些地区农地抵押贷款是按照“信用贷款额+抵押贷款额”进行确定的。例如，湖南浏阳市农村商业银行的农村房屋抵押贷款是在10万元的信用贷款之上，根据抵押土地评估价值增加相应的贷款额度，贷款利率根据农户“信用等级评定、现金流量评价、抵押担保评估”。

2. “保证+抵押”模式

“保证+抵押”模式是指农户将土地折价入股的形式加入土地合作社，政府为入股合作社的农户发放土地使用权证（或“存地证”），凭借以合作社背书的土地使用权证向金融机构申请贷款。这实际上是由合作社及其社员为贷款人提供了联合的保证担保，合作社也由此获得了入股土地的相关权益，成为农村土地经营和流转的平台，促进了农村土地的集中流转和规模化经营。一些以土地租赁为主的合作社已开始具有“土地银行”的雏形，比如宁夏平罗县的土地信用合作社。这种模式主要依靠的是农村“熟人社会”

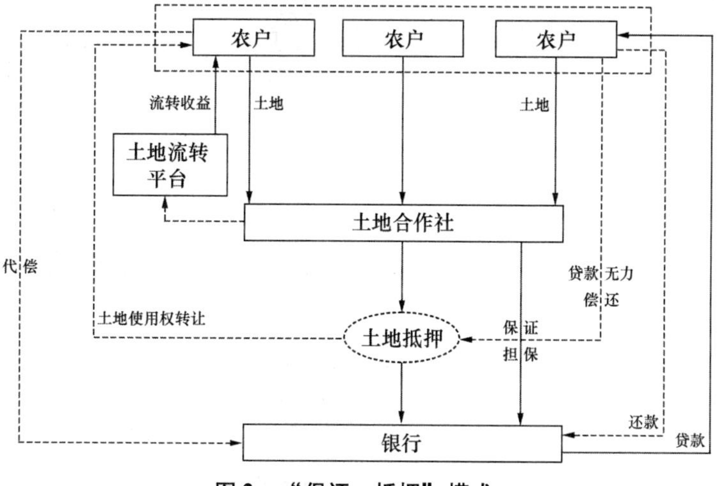

图2 “保证+抵押”模式

的特质，充分发挥内生秩序的能量，督促贷款农户及时偿清贷款（闫广宇，2008）。由于保证人的特殊性以及保证成员享有对流转土地的优先受让权，这种模式也解决了农村土地抵押物处置和价值实现困难的问题（贺雪峰，2008；郭继，2010）。

以宁夏同心县土地协会为例，农户以自家承包土地总面积2/5的土地承包经营权（需有土地承包经营权证）入股，每亩承包经营土地按不高于3000元的标准作价。会员在向信用社申请贷款时，选择至少3名会员（包括1名常务会员）作为贷款担保人，贷款申请人与协会和担保人签订土地承包经营权抵押协议。协议规定如果贷款到期不能偿还，将其入股的土地承包经营权转让给为其担保并进行清偿的会员，或由协会进行转让处置。同心县土地经营权抵押贷款实质是抵押贷款、保证贷款与信用贷款的结合。（李伟伟和张云华，2011）

3. “反担保＋抵押”模式

“反担保＋抵押”模式是指将农村土地抵押给第三方机构，农户以第三方机构的担保为基础向金融机构申请借款，约定当农户逾期不能还款时，第三方机构可凭其抵押权将农村土地进行挂牌竞标流转，以土地的流转收益来偿还债务，一旦债务偿清，再将土地经营权或使用权归还给农户。根据第三方机构的性质与设置方式不同，这种模式又可以分为政府主导的农村土地融资担保平台和市场化的融资担保平台。政府主导的融资担保平台好处是，以政府风险兜底的公益化运作有利于保障农民的利益和化解银行的风险，吉林梨树县的国有物权融资平台就是代表。这种模式的缺陷是，在运行过程中不利于市场主体的培育，并可能产生大量的政府或有负债。例如，从1988年成立到1997年

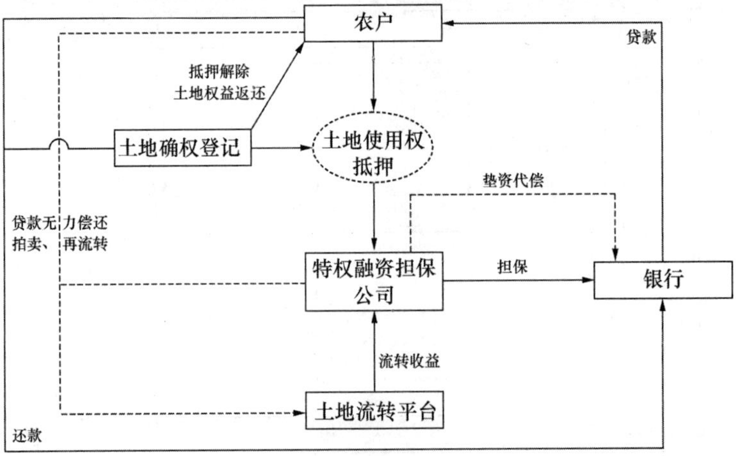

图3　“反担保＋抵押”模式

撤销期间，贵州湄潭县土地金融公司担负了550万元不良贷款（惠献波，2014）。市场化的担保公司有利于培育市场主体和促进市场形成，实现未来农村土地融资的市场化运作，重庆市的兴农融资担保公司、成都农村产权流转担保公司以及黑龙江佳木斯市金成农村金融服务公司等就是这方面的典型代表。这种模式的缺陷是，担保公司的实际运行既离不开政府支持，又增加了贷款成本和农户土地权益保障的难度。例如，重庆市政府的风险补偿专项基金需要对农村土地不良贷款承担35%的风险补偿，但据重庆市永川企业的估计，包括利息、担保费、评估费、保证金等在内的农村土地抵押贷款综合成本至少在12%以上（黄守宏、叶兴庆等，2013）

4. “信托+抵押”模式

“信托+抵押”模式是指农户将土地承包经营权委托给专业的信托公司，由其代为管理运营和开发经营，信托机构以土地为抵押通过发行债券或银行贷款向农业经营者提供资金。根据实际操作中所选择的具体模式不同，土地信托抵押的抵押权属关系会有所不同。一是信托机构作为土地经营权的全权受托人，在其需要为土地开发整理筹集资金时，信托机构以其所获得的经营权抵押进行发债或贷款，由此信托机构成为抵押人，而各个出资者则根据自己的出资份额获得相应的抵押权。在经营者出现偿债危机时，由信托机构对抵押土地进行再流转，以流转收益保障抵押债券购买者的权益。比如，安徽宿州市中信信托以5400亩土地经营权为抵押，计划在市场上筹集的1.1亿元资金，再以10%年利率贷给帝元农业。二是信托机构作为代理流转机构，只负责代理土地流转和与

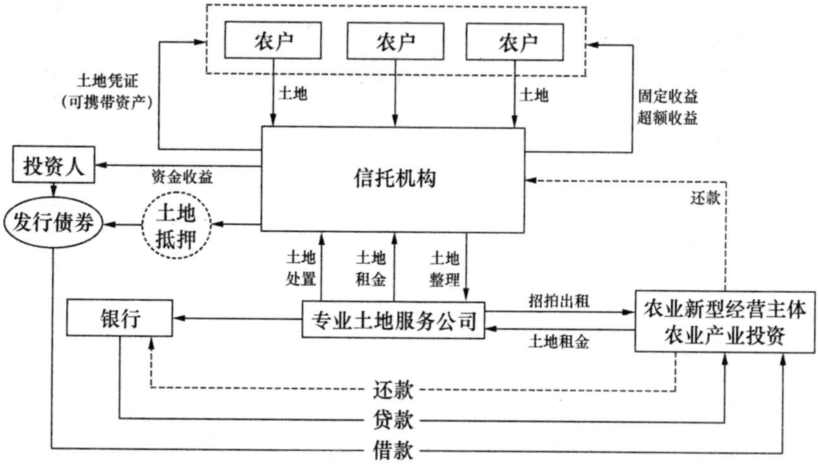

图4 “信托+抵押”模式

金融机构对接筹措资金。例如，福建沙县农业银行的“土地流转信托贷款”以财政注资成立的信托公司为基础，先对土地进行整改和集中流转，规模经营者再以流转获得的土地抵押向银行贷款。在这种情形下，土地只是由信托机构流转给经营者，实际的抵押人是经营者，抵押权人是发放贷款的银行，信托机构只是承担了土地产权管理和价值实现的中间平台作用。

“信托+抵押”模式可以有效实现承包权和经营权的分离，推助农业集中连片的规模化经营和对农业的现代化投资，建立以土地收益为保证的市场化筹资渠道，对于实现农村土地市场价值无疑是一种进步。但市场化信托单纯的逐利目标难以有效保障农民的承包经营权和顾及农村土地的生态性、社会保障性功能，容易导致农业的非农化、非粮化，如宿州项目中就出现了增加670亩的工业用地计划。这种模式的实施必须要以严格的农村土地用途管制和强有力的农民权益维护机制为保障，以避免市场的趋利性对农业土地用途的变更和农民利益的侵害。就目前的情况看，该模式只适合于务农人口比例较低、对土地转包经营需求较为旺盛、农业规模化生产条件具备的地区，而不太适合农民对土地依赖程度较大的地方。此外，土地信托在我国仍处于探索期，很多做法都在试探政策与法律模糊的边界，潜藏着一定的风险隐患。

5. “土地证券化+抵押”模式

“土地证券化+抵押”模式是指将农村土地的预期收益转化为金融市场上可以流通的证券形式，以该收益凭证为基础进行资金融通，有助于解决农村土地直接抵押价值难以实现的问题。有观点认为，土地证券化是最高层次的土地金融，能确保家庭对土地真实而永久的收益权，是唯一能够解决农村土地抵押所面临矛盾困境的根本出路（陆磊，2014）；农村土地证券化有利于真正实现土地使用权的自由流转（马义华，2011）。这种模式不仅能够分散发放农村土地抵押贷款金融机构的风险，而且还有利于农户的中长期融资（张宇和陈功，2010；张岩等，2013）。

从具体实践来看，一些试点地区已经出现了一些农村土地证券化的雏形，比如宁波市的“房票”抵押①、重庆市的“地票”抵押②以及湖北鄂州市的“两指标”

① “房票”抵押是以集体土地房屋拆迁补偿权益证书进行质押贷款。

② “地票”是农村集体建设用地复垦后取得的面积相等的建设用地指标。由于“地票”的价值变现比实物土地更加容易，“地票”抵押可更好地降低银行的风险。在重庆，截至2013年末，“地票”累计成交12.84万亩，成交金额超过260亿元，其中3859亩土地办理了“地票”质押贷款，贷款融资金额约6亿元。（中国农业银行湖北省分行课题组，2014）

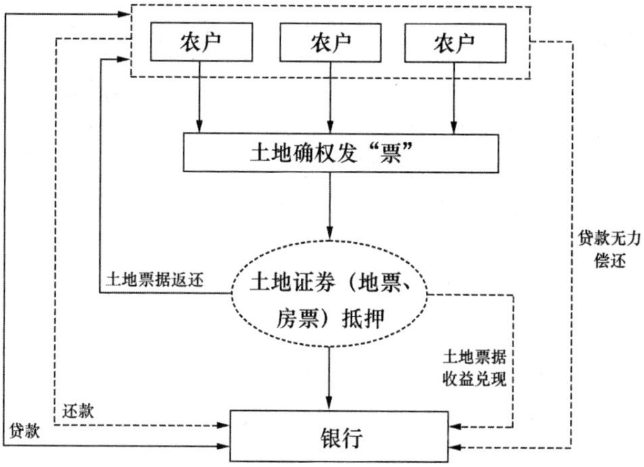

图 5 “土地证券化 + 抵押”模式

抵押[①]等。但这些形式只是将预期的土地收益转化为可交易的凭证，以此凭证为抵押来申请贷款。这仅适用于一些具有价值显性化的特殊土地类型，比如拆迁征用土地、农村土地转建设用地，等等，而普通的农村土地和农房由于缺乏明确的需求主体、充分的收益价差，难以在市场兑现土地票据价值，土地证券化也无法成为有效的抵押物。但土地证券化对于农村土地抵押贷款更重要的意义在于，以土地收益为担保发行债券融资，对资产的收益和风险进行分离和重组，可以帮助金融机构分散农村土地抵押贷款业务的风险，并建立起农村产业投资的长期融资通道。德国信用合作社可以直接以社员联合的土地为保证发行土地债券，通过债券融资满足社员长期投资的信贷资金需要，融资期限可以达到 10 ~ 60 年（惠献波，2014）。美国的联邦土地银行以各个合作社集合的抵押土地为担保发行债募集资金，向开展土地抵押贷款的信用社发放长期的批发贷款，贷款期限一般 5 ~ 30 年，保障了土地抵押贷款的稳定性资金来源（张笑寒，2007）；联邦农业抵押公司为农村土地抵押发行的债券提供担保，吸收社会资本投资土地抵押债券，促进了债券的流通与交换（李树杰和牛国艳，2002）。土地的证券化形成了稳定的农村土地抵押贷款资金来源，通过发展土地债券二级市场可以提高土地资产的流动性，解决了贷款违约后土地直接处置难、银行抵押权实现难的问题，大大缓解了银行开展土地抵押贷款业务的风险。

① 两指标”抵押是凭借建设用地挂钩指标和耕地占补平衡指标的收益作为保障申请贷款。

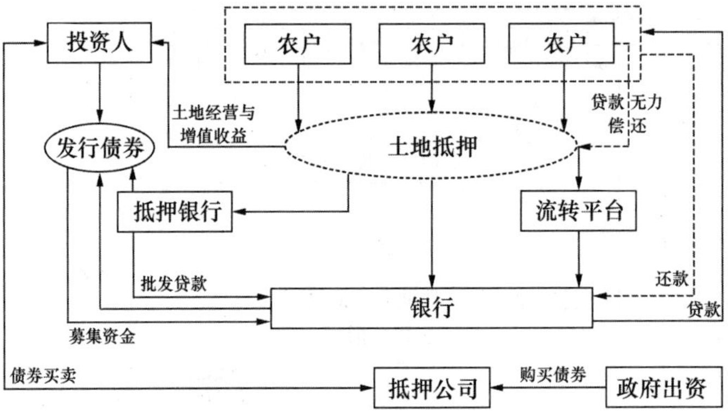

图 6　土地债券融资支持下的农村土地抵押

四、农村土地产权抵押贷款的实施效果

随着农村土地抵押贷款试点的推行，近期内农村土地抵押贷款增长较快。大多数研究者认为，围绕农村土地产权抵押进行的金融产品创新，可以缓解农户的信贷约束。但也有学者认为，由于尚处于发展的初始阶段，对缓解信贷约束的作用以及长期对农村经济发展的影响还难以估量，农村土地抵押贷款的效果目前只能从农户和银行参与的意愿来评价。

1. 农村土地抵押贷款对缓解信贷约束的作用

湖南省自开展“两权”抵押贷款（土地承包经营权质押贷款、农村住房抵押贷款）试点以来，截至 2014 年 3 月末，全省 13 个县开展农村土地承包经营权抵押，贷款余额为 9566 万元，同比增长 1.2 倍；25 个县开展农房抵押，贷款余额为 84.8 亿元（中国人民银行长沙中心支行，2014）。宁波市区农村信用联社自 2009 年 4 月与江北区联合推出“两权一房”贷款业务以来，截至 2014 年 5 月末，已有 2964 户农户获得“两权一房”抵（质）押贷款，累计发放贷款 3.86 亿元（宁波市区信用联社，2014）。截至 2014 年 1 月末，宁夏同心县土地反担保抵押贷款余额 2.2 亿元，涉及 5 个乡镇 37 个行政村的 6500 余户农户获得贷款，农户抵押土地面积 5.3 万余亩，未产生过一笔不良贷款（罗剑朝和杨婷怡，2014）。

另外一种观点认为，尽管试点地区农村土地抵押贷款规模快速增长，但相当一部分农村土地抵押贷款业务都是基于信用等级较高、有其他资产作担保的农户展开，他们大多数并没有真正受到严格的信贷约束，农村土地抵押贷款只是替代了其他形式的贷款，发挥的只是“锦上添花”的作用。特别是，现实中的农村土地产权抵押大多不是独立实现的，而是辅之以信用、担保、保证以及其他抵押物联合实施的，很难分离农村土地抵押贷款对信贷约束缓解的贡献。因此，不能以农村土地抵押贷款业务的增长量来判断该业务对农村信贷约束的缓解程度。

2. 参与农村土地抵押融资的意愿

农村土地抵押贷款实施效果的差异也可以部分由不同地区农户的不同接受意愿来解释。在江苏泰州有近70%的农户愿意参加农村土地抵押贷款，主要原因是非农就业机会多、融资需求大（林乐芬和赵倩，2009）。在重庆开县，愿意参加农村土地抵押贷款的农户达到了74%左右，主要是农户融资需求急迫，现有正规金融满足度低（邱继勤等，2012）。在辽宁省，则有45%左右的农户不愿意参加土地产权抵押贷款，主要原因是担心失去土地、不了解政策（于丽红等，2014）。曾庆芬（2010）在成都“试验区”的调查发现，只有37.6%的农户申请土地和房屋产权抵押贷款，而郭继（2010）在湖南、黑龙江、广东等10省的调查发现，只有13.6%的农户希望以抵押方式流转土地，主要原因是农民的人情羁绊和金融机构风险无法覆盖。张迎春等（2012）对成都农村产权制度改革的调查发现，农村融资难的问题未得到实质缓解，农村土地产权残缺、不独立和高交易成本降低了银行的信贷供给意愿，贷款手续烦琐引致的交易费用也使得需求者意愿不足。

农业规模经营者对土地抵押融资的需求却较为强烈。于丽红等（2014）在辽宁省的调查研究显示，79.22%的受调查农户认为农村土地产权抵押融资对其生产经营活动及生活具有不同程度的帮助，45.19%的农户具有土地产权抵押融资的意愿；随着农户土地面积的增加，农户参与土地抵押融资的意愿随之增强。金媛和林乐芬（2012）对江苏省10个县598户农户的调查研究显示，农村土地抵押融资意愿与种植业、养殖业收入正相关。刘盈和申彩霞（2013）的调查发现，重庆忠县、开县农户抵押意愿与耕地面积正相关。藏波等（2013）对重庆11个典型村的调查显示，38.4%的农户愿意通过土地入股形式将土地流转给大户或企业，并且愿意接受以土地使用权进行抵押贷款，农户土地证券化的意愿与非农收入、承包地面积、生产与生活支出显著正相关。

信贷员只对规模经营农户发放抵押贷款有比较高的积极性。刘贵珍（2009）对豫北地区350位金融机构从业人员调查显示，只有一半的人希望国家出台农村土地抵押贷款政策，最主要的原因是认为抵押物处置困难、农业经营风险大。兰庆高等（2013）对辽宁省法库县350名信贷员的调查显示，由于农村土地社会保障功能强、取消赎回权难等原因使得金融机构甄别和监督农户非常困难，信贷员对于发放农村土地抵押贷款的意愿不强；但农户性质、农村土地规模、农村土地产权稳定性对信贷员发放农村土地抵押贷款的意愿影响是显著正向的，金融机构更愿意向农业大户、农业专业合作社、农业企业提供土地经营权抵押贷款。王兴稳和纪月清（2007）的调查发现，大多数信贷员认为农村土地价值不高、取消赎回权困难，而不愿意接受农村土地作为贷款抵押物，但在农村土地价值大于某个阈值后，信贷员开始愿意接受农村土地作为贷款抵押物。

五、现存问题与制度障碍

农村土地抵押贷款创新在各个试点地区陆续开展，初步取得了一些成效。但由于上层制度的缺失与配套体系的不健全，农村土地抵押贷款的发展存在一些问题，潜藏着一些风险隐患。

一是受到法律制约，农村土地抵押权难以获得保障。农村土地抵押贷款业务在试点地区只是以地方性法规的形式获准开展，缺乏权威而有效的制度保证，容易引致抵押贷款的风险（董敬茹等，2010）。虽然地方政府协调国土、住建、法律等相关部门，在确权保证、诉讼受理上给予了必要的支持，但在真正发生贷款违约问题时，只能采取协调方式解决，对于抵押物的处置无法走司法拍卖程序。在当前缺乏集体经济组织法、集体资产处置办法的情况下，银行对处置宅基地和承包地使用权缺乏法律制度依据（陈锡文，2010）。没有法律的认可和支持，农村土地抵押难以获得长久的生命力（刘奇，2014；林乐芬和赵倩，2009；邱继勤等，2012）。

二是农村土地市场发育不完善，抵押物价值实现存在困难。当前，农村土地抵押贷款开展的最大障碍是农村土地、农房的确权工作尚未完成，农村土地流转交易市场还不够活跃和规范，使得农村土地还难以成为有效的抵押物。特别是各地农村房屋建设大多存在不合规问题，按照现行规定进行确权将大大降低其实有的住房面积，使得很多农户缺乏参与农村土地抵押贷款的积极性。全面系统地解决好农村土地、房屋产权的确权问题，是开展农村土地抵押贷款业务的制度基础。史卫民（2009）认为，目前的土地经营权存在抵押登记制度不健全、抵押价值评估不规范、土地流转要素市场缺失、抵押贷款实现风险较大等现实困境。由于没有健全的土地承包经营权流转市场，农村土地流转较为困难（傅晓，2008）。银行在处置土地承包经营权抵押贷款时，农村土地产权交易执行较为困难，可能会出现大量不良贷款（陈锡文，2010）。由于缺乏具有公信力的评估机构，被抵押土地的经营权价值难以得到客观、可信的评估（胡家强，2008），而建立规范的中介评估服务体系，又会加大农户的融资成本。另外，抵押资产价值实现的关键在于增强资产的流动性，但农村土地用途受到严格限制，产权的流动也有很多的限定和约束条件，比如农村住房、集体经济组织股权只能在农村和集体成员内部流动，封闭的市场运行决定了农村土地资产的抵押价值难以提高。

三是风险分散机制不健全，风险控制面临严峻挑战。目前，农村土地抵押贷款风险的控制主要是依靠抵押条件的限制和政府的风险补偿。但在抵押价值难以实现的情况下，前者只是降低了抵押农户能够获得贷款的规模，实际上并没有增强还款保障能力；后者的风险保障力度则非常有限。一些地区引入担保使抵押虚置，反而增加了农户贷款的成本，且政策性担保机构自身的可持续发展问题还难以解决。我国农业保险的覆盖率较低、保障额不足、信贷保险尚未发展，目前也难以帮助分散农村土地抵押贷款的风险。缺乏土地证券化的支持，单纯依靠存款的放贷机制使银行对流动性风险控制有较高要求，土地抵押的长期融资功能无法发挥。农村社会保障体系不健全，使农村土地的处置可能引发社会风险，加大了抵押资产处置的难度。

四是农村土地融资运作机构的管理不规范，潜藏着较大风险。我国的农村土地抵押贷款业务采取了试点推进的方式，允许试点地区突破一定的政策、法规限制探索业务发展机制，这为改革发展创造了条件和提供了动力。但因为缺乏顶层的制度设计，农村土地融资平台的运作缺乏规范性指导，对法律政策能够突破的范围也缺少界定，一些地方试点上存在着“借机越界”、“让违法变为既成事实”的问题。各地农村土地融资平台的形式多样，却没有相关的条例、文件对其业务范围、行为边界进行有效规范，对农村土地抵押的条件、目标、范围等缺乏明确界定，趋利化目标下可能导致农村土地抵押融资平台变为“圈地工具”、“囤地载体”、“土地变性跳板”和变相高利贷的渠道，使农民的基本权益遭受损害、农村土地保护受到挑战。

五是对高土地收益的追求，带来农业生产经营不平衡的问题。农村土地价值与经营内容密切相关，完全市场化的农村土地抵押贷款会推高经营者用地成本，即使坚持农村土地农用原则，仍可能会导致农村土地的非粮化发展趋势。一方面，农村土地抵押后产生了强制偿还的压力，只有生产具有更高经济价值农产品的农户才会有意愿进行农村土地抵押贷款；另一方面，当面临贷款不能偿还时，金融机构为了充分实现其抵押权，采取市场化拍卖方式流转农村土地，可能推高农村土地的使用价格。抵押农村土地流转后，为获得短期内的价值最大化，可能被用于发展消耗地力的经济作物，农业生产的平衡性和农村土地生产的可持续性将受到影响。另外，农村土地抵押融资促进农业经营规模化、集约化、现代化发展的目的，在缺乏制度化规范的条件下，可能异化为产业资本进军农村抢占土地和劳动。

六、结论与改革启示

法律限制和制度缺陷制约了我国农村土地产权抵押贷款的发展，这是当前试点难以全面推广的重要原因。为了有效发挥农村土地产权的融资功能，为我国农业现代化发展提供有力的金融支撑，亟须修改相关法律以及完善农村土地产权、农村土地管理、风险防范等制度体系，形成农村土地产权抵押融资内生可持续发展的生态环境。

一是加强法律的支持和保障，针对农村土地抵押修改相关法律法规。修订《物权法》《担保法》和《土地承包法》，明确农村土地承包经营权、宅基地使用权抵押、转让以及抵押债权流转的权益，为农村土地抵押贷款和发行债券提供制度基础，规定一定比例的承包地不得以因贷款无力偿还而强制拍卖。加强对农村土地用途的管制，明确农村土地抵押后的经营权人对农村土地的基本权益，有效稳定经营权；规范农村土地流转的对象、经营性质，规定农村土地流转、抵押后的用途范围、使用变更条件。制定专门的农业抵押贷款法：限定开展农村土地抵押贷款业务的金融机构、农村土地专营机构的资格条件，规范和约束农民、土地合作社、土地银行、抵押公司等涉及其他农村土地金融业务主体之间的权利与义务关系，要求贷款清偿后全部返还土地权益和入股股金；明确限定土地抵押贷款人的资格、贷款用途等（姚道艳，2013）；严格规定农村土地抵押贷款配套实施信用保证、信用保险以及相应责任主体在风险发生时对贷款的代偿责任，要求农村土地抵押实施强制保险等。

二是对农村土地抵押要有顶层的制度设计，建立农村土地抵押的专营机构和组织运行体系。农村土地抵押贷款的发展必须以对农村土地抵押权的有效经营运作为基础，围绕农村土地抵押业务的开展，逐步完善专营组织体系，包括抵押担保公司、土地合作社、土地抵押银行、土地抵押公司、农村土地流转平台等；建立政策性的农村土地开发服务公司，能够通过对农村土地的集中化开垦、修复以及农业现代化生产的基础设施开发建设，提高土地的生产力，进而盘活耕地资源，提升土地价值。在各地农村土地抵押权益运营平台的基础上，在中央层面建立农村土地抵押银行，以政府信用为担保，在公开市场上为农村土地抵押贷款筹集资金，建立对基层土地抵押贷款发放机构的“批发贷款”机制，从资金来源上解决当前金融机构风险控制与农村金融需求的不匹配问题。

三是加快推进农村土地确权，完善农村土地权益价值评估和流转机制。以农村土地确权登记为基础，建立支持农村土地产权抵押贷款业务的农村土地基础信息系统和可抵押产权凭证。加快建立健全农村产权交易体系，通过有效的供需对接和公平的挂牌竞价，完善土地权益的定价机制、价值实现机制和流转分配机制。支持各地根据自身条件以信托、债券、票据等方式探索土地权益证券化的操作办法，将土地权益转换为有价值呈现且便于交易的证券，以相应证券来实现土地权益抵押融资，逐步减少中介和价值评估环节，简化融资程序和降低融资成本，通过证券流转支持抵押权的价值实现。

四是鼓励农村土地抵押融资与担保、保证、信用、保险相结合，建立多层次的风险防范与保障机制。支持保险公司针对特色化、规模化农业的经营权推出赔付率更高的商业保险，使农村土地抵押贷款能够通过保险获得比较充分的还款保障。推动建立农村土地抵押贷款信息、土地产权登记信息、农户个人信用与经营信息相互支持的信息系统，形成对农户土地状况、土地收益、流转价值、经营收益以及资产和信用系统记录，支持对贷前的信用评价、贷款跟踪管理的有效风险控制。建立抵押土地的回购和收储制度，保障土地价值的有效周转与流动。探索建立大区域内或国家层面的风险基金和信贷风险援助机制，以防范区域系统性风险的发生。

五是推出配套的农业支持政策，以信贷为杠杆引导政策目标的实现。当前发达国家的农业市场化和现代化水平已经较高，美国农场平均有一半的土地都是租赁的，德国农户租赁土地的比例更是高达68%，但我国农业生产仍是以自耕农为主。农业生产缺乏规模化基础使得生产性信贷需求不强烈，我国农户同时面临着金融机构的风险约束和自身的信贷需求压抑。农村土地抵押融资的发展需要以扩大农业和农村生产经营机制为基础，协同推行支持专业大户、家庭农场和农民合作社等新型经营主体的相关政策，以激发农业经营活力为基础激活农村土地市场，为农村土地融资提供重要的市场基础。

参考文献

[1] 藏波，杨庆媛，周滔．农村土地收益权证券化的农户意愿及其影响因素——基于重庆市11个典型村的调研．中国人口·资源与环境，2013（6）：51～58

[2] 曾庆芬．产权改革背景下农村居民产权融资意愿的实证研究——以成都“试验区”为个案．中央财经大学学报，2010（11）：63～68

[3] 陈锡文．农村土地抵押贷款不宜在我国普遍推广．半月谈，2010（4）：23

[4] 陈锡文．应准确把握农村土地制度改革新部署．中国党政干部论坛，2014（1）：31～33

[5] 董敬茹，王友健，王占全．农村土地承包经营权抵押贷款开办过程中存在的问题及建议．吉林金融研究，2010（10）：38～39

[6] 傅晓．我国农村土地承包经营权流转的现状、难点和建议．广东土地科学，2008（1）：33～35

[7] 郭继．土地承包经营权抵押的实践困境与现实出路——基于法社会学的分析．法商研究，2010（5）：31～37

[8] 韩俊．赋予农民更加完整的土地财产权．新世纪，2013-06-24

[9] 韩俊．尊重农民的土地财产权利．理论视野，2004（3）

[10] 贺雪峰．什么农村，什么问题．北京：法律出版社，2008

[11] 胡家强．论土地承包经营权合同与土地承包经营权．改革与战略，2008（6）：91～93

[12] 黄守宏，叶兴庆，张顺喜等．关于“三权”抵押贷款问题的调查与建议．国务院研究室调研报告，2013-06-20

[13] 惠献波．农村土地抵押融资实践模式的探索与路径选择——基于农村土地金融试点的实证观察．西南金融，2014（3）：66～71

[14] 金媛，林乐芬．规模经营、农地抵押与产权变革催生：598个农户样本．改革，2012（9）：71～76

[15] 兰庆高，惠献波，于丽红，王春平．农村土地经营权抵押贷款意愿及其影响因素研究——基于农村信贷员的调查分析．农业经济问题，2013（7）：78～84，112

[16] 李树杰，牛国艳．美国农业金融体制演变研究．金融教学与研究，2002（1）：23～26

[17] 李伟伟，张云华．土地承包经营权抵押标的及其贷款操作：11省（区、市）个案．改革，2011（12）：76～84

[18] 林乐芬，赵倩．推进农村土地金融制度创新——基于农村土地承包经营权抵押贷款．学海，2009（5）：68～72

[19] 刘贵珍．推行农村土地承包经营权抵押贷款的建议．青海金融，2009（1）：31～33

[20] 刘奇．农村土地抵押贷款的困境．中国金融，2014（5）：19～21

[21] 刘盈，申彩霞．农村土地抵押融资需求调查及影响因素分析——以重庆市开县、忠县为例．安徽农业科学，2010（9）：4819～4822

[22] 陆磊．撬动土地金融创新的“键钮”．中国农村金融，2014（10）：32～35

[23] 罗剑朝，杨婷怡．农村产权抵押融资试验典型模式比较研究．农村金融研究，2014（6）：10～17

[24] 马九杰，周向阳，陆建云．担保抵押制度改革与农村金融产品及服务创新．沈阳农业大学学报（社会科学版），2011（6）：659～665

[25] 马义华．农村土地产权流转制度的缺陷与农村土地证券化选择．改革与战略，2011（2）：97～99

[26] 邱继勤，邱道持，王平．农村土地抵押贷款面临的挑战与政策检讨——以重庆市开县为例．农村经济，2012（2）：34～37

[27] 阮建青．中国农村土地制度的困境、实践与改革思路——“土地制度与发展”国际研讨会综述．中国农村经

济，2011（7）：92～96

[28] 史卫民．土地承包经营权抵押制度探析．经济体制改革，2009（5）：98～101

[29] 王冠玺．从法律视角谈我国农村土地融资的相关问题与建议．财政研究，2010（8）：27～31

[30] 王卫国．中国土地权利研究．北京：中国政法大学出版社，1997

[31] 王兴稳，纪月清．农村土地产权、农村土地价值与农村土地抵押融资——基于农村信贷员的调查研究．南京农业大学学报（社会科学版），2007（4）：71～75

[32] 吴文杰．论农村土地金融制度的建立与发展．农业经济问题，1997（3）：34～39

[33] 肖诗顺，高锋．农村金融机构农户贷款模式研究．农业经济问题，2010（4）：14～18，110

[34] 姚道艳．农民住宅抵押法律问题的研究．金融法制，2013（3）：93～95

[35] 于丽红，陈晋丽，兰庆高．农户农村土地经营权抵押融资需求意愿分析——基于辽宁省385个农户的调查．农业经济问题，2014（3）：25～31，110

[36] 张红宇．积极稳妥开展农村土地承包经营权抵押试点．清华大学中国农村研究院“三农”决策要参，2013（34）

[37] 张笑寒．美国早期农村土地金融制度及其经验启示．农村经济，2007（4）：126～129

[38] 张岩，高雅，张颖．农村土地融资模式创新——土地收益抵押贷款证券化研究．知识经济，2013（17）：84～85

[39] 张迎春，吕厚磊，肖小明．农村产权确权颁证后融资困境解决了吗——以成都市为例．农村经济，2012（5）：76～79

[40] 张宇，陈功．农村土地使用权抵押贷款证券化研究．经济与管理，2010（4）：71～76

[41] 郑风田．土地承包经营权抵押试点利远大于弊．http：//zft2000.blog.163.com/blog/，2009－05－15

[42] 中国农业银行湖北省分行课题组．中国农村产权交易所运作模式比较研究——基于农村产权抵押融资的视角．农村金融研究，2014（6）：23～28

[43] 中国物权法研究课题组．中国物权法草案建议稿：条文、说明、理由与参考立法例．北京：社会科学文献出版社，2003

[44] 钟甫宁，纪月清．土地产权、非农就业机会与农户农业生产投资．经济研究，2009（12）：43～51

[45] 周诚．土地经济学原理．北京：商务印书馆，2003

[46] 周其仁．农村产权制度的新一轮改革．财新网，2011－03－04

[47] 周其仁．农村土地产权与征地制度——中国城市化面临的重大选择．经济学（季刊），2004（1）：193～210

[48] 周其仁．农村土地同地同价同权之我见．中国经济周刊，2005－08－30

[49] Deininger，K.，Land Policies for Growth Andpoverty Reduction（World Bank Research Report），World Bank and Oxford University Press，2003

[50] Feder，G.，and A. Nishio，The Benefit of Land Registration and Titling：Economic and Social Perspectives，Land Use Policy，1998，15（1）：25～43

[51] Lerman，Z.，C. Csaki，and G. Feder，Land Policies and Evolving Farm Structures in Transition Countriesn，World Bank Working Paper，2002，No. 279

完善农地抵押贷款制度，支持农业现代化经营

程　郁

农村金融供需失衡已经成为制约我国农业与农村发展的重要障碍。当前的正规金融制度体系与农村生产经营制度的不适应性，导致了我国农村金融缺口呈现持续扩大趋势。十八届三中全会《决定》要求，赋予农民对承包地承包经营权和集体资产股权的抵押、担保权能以及宅基地用益物权，为激活农村金融市场提供了重要的制度条件。但发展农村土地抵押融资还需要一系列配套制度的支持，以促进市场的形成和发展，从而以农村土地市场与农村金融市场的成熟完善和相互之间良性互动为基础，保证农地抵押融资在风险可控的条件下有效支持农村经济的发展和农户收入的提高。

一、发挥土地融资功能是支持农业现代化发展的重要条件

当前，我国正处于城镇化快速发展和农业经营深度转型的关键时期。一方面，工业化与城镇化的推进，使得2.7亿农村劳动力流入了城市，其中已有5000多万户农户把自己不耕种的土地流转了出去，土地流转规模近5年内翻了1.5番，截至2013年底，全国承包耕地流转面积达到3.4亿亩。另一方面，农村耕地资源的自发市场化调节促进形成了一批规模经营主体，到2012年底，全国经营耕地面积在50亩以上的专业大户已达287.5万户；其中，家庭农场87.7万户，经营土地面积1.76亿亩，户均经营耕地200.2亩，年收益18.47万元，效应明显高于普通承包农户。农业规模化新型经营主体的大量兴起，预示着我国农业生产方式将发生巨大转型。新型农业经营主体扩大生产规模、改善设施与生产条件需要大量的资金投入，这是现有的小额信用、联保农贷业务难以满足的。农业现代化发展需要更深入的金融支持，农地抵押贷款制度创新是实现“三农”增

信最关键的突破口。

农业的规模化经营使土地经营权抵押具有现实可操作性，是建立起商业可持续的农地金融制度的基础。从供给角度看，只有规模经营的土地才具有抵押的价值，且大量规模经营主体的崛起能够使土地的经营权更具有市场价值，为抵押权的实现创造现实条件，银行才乐意接受土地作为抵押。从需求角度看，只有规模经营主体因为有更大贷款资金需求，才有必要以土地抵押来进行贷款增信，且以高效的产业化生产为支撑创造更高的经济收益，实现更有效的信贷资金配置效益。产业是金融立身之本，只有金融促进产业的发展，才能确保金融自身发展的可持续。农村金融的商业可持续机制的建立，关键在于推动农业与农村生产向高效率、高价值的现代经营方式转型，在农村建立起金融支持产业升级、产业带动金融创新良性互促的资金价值链循环。

土地抵押融资在各国农业现代化转型中具有举足轻重的作用。在主要发达国家，农地抵押贷款是稳定和支持农业生产者的重要制度基础，为农业生产者扩大经营规模、改进生产方式、改良土壤质量等现代化经营的方式提供长期、稳定的低成本资金供给。美国、法国、德国农地抵押贷款的发展是为了给农场主购买土地和农业固定生产资料提供低成本资金支持，一直到现在美国仍然是通过农地金融制度促进其农地休耕、水土保持和目标价格补贴等政策目标的实现；日本和韩国的农地金融制度主要是为了引导土地改良、促进适度规模经营、改进生产技术、提高土地利用效率和扶持自耕农发展。而在中国台湾，农地抵押贷款是配合“小地主大佃农”政策实施，重点为“大佃农”提供无息的土地租赁贷款和低息的购地贷款、农机贷款支持。

二、农村土地抵押融资需要系统的制度创新

长期以来，我国农村“贷款难”的根源在于金融机构对农户提供贷款面临风险、成本与收益的不对等性。我国以小农为基础的家庭经营模式具有弱质性和分散性问题，对农金融服务存在较高的风险和成本。由于农户缺乏有效抵押资产以及农村抵押资产的变现障碍，使得金融机构缺少化解风险的渠道和机制，这是其对农“惜贷、慎贷”的重要原因。探索农地抵押贷款制度有利于破解当前农村金融发展的困局，但我国农村土地所承载的社会保障功能又使得这一制度具有复杂性：既需要将农地有效接入市场发挥其资产功能，又必须要防止市场对农村和农民利益的侵蚀；既离不开政府的支持、引导和保

障，又必须要建立起市场可持续发展机制。因而，它需要全面系统的改革和在限定条件下的创造性制度安排来解决当前所面临的各种约束与矛盾。

第一，我国法律对农地抵押的约束要求农村产权制度创新。现行法律对农村集体土地使用权抵押的限制，决定了当前农地抵押担保制度必须建立在对土地权属的进一步分割与确立的基础上。由于我国现行的《担保法》《土地管理法》及《物权法》均规定，农村的耕地、宅基地、自留地和自留山等集体所有的土地使用权不得抵押。《农村土地承包法》也仅仅是放开了对“四荒”承包经营权的抵押。因而，在现有的法律框架下，农地抵押融资需要对土地权属进一步细化分离，将“土地所有权”“土地承包权”“土地经营权（或使用权）”以及“土地收益权”相分离并分别给予确权，以用益物权为基础设置抵押，才能破除农地抵押融资的制度障碍。比如，吉林和山西是以“土地收益权”、浙江和湖南等是通过对土地经营权确权来设置抵押。

第二，农村土地权益抵押融资需要以土地流转市场的培育和建立为基础，形成一套完整的制度体系保障其有序运行。农村土地权益能够用于抵押的先决条件是土地权益可确认且收益价值能够有保障的实现，这就要求其实施必须建立起“土地使用权证 + 土地经营运营机构 + 流转交易平台”三位一体的支撑。从试点经验看，不管是采取什么模式，首先都需要通过对土地权益的有效确权形成普遍认可的价值凭证，再成立相应的土地经营机构以土地的价值经营为贷款提供反担保、保证。为保证抵押土地的合理定价和价值有效兑现，还需要建立联网的土地权益交易所或流转服务中心。农地抵押融资本质是由政府帮助搭建一个中间市场平台，将农村最大的经营性资产有效盘活，作为解决当前农村金融制度困境的杠杆。

第三，金融机构风险控制对土地商业化价值的需求需要农村土地运营模式的创新。农村土地成为合格抵押物的关键条件在于其具有较为容易变现的市场价值，而农村土地因为缺少市场交易土地价值还难以有效体现。农村土地的零散性、生产多样性以及地力的差异性给其价值评估带来巨大难度，建立农村土地流转市场、促进土地价值的合理形成还需要一个漫长的过程。《商业银行法》规定金融机构自身不能经营不动产，因此农地抵押融资需要发展专门的土地运营平台，以业务模式的创新在促进分散的土地集约化、规模化经营的基础上，推助实现以土地有效利用为基础的市场价值提升。

第四，农业的基础性地位以及农村土地的复合性功能需要风险保障制度的创新。农村土地抵押贷款既需要防范由农业经营脆弱性导致的信贷风险，又要防止抵押土地处置流转不当所引发的粮食安全、生态恶化与农村社会风险。其有效发展和全面推广有赖于严格的农村土地管理制度约束、有力的社会保障制度保障以及发达的金融保险生态系统支撑。当前国内的试点主要是在执行层面采取抵押率的控制、贷款期限限制以及政府的风险补偿来防范和控制风险，但上层制度的风险屏障和市场化的风险分散机制均尚未建立。在当前政策性金融服务不足、农业保险保障率不高、农业信贷保险尚未发展、农村社会保障机制匮乏的条件下，农地抵押贷款对银行和农户来说均面临着较高的风险。因而，农地抵押贷款的发展必须建立市场化、社会化、政策性多重结合的风险分散机制和相关的制度安排。

三、完善农村土地抵押制度的建议

一系列制度环境的缺失与缺陷制约着我国农村土地产权抵押贷款发展，这是当前试点难以全面推广的重要原因。为了有效发挥农村土地融资功能，为我国农业现代化发展提供有力的金融支撑，亟须完善相关法律以及农村土地产权、农村土地管理、风险防范等制度体系，使农村土地产权抵押融资能够在各环节协同支持下形成内生可持续发展的生态环境。

第一，确立农地抵押贷款业务开展的法律基础。对各地将农地使用权、经营权和收益权分割独立用作资产抵押的实践探索给予积极的认可。加快推进土地承包经营权、宅基地使用权的确权、登记、颁证、流转等基础性工作，使农地权益成为合格有效的抵押物。修订《物权法》《担保法》和《土地承包法》或相关的司法解释，明确农村土地承包经营权、宅基地使用权抵押、转让以及抵押债权流转的权益，对金融机构农地抵押权的实现给予充分的法律保障。针对农村土地的特殊性，应制定专门的农业抵押贷款法，规范和约束承包户、经营户、土地银行或土地合作社、贷款银行以及抵押公司等涉及农地金融业务主体之间的权利与义务关系，充分保障各自土地承包权、经营权及抵押权的充分实现。

第二，出台相关的政策和意见支持和规范农地权益融资的发展。目前，各地对农地权益抵押融资探索已经取得初步成效，但国家层面尚未出台明确的意见和政策给予支持和指引，使得地方对下一步发展存在迟疑和困惑。国家有关部门应尽快联合出台相关的支持意见和配套政策，确立其业务开展的制度合规性，明晰相关的制度规则、规范具体的操作实践。为稳定农业生产与农村社会的稳定，应当限定抵押土地流转后原则上不得变更土地用途，限制向非农人口和企业流转的比例，严格将包括利率、评估在内的综合贷款成本控制在一定范围内，确保土地权益人具有对抵押土地优先赎回权，对一定额度范围的小额贷款采取免评估放贷。

第三，健全和完善农村土地权益价值评估和流转机制。加快建立健全农村产权交易体系，通过有效的供需对接和公平的挂牌竞价完善土地权益的定价机制、价值实现机制和流转分配机制。支持各地根据自身的条件以信托、债券、票据等方式探索土地权益的资产化、证券化的可操作方法，将土地权益转换为有价值呈现且便于兑换和交易的证券，以相应的证券来实现土地权益抵押融资，逐步减少中介和价值评估环节，简化融资程序和降低融资成本。

第四，培育多种形式的非盈利性土地权益经营机构。农地价值的充分实现需要以有效经营运作为基础，而农地开发经营和资本化的前提是要满足国家农业发展战略需要，因而农地经营主体应由承担政策义务的非盈利主体来承担。一是鼓励和支持各地土地合作社的发展，以土地经营权入股形式促进土地连片集中的规模化经营。二是建立农地抵押银行，以政府信用为担保利用土地抵押权在公开市场上为农地抵押贷款筹集资金，建立对基层土地抵押贷款发放机构的"批发贷款"机制，从资金来源上根治当前金融机构风险控制与农村金融需求的不匹配性。三是建立政策性的农地开发公司，对农地进行集中化的开垦、修复以及农业现代化生产的基础设施开发建设，提高土地的生产力，进而盘活耕地资源、提升土地价值。

第五，建立多层次的风险防范与保障机制。鼓励农地抵押融资与担保、保证、信用、证券化等多种风险管理机制相结合发展。完善农地抵押贷款信息系统，与土地产权登记信息系统相互支持，形成对农户土地状况、土地收益、流转价值以及资产和信用系统记录，支持对贷前的信用评价、贷款跟踪管理的有效风险控制。加强保险的保障支持，要求农地抵押贷款购买相应的农业保险，由财政给予一定保费补贴购买农业保险；在国家层面建立农业信贷保险制度，要求开展农地抵押贷款的金融机构按照未偿还贷款的一定比例缴纳信贷保险金，与财政资金共同成立农业信贷保险基金。建立抵押土地的回购和收储制度，保障土地价值的有效周转与流动。

加强上层制度供给，完善农村土地经营权抵押

程　郁

农村资产无法流动和实现资本化，农业生产者缺乏能够用于筹资的可抵押资产，导致了农业投资缺乏和资本积累缓慢，这极大制约了我国农业现代化的发展。十八届三中全会《决定》和2014年中央1号文件允许农村土地承包经营权抵押，推动了大量试点地区农村土地抵押贷款业务的发展，形成了包括直接抵押、变相抵押、反担保抵押、"抵押+保证"等多种模式。但由于缺乏上层的制度设计与制度规范，基层的探索是阻力重重，在改革的制度边缘上，一方面是基层金融机构无机制与动力推广此业务，另一方面是部分农村土地融资平台存在"借机越界"问题。农村土地抵押贷款业务的发展迫切需要加强上层制度供给，在突破制度障碍和完善配套制度的基础上，从根本上确立业务的边界范围与行为规范，建立促进其发展的激励约束机制。

一是以土地确权和土地流转规范为保障，支持农地直接、独立实现抵押。因为目前大多数金融机构对农地的资产价值不给予认可，很多地方是以融资平台反担保抵押或以合作社成员联合保证的方式来推进农地抵押贷款，但这实际上增加了服务环节和贷款成本。比如，重庆农地抵押贷款加上评估、担保等费用后，综合利息成本至少在12%以上。特别是为避免出现财政兜底问题，一些地方鼓励市场化融资平台的发展，在趋利化目标下融资平台容易演变为高利贷、圈地囤地、土地变性的合法化工具。因此，农地抵押贷款的开展必须以非盈利性的土地流转服务平台为基础，通过规范管理和激活市场确保抵押权益和价值的有效实现，从而使农村土地能够直接发挥资产担保作用，降低规模经营主体贷款融资的难度与成本。首先，规范土地流转行为和经营权租赁合约，加快推动农村土地经营权及其地上设施资产的确权工作，建立支持经营权抵押登记及其后续资产处置的服务平台。其次，加强农村集体经济组织或土地合作社的支撑服务功能，建立

起涵盖农地租赁审核、基础信息登记、土地勘测与评估、土地权属变更、土地租赁供求对接等全链条的服务体系。制定农村土地估价方法和指标体系，基于土地区位、肥力以及种植作物的综合考虑设定土地评估的基准价格，逐步建立农地交易数据库为未来抵押农地的价值评估提供基础支撑。再次，强化对农地市场的底线保护功能，建立政策性的农村土地收储基金和土地开发服务公司，对因土地经营价值下降而难以流转实现抵押权的土地进行政策性收储，配合高标准基本农田建设、土壤改良、生态修复治理等项目，对土地实行连片整理、农田改造、修复整治，提高土地的生产力，进而盘活耕地资源、提升土地价值。

二是应以流转后的经营权抵押为重点，竭力满足规模经营主体的长期投资需求。地方的自发探索涌现了多种多样的农地抵押模式，比如吉林和四川的土地收益权抵押、山东枣庄的使用权抵押、宁夏和甘肃的承包经营权抵押、浙江和福建的流转经营权抵押，等等。既有基于农户家庭承包经营权抵押发放给一家一户的小额贷款，也有以流转后经营权抵押发放给规模经营大户的，还有以土地入股聚合的土地为抵押发放给合作社及其经营者的。虽然基层的多元化创新为其发展创造了重要经验，但抵押权益和发展定位的不明确，既给基层操作造成困难，也增加了管理规范的难度，使很多做法没有能够实质解决农村贷款利率高、额度小、期限短的问题。所以，农地抵押贷款应该定位为以经营权及其附着资产为抵押，支持规模经营主体扩大生产规模、改善经营生产方式。因为只有规模经营主体较大的资金需求才有利用土地抵押的必要，其对设施、设备、技术的升级改造、土地改良和市场开拓，所需要的资金是一般的信用贷款难以满足的。特别是很多设施和地力培肥投资回收期长，更需要充分发挥土地的长期融资功能。而且对金融机构而言，只有规模足够大、期限足够长的土地经营权才具有抵押的市场价值，也只有规模化的现代农业生产才能够创造更高的经济收益，有效保证金融机构的第一还款来源，实现金融支持产业升级、产业支撑金融可持续发展的良性循环。个体农户以家庭承包经营权为抵押的方式实际上只是一种形式上的抵押，是目前缺乏有效信用记录支撑农村信用体系建设的条件下，以抵押替代信用的机制，未来应在完善农村信用体系建设的基础上逐步过渡为小额信用贷款模式。

三是支持土地经营权及其抵押贷款的资产证券化，建立金融资金向农村供给的长效机制。近十年来，国家层面“金融支农”的政策不断强化和升级，但金融机构服务“三农”的积极性却难以实质性提高，其原因在于没有根本解决金融机构对农贷款的资金成本收益与风险责任不对等性的问题。农业生产的高风险性、分散性、微利性等特殊性，决定了对其金融服务的成本高、收益低、风险大，有严格期限和风险控制要求的储蓄资金，始终与农业的融资需求存在不匹配性。尤其是在农村土地、设施、设备等不被认定为资产的条件下，以资产为限的信贷规则和风险管理规范，决定了银行类金融机构缺乏向农业与农村贷款的制度机制。将农村存款上存或向城市、非农产业转移是现行制度下金融机构的合理化选择。尽管近些年，人民银行和银监会通过考核、奖励、费用补贴、定向降准以及支农再贷款、再贴现等措施，强化对涉农贷款投放的激励约束，使得资金从农村净流出的状况有所好转。但由于没有能够建立促进资金从城市向农村转移的机制，2012 年主要金融机构资金从农村的净流出仍高达 4630. 05 亿元。因此，应该以政府担保发行农地抵押债券，为金融机构开展农村土地经营权抵押贷款业务向全社会募集资金，建立城市资本向农村转移的制度机制。首先建立国家农村土地抵押银行，以政府信用为担保发行农地抵押债券在公开市场上筹集资金，建立对基层土地抵押贷款发放机构的“批发贷款”机制，从资金来源上解决当前金融机构风险控制与农村贷款需求的不匹配问题。其次，建立对农地抵押债券的购买和贴现窗口，由财政出资相机购买一定比例的农地抵押债券，积极发挥对农村资本市场的稳定作用，激活土地抵押债券二级市场，增强抵押债券的资产流动性。发放农地抵押贷款的金融机构可以通过卖出农地抵押债券的方式来实现其抵押权，防范资金流动性风险，也可以通过买入农地抵押债券将负债转化为稳定收益性资产，提高其资产质量。再次，以农地抵押债券筹集资金的导向性配置为基础，调动具有资源、网络和管理优势的市场化金融机构完成政策任务，建立社会筹资支撑、市场化运行的新型农业政策性金融体系，使政策性金融支农功能强化、范围扩大和效率提高。

四是分层次推进农地抵押贷款，形成政策性长期贷款与商业性运营贷款功能互补的协同支农机制。农业生产日常经营性投资的需求，贷款的周期短、资金需求量也相对较小，完全可以由市场化的金融服务来供给。经营权抵押核心是发挥贷款增信作用，降低农业生产者获得贷款的难度。为了保障农村金融机构发展的可持续性，应设立政策性的农村土地抵押银行，由其以市场化机制购买金融机构的农地抵押贷款，或代它以农地抵押权进行商业化发债，为其提供流动性支持。而农地抵押融资更重要的意义在于以稳定性资产的价值盘活为基础，解决农业生产长期投资的资金来源问题，主要是为土地改良、农田设施建设、农业土地租赁与买卖、生产设备购置等农业产业向转型升级提供资金支持。对于这部分资金需求，则应以政策性的债券筹集为基础，发行专项国债或土地抵押债券，自上而下向农村金融机构供给低成本资金，委托其办理政策性贷款业务。这类贷款的利息更低、期限更长，但要求抵押的剩余经营权期限也足够长，并且贷款者的经营项目属于重点引导方向，承担一定的农业生态保护责任，或实施重要战略性项目等。

五是完善农业保险、贷款保险以及信贷援助制度，强化农地抵押贷款的风险保障机制。当前，我国防范农业经营风险的外围制度体系尚不健全，银行难以独自承受农业自然灾害、市场波动、制度变化以及土地权益纠葛的多重风险，这是当前农地产权抵押业务开展最大的障碍。首先，应建立农地抵押的强制保险制度，在申请农地抵押贷款时，由财政给予一定保费补贴购买农业保险；支持保险公司针对特色化、规模化农业的经营权推出赔付率更高的商业保险，使农地抵押贷款能够通过保险获得充分的还款保障。其次，整合全国各地农地抵押的风险基金，并由各银行按照未偿还农地抵押贷款的2%缴纳贷款保险金，在国家层面建立农地抵押风险基金池，增强风险保障能力。再次，建立农地金融的信贷援助制度，利用财政入股注资、央行借款或贴现、银行间借款以及债权买入等机制，帮助化解风险。

新疆伊犁州和博州农村土地流转调研报告[①]

冯明亮

2014年3月27日至4月2日，我们前往新疆伊犁州[②]伊宁市、巩留县和博州[③]博乐市、精河县，深入11个乡镇和国有农场、16家合作社和农业生产经营企业以及35户农户调研，并分别召集了两州、四县相关部门座谈，讨论当前农村土地流转形势和问题。

调研发现，各地积极落实中央和新疆维吾尔自治区推进农村改革和发展现代农业的决策部署，农村土地流转工作正在积极稳妥有序推进，流转规模逐年扩大，流转主体日益多元。当前，土地流转以转包为主，虽然自发流转仍占主要比重，但农民有组织的流转越来越多。有组织的土地流转去向主要是流入专业大户、合作社和涉农企业，直接推动了新型农业经营主体的培育和发展。通过流转土地、开展规模经营，提高了土地的经营效益，解放了农村劳动力、带动了农民增收。基层政府和基层组织充分尊重农民意愿，逐步建立土地流转管理服务平台，采取措施逐步引导规范土地流转行为，在发挥市场定价和配置资源功能的基础上，通过提高农民的组织化程度、建立集体协商议价制度、逐年调整流转价格，保护农民利益。

但是，尽管关于土地流转的政策已经明确，部分农民对于土地承包权的法律保障及其实现形式仍有疑虑，这也影响到农民的流转意愿。各地期待上级政府对土地整合、置换、流转等提出具有操作性的实施办法。此外，土地流转、规模化经营以后，生产投入的压力较大，贷款困难的问题仍然比较突出。各地普遍提出，在农村劳动力从土地经营

---

① 本文系作者在新疆维吾尔自治区党委农办挂职期间撰写的调查报告。

② 伊犁州，伊犁哈萨克自治州的简称，以下同。

③ 博州，博尔塔拉蒙古自治州的简称，以下同。

中解放出来后，要实现他们稳定转移就业，既需要加大培训力度、加强服务引导，也需要着力提升农业产业化和新型工业化、新型城镇化水平，创造更多就业机会。农村土地流转带来了农业经营方式变化变革，对此各级党委政府要加强跟踪观察和管理服务，通过土地流转经营逐步实现农业产业结构优化调整，为推进农业现代化进程、保障农民权益和提高农民收入创造更加有利的条件。

一、伊犁州、博州农村土地流转基本情况

新疆维吾尔自治区《关于做好农村土地承包经营权流转工作的意见》（新党发〔2009〕8 号）文件出台五年来，农村土地流转的规模逐年扩大，主体日益多元。这一方面是由于农村劳动力转移就业持续增加，青壮年农民离开土地外出务工，使得农民自发流转土地的意愿越来越强烈；另一方面，也是由于土地流转以后，通过规模经营产生的经济效益比分散经营高，农民的土地流转收入甚至高于自己原来的种植收入，提高了农民流转土地的积极性。

在伊犁州、博州，尽管农村土地流转仍以农民自发流转为主，但政府积极引导、有组织地流转的土地面积迅速增加。通过提高农民土地流转的组织化程度，不仅提高了土地经营的规模化，也提高了农民议价协商的能力。在伊宁县、巩留县和博乐市，组织化的土地流转价格往往较农民自发流转的每亩价格高出 100 元以上，使土地流转的市场价格逐步趋向合理。

与此同时，有组织的流转由于土地经营规模较大、对于经营投入和管理水平的要求较高，去向往往是流入专业大户、合作社和农业企业。这有助于培育新型农业经营主体，优化农业产业结构、提升土地产出效益。目前各地正在积极探索更加合理、均衡的土地经营收益分配机制。

1. 伊犁州、博州耕地流转规模不断扩大，但各县市土地流转情况差异较大，总体比重仍不高

2013 年伊犁州家庭承包耕地流转面积达 69. 3 万亩，占总耕地面积的 12. 5%，占家庭承包经营耕地面积的 15. 2%。但各县市土地流转情况不一，如昭苏县流转土地 18. 6 万亩，新源县流转土地 16. 5 万亩，分别占各自家庭承包经营耕地的 32. 9% 和 26. 6%；而伊宁县流转 5. 4 万亩，察布查尔县流转土地 3. 18 万亩，分别占各自家庭承包经营耕地

的5.9%和4.6%。流转年限为1~3年的29.33万亩，占总流转面积的42.32%；3~5年的12.66万亩，占总流转面积的18.26%；5~10年的6.9万亩，占总流转面积的9.9%；10年以上的4.15万亩，占总流转面积的5.9%。

2013年博州土地流转面积达到了37.8万亩，占家庭承包经营耕地的32.6%。其中，博乐市土地流转面积27.3万亩，占全市农作物播种面积的34.2%。精河县2014年土地流转面积已完成2.4万亩，占家庭承包经营土地面积的8.6%。

尽管2011年以来农村土地流转规模日益扩大，但与全区乃至全国的情况相比，仍然存在一定差距。如伊犁州土地流转占总耕地12.5%，低于全区平均水平，更远低于同期全国26%的承包耕地流转比例和发达省份浙江、江苏超过40%的流转比例。

2. 耕地流转主要以转包方式进行、以在农户之间流转为主，但流入主体越来越多元，新型经营主体也在积极参与

转包仍然是农村土地流转的主要方式。2013年伊犁州通过转包形式流转土地50.6万亩，占总流转面积的73%；转让土地6.1万亩，占总流转面积的8.8%；互换土地2.5万亩，占总流转面积的3.7%；出租土地9.7万亩，占总流转面积的13.9%；入股形式的土地流转尚处探索和起步阶段，股份合作流转土地总面积3410亩，仅占总流转面积的0.57%；以临时代耕等其他形式流转面积490亩，占流转面积0.07%。

博州通过转包形式流转土地22.2万亩，占总流转面积的58.7%；互换土地13.8万亩，占总流转面积的36.5%；出租土地1.4万亩，占总流转面积的3.7%；转让土地2499亩，占总流转面积的0.7%。流入包括专业大户在内的农户手中的土地为37万亩，流入合作社手中的土地1973亩，流入企业手中的土地4451亩。

土地主要流转入农户手中，但流入主体越来越多元。原来农民私下自发的土地流转以流向小规模农户为主，而现在家庭农场、农民合作组织、农业企业等新型经营主体也在积极参与农村土地流转，而且流转入家庭农场、合作社、农业企业等新型经营主体的比重增幅相对较高。如伊犁州霍城县2013年农户之间小规模土地流转约占流转土地面积的62.6%，而流转入种植大户的土地面积达14%，流转入合作社的土地面积达10%，流转入企业的土地面积达13.4%。

3. 农村土地流转市场逐步完善，不仅解放了农村劳动力，而且通过适度规模经营优化了农业产业结构，提高了农业经营效益

近年来农民自发的土地流转并不鲜见，主要是农村劳动力转移导致部分农民将土地转交他人耕种。土地主要在亲戚和邻里间流转，仍然流向了小规模经营的农户。这样的土地流转并非完全市场化的行为，且往往达成口头协议、具有非正式性。另外，还有一些农民由于缺乏生产能力，包括身体缺乏劳动能力、家庭经济困难导致生产投入能力不足等，不得不将土地流转给他人经营。但是由于没有健全的土地流转市场，土地流转价格往往被人为压低。

随着越来越多的新型经营主体参与农村土地生产经营，土地流转在解放农村富余劳动力的同时，也提高了农业生产效益和土地利用率。通过适度规模经营，能够使土地、资金、技术和劳动力等农业生产要素实现有机结合，根据市场的决定性作用优化农业生产布局，更大限度地提升土地的产出效率，降低生产经营的物化成本和人力成本，提高土地生产效益，也为加强农产品质量安全监管、发展绿色有机生态农业创造了条件。以霍城县兰干乡茹贤也克村艾丽格娜甫土地合作社为例，2013 年 63 户农民集中了 1080 亩土地种植玉米，实行统一种植、统一灌溉、统一施肥、统一管理，亩生产费用下降 20%，亩产增加 150 公斤；同时，由于消除田间界梗，种植面积增加 10%。而大北农集团在伊宁县萨地克于孜乡通过流转土地种植 2400 亩制种玉米，亩纯收入超过 2500 元。土地流转以后，多熟制绿色蔬菜、晚熟西瓜、良种玉米、有机葡萄、全程机械化良种棉花等越来越多的优良品种和高效作物扩大了种植面积，不仅丰富了本地农产品市场，也增加了农业生产经营的收益。

通过流转土地，更多农村富余劳动力从低效率的土地经营中解放出来，通过劳动力转移就业增加收入。如伊宁县青年农场 2013 年以每亩 900 元的价格流转土地 8219.5 亩，节省出富余劳动力 670 人，由众合劳务派遣公司登记后安排他们在流转出的土地上务工或到其他行业务工，全年平均每人创收 8000 元以上。博乐市达勒特镇的两个村庄在 2013 年通过土地流转产生富余劳动力 113 人，其中进入本镇企业 41 人、外出务工 57 人、在村内打零工 15 人，全年劳动力转移创收 381 万元、实现人均创收 3.3 万元。

此外，土地流转还解决了农民的部分发展资金问题。有农民在调研中反映：过去一到春耕生产就要找信用社贷款，贷款难且利息高；现在把土地流转出去，土地收入没有降低，而且手中有了一定的资金，可以购买生产母羊发展养殖业。

4. 当前农村土地流转仍然存在一些制约因素，农民的意愿和态度以及农业产业化经营水平是其中的关键

总体来看，伊犁州和博州的精河县等地土地流转规模较小，部分农民对土地流转抱有观望态度，或者出于自身考量不愿意流转土地。本次调研专门访谈了部分拒绝流转土地的农户和基层干部，当前制约农民流转土地的因素主要包括如下。

一是农民对土地流转、承包权益等缺乏认识，担心土地流转后难以收回。如在精河县茫丁乡皇宫北村，部分农民担心土地流转以后“到别人手里就拿不回来了”，而且本村地处城郊，农民也害怕一旦土地被征用，流转后土地的经营者会来分享承包者的征地补偿。过去在各地时有发生的土地流转纠纷，则进一步加重了农民的疑虑。

二是农民对土地流转以后自身就业务工缺乏信心，担心自己“无事可做”。在伊宁县萨地克于孜乡，合作社开出900元/亩的流转价格，但一些农民仍然不愿意流转土地，因为他们认为自己“没有技术，出去打工也只能卖苦力，还辛苦得很。还不如自己种着地”。不少农民提出“土地流转以后我干啥去”的疑问。

三是局部范围内土地流转市场仍未发育，农民缺乏流转土地的切身体验。对于基层干部所宣传的土地流转的好处，部分农民将信将疑。秉持“耳听为虚，眼见为实”的态度，农民对土地流转及其后续效应缺乏把握，对于自己身边尚未出现的新探索缺乏尝试的勇气。

四是在农牧结合区域，半农半牧的农户担心土地流转、交由他人耕种后，自家的牲畜难以获得饲草饲料。尽管有些地方农民已经开始尝试流转土地后买草和秸秆发展养殖业，或者在土地流转协议中明确规定流转出去的土地上的秸秆仍由土地承包者收回，但是仍然有部分农户表示“不习惯买草养羊”，认为自家地里产草养羊“即使卖不出好价格也不会有较大亏损，因为饲草是免费的”。

五是土地流转、规模经营以后，触及部分既得利益，影响到部分农民的收益。如基层组织和合作社开展有组织的土地流转，提高了土地流转价格，这就影响到原先在本村低价流转土地的一部分农户的利益。此外，土地大规模经营以后，村庄内原有的水管员、农机经营户的业务也受到影响。这些利益受损的农户坚决不愿意流转自己的土地、且不愿意与其他村民置换，这些土地穿插在大的条田中，影响流转土地连片规模经营。另外，一些农民为了继续享受现有的强农惠农政策，也不愿意将土地转给他人经营。

除农民的意愿外，农村土地的流转规模还取决于农业产业化水平和土地经营预期收益。如由于近年棉花种植的收益较高且稳定，且棉花生产具备全程机械化的基本条件，宜棉区的土地流转就相对比较普遍。而一些土地流转比例不高的区域，往往是传统作物种植区，产业化经营水平低，土地经营的预期收益不高。市场化、产业化等影响农村土地经营效益的因素，同样对农村土地流转产生重要影响。

二、当前农村土地流转的主要特点

1. 新型经营主体参与农村土地流转，农村土地流转市场不断完善

随着农村土地流转的组织化程度越来越高，有规模经营能力的新型农业经营主体越来越多地参与流转土地。这改变了以往农民自发私下流转土地、土地在小规模农户之间流转的情况，提高了土地流转价格，形成了有竞争性的土地流转市场。这有助于发挥市场在要素配置中的决定性作用，提高资源配置的效率。

新型经营主体参与农村土地流转，还在逐步改变农户与土地流入主体之间的利益联结机制。如有企业在流转土地、向农民支付流转费用后，通过反租倒包的机制，让农民继续参与土地的生产经营，并根据产量提供劳动报酬。而农民合作组织吸收农民土地入股，通过规模化经营提高土地经营收益，并将大部分增值收益用于入股农户分红。这些利益共享机制上的探索为保障农民利益、实现农民与新型经营主体共赢创造了条件。

2. 基层组织和合作组织积极参与，着力提高土地流转的组织化程度，农村土地流转市场趋于规范

分散的农户在流转土地时面临着诸多障碍，包括一家一户谈判时的议价能力较低、土地面积不大难以实现规模经济、流入主体面对一家一户的交易成本较高等。而通过基层组织和合作组织提高土地流转的组织化程度，能够有效克服这些障碍，提升土地规模经营效益并提高土地流转的价格。如在博乐市贝林哈日莫墩乡，农户自发流转的土地，每亩比村集体公开招标的少 100 元。因此，各地基层政府和基层组织正在筹划建立土地流转库，进一步完善农村土地流转市场。

通过基层组织和合作组织在土地流转中发挥中介职能，能够帮助打消农民对土地流转的顾虑，减少农民对“土地流转以后收不回来”的担心，最大限度地保护农民利益。如 2013 年伊宁县青年农场依托永发农机农业综合开发合作社，按照每亩 900 元的价格从农民手中流入土地，再将土地发包给制种公司用于玉米制种，这一机制运转顺畅。农民对本地合作社充分信任，而本地合作社集中土地后通过公开招标等竞争机制进行发包，有助于进一步规范农村土地流转市场。

3. 劳动力转移就业是影响农村土地流转的关键因素

当前，劳动力转移就业对土地流转产生重要影响。越是农民从事商业、服务业多的村庄，土地流转的力度越显著。部分农民对土地流转的顾虑也来自对转移就业的疑虑。各地农村土地流转的经验显示：土地流转后，一部分农民能够在土地上继续从事劳务创收；剩下的农民，除缺乏劳动能力的老弱病残外，往往转移到二、三产业就业。

目前，转移就业的农民以灵活就业、非正规就业为主，能够实现稳定就业的较少。而要扩大农村劳动力转移就业，在提高农村劳动力素质的同时，还要大力发展二、三产业，创造出更多的就业机会。因此，新型工业化和新型城镇化的推进进度，将对下一阶段农村土地流转产生重要影响。

4. 实施互换并地、土地整合，为土地规模化流转创造条件

由于分田到户时农村基础设施薄弱、耕地质量和灌溉条件呈现出明显差异，考虑到村庄内所有农户利益平衡，农户经营的土地往往零碎分散。这些分散的耕地相互穿插，增加了土地流转、规模化经营的难度。博州在土地流转工作中，高度重视互换并地，以户为单位进行土地整合，将每户分散的承包地由过去的5~11块地集中并为1~2块地，成效显著。目前全州已完成流转并地48.2万亩，占全州总耕地面积的24.6%，其中博乐市139个村庄中，已有超过90个村庄完成了互换并地。在此基础上，博乐市的土地流转比例超过30%，高于全疆平均水平。

通过互换并地、土地整合，农户经营的土地更加集中，而且消除了一些不必要的界梗，使有效耕种面积增加了3%~8%。土地整合后，农民在土地流转中更容易产生集体行动，实现耕地集中连片规模化流转，也能够产生更高的经济效益。如博乐市小营盘镇，集中连片、达到一定规模的土地流转，能比分散零星流转的土地价格每亩高出200元。

三、各地既保护农民利益、又加快构建新型农业经营体系的探索

土地流转过程中，承包土地的农户与需要流入土地的经营主体之间，各自存在着不同的考量和关切。农户希望获得更多、更有保障的土地流转收入，希望土地流转后自身的土地承包权益仍然能够有效实现；土地的流入主体则希望减少面对农户一家一户的交

易成本，在作出较大生产投入时希望能够稳定多年经营。面对这些诉求，各地政府积极采取措施，既保护农民利益，又加快培育发展新型农业经营主体，取得了明显成效。

1. 明确政府管理服务职能，建立土地流转服务平台，规范土地流转程序

各地政府高度重视农村土地流转工作，依托各级农经管理部门，逐步建立健全各级——尤其是乡、村两级土地流转服务机构，健全农村土地管理制度。乡镇农经站和农村基层组织主动作为，负责农村土地承包经营权流转信息的收集、整理和上报，积极为农户提供准确的市场信息，做好政策法律咨询和指导调解工作，引导土地流转步入正轨。

政府采取措施规范土地流转程序，提高土地流转合同签订率，完善土地流转方式。一些地方要求除代耕期不足 1 年的以外，所有农村土地流转都必须签订自治区统一制式文本合同，并将合同交乡镇农经站登记备案。涉及转让、互换方式流转的，由乡镇农经站及时办理有关承包合同和土地承包经营权变更手续；涉及入股方式流转的，由县农经管理机构在备案时对合作章程、合作人资格、利益分配方案以及责权等进行审核。

2. 完善农村土地流转市场，建立农村土地评估体系，探索农民集体协商议价机制

各地还积极筹划建立农村土地流转服务中心、土地使用权交易市场等中介组织，通过市场化运作推进农村土地流转。针对土地流转的价格问题，各地尊重农民意愿，按照农民能够理解和接受的方式，加强对农地的分等定级和价格评估工作，为农地市场流转的双方提供合理的参考依据。如巩留县和博乐市的部分乡镇，按照本区域内主要作物——玉米或棉花当年的种植收入作为确定土地流转价格的基本依据。这就减少了价格确定的随意性。巩留县还规定，各乡镇针对自己的土地资源，要各自定出符合本地实际的定级标准和参考价格并张榜公布，方便农牧民和经营组织开展土地流转。

各地加大了土地流转的组织化工作力度，通过基层组织或合作组织，将农民的土地集中起来，集体与有意愿的经营主体进行谈判、协商价格。土地集中后，村委会或合作社还组织了公开招标，通过公开的市场竞争，保障农民土地流转获得更好的收益。

3. 建立价格浮动机制，根据市场波动情况适度逐年调整流转价格

新疆维吾尔自治区《关于做好农村土地承包经营权流转工作的意见》（新党发〔2009〕8 号）文件中明确提出："流转期限应尊重流转双方的意愿，根据流转土地的使用情况而确定……流转期限超过 5 年以上的，可以分时段商定流转价格。"一些地方按照这一精神，在涉及 5 年以上的流转实践中，建立价格浮动机制，逐年调整流转价格，既稳定流入主体的经营，又保障农民的合理收益。

在价格调整机制上，有些地方明确提出随行就市、按照各个年度的土地流转市场平均价格进行调整。有些地方还瞄准主要作物的价格波动情况设置浮动机制。如伊宁县、巩留县的部分乡镇提出，瞄准每年玉米或者小麦价格的增幅、按照当地玉米或者小麦的平均亩产增加流转价格，如果农产品价格下跌则继续维持上一年的土地流转价格，确保农民土地流转收益只增不减。这些做法容易被农民和土地流入主体理解接受。

4. 通过土地入股等形式，让农民分享土地经营的增值收益，土地经营收益分配适当向农民倾斜

经过多年实践，转包、租赁等流转方式能够保障农民在不投入经营的情况下，土地的基本收益不减，便于他们摆脱土地束缚、转产就业拓宽发展空间，但农民对于土地经营的增值收益分享有限。各地在探索的基础上，逐步完善股份合作的流转形式：采取入股保底分红和效益分红相结合的分配形式。流转土地的农民共同分享发展高效农业带来的增值收益，有效化解了农民失地后的忧虑，使他们安心从事其他产业经营。

在土地入股的基础上，一些地方还着手探索政府的农机购置补贴等公共投入作为集体股份的收益分配机制，增加农民的红利收入。博乐市贝宁哈日莫墩乡的一名村党支部书记借鉴黑龙江的农机合作社经验，在农机合作社中让农民带地入社、按股分红；同时，将农机合作社获得的农机购置补贴部分作为集体股份，与入社农民共同分享农机作业收入，通过农机服务带动土地流转和规模经营。这些探索不仅实现了农户和新型经营主体的双赢，而且将土地经营收益分配适当向农民倾斜。

5. 完善政策体系，鼓励新型农业经营主体发展高效农业，引导农民流转土地

部分县市采取政策资金以奖代补等方式积极鼓励农民土地向新型经营主体流转，发展规模化经营，提高农业生产经营效益。如伊犁州伊宁县、新源县、霍城县等地对农民合作社、企业流转农户承包土地开展高效规模经营的，每亩补贴 50 ~ 200 元。这些措施加快了农村土地流转和规模经营的进度，为培育新型农业经营主体创造了更加有利的政策环境。

一些地方还将土地流转与组织实施高效节水项目等公共服务相结合，提高农民流转土地的积极性。如博乐市推广高效节水项目时，将互换并地、土地整合作为重要条件，将农民的积极性引导到土地流转、提升土地经营效益上来。实践证明，这些探索不仅有助于实施高效节水项目，而且有助于实现农民的土地整合、方便农民进一步流转土地。

四、进一步完善农村土地流转、培育和发展新型农业经营主体的建议

1. 出台农村土地流转管理办法，进一步规范农村土地流转行为

农村土地流转涉及面广、政策性强，牵涉到的法律规范较多。各地普遍期待自治区出台具体的农村土地流转管理办法，作为各地在探索土地流转工作中的政策依据，方便基层部门操作。在土地流转管理办法中，进一步明确各级各部门的权责配置，完善农村土地管理，建立统一、规范的农村土地流转市场。此外，认真总结近年来农村土地流转中的纠纷问题，严肃处理土地流转中的侵权行为，进一步规范农村土地流转行为。

2. 加快农村土地确权登记颁证工作，为土地流转、规模经营奠定坚实基础

基层干部和农民普遍认为，农村土地确权登记颁证工作将大大推动土地流转进程。从土地承包农户的角度看，土地确权颁证后，农户流转土地的承包权益能够得到有效保障。因而在巩留县等地，为打消农民的顾虑、顺应土地流转的需求，基层政府和基层组织不得不自行开展土地确权、登记工作，将有流转意愿的农户承包地块的四至、面积等信息进行统一登记。从土地流入主体的角度看，确权登记颁证工作也同样必要：一旦完成颁证工作，流入主体可以将土地承包经营权证作为抵押，获得银行贷款、满足土地规模经营的资金需求。因此，有必要加快农村土地确权登记颁证工作，为土地流转和下一步的农村改革奠定坚实基础。

3. 完善农村金融政策体系，在制度供给上积极对接新型农业经营主体的资金需求

新型农业经营主体流转土地开展规模经营、发展现代农业，成本投入的压力较大，贷款难的问题仍然比较突出。有企业指出，尽管近来的政策文件明确了流转土地的抵押贷款权能，但是金融部门与农业部门之间的政策规定之间缺乏衔接。如银行要求，以流转土地作抵押贷款，需向农民支付完土地流转合同期限内的所有年度的流转费用。但一些地方根据自治区文件“流转期限超过 5 年以上的，可以分时段商定流转价格”的精神，明确要求建立价格浮动机制，企业不得一次性支付 5 年以上的土地流转费用。这就导致流转的土地在实质上难以实现抵押权能、难以获得银行贷款。因此，有必要继续完善农村金融政策体系，使新型农业经营主体的资金需求能够得到满足。

4. 加大农村劳动力转移就业工作力度，拓宽农民增收渠道、解决好流转土地农户的稳定就业问题

土地流转的进度要与农村劳动力转移就业的力度相适应，这是基层干部群众的普遍共识。在伊宁县萨地克于孜乡，全乡流转土地的面积占集体耕地的68.8%，基层干部对此不无担心：土地流转到多少合适？一旦农民在外面找不到工作，回来以后怎么办？当前，要继续推进农村土地流转工作，必须加大农村劳动力转移就业工作力度，拓宽农民增收渠道，尤其是要扩大农民稳定转移就业的规模。要建立职业技能培训和实用技术培训的长效机制，并通过设立劳务派遣公司等方式积极对接劳动力市场的用工需求和就业服务，在新型城镇化和新型工业化的推进过程中不断吸纳农村富余劳动力转移就业。

5. 加强土地流转与相关农业政策的协调配合，强化跟踪观察和管理服务

土地流转影响到农村的产业要素配置格局，需要与其他农业产业政策相互衔接、协调配合。政府的各项强农惠农富农政策需要与土地流转的新形势相适应，切实发挥起政策引导和示范带动作用。在农业产业结构的调整优化、在推进农牧业现代化的进程中，要高度重视土地流转工作、发挥新型经营主体作用，加快构建新型农业经营体系。面对农村土地流转带来的农业经营方式变化变革的新形势，各级党委政府需强化跟踪观察和管理服务，为推进农业现代化进程、保障农民权益和提高农民收入创造更加有利的条件。

建立国家农业抵押银行，以政策机制引导金融资本向农村转移

程 郁

近十年来，国家层面金融支农政策不断强化和升级，但金融机构服务“三农”的积极性却难以实质性提高，其原因在于没有根本解决金融机构对农贷款的资金成本收益与风险责任不对等的问题。农业生产存在高风险性、长期性、分散性、微利性等特殊性，决定了对其金融服务的成本高、收益低、风险大，以储蓄资金为主要来源的银行对贷款期限和风险控制有着刚性约束，始终与农业融资需求存在不匹配性。将农村存款上存或向城市、非农产业转移是现行制度下金融机构的合理化选择。

尽管近些年，人民银行和银监会通过考核、奖励、费用补贴、定向降准以及支农再贷款、再贴现等措施，强化对涉农贷款投放的激励约束，使得资金从农村净流出的状况有所好转。但由于没有能够建立促进资金从城市向农村转移的机制，2012 年主要金融机构资金从农村的净流出仍高达 4630.05 亿元。经过几次扩大支农再贷款规模，2014 年支农再贷款总额度达到 3089 亿元，年末全国支农再贷款余额 2154 亿元，但相比农村金融资金的流出仍有一定差距。在我国向农业现代化转型的关键阶段，农业与农村发展建设投资的需求加速增长，金融资金的配置跟不上将会阻碍农业现代化发展。

发达国家在向农业现代化迈进的过程中，普遍建立了制度性的农村金融体系为农业发展提供长期、低息的资金支持。日本和我国台湾采取政策金融公库的形式，由财政或政府发行国债为农业发展提供政策性贷款支持。德国、美国和法国则是通过建立农地金融体系引导资本向农村转移，以政策机制支持农村合作银行发放长期的农地抵押贷款。我国农业生产总值居世界首位，占世界农业生产总值的 23.1%，农业现代化改造以及向生态可持续发展的转型需要大量的资金投入，仅靠财政或国债资金是无法支撑的，必须

建立有效的政策机制引导全社会资本投入农业与农村的发展建设。因此，应借鉴美国联邦土地银行和联邦农业抵押公司的发展经验，建立政策性的国家农业抵押银行，借助国家信用对集合的农地进行资本化运作，盘活广大的农地资源及其地上附着资产，以抵押农地资产的证券化引导城市资本向农村转移。

一、国家农业抵押银行的功能定位

不同于传统的政策性银行，国家农业抵押银行不直接发放政策性农业贷款，而是以政策性机制支持金融机构以市场化方式发放农地抵押贷款，通过向贷款银行发放“批发贷款”或提供农地抵押债券贴现支持，发挥农地金融系统的资金筹措功能。国家农业抵押银行为农地抵押贷款提供债券化再融资渠道，以抵押的农地资产为纽带连接商业性、合作性金融机构，充分调动具有资源、网络和管理优势的市场化金融机构完成政策任务，使政策性金融支农功能强化、范围扩大和效率提高。国家农业抵押银行应定位为以农业资产抵押业务为基础的银行，核心要发挥农业资产抵押贷款业务规范、农地抵押贷款再融资以及农业发展政策引导三大功能。

一是规范农地抵押贷款业务。国家农业资产抵押银行负责制定全国农地抵押贷款业务的制度规范与操作指南，明确可以抵押的农业土地及地上附着资产的范围、抵押资产的价值评估方法、抵押资产的处置方式等。各金融机构发放农地抵押贷款的情况需要报国家农业地产抵押银行备案，由其对农地抵押业务的实施情况进行全局把握和系统监管，统筹管理全国抵押的农地资产并进行合理的风险控制。

二是发行农地抵押债券向全社会募集农业发展资金。国家农业抵押银行最重要的责任是将抵押农地资产或农地抵押贷款证券化，为农业的规模化、现代化发展募集长期性支持资金，以解决当前银行类金融机构资金来源与农业长期融资需求不匹配的矛盾。国家农业抵押银行将符合条件的抵押农地资产或农地抵押贷款集中打包、统一发行农地抵押债券在公开市场上募集资金，按照抵押农地资产份额以“批发贷款”形式向发放农地抵押贷款的金融机构提供资金支持。根据支持的功能不同，国家农业抵押银行可以发行商业性和政策性两种农地抵押债券。商业性农地抵押债券采取自下而上的方式运作，由贷款银行根据贷款项目和银行资本金的需要，向国家农业抵押银行申请以贷款项目的抵押农地资产为担保发行债券募集中长期资金。政策性农地抵押债券则以自上而下的方式运作，对所需要实施的农业政策性项目以政府信用为担保发债募集资金，再以委托贷款方式向项目实施地所在的农村金融机构提供长期性、低成本的贷款资金，由其按照政策要求发放政策优惠的农地抵押贷款，重点支持耕地资源综合开发、农田基础设施建设、土壤改良、土壤污染治理与生态修复等长期投资。

三是以政策性筹资的导向配置引导农业发展方式的转变。国家农业抵押银行以条件性地开放农地抵押贷款再融资渠道为基础，通过政策性债券筹集资金的导向性配置，创造一种政府支持、引导和调节农业发展的新政策手段。国家农业抵押银行优先支持高效、集约的农业现代化项目的抵押贷款再融资，比如长期租赁土地的规模经营、改进生产设施、应用新技术、开发新产品、开拓新市场和创新商业模式以及一、二、三产业融合发展等，而对于具有生态外部性的农业可持续发展投资项目，则要以政府担保募集长期性的低成本资金，附加一定的政策性补贴向相关业务的贷款银行提供低息甚至无息资金支持。

二、国家农业抵押银行的运行机制

建立国家农业抵押银行的关键是要打通农地资产与金融资本的反馈循环链条，以农地资产的战略储备和抵押债券的购买、赎回调节农地市场与金融市场的供需平衡，在合理的机制设计下，可以通过小规模财政资金撬动形成稳定的国家支持农业发展的资金池，建立起金融资本向农业与农村供给的长效机制（参见图 1）。

第一，以责任机构的承诺购买引导社会资本投入。国家农业抵押银行发行农地抵押债券在发展初期需要政府托市支持，一是由政府对债券的收益提供担保和免税支持，二是由财政资金购买或承诺认购带动社会资金购买。以财政资金购买农地抵押债券一方面有利于强化农地抵押债券的市场吸引力，通过带动更多的社会资本投入将政府支持力度放大，另一方面改变了财政支持农业的机制，以市场化的运行方式强化资金利用约束、提高支持的效率。同时，发放农地抵押贷款的银行也需要承担一定比例的农地抵押债券的承购、承销任务，帮助国家农业抵押银行分担债务风险。银行虽然购回一部分的农地抵押债券，仍保持对抵押资产的持有，但因为农地抵押债券有政府担保且比农地资产更容易流通，这样将实物抵押权向虚拟抵押权转换后，能够优化发放农地抵押贷款银行的资产结构，增强其资产的流动性。为了分散农地抵押贷款的风险，还应该要求贷款银行

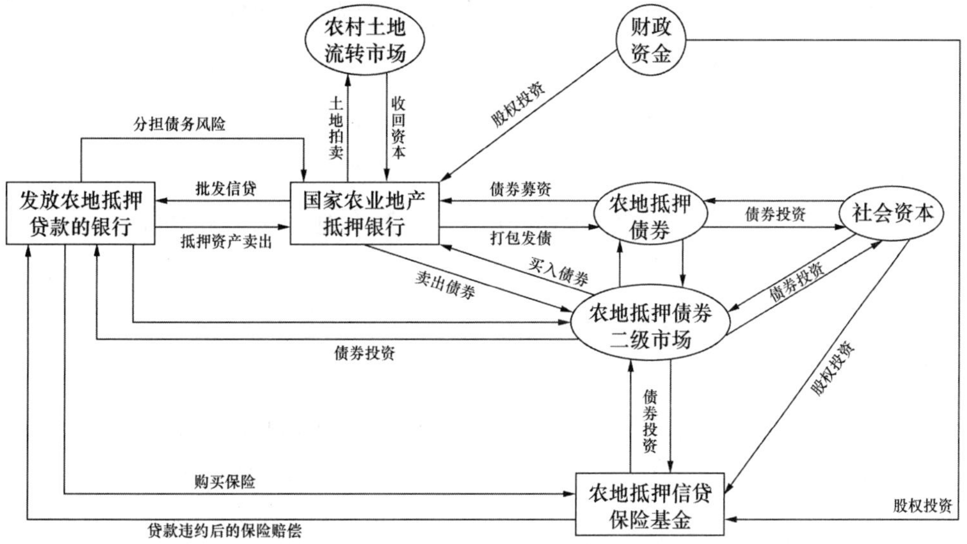

图1　国家农业地产抵押银行运行机制

按照未偿还农地抵押贷款的一定比例购买贷款保险，与政府的风险补偿资金联合构建农地抵押信贷保险基金，保险基金也需承担购买农地抵押债券的义务。由此，三类责任主体成为拉动农地抵押债券市场的重要力量，在带动社会资本的同时，建立了农地金融体内资金循环的机制，发挥着构筑资金池、稳定农地金融市场的作用。

第二，以农地抵押债券的流通支持抵押资产的价值实现。建立农地抵押债券的二级交易市场，通过农地抵押债券的流通实现，为银行抵押权的实现提供另一种更为便捷的途径，降低了银行因抵押农地处置变现难带来的流动性风险。由此，在贷款出现偿还危机时，银行能够在保障资产安全的情况下尽量避免处置抵押土地，可以更多以贷款延期、救助支持的方式防止逾期贷款转化为呆坏账。国家农业地产抵押银行应承诺购买或回购其农地抵押债券，以发挥对农地抵押债券的市场支撑作用。当贷款银行出现流动性危机时，可向国家农业抵押银行申请农地抵押债券贴现，国家农业抵押银行通过买入农地抵押债券的形式，向银行提供流动性救助支持。国家农业抵押银行还可以通过买入或卖出农地抵押债券，调节农地金融资金的供给和保障农地抵押债券市场的稳定性。

第三，与土地市场有效联动保障农地生产资源的动态平衡。国家农业抵押银行需要与政策性的农地收储运营机构联合运作，发挥对农地资源的战略储备、整理改良、生态修复和土地市场供需调节功能，并以抵押农地资产最终市场价值的保证有效支撑农地抵押贷款业务的发展。当农地抵押贷款无法收回并且抵押农地直接拍卖遇到困难时，可由国家农业抵押银行买回农地抵押债券，将其所拥有的农地抵押权交由农地收储运营机构，结合我国高标准基本农田建设、土壤改良、生态修复治理等项目，以政策性资金支持土地的开发整理、农田基础设施建设、改良修复，形成规模化连片的高质量耕地之后再进行市场流转，以提升的土地生产力确保土地价值的实现。由此，有效建立起“产业资本－农地资产－金融资本”的价值循环回路，保障农地金融体系的可持续运转。

三、国家农业抵押银行的配套制度建设

以国家农业抵押银行为基础，建立健全我国农地金融制度是我国向现代农业转型发展过程中不可或缺的金融支持方式。但由于我国农地产权关系的复杂性和地权、地块的分散性，以及农村产权、农业经营体制改革尚未完成，我国农地抵押贷款试点推广仍存在诸多困难，国家农业抵押银行的建立与发展还需要进一步完善相关的配套制度。

第一，制定和修改相关法律法规，对农村土地经营权抵押给予充分的法律保障。调整实施《物权法》《担保法》对“耕地、宅基地、自留地、自留山等集体所有的土地使用权不得抵押”的规定，准予合法取得的农村土地承包经营权用于抵押获得贷款，为银行抵押权的实现提供了法律保护。制定农业资产抵押贷款法，明确国家农业抵押银行、农地收储运营机构的地位与性质，规范和约束农民、土地合作社、贷款银行、国家农业抵押银行以及农地收储运营机构等其他农村土地金融业务主体之间的权利与义务关系；规定抵押权可以独立于债权流通，抵押权人为了收回资金可以将抵押权作为证券向专营机构流通兑现，为农地抵押贷款的债券发行奠定法律基础。

第二，建立非营利性的农地管理服务平台，促进农地资源的合理有效利用。在全国范围内全面推进县、乡、村三级农村土地流转服务平台的建设，在乡镇、村落实专人负责土地流转合同的鉴证、登记和备案，以县为基础对合法取得的经营权进行确权颁证，并在县域范围内统筹协调农地资源的整体规划利用，逐步促进农地资源的供求信息实现全国范围的联网。探索建立符合地方实际的农村土地资产管理平台，将分散的土地地块和土地承包经营权集中起来后，由其代表集体成员统一组织农地的土地集中、产权流转、产权抵押、地租或股息分配、资产回购等活动，积极利用村社自治力量有效促进土地基础信息采集、农地供给与需求对接、协调集体内部成员之间的土地权益关系、强化对经营者土地养护的社会责任约束。

第三，强化风险保障机制，确保农地金融系统的稳定性。扩大农业政策性保险的覆盖面、保障额度和保障风险范围，支持保险公司针对特色化、规模化农业的经营权推出赔付率更高的农业商业保险，以及针对农业贷款银行发展农业信贷保险。在财政保费补贴的基础上，建立农村土地经营权抵押的强制保险制度，要求贷款者和贷款银行均按照贷款余额一定比例分别购买相应的农业保险和农业信贷保险。建立农地金融的信贷援助制度，利用财政入股注资、央行借款或贴现、银行间借款以及债权买入等机制，帮助化解风险。

第四，加强农业政策的协同支持，优化支农政策组合。协同推行支持专业大户、家庭农场和农民合作社等新型经营主体的相关政策，由政策叠加效应促进新型农业经营主体成长，降低银行贷款风险。将财政对新型经营主体的部分直接奖补政策，转变为以长期性、低成本的信贷支持扩大“绿箱”政策支持力度，在加强对基础设施配套、设施与设备升级改造、新技术采纳、新销售渠道开拓及实行环境友好型生产的政策性资助的同时，引导信贷资金对相关项目的协同投入，强化对农业发展方式转变的引导功能。

发展农村普惠金融需要系统发力

程　郁

长期的金融压抑是制约我国农业与农村发展的重大障碍。因为贷款难，很多农村的家庭经营无法扩大再生产投资，使得农业的规模化、集约化、现代化发展进展缓慢；因为贷款无门，很多农村家庭无法平抑教育、医疗等重大消费冲击，在高利贷的盘剥下陷入了难以自拔的贫困陷阱。

近些年，随着小贷公司、村镇银行、农村资金互助社等新型金融组织的快速发展，金融服务进村入社区、阳光信贷、富民惠农金融创新“三大工程”的推进，农村金融服务状况有了明显改善。2013 年末，全国金融机构涉农贷款余额 20.9 万亿元，近 3 年每年平均增长 3 万亿元，占全部贷款余额的比重平均每年提升一个百分点，已达到 27.3%，其中农户贷款余额 4.5 万亿元，较上年增长了 1.2 万亿元。但根据 2014 年《中国农村家庭金融发展报告》，农村家庭的正规信贷可获得率仅为 27.6%，远远低于全国家庭 40.5% 的水平。而且由于长期的抑制，农户对获取正规信贷的信心处于极低状态。大量的调查研究都显示，相当大部分的农户已不将正规金融渠道作为首要选择，超过 50% 以上有信贷需求的农户都不去正规金融机构申请贷款。我们的一项研究曾显示，农户的风险规避和对信贷的消极预期是当前信贷约束存在和扩大的重要原因，正规信贷供给约束虽正逐步获得缓解，但因长期金融抑制所导致的农户自身的需求压抑却难以在短期被修复。因而，我国农村金融面临的不仅仅是着力解决当前最突出的信贷供求矛盾，还需要切实发展简单、便捷、便宜的普惠型金融服务，逐步削弱和消除农户正规信贷服务的消极预期，并且通过普惠金融的支持，使广大农民能够获得更大的发展机会。而这一过程的实现还涉及农业与农村内部风险分散、经营发展方式转变的问题，这既是农村金融服务能够实现市场有效的条件，也是金融支农所必须发挥的作用。

农村普惠金融的可持续发展必须以市场的可行性和有效性为前提，在政策支持和引导的基础上，创造充分的市场盈利空间激励金融机构深入农村以普惠服务为目标开展金融服务创新。然而，农业与农村经营的高风险性、分散性、微利性等特殊性，决定了其金融服务的成本高、收益低、风险大，导致了金融机构放款意愿低。以农业银行为例，其县域贷款不良率高于整体 0.32 个百分点，农户贷款不良率高于整体 1.55 个百分点。传统金融的要求与农村需求特征的不匹配，使得农村金融长期以来存在着严重市场失灵现象，金融的固守成规与农村经济社会的僵化形成了难以破除的僵局。一是经营的规模不经济与金融分散服务成本高的矛盾性。农村以家庭为主的生产经营模式日益面临规模不经济的问题，因为服务成本高，金融机构不愿对小规模农户提供贷款，或只提供小额贷款，难以帮助其扩大生产经营规模，致使金融抑制与经济低水平发展相互强化。二是小农经济的脆弱性与银行排斥风险的矛盾性。农业经营存在自然与市场双重风险，孤立小农抗风险能力极低，在缺乏外部的互助、担保以及保险机制下，金融机构对小农的贷款面临极高的风险，因而即使农户愿意付出更高利率，金融机构也不愿意为其提供贷款。信贷约束下小农难以通过有效的规模投资实现组织化的生产和销售，不能摆脱其弱质性经营模式而无法获得金融的青睐。三是农户抵押物缺乏与金融信贷甄别机制单一的矛盾性。因为信息不对称，银行难以识别和判断贷款的风险，就要求贷款人提供相应的抵押，但在现行的制度条件下，农村缺乏有效的抵押品。如果没有信贷机制的创新和配套制度的支持，农村金融的供需矛盾将成为无法打开的死结。农村普惠金融的发展必须全面破除这些矛盾，因而是一项复杂的系统工程，需要政策性、合作性和商业性金融的有效联动，抵押、担保、保险等多层次金融功能的相互支撑，以及产业支持、市场培育、能力建设等全方位制度与政策的协同配合。

发展农村普惠金融需要从制度根基上降低金融机构服务“三农”的成本，通过制度调整和政策引导改变其所面临的市场约束和激励机制，使市场化的金融机构有自发的动力和意愿承担“三农”服务。国务院发布了《国务院办公厅关于金融服务“三农”发展的若干意见》将普惠金融作为农村金融体系建设重要目标和方向，并进行了系统化的部署。针对制约农村金融发展的掣肘问题，已经在以下方面有了重大突破。

第一，解决农村金融的资金来源问题。激励金融机构加大对农村金融服务的一个重要方面是降低其服务“三农”的资金成本。金融机构层级越高其服务农村的成本也会越高，但越贴近基层的金融机构其吸储能力会越低，这一矛盾型制约了基层小微金融机构的信贷服务能力。央行对农村商业银行、农村合作银行、村镇银行发放支小再贷款，有利于解决这一矛盾，但还应该逐步把再贷款的范围扩大至农村信用社、小贷公司、资金互助组等基层金融机构，并鼓励有能力的银行、基金向小微农贷机构发放批发贷款，形成多层次的资金供给机制。降低县域农商行、农合行的存款准备金率，并将存款投放当地作为考核标准给予额外一个百分点的降准优惠，在扩大基层农村金融机构信贷投放能力的同时，建立一定的资金回流激励机制，预计可释放近千亿元的流动性。更具有突破意义的是支持银行业金融机构发行“三农”专项债和开展涉农资产证券化，实现了农村金融机构资金来源的多元化，有利于解决其在农村金融服务过程中面临的存贷款期限不匹配的风险问题，为支持“三农”发展的长期投资奠定重要基础。在美国、欧洲等发达国家，专项国债、地方债和土地债均是为农村金融体系注资的重要方式，并且以债券二级市场的融通为农业长期投资分担风险。

第二，建立“三农”贷款的专门管理制度。以农业银行的“三农金融事业部”为改革试点，探索建立适应“三农”发展特征与需求的专门管理制度，以调动金融机构参与服务“三农”的积极性。通过对“三农”的单独资源配置，保证金融资金下沉农村、支持农业和服务农民；实施单独的绩效考评，强化“三农”信贷投放比例、适当放宽风险与责任约束以及制定涉农贷款奖励制度，形成服务“三农”的内部自我激励机制；建立差异化的监管机制，在整体风险可控的条件下，降低对“三农”专营金融机构的监管要求，建立信贷投放承诺制度、提供存贷比，强化对金融机构服务“三农”的要求，优先支持开展面向“三农”的金融创新。以农村金融税收、补贴和风险补偿等政策支持为手段，弥补金融机构服务“三农”的市场利益损失，支持实现商业金融的市场可持续性。日本、美国等发达国家对农村金融都采取不同于商业金融的监管模式。美国以农业信用管理局为基础建立了一套单独的农村金融支持与监管体系，日本则是采用金融部门与农业部门双重监管的模式，在农业需求和传统金融监管之间寻求平衡，两国均通过特殊的管理制度强化其支农功能。

第三，完善多层次农村金融服务体系。在继续稳固当前以农业银行、信用社、邮政储蓄银行为主的县域金融机构基础上，培养村镇银行、发展小额贷款公司、支持合作金融，建立农业产业投资基金、农业私募股权投资基金和农业科技创业投资基金，形成多层次的“三农”金融资金供给机制。鼓励组建融资担保机构或基金、深化拓展农村保险服务、建立风险补偿基金以及支持支农债券发行，构建有机的农村金融生态链条，以抵押、担保、保险、风险基金、债券等相互关联和支持的服务环节，实现对农村金融风险的共同分担与防范。从国际经验上看，金融服务主体的多样化和细分化是实现普惠金融的重要条件，通过不同类型、不同层次、不同性质金融机构的相互竞争与合作，满足各类细分化的金融需求；而且各个层次金融机构之间共同构成利益共享、风险共担的共同体，基于股权嵌套的合作金融体系的内部互助支持和外部完善的抵押、担保、保证、保险、救济与援助、风险基金、债券及其二级市场，以金融链的完整连接将系统性的农村金融风险分散和化解在各个环节之中。

第四，创新金融服务模式。通过深化农村产权制度改革，赋予农村承包经营权、住房财产权、集体资产股权等抵押担保权能，对于解决农村担保物缺乏、不适应金融制度要求的问题有着重要意义，但发展普惠金融更需要金融服务的革命式创新，使金融能够适应广大农村的发展需求。信贷约束产生的根本原因是信息的不对称，抵押、担保只是作为对贷款人甄别的一种替代机制。但这种以财产为基础筛选信贷服务对象的方式，既不是普惠金融的目标和方向，也会因为存在逆向选择和道德风险的问题，使金融机构达不到有效控制风险的目的。普惠金融的发展应该从解决信息不对称入手，将无门槛、低成本、便捷简单的信用贷款作为重点发展方向，这就需要将农村熟人社会的互相监督和个人信用记录的制度制约有效结合，完善基本征信信息系统的建设与管理，才能真正在风险可控的基础上实现“一次核定、随用随贷、余额控制、周转使用、动态调整”的信用贷款模式。积极利用现代信息技术手段，发展电话银行、网上银行等服务，以低成本的网络化渗透为基础实现廉价、便捷的金融服务。

第五，围绕能力建设开展金融支持。发展普惠金融更重要的意义在于为弱势群体打开发展机会之窗，而在大多数情况下，他们自身也存在能力和条件方面的欠缺，因而真正解决金融压抑问题还需要金融与其他能力建设方面政策协同支持，包括产业服务、技能培训、市场组织，等等。特别是对小农户来说，目前亟须通过联合与合作、培育新型农业经营体实现规模化、集约化经营，以有效的组织方式嵌入到市场价值链之中，推动其产业升级和价值提升，这样才能实现金融与经济相互促进的良性互动，从而切实降低金融支持的风险、确保其可持续性投入。

第二部分

现 代 农 业

以改革创新加快推进农业现代化

韩　俊　叶兴庆

农业是扩内需调结构的重要领域，更是安天下稳民心的基础产业。实现2014年国内生产总值增长7.5%左右、居民消费价格涨幅控制在3.5%左右的预期目标，很重要的一条是必须保证粮食等主要农产品供给。李克强总理在十二届全国人大第二次会议上所做的《政府工作报告》中强调，要坚持把解决好“三农”问题放在全部工作的重中之重，以保障国家粮食安全和促进农民增收为核心，推进农业现代化和农村改革发展。这既是做好2014年经济工作的重要举措，也是贯穿我国现代化建设全过程的重大任务。必须立足国情农情，顺应时代要求，紧紧围绕“生产技术先进、经营规模适度、市场竞争力强、生态环境可持续”这一中国特色新型农业现代化道路的科学内涵，破除体制和观念障碍，大胆探索实践，推进现代农业建设取得新成效。

一、切实保障国家粮食安全

对我们这样一个泱泱人口大国而言，把饭碗牢牢端在自己手上，是治国理政的头等大事。2013年全国粮食产量达到60194万吨，实现了“十连增”。尽管如此，产量的增长仍然赶不上需求的快速增长。目前我国处在快速工业化、城镇化过程中，食物消费结构转型升级将持续较长时期，粮食需求总量将持续增长。据调查，2013年进城农民工年人均粮食需求比农村居民高119公斤，比城镇居民高51公斤。城镇化水平每提高一个百分点，意味着城镇人口要增加1300多万人，这比很多国家的人口总量都多。未来数亿农民进城将使粮食需求呈现新的变化。同时，耕地减少势头不减，水资源短缺加剧，气候变化影响加深，我国粮食持续增产难度加大，粮食供求将呈长期紧平衡态势。

面对国内资源环境条件、粮食供求格局和国际贸易环境变化的新形势，应牢牢掌握粮食安全的主动权，实施“以我为主、立足国内、确保产能、适度进口、科技支撑”的国家粮食安全战略。关键是要把握住以下两点。

一是提高产能。只有这样，我们才有“以我为主、立足国内”的底气。必须看到，目前我国小麦、水稻、玉米的单产水平分别仅为单产排在前10位国家平均水平的60%、71%和67%左右，未来我国粮食增产潜力仍然十分可观。把潜力变为现实生产力，必须坚守耕地红线，加快建成一批旱涝保收高标准农田，增强农业综合生产能力。目前我国仅52%的耕地能得到有效灌溉，如果农田水利建设取得大的进展，我国粮食产量就会有新的提高。应集中力量在水利建设方面干几件大事，支持引水调水、骨干水源、江河湖泊治理、高效节水灌溉等重点项目。各地要加强中小型水利项目建设，解决好用水“最后一公里”问题。农业发展的根本出路在科技进步，应深化种业体制改革，建立“育繁推一体化”机制，加快现代种业发展。既要重视创新，更要重视应用，激发农业科技人员推广技术、服务农民的积极性。应加快推动以农业机械为重点的农业生产工具变革，发挥深松整地对增产的促进作用，认真落实好2014年1亿亩的试点任务。进一步明确中央和地方的粮食安全责任，落实“米袋子”省长负责制。

二是适度进口。我国作为一个人多地少的发展中大国，局限于国内耕地和水资源，已经难以满足居民食物消费和经济社会发展对粮食等农产品不断增长的需求。虽然2013年我国谷物只进口了1459万吨、对外依存度不到2%，但进口了6338万吨的大豆、922万吨的食用植物油、456万吨的食糖，以及为数可观的其他农产品。进口这些农产品，相当于在国外使用了8亿多亩播种面积，约为我国农作物播种面积的1/3。在经济全球化深入发展的时代背景下，我国不可能关起门来搞农业。适当增加粮食进口，加快农业走出去步伐，是我国构建开放型经济新体制的理性抉择。鉴于粮食生产对我国农民的重要性、在国际粮食市场上我国具有大国效应，必须审慎把握好进口规模和节奏、方式和布局，注重进口来源多元化。应给国际市场稳定的预期，逐年、缓慢、均衡地释放我们的进口需求，让国际市场有一个反应的过程和增加产能的时间。

二、创新农业经营方式

目前我国农村户均耕地约半公顷。这种小规模、分散的家庭经营方式存在明显的局限性。必须坚持以家庭经营为基础与多种经营形式共同发展，大力培育新型农业经营主体，以解决好地怎么种为导向，加快构建集约化、专业化、组织化、社会化相结合的新型农业经营体系。

在我国农业现代化过程中，家庭经营蕴藏着巨大的潜力，具有广阔的发展前景。家庭经营现在是、将来也是我国农业最基本的经营形式，要长期坚持家庭经营在农业中的基础性地位。但这绝不是说要固化目前分散、小规模的土地经营方式。应该充分考虑劳动力转移程度、农业社会化服务和机械化水平、经营作物品种、土地自然状况等因素，统筹考虑增产和增收的平衡、提高劳动生产率和土地生产率的平衡以及效率和公平的平衡，引导土地流转和集中，因地制宜确立家庭经营的适度标准。有关测算表明，如果把实现种地收入与进城务工收入相当作为粮食生产适度规模的标准，在北方单季地区，家庭经营的适度规模应在120亩左右；在南方两季地区，则为60亩左右。发展适度规模家庭经营，要从我国基本国情出发，既要积极鼓励，也不能揠苗助长；既要避免土地撂荒和经营规模过于碎小，又要防止土地过度集中，加大就业压力和社会不公。

培育新型农业经营体系，应扶持发展专业合作、股份合作等新型农业经营主体，鼓励和引导工商资本到农村发展适合企业化经营的现代种养业。针对土地流转主体日益多元化、跨区域流转现象趋于普遍的实际，要探索建立土地流转风险保障金制度。应健全多元化的农业服务体系，稳定农业公共服务机构，加快培育各种类型的农业社会化服务组织，搞好信息、技术、购销、金融、农机等全方位服务。通过政府购买服务等方式，支持具有资质的经营性服务组织从事农业公益性服务。

三、建立农业可持续发展长效机制

尽管我国农业发展取得了巨大成就，但我们必须清醒地认识到，我国农业可持续发展的基础仍十分脆弱。我国北方等重要农产区打井取水造成地下水资源被过分攫取而濒临枯竭。化肥、农药施用强度高，流失量大，使耕地和地下水受到大面积污染。局部地区土壤重金属污染已进入集中多发期。畜牧业和水产养殖业的集约化发展造成的新污染日益增加。农村生活垃圾大都露天堆放，农村生活污水几乎全部直排，使农村聚居点周围的环境质量严重恶化。农作物秸秆60%以上未被有效利用，成为污染农村生态环境的重要因素。塑料农膜使用增加，加剧农田“白色污染”。近年来，工业及城市污染向农村转移，农村地区工业“三废”排放量及污染呈增加趋势。各种农业面源污染、生活垃圾污染、工业点源污染造成农村水质变坏、土壤污染，直接影响农产品的质量安全，并直接危及群众健康。

农业可持续发展是生态文明建设的重要内容，必须把生态环境可持续作为农业现代化的重要目标，协调兼顾实现高产高效与资源生态永续利用，以解决好地少水缺的资源环境约束为导向，大力发展资源节约型和环境友好型农业。要调整严重污染和地下水严重超采耕地的用途，有序实现耕地休养生息。加强土壤污染治理，增强受污染土壤的生态修复能力。加快节水高效农业发展，积极推进农业水价综合改革，加强农业水污染治理，对华北地下水超采漏斗区进行综合治理。推进新一轮退耕还林，开展植树造林、防沙治沙、湿地保护，建设农田防护林，恢复草原生态植被，加强水土流失综合防治，加快荒漠化、石漠化治理。完善森林、草原、湿地、水土保持等生态补偿制度，多渠道筹集生态效益补偿资金。

四、强化农业支持保护政策

农业是一个社会效益高而自身效益低的产业，市场失灵现象在农业中表现更为突出。发达国家之所以有很高的农业现代化程度，离不开政府的支持保护。我国粮食产量实现“十连增”，农民增收实现“十连快”，与强农惠农富农政策体系的建立和强化密不可分。当前，我国农业自然灾害多发重发，农业抗灾减灾能力低，农业物质投入成本和劳动力成本节节攀升，农业比较效益偏低的矛盾仍很突出。促进农业稳定发展，需要继续加大国家支持力度。正如李克强总理在政府工作报告中强调的，不管财力多么紧张，都要确保农业投入只增不减。

坚持增加投入总量和提高使用效率两手抓。公共财政要坚持把“三农”作为支出重点，中央基建投资应继续向“三农”倾斜，优先保证“三农”投入稳定增长。拓宽“三农”投入资金渠道，充分发挥财政资金引导作用，通过贴息、奖励、风险补偿、税费减免等措施，带动金融和社会资金更多投入农业农村。要统筹使用涉农资金，下工夫提高使用效率。对大中型农田水利、重大技术推广、农业生态环境治理、灾害救助、农村扶贫开发、农村社会事业发展等需要公共财政提供保障的领域，政府要保障其必要的投入。对农村劳动力培训、良种培育、农产品市场流通基础设施、农业保险等以及农民直接受益的小型公益设施建设等准公共领域，政府要根据其重要程度采取不同的支持方式。继续实行种粮农民直接补贴、良种补贴、农资综合补贴等政策，新增补贴向粮食等重要农产品、新型农业经营主体、主产区倾斜。加大农机购置补贴力度，加快发展农业机械化。加大对产粮大县的扶持力度，完善支农资金分配和财政转移支付机制，逐步缩小粮食主产县人均财力与全省和全国平均水平的差距。

顺应市场供求规律，完善粮食等重要农产品价格形成机制。坚持市场定价原则，探索推进农产品价格形成机制与政府补贴脱钩的改革，逐步建立农产品目标价格制度，在市场价格过高时补贴低收入消费者，在市场价格低于目标价格时按差价补贴生产者。这项改革政策性强、涉及面广，需要试点探索、积累经验。为此，2014 年将启动东北和内蒙古大豆、新疆棉花目标价格补贴试点，探索粮食、生猪等农产品目标价格保险试点，开展粮食生产规模经营主体营销贷款试点。在开展这一系列试点的同时，为保持政策的稳定性连续性，2014 年还将继续提高小麦、稻谷最低收购价格，继续执行玉米、油菜籽、食糖临时收储政策。

宁波市“法人”型家庭农场调查

肖俊彦

浙江省宁波市是我国经济发达地区，耕地保有面积300万亩左右，人均耕地只有0.55亩。目前，全市农用地的流转率、规模经营率都在60%左右，经营30亩以上的经营主体（含农业企业、农民专业合作社、家庭农场和种养大户等）有12000多户。其中，“法人”型家庭农场在2001年即已出现，近年来发展较快，宁波市正在逐步加大政策扶持力度，其经验值得总结和借鉴。

一、目前“法人”型家庭农场的主要特征

宁波市农业部门对家庭农场的定义是：“以农户家庭为基本组织单位，以市场为导向，专业从事适度规模的农林牧渔的生产（初级加工）和销售，并且经过工商注册，实行自主经营、自负盈亏的农业经营主体。”由于其“经过工商注册”，当地称之为“法人化”家庭农场，本报告称之为“法人”型家庭农场。其主要特征如下。

1. 产业覆盖较广

到2012年底，全市经过工商登记从事种植（不含山林）、畜牧养殖的“法人”型家庭农场共有687家，比2010年的385家增长78.4%。按登记类型分，以个体工商户登记的520家，以个人独资企业登记的167家。按产业类型分，从事种植业生产的有456家，占66.4%，其中蔬菜瓜果301家，粮食37家；从事畜牧业生产的有231家，占33.6%，其中生猪87家，禽类124家。

2. 规模效益明显

从全市看，2012年456家种植类农场，面积规模主要集中在50~500亩，占90%以

上，少数有1000～2000亩。所辖慈溪市截至2013年3月底，“法人”型家庭农场达到1030家，其中经营规模50～99亩的有114家，100～499亩的有355家，500～999亩的有22家，1000亩以上有15家。

经营效益远高于普通农户。2012年，全市687个家庭农场，销售额50万～500万元的有520家，占75.7%，销售额500万元以上的有51家，占7.4%；总计实现销售收入13.4亿元、利润2.8亿元，分别比上年增长12.6%和19.8%，平均每个农场分别为195万元和41万元。

3. 经营者综合素质较好，开始吸引年轻人从业

从经历看，绝大部分农场主来源于本地，主要有三类：一是曾经经商办厂、外出打工、从事农产品经纪等之后返回农业；二是一直在本村从事农业；三是近年来大学毕业后创业。大部分农场主产业规模都是从小做到大，专业知识、实践技能较强，懂经营，会管理。

农场主年龄、知识结构比较合理。2012年全市687名农场主中，年龄在50岁以下的有470名，占68.4%，其中30岁以下的有95名；高中学历以上的有275名，占40%，其中大专以上的有57名。

新一代农业经营者开始成长。2012年，全市大学生独立或参加创办家庭农场近50家；有107家农场聘用199名大学生；少数农场主开始培养子女参与经营，以实现代际接替，初步显现传承性。

4. 市场引领作用明显，经营管理比较规范

部分农场主同时也是购销大户或农产品经纪人，产销连接紧密，以家庭农场为载体，有效推进农超、农批、农商、农校对接，发展直供配送、电子商务等新型流通业态。有的农场创新终端配送模式，将田头现摘蔬菜直接向社区配送或直接进入居民家庭。有一半左右的家庭农场牵头领办或加入了农民专业合作社，有122家家庭农场与农业企业签订了产品购销合同，有154家拥有自主商标权。慈溪市家庭农场普遍实行“六个一”（一张工商执照、一处管理用房、一个标牌、一份委托流转合同、一本农事操作记录、一个农产品质量安全承诺）规范化管理。

5. 家庭成员参加劳动，雇工较为普遍

以家庭成员为主要劳动力的农场占30%左右，集中在50亩左右规模的蔬菜瓜果类农场。70%的农场拥有长期雇工，平均每个农场3名左右，多者达几十人，而季节性雇工更多。

二、宁波市“法人”型家庭农场发展较快的原因

1. 市场竞争需要家庭农场“法人”化

宁波市外向型农业发展较快，要求农业生产规模化、标准化、规范化，进而要求作为自然人的专业大户必须通过工商登记来确立法人地位，从而取得解决银行贷款、对外业务、出口蔬菜基地等问题的法律地位，否则难以获得出口订单。2001 年 7 月，慈溪市一家果蔬农场通过工商登记，成为宁波首家“法人”型家庭农场。实践表明，对农业经营，农业法人主体具有自然人主体不具备的市场竞争能力，在内部管理、开拓市场、规范财务、合资融资、创立品牌等方面都具有良好的提升作用，十分有利于赢得市场竞争机会。因此，一批农业大户、农产品经纪人通过工商登记为家庭农场，就成为必然。

2. 农民具备现代经营能力与资金实力

宁波家庭农场一般经营规模较大，投资几十万元比较普遍，投资上百万元以至上千万元的也不在少数，其较高的投资、管理能力反映了宁波市农村经济社会发展处于较高水平。

早在 20 世纪 80 年代初，宁波农民就开始外出打工、推销、经商、办企业，许多农民家庭开办了农产品加工作坊，并逐步扩大发展。有相当一批农民家庭年收入早就达到数十万元，并积累了丰富的现代经营管理经验。如慈溪市，2012 年底有约 100 万常住人口，各类工业企业 3. 8 万多家、个体工商户 6. 58 万家，大体上每 5 户中有 1 户开办企业。宁波的农民现代经营能力与资金实力经历了长期积累，这在全国是不多见的。

3. 农业生产基础条件显著改善

宁波市高度重视发展农业。按照浙江省有关部门的指标体系评估，2012 年宁波市农业现代化率达到 83%。在诸多方面中，突出的是宁波按照浙江省统一规划组织实施的“两区”建设。一是粮食生产功能区建设。2008 年以来进行了两轮，第一轮建设高标准粮食生产功能区 80 万亩已经完成，目前正进行第二轮 45 万亩提升建设、40 万亩粮食生产功能后备区建设，将于2015 年完成。两轮建设囊括了大部分优质粮田。二是现代农业园区建设。按照生产要素集聚、科技和设施装备先进、经营机制完善等要求，规划“十二五”期间建设 260 个左右现代农业园区，目前已开工建设 164 个，总面积 23 万亩。“两区”建设已总投资 19 亿元，其中财政投入 12 亿元。通过“两区”建设，主要产区

农田基础设施得到极大改善，基本实现农田成方、水渠成系、道路相连、河道通畅、设施配套、机具适用，显著提高综合生产能力，便于家庭农场进行经营。

4. 政府积极扶持引导

一是建立土地转出农户社会保障机制。政府对土地转出农户在参加社保、转岗培训和就业等方面给予优惠政策，消除这些农户的后顾之忧。农户将全部承包土地剩余期限内的经营权，委托镇、村土地流转服务组织流转的，其家庭成员在按规定参加各类社会养老保险时，县级财政给予一定补助；对转出全部土地承包经营权、且合同年限10年以上农户的劳动力，参加就业培训和接受岗位推介享受被征地人员同等待遇；吸纳经县级有关部门认定的转出全部土地承包经营权、且合同年限10年以上农户的劳动力，并建立稳定劳动关系的各类企业，享受当地使用被征地人员同等的就业促进政策。

二是创新农村金融产品支持农业规模经营。截至2011年底，全市农村住房抵押贷款余额4.76亿元，海域使用权抵押贷款余额6.99亿元，股份经济合作社股权质押贷款余额95亿元，城乡小额保证保险贷款余额13.81亿元，农村青年创业贷款余额5.93亿元，林权抵押贷款余额4250万元，金融机构农房“两改”贷款余额59.4亿元，极大地缓解了农户发展规模经营过程中的贷款困难。

三是吸引大学毕业生到农业生产领域创业就业。2009年和2012年，宁波市政府先后出台鼓励大学生从事农业的扶持政策，主要目标是：到2015年底，全市市级示范性农业生产服务组织均有1名以上大学毕业生，全市农业领域就业创业的大学毕业生达到1000名左右。主要扶持政策是：在农业生产领域创业的大学毕业生，按工商注册登记，政府给予每人每年2万元补助，农业小额担保公司优先提供贷款担保，并给予利率优惠；对聘用大学毕业生就业的较大规模农业生产经营主体（含农业企业、农民专业合作社、家庭农场和种养大户等），政府给予1~2名大学毕业生每人每年2万元的基本报酬补助。2012年，全市有306名大学生享受农业领域实现就业创业政府补助，全年补助超过700万元。

三、宁波市下一步扶持措施

据宁波市农业部门调查分析，当前家庭农场发展面临的问题有四个：一是政府对家庭农场的扶持力度还不够大，尚未出台系统性扶持政策；二是土地流转难度增大，土地流转价格上涨快，目前普遍每亩500～800元/年，农场经营成本压力大；三是资金、劳动力等要素制约，家庭农场经营初期一次性投入较大，但大部分投入无法以资产抵押等方式获得贷款，一些农场主反映用工工资过高；四是农场主经营素质还需要进一步提高。

针对上述问题，宁波市拟出台系统性扶持政策。基本考虑是：到2017年，全市培育1万家“法人”型家庭农场（其中市级示范性农场1000家），并从2013年起实行“以奖代补”政策，对市级示范性农场每家一次性奖励10万元，相关农业产业项目也尽量优先安排家庭农场。

根据《宁波市示范性家庭农场财政引导资金申报指南》，市级示范性家庭农场必须符合“五化”标准。

（1）主体职业化。本市农户（或享受本市在农业领域创业补助的大学生或在本市从事农业生产10年以上的市外农户）开办的经工商注册登记1年以上、年检合格的家庭农场；农场收入是家庭主要经济来源，农场主要从业人员为家庭成员；有行业许可要求的须依法获得相关许可合格证；农场主是有文化、懂技术、会经营的职业农民，具有初中以上文化或通过有关农业技术培训，并取得合格证书，有3年以上农业生产经历。

（2）规模适度化。流转土地80%以上、年限不低于5年，并签订规范的流转合同；经营规模必须达到文件规定的适度化下限标准（有具体要求）；农场年均纯收益10万元以上；就种植业而言，下限标准为50亩。

（3）管理规范化。有与生产经营管理相适应的场所、基本办公设备；各项管理制度全面，有年度目标和生产计划；有符合相关法规要求且符合本场实际的生产控制措施和技术操作规程；有规范的生产和销售记录并建立档案；建立会计制度及账簿，财务核算规范。

（4）生产标准化。产地环境良好，相对集中连片，布局合理，基础设施完善；严格规范农业投入品使用，按照标准和制订的技术操作规程开展生产；定期对农产品质量进行检测，确保不发生农产品质量安全事件；有较高的新品种、新技术、新模式和农机应用水平，专业化程度高。

（5）经营市场化。市场营销手段和方法扎实有效，参加各种展示展销推介会等活动，销售渠道稳定；拥有商标或“三品”认证，统一品牌销售；参加或组建相关的农民专业合作社，示范带动周边农户。

四、对全国发展家庭农场的启示

当前，我国正处于创新农业生产经营体制机制的重要阶段。十七届三中全会首次提出培育家庭农场，2013 年中央 1 号文件进一步出台了相关扶持措施。宁波发展“法人”型家庭农场的成功实践，给我们以深刻启示。

1. 当前最重要的是为培育家庭农场打好基础

现代家庭农场是推进农业现代化的重要方式，可以实现资金、技术、劳动力的优化组合，提高土地集约经营水平。但是，任何先进的生产经营方式都需要一系列条件支持。宁波市经验表明，家庭农场发展是诸多条件长期培育积累的结果。目前我国农业生产的水、电、路、渠等基本生产条件还很不完备，资金、技术、设施、服务等供给难度更大，多数农民收入还不高，加之各地发展很不平衡，经济发达地区只是少数。因此，当前要着力进行财政、金融、科技、人才、服务组织等方面的政策和制度创新，大力改善农业基础设施，大幅度提高农民收入，切实维护好农户土地承包经营权益，促进优质生产要素进入农业领域，为推动家庭农场发展准备良好的基础条件。

提升农业生产要素质量，无疑需要国家及早采取重大投入政策。从宁波实践看，实现农田生产基础设施的配套提升，需要投入巨额资金、大量工作、较长时间，必须尽快着手。

2. 扶持政策要体现农业现代化导向

目前，国家对家庭农场还没有制定认定标准和专项扶持政策。在国家已经对农户家庭经营实施一系列扶持政策的背景下，如何扶持家庭农场发展的确存在难度。关键是要区分发展家庭农场与扶持一般农户之间的不同之处。在指导思想上要明确，发展家庭农场的目标是从推动农业生产经营方式现代化的角度促进农业现代化，不仅仅是鼓励规模经营和提高产量，其要求标准就应当高一些，在扶持政策上就必须体现现代化导向，避免扶持政策泛化、简化、淡化。宁波的扶持政策基点是“五化”标准，尽管这些具体要求不一定适应全国其他地方情况，但在总体上摆脱了传统农业生产经营方式的束缚，指向明确，有经营组织形态（工商注册登记）、最低经营规模、生产流程与技术、财务核算、生产过程记录、质量安全等方面的综合要求，较好地体现了农业现代化导向。

3. 培养新型职业农民应当成为国家战略

目前社会各方面对“谁来种地”非常担忧。宁波市鼓励大学毕业生到农业生产领域就业创业的经验证明，随着经济社会及教育事业发展到一定程度，政府采取有力扶持措施，完全能够吸引一批文化较高、年龄较轻的劳动者从事农业生产，成为发展现代农业的领头人。从全国来看，应当及早制定培养大批新型职业农民的制度。可以考虑：国家扶持包括35岁以下的大中专毕业生和青年农民经营家庭农场，成为职业农民；改变从事农业劳动不能享受城镇人口社会保障福利的传统制度，新型职业农民可以享受城镇养老、医疗、住房、就业等政策，政府可给予一定补助；对创业者，优先优惠提供担保和贷款；对大学毕业生在农业生产领域就业创业者，政府给予一定收入补助。

4. 处理好扶持家庭农场与其他新型经营主体的关系

宁波“法人”型家庭农场目前大体占各类农业经营主体（含农业企业、农民专业合作社、家庭农场和种养大户等）的不到10%，在宁波各县发展也很不平衡。这表明，在相当长时期，多元农业经营主体并存格局是必然状态。目前在我国绝大多数地区，非法人的家庭农场或者种养大户占多数；农业企业、专业合作社的龙头作用、服务功能也是不可替代的。实际上，目前我国各类新型农业经营主体的发展还处于初步阶段，都存在种种困难，都需要国家加大政策支持力度以发挥好各自功能。

5. 注意维护农民土地承包经营权益

发展家庭农场首先涉及的重大问题是农民是否愿意流转承包地。2012年底，全国农地流转率为21.5%，说明目前大多数农民还不愿意流转土地。同时，现阶段许多农民愿意采取亲朋好友之间互帮互换方式流转承包地。发展规模经营，要尊重农民的土地承包经营权权利，要有耐心等待农民的选择，不能采取软硬兼施办法强迫农民，更不能损害农民利益。

国家粮食安全战略的新变化及其实现路径

叶兴庆

对我国这样一个人口众多、资源不足、曾经长期遭受饥饿困扰的国家而言，粮食安全始终是社会各界广泛关注的敏感话题。中国人具有特殊的粮食安全情结并不奇怪。2013 年底召开的中央经济工作会议和中央农村工作会议，高度重视粮食安全问题，明确要求实施“以我为主、立足国内、确保产能、适度进口、科技支撑”的国家粮食安全新战略，明确提出确保“谷物基本自给、口粮绝对安全”的国家粮食安全新目标。这是综合考虑我国未来粮食供求格局、农业资源环境承载能力，以及保持政策稳定性、连续性等因素后作出的重大战略决策。准确把握这一新战略、新目标的内涵及其实现途径，对顺利推进我国现代农业建设、正确处理国内外两个市场、两种资源的关系至关重要。

一、国家粮食安全战略的四个新变化

1996 年发布的《中国的粮食问题》白皮书首次明确提出，“立足国内资源，实现粮食基本自给，是中国解决粮食供需问题的基本方针”，“中国将努力促进国内粮食增产，在正常情况下，粮食自给率不低于 95%，净进口量不超过国内消费量的 5%”。2008 年国务院审议批准的《国家粮食安全中长期规划纲要（2008 - 2020）》重申，“粮食自给率稳定在 95% 以上”。农业部制定发布的《全国种植业发展第十二个五年规划（2011 - 2015）》提出，“确保自给率 95% 以上”，“水稻、小麦、玉米三大粮食作物自给率达到 100%”。可以说，“粮食自给率 95% 以上”，是主导我国粮食生产政策乃至耕地保护政策近 20 年的重大方针。与这个方针相比，中央新近提出的国家粮食安全新战略，既保持了必要的稳定性、连续性，又有新的发展。

第一，“保”的范围有收缩。长期以来，我国统计口径中的“粮食”和我们所讲的国家粮食安全中的“粮食”，是包括谷物、豆类、薯类在内的较为宽泛的概念。按这个口径，我国粮食自给率（国内产量占国内产量与净进口量之和的比率）2012 年已下降到 89%。这主要是由大豆进口快速增长造成的。我国大豆进口量，2001 年为 1394 万吨，2012 年达到 5838.5 万吨。在 95% 以上的粮食自给率目标已经失守而且难以恢复的情况下继续宣称这一目标，有损政府公信力。因此，中央明确提出，要进一步明确国家粮食安全的工作重点，合理配置资源，集中力量首先把最基本最重要的保住，做到谷物基本自给、口粮绝对安全。相比以前笼统地要求粮食基本自给，这次收缩为要求谷物基本自给、口粮绝对安全，体现了实事求是、与时俱进的精神。

第二，“保”的要求有提高。在科学发展理念日益深入人心的时代背景下，即便为了达到谷物基本自给、口粮绝对安全的新目标，也不能再走过去那种发展粮食生产的老路。中央明确提出了两个新要求。一是坚持数量质量并重。这意味着，我们不仅要做到“量”上足够，还要做到“质”上让人放心。近年来，我国食品安全事件频繁发生，“镉大米”等事件造成较大社会影响。在今后的谷物和其他农产品生产过程中，要更加注重质量和安全，注重生产源头治理和产销全程监管。二是坚持当前长远兼顾。这意味着，我们不仅要努力提高当前的农业生产能力，还要提高农业可持续发展能力。过去那种为了增加农业生产而不惜陡坡开荒、超采地下水、侵占湿地、大量施用化肥农药等做法再也不能继续下去了。必须注重永续发展，转变农业发展方式，发展节水农业、循环农业。

第三，“保”的途径有变化。在使市场在资源配置中起决定性作用、构建开放型经济新体制的时代背景下，保障国家粮食安全要更新理念、拓展视野。在新的国家粮食安全战略中，不仅首次将“粮食基本自给”调整为“谷物基本自给、口粮绝对安全”，而且首次将“适度进口”视作粮食安全战略的重要组成部分。在提高国内产能的同时，积极参与国际贸易，广辟粮食进口渠道，会使我国粮食供给更加可靠、市场更加稳定。还要注意的是，与以前将国家粮食安全标准界定为“自给率 95% 以上”不同，这次并没有为“谷物基本自给、口粮绝对安全”给出一个量化概念。这么做是有其战略考虑的。在 WTO 规则的约束下，我国谷物和口粮的自给率究竟能达到多少，尽管与关税配额管理和“黄箱”政策运用有关，但从根本上说，取决于国内外生产成本和价格的比较。我们只能通过推动国内农业生产基础设施建设、农业科技进步、农业经营规模扩大，尽可能放缓国内农业生产成本的上涨速度，尽可能保持国内稻谷和小麦生产的比较优势。

第四，“保”的责任有调整。为实现“谷物基本自给、口粮绝对安全”，无疑需要更好发挥政府作用。自《国务院关于深化粮食购销体制改革的通知》（国发〔1994〕32号）首次提出实行“米袋子”省长负责制以来，要求省一级政府把当地粮食平衡的责任担当起来、实现区域粮食平衡，就成为我国粮食政策的重要组成部分。根据这个政策，省级政府对当地的粮食生产、收购、销售、省际流通、市场管理、储备和吞吐调节等各个方面全面负责，保证粮食的正常供应和价格稳定；为实现地区粮食平衡，调控地区粮食市场，粮食产区要建立3个月以上粮食销售量的地方储备，销区要建立6个月的粮食销售量的地方储备，以丰补歉，确保供应。在特定历史条件下形成的这套制度安排曾发挥过积极作用，但随着全国粮食市场一体化程度的提高、中央对粮食市场调控能力的增强，这套制度安排也逐步暴露出深层次矛盾和问题。在新的时代背景下，政府与市场、中央与地方各自的作用边界需要重新划分。这次中央明确提出，中央和地方要共同负责，中央承担首要责任，各级地方政府要树立大局意识，增加粮食生产投入，自觉承担维护国家粮食安全责任。首次明确“中央承担首要责任”，是对“米袋子”省长负责制的重大完善，有利于形成全国统一的粮食市场。下一步要做的工作，是对中央和地方各自应承担哪些职责进行更清晰的界定。

二、抓好确保产能的关键环节

确保产能，是坚持“以我为主、立足国内”的基础，是实现“谷物基本自给、口粮绝对安全”的前提，是做到“中国人的饭碗任何时候都要牢牢端在自己手上、我们的饭碗应该主要装中国粮”的必然要求。2013年我国粮食产量超过6亿吨，达到了一个新的高度。目前的粮食产能中，部分属于本不该有的产能，部分属于透支未来的产能，这些不健康的产能应该按规划逐步退出。今后，要通过增加健康的产能，以弥补这些不健康产能退出造成的缺口，并力争使总产能有新的提高。为此，需要付出艰苦努力。

一是保护好耕地。据2013年底公布的第二次全国土地调查结果，截至2009年底，全国耕地面积为203077万亩，比基于第一次全国土地调查逐年变更到2009年的耕地数据多出20380万亩。这主要是由于调查标准、技术方法的改进和农村税费政策调整等因素影响，使第二次全国土地调查的数据更加全面、客观、准确。应该看到，这些“多”

出来的耕地实际上早就在耕种，并不是真的新增加了耕地；2009 年全国人均耕地仅 1.52 亩，比 1996 年第一次全国土地调查时的人均耕地 1.59 亩有所下降，不到世界人均水平的一半。更应该看到，全国有 14945 万亩耕地位于东北、西北地区的林区、草原以及河流湖泊最高洪水位控制线范围内和 25 度以上陡坡，其中，相当部分需要根据国家退耕还林、还草、还湿和耕地休养生息的总体安排作逐步调整；有相当数量耕地受到中、重度污染，大多不宜耕种；还有一定数量的耕地因开矿塌陷造成地表土层破坏、因地下水超采，已影响正常耕种。我国工业化城镇化进程还没有结束，建设用地供需矛盾仍很突出，耕地保护形势仍十分严峻。在这个背景下，耕地红线仍要严防死守，现有耕地面积必须保持基本稳定。应严格执行耕地占补平衡政策，做到产能的占补平衡，防止多占少补、占优补劣；建立健全耕地保护补偿机制，用经济手段调动农民保护耕地的积极性；划定城市开发边界和永久基本农田，严格保护城郊水田、水浇地。

二是加强农田基础设施建设。认真实施《全国高标准农田建设总体规划》，以进一步提高农业水土资源利用效率为核心，集中力量推进土地平整、土壤肥沃、集中连片、设施完善、农电配套、生态良好、抗灾能力强，与现代农业生产和经营方式相适应的旱涝保收、持续高产稳产的高标准农田，亩均粮食综合生产能力提高 100 公斤以上。到 2020 年，完成 8 亿亩高标准农田建设任务。其中，“十二五”期间建成 4 亿亩。应优化建设布局，以粮食主产区、非主产区产粮大县以及其他粮食增产潜力较大的县为重点，采取集中投入、连片治理、整体推进的建设方式，确保建一片成一片。应注重综合治理，把田间灌排工程建设和耕地质量建设摆在优先位置，加强资源节约利用和生态环境保护，减少水土流失，控制农业面源污染。应创新体制机制，加强部门协调，增加财政投入，充分发挥专业大户、家庭农场、农民合作社等新型生产经营主体的作用，积极引导各类社会资本投入，各类项目建设按标准化要求建成后要及时确权登记、明确管护主体和经费来源。

三是发挥科技支撑作用。近年来，我国农业科技应用步伐加快，通过良种良法推广、高产创建、测土配方施肥、土壤有机质提升、深耕深松、旱作节水、病虫害统防统治等一批稳产高产防灾减灾实用技术，促进了粮食的连续多年稳产高产。据统计，2012 年我国科技进步对农业增长的贡献率提高到 54.5%，主要农作物耕种收综合机械化率达到 57%，良种覆盖率在 96% 以上，科技进步已成为提高粮食产量和农业综合生产能力的关键措施。然而，发达国家农业科技贡献率一般在 70% ~80%，德国、英国、法国等超过了90%，我国还有20个百分点的提升空间；我国农田灌溉水有效利用系数和水分生产率仅相当于世界先进水平的60%左右；我国亩均化肥用量达到21.2公斤，是世界平均水平的4.1倍，化肥平均利用率在30%左右，比发达国家低20个百分点，长期不合理施用化肥已成为危害生态环境和影响土地质量的重要因素。应大力促进农业科技进步，做大做强现代种业，加快农业生物育种创新和推广应用，开发具有重要应用价值和自主知识产权的生物新品种；开展高产创建，加强高效栽培、疫病防控、农业节水等领域的科技集成创新和推广应用，实施水稻、小麦、玉米等主要农作物病虫害专业化统防统治；加快推进农业机械化，促进农机农艺融合。

四是调动和保护好“两个积极性”。既要让农民种粮有积极性，也要让主产区抓粮有积极性。从调动农民种粮积极性来看，现阶段应继续实行粮食最低收购价和临时收储政策，并探索形成农业补贴同粮食生产挂钩机制，让多生产粮食者多得补贴；提高劳动生产率是增加农民种粮收入的根本出路，应促进土地经营权流转、集中，发展多种形式的适度规模经营。从调动主产区抓粮积极性来看，应建立健全主产区利益补偿机制，在确定中央对地方的纵向财政转移支付时应加大粮食因素的权重，还可考虑以粮食调入、调出量为依据建立地区之间的横向财政转移支付制度，改变“粮食大县、工业小县、财政穷县”局面。

三、善于用好两个市场、两种资源

我国正处于工业化城镇化快速推进阶段和从中等收入向高收入迈进阶段，人口总量增加、人口从农村向城镇转移、城乡居民收入水平提高、国外生活方式影响加深等因素共同推动我国食物消费结构转型升级，全社会对粮食乃至谷物的需求总量远未见顶。与此同时，受资源环境约束趋紧、生产成本上涨等因素制约，我国农业和粮食产能继续提高的难度越来越大。党的十八届三中全会明确提出，构建开放型经济新体制，促进国际国内要素有序自由流动、资源高效配置、市场深度融合。对农业而言，也要从我国的资源禀赋出发，发挥比较优势，更充分地利用国际国内两个市场、两种资源。适当增加粮食进口，加快农业走出去步伐，是我国建立开放型经济新体制的理性抉择。

鉴于粮食生产对我国农民的重要性、在国际粮食市场上我国具有大国效应，必须审慎把握好进口规模和节奏、方式和布局。一要给国际市场稳定的预期。目前全球谷物年贸易量约3亿吨，其中，大米0.4亿吨，小麦1.5亿吨，玉米1亿吨。这些贸易已形成相对稳定的去向。考虑到目前国际粮食贸易规模，粮食出口国的粮食增产潜力变为现实生产能力需要一个过程，我国在粮食进口的操作上一定要审慎，不能突发式大规模增加进口，而应该逐年地、缓慢地、均衡地释放我们的进口需求，让国际市场有一个反应的过程和增加产能的时间。以大豆为例，如果看十几年前的国际贸易规模，不可能想象今天我国会达到这么大的进口量。这就说明，只要平缓地释放进口需求，出口国就可以逐步扩大生产，我国粮食进口对国际市场的冲击就没有想象中的那么严重。进口贸易政策切忌频繁变动。二要注重进口来源多元化。目前，除北美外，南美、非洲、中东欧、东南亚等地都有很大的粮食增产潜力。在谷物基本自给的前提下，我们完全可以实现粮食进口地域的多元化，降低国际粮食市场波动给国内带来的影响。三要提高对国外粮源的掌控能力。既要鼓励企业在国外通过直接租赁土地、合资合作等方式建立粮食生产基地，也要鼓励企业走出去投资建设农业基础设施、农产品加工厂、收购码头和仓库等物流设施。四要增强在国际粮食市场上的话语权和定价能力。尽快提高大连、郑州等商品交易所的国际化程度，争取早日成为新的全球定价中心。

“健康产能”的增长如何跑赢“有毒产能”的退出

叶兴庆

2013 年我国农业生产再获丰收。全国粮食产量 60194 万吨，比 1978 年增长 97.5%；棉花产量 631 万吨，比 1978 年增长 191.2%；油料产量 3531 万吨，比 1978 年增长 576.7%；糖料产量 13759 万吨，比 1978 年增长 477.7%。同期，其他主要农产品产量也都是成倍增长。经过 35 年发展，我国农业综合产能达到了一个多年前难以想象的历史新高度。

问题在于，面对这样一个历史新高度，我们很难“喘口气”。2014 年中央 1 号文件明确要求，“建立农业可持续发展长效机制”，“以解决好地少水缺的资源环境约束为导向深入推进农业发展方式转变”，“在保障当期供给的同时，更加注重农业可持续发展”，从而“实现高产高效与资源生态永续利用协调兼顾”。之所以这么强调，是因为与我国工业部门普遍存在产能过剩现象不同，我国农业面临的突出问题是产能严重透支。也就是说，目前达到的农业产能中相当部分是以牺牲生态环境为代价换取的，是在“吃子孙饭”，是在透支未来。这种以牺牲生态环境为代价换取的产能，是一种不健康的产能，也可以说是一种“有毒产能”。

“有毒产能”之一：以过量使用现代投入品为代价换取的产能。我国人多地少，农业实行集约经营具有客观必然性。但化肥、农药等现代投入品的使用远远超过世界平均水平，也远远超过合理使用水平。我国耕地面积不足全世界一成，却使用了全世界近四成的化肥；我国单位面积农药使用量是世界平均水平的 2.5 倍。过量施用化肥和农药提高了产量，却污染了环境。一些地方的水体污染和土壤污染严重，给农产品质量安全埋下了隐患。使用地膜有利于保温保墒、提高单产，但残留地膜回收率低，有近一半的农膜残留在土壤中，造成“白色污染”。

"有毒产能"之二：以严重超采地下水为代价换取的产能。我国华北地区地表水资源严重不足，长期靠超采地下水支撑农业生产发展。这在河北省尤为突出。河北省常住人口7200万，耕地1亿亩，但水资源总量仅200多亿立方米，人均水资源拥有量仅270多立方米，是全国人均水资源拥有量的1/8。河北省年平均地表水资源量已不足80亿立方米，比20世纪50年代减少了近125亿立方米。地表水资源不足，就转向开采地下水。但长期过度开采地下水，华北地区已出现世界罕见的漏斗区，面积超过4万平方公里，形成了以保定、衡水、沧州等地区为中心的多个漏斗群，衍生出一系列次生灾害和环境地质问题。有专家警告，如果不尽快扭转这种局面，"30年后，古老而美丽的华北平原将会消失"。

"有毒产能"之三：以侵占湿地为代价换取的产能。从20世纪50年代以来，全国湿地开垦面积达1000万公顷，全国沿海滩涂面积已削减过半，"千湖之省"湖北省的湖泊锐减了2/3。黑龙江已成为我国最大的粮食生产省份，与大规模围垦湿地有很大关系。黑龙江三江平原是我国最大的平原沼泽分布区。据统计，1975年三江平原自然沼泽面积为244万公顷，占平原面积的48%；1985年沼泽面积下降到150万公顷，占平原面积的29%；到1990年沼泽面积仅剩113万公顷，仅占平原面积的22%。该区域随着自然湿地面积的逐渐减少，湿地生态功能明显下降，生物多样性降低，出现生态环境恶化现象，如风蚀加重、土壤局部沙化、盐渍化、水土流失加重、旱灾次数增多，等等。

"有毒产能"之四：以水土严重流失为代价换取的产能。20世纪50年代至90年代，为扩大耕地面积、增加粮食产量，我国不少地方进行了长时期、大面积的毁林毁草造地。1998年我国遭遇大范围洪水之后，于1999年启动退耕还林工程。截至2013年底，全国累计退耕还林1.39亿亩，是迄今为止我国累计投资量最大的生态建设项目。但目前我国还有6500万亩陡坡耕地、4000多万亩严重沙化耕地在耕作，造成严重水土流失。

"有毒产能"之五：以利用污染土壤、影响食品质量安全为代价换取的产能。土壤与大气和水并列为人类环境的三大要素，而几乎所有的污染都会进入土壤。我国土壤污染状况已经影响到耕地质量、食品安全甚至人的身体健康，其中最严重的是重金属污染。据媒体公开报道，环境保护部2006~2010年开展的全国土壤污染状况调查结果表明，我国中重度污染耕地约5000万亩，与国土资源部的地质环境调查结果基本一致。这些受污染的耕地，主要分布在工业化程度比较高的长三角、珠三角、部分老工业基地等地区。这些地区正是我国农业高产地区。

2014年中央1号文件强调，要促进生态友好型农业发展，加大生态保护建设力度，逐步让过度开发的农业资源休养生息。国家将采取四项措施：一是启动重金属污染耕地修复试点，通过财政奖补、结构调整等综合措施，支持受污染的耕地逐步改种转作；二是启动华北地下水超采漏斗区综合治理试点；三是启动湿地生态效益补偿和退耕还湿试点；四是启动新一轮退耕还林还草，在陡坡耕地、严重沙化耕地、重要水源地逐步实施。实行农业资源休养生息的实质，是要让目前仍在利用的农业"有毒产能"逐步退出。

顺利实施这项战略举措，不仅需要国家投入大量补助资金，而且需要提高农业"健康产能"，并力争使"健康产能"的增长跑赢"有毒产能"的退出，从而使农业总产能得以逐步提高。要把现有耕地保护好，严格执行耕地占补平衡政策，做到产能的占补平衡，防止多占少补、占优补劣；建立健全耕地保护补偿机制，用经济手段调动农民保护耕地的积极性；划定城市开发边界和永久基本农田，严格保护城郊水田、水浇地等优质耕地。要加强农田基础设施建设，以进一步提高农业水土资源利用效率为核心，集中力量推进土地平整、土壤肥沃、集中连片、设施完善、农电配套、生态良好、抗灾能力强，与现代农业生产和经营方式相适应的旱涝保收、持续高产稳产的高标准农田建设。要发挥科技支撑作用，大力促进农业科技进步，做大做强现代种业，加快农业生物育种创新和推广应用，开发具有重要应用价值和自主知识产权的生物新品种；开展高产创建，加强高效栽培、疫病防控、农业节水等领域的科技集成创新和推广应用，实施水稻、小麦、玉米等主要农作物病虫害专业化统防统治；加快推进农业机械化，促进农机农艺融合。要调动和保护好"两个积极性"，促进土地经营权流转、集中，发展多种形式的适度规模经营，提高粮食生产的劳动生产率和规模效益，让农民有种粮的积极性；建立健全主产区利益补偿机制，在确定中央对地方的纵向财政转移支付时加大粮食因素的权重，支持粮食主产区发展粮食加工业，降低或取消产粮大县直接用于粮食生产等建设项目资金配套，让地方政府有发展粮食生产的积极性。

粮食生产可持续发展面临的突出矛盾与政策建议

课题组①

一、中国粮食安全的新形势

我国一直高度重视发展粮食生产、保障国家粮食安全。在工业化、城镇化快速发展的背景下，尽管耕地等资源要素大量流失、农业生产成本快速提高，但2004年以来全国粮食生产仍实现了“十一连增”。2014年全国粮食产量达到6071亿公斤，比2003年增产1764亿公斤。本轮增长期，时间之长、幅度之大，创新中国历史纪录，是名符其实的“黄金期”。目前全国粮食总体供大于求，库存压力较大。但面向未来，我国人口总量将继续增长、城市化水平将继续提高、城乡居民膳食消费结构将继续转型升级，粮食需求峰值远未到来；而制约粮食增产的因素越来越多，未来粮食生产能力的增长能否跑赢粮食消费需求的增长、“谷物基本自给、口粮绝对安全”的目标能否长期守住，仍面临很大不确定性。在新的发展形势下，我国亟须树立新的粮食安全观。

（一）中国粮食生产发展状况与未来走势

1. 粮食生产能力稳步提升

为了保障粮食增产、实现国家粮食自给的目标，我国在耕地保护和生产效率提升上作出了巨大努力。2003～2011年期间，粮食产量增长有46.3%是由播种面积增加贡献的，44.2%是由单产上升贡献的，其余9.5%是由粮食种植结构调整贡献的（刘忠等，2013）。粮食生产取得连年增产的成绩，主要得益于以下三个方面的工作。

---

① 本文系2014年度农业部种植业司委托课题研究报告，课题负责人：叶兴庆；课题组成员：金三林、程郁、伍振军、周群力、柳岩（国务院发展研究中心信息中心）；报告执笔人：程郁、柳岩。

第一，在严保耕地红线的基础上，加大力度保障粮食的种植面积。我国粮食播种面积，1998～2003年出现了大幅度下滑，自2004年开始持续增长，到2013年达到16.79亿亩，比10年前增加了1.88亿亩，增长了10.2%，基本恢复到1996年的水平。但在耕地总体面积制约下，粮食播种面积的增加很大程度上只能依赖于提高其种植比例。2004～2013年，粮食播种面积占农作物总播种面积的比例从66.17%提高到了68.01%（参见图1）。

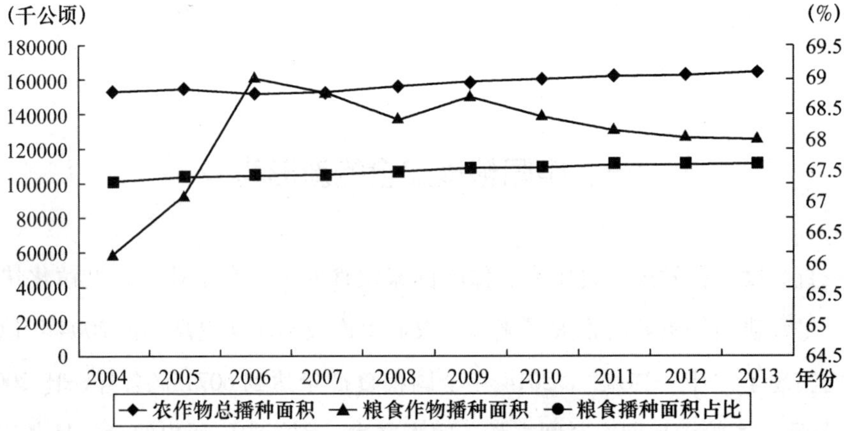

图1　粮食播种面积的变化

第二，以技术创新和集约投入为支撑，大幅度提高粮食的单产水平。2013年全国粮食平均单产达到每亩358.4公斤，比上年增产5公斤，提高1%，因单产提高增产粮食约840万吨。2003～2012年期间，粮食平均单产水平提高了22.4%，小麦、玉米的单产水平分别提高了26.84%、21.97%，单产效率提高对粮食增产的贡献率超过60%（参见图2）。同时，农业劳动生产率也获得实质性的提升。这10年间，粮食生产的劳动生产率从1517.95公斤/人提高到了2167.99公斤/人，提高了42.82%。

第三，依托高产作物替代低产作物，带动粮食总体产能增加。伴随着玉米单产水平的快速提升，其种植面积持续扩大，2004～2012年期间玉米种植面积由2544.6万公顷增加到3502.9万公顷，净增长近1000万公顷，增长幅度达到37.66%。而同期，单产效率较低的豆类播种面积从1279.89万公顷下降为970.95公顷，其中大豆播种面积减少了241.77万公顷，杂粮类作物的播种面积也有大幅度下降（参见图3）。经过生产结构调整，玉米产量占粮食总产量的比重由27.75%提高到了36.30%，大豆产量占粮食总产量的比重由4.75%降至2.65%。粮食增产绝大部分来自稻谷、小麦和玉米三类主粮作物，其各自的产量增长对粮食总产能提升的贡献率分别为18.51%、22.63%和66.58%。

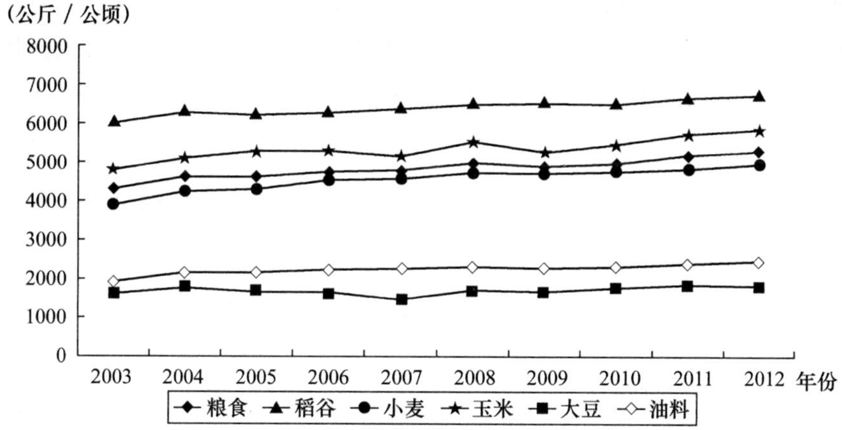

图 2　粮食单产水平的变化

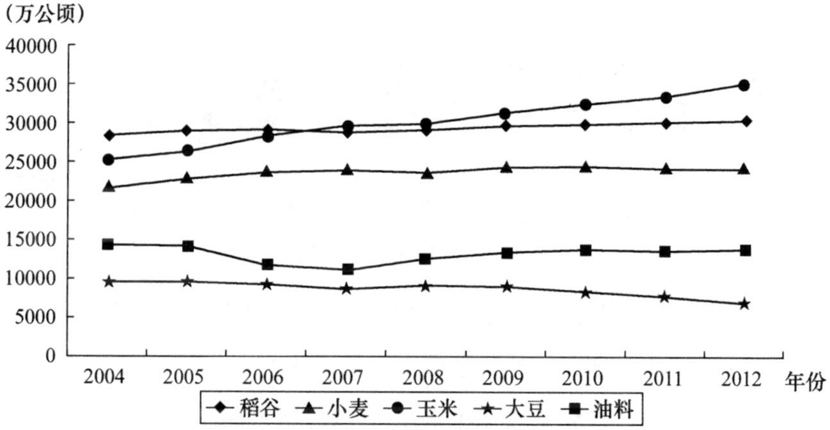

图 3　不同粮食作物种植面积的变化

2. 资源约束下粮食生产面临增长“极限”

我国粮食“十一连增”的成绩主要是以扩大播种面积和提高单产实现的。但在耕地资源的刚性约束下，依靠增加农药、化肥等生产性资源投入的产能增长模式已经遭遇了增长的“瓶颈”。

第一，耕地资源的紧缺制约粮食产能的扩张。城镇化的发展使我国本来就较为稀缺的耕地资源、尤其是优质耕地资源更加紧张。据清华大学地球系统科学研究中心、遥感科学国家重点实验室研究，2000～2010 年期间，我国城市扩张面积约 18376.74 平方公里（2756.51 万亩），其中占用耕地 12619.94 平方公里（1892.99 万亩），约有 68.7% 的城市扩张占用的是耕地资源。同时，我国优质耕地资源非常稀缺。《中国耕地质量等级调查与评定》的结果显示，优等地、高等地、中等地、低等地面积占全国耕地评定总面积的比例分别为2.67%、29.98%、50.64%、16.71%，中部地区和东部地区耕地平均质量等别较高，西部地区和东北地区耕地平均质量等别较低。而城镇化建设占用的耕地相当大部分是优质耕地，开垦耕地的土壤肥力远不如占用耕地，补充耕地与被占耕地质量一般相差2~3个等级，其生产能力不足被占用耕地的30%，近10年全国因占优补劣导致耕地粮食生产能力至少减少60亿公斤。

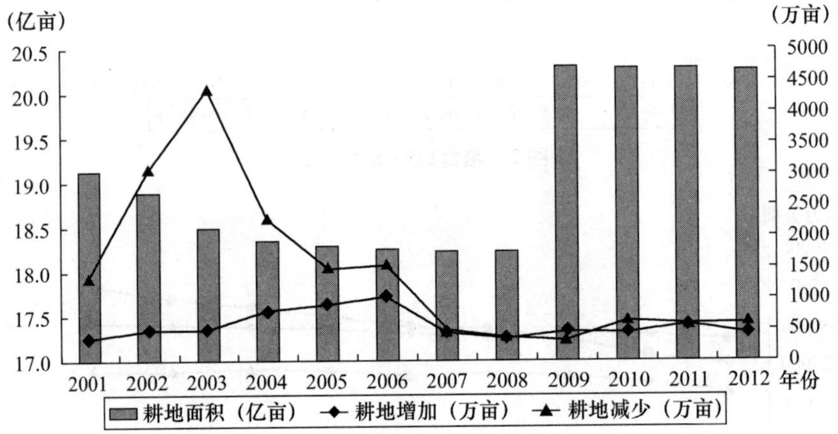

图4　我国耕地面积变化

第二，投入产出效率的降低使粮食进一步增产面临严峻压力。1983~2010年，我国化肥施用量以年均4.57%的速度增长，是粮食产量增速的3.2倍，而单位面积粮食产出的化肥投入边际效用以年均1.58%的速度降低（赵志坚、胡小娟，2013）。目前，中国单位面积化肥使用量是联合国粮农组织建议上限的2倍，农药使用量高达世界平均水平的2.5倍以上。粮食生产的投入产出效率已经开始下降，中国粮食的全要素生产率从2003~2004年的1.024下降至2009~2010年的0.988，在2004~2010年间粮食全要素生产率年均下降了0.7%（杨锦英等，2013）。依靠增加要素投入来维持增长的方式已经明显难以持续，在现行的技术水平下我国粮食产出能力已经接近了生产的“极限”，进一步实现增产的空间非常有限。

3. 自然灾害频繁威胁粮食生产安全

我国是一个自然灾害频发的国家，加之地域广阔，不同地区每年都会有不同类型、不同程度的灾害发生（参见图5），灾害频发也使粮食增产目标的实现面临巨大的不确定性。广大的东部季风区是自然灾害频发、灾情比较严重的地带，华北、西南和东南沿海是自然灾害多发区。1998～2003年我国平均每年因自然灾害造成的粮食损失大约是500亿公斤。随着防护措施的加强，2004年后的因灾粮食损失大幅度降低。2004年因灾损失粮食305亿公斤，2005年因灾损失粮食345亿公斤，2006年因灾损失粮食447亿公斤。2007年和2009年因气候变化异常，更是遭受严重的旱灾和水情，2007年和2009年因灾损失粮食分别达到539.5亿公斤和525.16亿公斤。2013年全国农作物因旱受灾1.68亿亩、成灾1.04亿亩、绝收2257万亩，造成粮食损失206.4亿公斤；在洪涝灾害方面，农作物受灾1.78亿亩、成灾0.99亿亩。

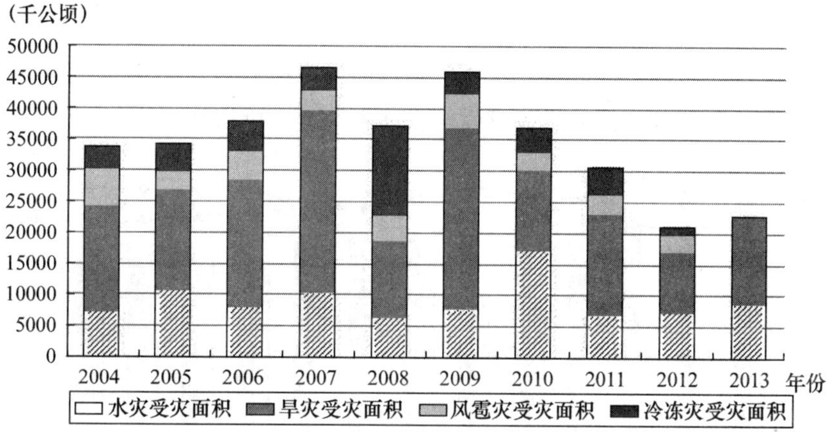

图5 我国受灾情况

（二）中国粮食消费发展状况与未来走势

我国正处于城镇化快速发展时期。据专家研究，一国城镇化率从30%到70%为该国城镇化快速发展阶段。我国城镇化率，1996年首次超过30%，预计2030年达到67%，未来16年将年均提高1个百分点。城镇化的发展会从供给和需求两个方面对粮食安全产生影响：一是城镇化会影响农业用水、耕地、农业劳动力等生产要素的数量和质量；二是城镇化会通过收入和生活方式等途径影响粮食消费需求。两个方面的影响都会进一步加剧我国粮食供求平衡的压力。

1. 城镇化发展显著增加粮食消费总量

城镇人口的持续增长，城镇居民人均粮食消费水平的不断提高，二者共同导致了城市粮食消费总量增长。1990～2012年，中国居民食用粮食消费量（包括口粮和饲料粮）从37229.26万吨增长到42288.22万吨，增加了5058.96万吨；其中，城镇粮食消费量从9469.60万吨增加到23539.89万吨，增加了14070.29万吨，对全国食用粮食消费增量的贡献率为278.1%。在城镇粮食消费总量增长中，由城镇人口增加带来的粮食消费增长占到了91.36%。

相反，农村人口减少和人均粮食消费量下降，导致农村粮食需求不断下降，从27759.65万吨减少到18748.33万吨，减少了9011.32万吨，对全国食用粮食消费增量的贡献率为-178.1%。但因为城市居民食物消费的热量更高，对饲料粮的引致需求更大，城镇居民的人均粮食消费量大于农村居民的粮食消费量。此期间，城镇居民人均粮食消费从313.62公斤增加到了330.7公斤，农村居民人均粮食消费从329.93公斤下降到了291.93公斤（参见图6）。随着人口从农村向城市的转移，城市粮食需求的增长将快于农村粮食需求的减少，从而带来整体粮食需求的大幅度增加。

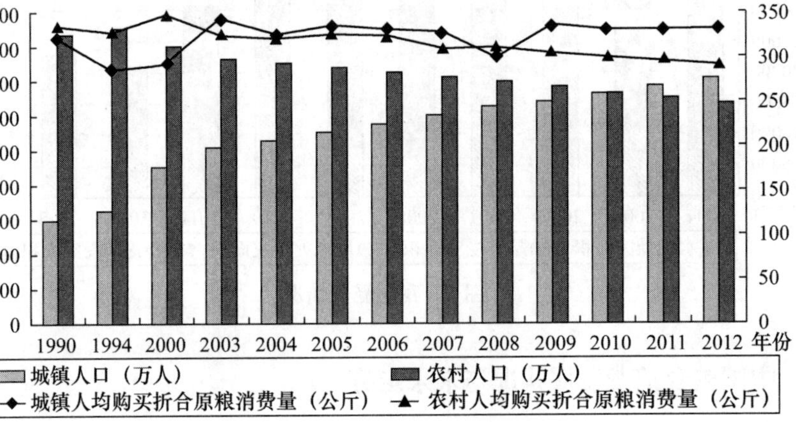

图6　城镇化与粮食消费的关系

另外，城市居民在家以外粮食消费上的支出随着其收入的提高而显著增加。在家以外的粮食消费已经成为城市居民粮食消费的重要组成部分。针对六大城市在2007~2011年间的粮食消费所进行的调查数据显示，在家以外粮食消费上的支出占城市居民粮食总开支的35%，城市居民在家以外的粮食消费量占粮食消费总量的20%~30%①。如果将城市居民在家以外的粮食消费量计算在内，那么城市居民的粮食消费量预计还会增加4707.98万吨。

① 关于居民在家和在家以外的粮食消费量调查数据来自中国科学院农业政策研究中心在2007~2011年期间对北京、上海、南京、成都、西安、沈阳和厦门6个城市的1340个样本所做的调查。

2. 农业供养人口的大幅增加对食物自给率带来严峻挑战

1990～2013 年，城镇人口从 30195 万人增加到 73111 万人，而农村人口则从 84138 万人下降至 62961 万人，大量的农业自给人口转换为农业供养人口，使粮食的商品化供给压力显著加大。中国城镇化道路的一个显著特色是"农民－农民工－市民"，由于农民工的人均粮食消费量高于城乡居民，规模庞大而且持续增长的农民工队伍对中国粮食消费产生重要影响。

2012 年，中国出乡镇的农民工达到 1.6 亿人，加上其随迁家属，总数在 2 亿人左右。再加上在本乡镇镇区内常住的农民工及其随迁家属约 4000 万人，目前约有 2.4 亿农业转移人口在城镇常住。随着职业身份的转换，这 2.4 亿人需要走向市场购买粮食和其他食品，由原先基本可以自给的生产者完全转变为粮食和其他食品的净购买者。另一方面，进城农民工基本是青壮年，就业主要分布在制造和建筑业，2012 年两行业合计占 54.1%，而这两个行业相对而言体力消耗大。这些因素，导致农民工对粮食和副食品需求也较多。

根据有关调查，2013 年农民工年人均粮食需求达到 396.34 公斤/人，比农村居民的消费水平高 43.10%，高出 119.14 公斤/人；比城镇居民的粮食消费高 14.78%，高出 51.04 公斤（参见表 1）。从事建筑业的农民工直接消费的口粮最多，为 236.77 公斤；其次为交通运输仓储业，为 229.05 公斤；制造业为 199.87 公斤。这主要缘于建筑业和交通运输仓储业都属于重体力活，消费的口粮要比其他行业多。

表 1　　农民工与城乡居民人均食品消费量比较　　单位：公斤

	人均消费			与农村居民比		与城镇居民比	
	农村	城镇	农民工	增量	增幅	增量	增幅
粮食（口粮）	170.74	103.47	217.23	46.49	27.23%	113.76	109.94%
小麦	54.75	—	94.55	39.80	72.69%	—	—
稻谷	97.09	—	122.68	25.59	26.36%	—	—
肉禽及制品	69.90	135.27	116.01	46.11	65.97%	－19.26	－14.24%
蛋及制品	15.12	36.32	34.30	19.18	126.85%	－2.02	－5.55%
奶及制品	20.64	70.24	28.80	8.16	39.53%	－41.44	－59.00%
合计	276.40	345.30	396.34	119.94	43.39%	51.04	14.78%

注：农村和城镇居民的人均消费、购买量来自于 2013 年《中国统计年鉴》，农民工人均消费量数据来自于国务院发展研究中心课题组。原粮的折算比例：肉禽及制品的料肉比按照3:1计算，蛋及制品的料蛋比按照2.8:1计算，奶及制品的料奶比按照4:1计算。

调查表明，农民工转移到城市使粮食需求增加了43.10%，人均增加119.14公斤（外出农民工主要是青壮年，而留守在农村的大多为中老年人和小孩）。以此水平估算，全国进城农民工使粮食消费增加了313.33亿公斤，占中国粮食总产量的约5.6%。

3. 膳食结构变化使得间接粮食消费迅猛增加

城市人口的主粮消费水平大大低于农村人口，随着城市化的发展，主粮的直接消费呈现总量减少态势。1990～2012年期间，折回后的城市原粮消费由4933.11万吨增加到了7011.43万吨，农村原粮消费由22052.57万吨减少为105501.67万吨，粮食直接消费净减少9422.58万吨。但随着城市居民的收入水平提高，肉、蛋、奶产品的消费大幅度增加，间接增加了对粮食的需求，而且这成为城市粮食需求的最主要构成。此期间，城镇居民人均口粮消费下降了39.7%，猪肉上升了14.6%，禽肉上升了217.6%，奶制品上升了204.3%。据此折算，城镇居民年人均间接消费粮食从150.24公斤增加到232.2公斤，间接消费增加对城镇居民年人均粮食消费增长的贡献率达到85.2%。

中国畜产品消费的快速增长会对未来粮食生产造成巨大压力。根据世界银行的世界经济发展指数（WDI）数据库，并将日本、韩国和中国人均GDP均折算为2000年不变价格，计算结果表明：中国在2010年的人均GDP为3379美元，相当于日本在20世纪50年代末（约3315美元）和韩国20世纪70年代末（约3639美元）水平。但是由于当前国际农产品贸易环境相对于20世纪50年代和70年代得到显著改善，国际农产品贸易数量和可获得性都明显提高，中国食品消费结构演化过程要快于同等经济发展时期的日本和韩国。对比同等经济发展水平下的日本和韩国，中国食物中的能量（卡路里）、蛋白和脂肪的来源结构都提早10年左右，也就是说，中国2010年的食品消费结构相当于日本20世纪60年代末70年代初、韩国20世纪80年代末90年代初的水平（见图7）。在这一时期，韩国和日本的食品消费结构都经历快速转变，在人均能量、蛋白和脂肪等摄取量中来自谷物的比重显著下降，而来自植物油和动物产品的比重快速上升。根据日本和韩国的食品消费结构在此阶段后的变化趋势，以及现阶段中国与日韩人均食物消费结构的差异，可以认为在未来10～15年，中国植物油和动物产品的人均消费将依然保持较快的增长。

4. 需求层次提高产生对食品质量安全的更高要求

随着经济发展水平和居民收入水平的提高，我国已经基本解决了居民的温饱问题。人们在吃饱了以后，对吃得安全的要求越来越高，对问题食品几乎是零容忍。一旦暴露

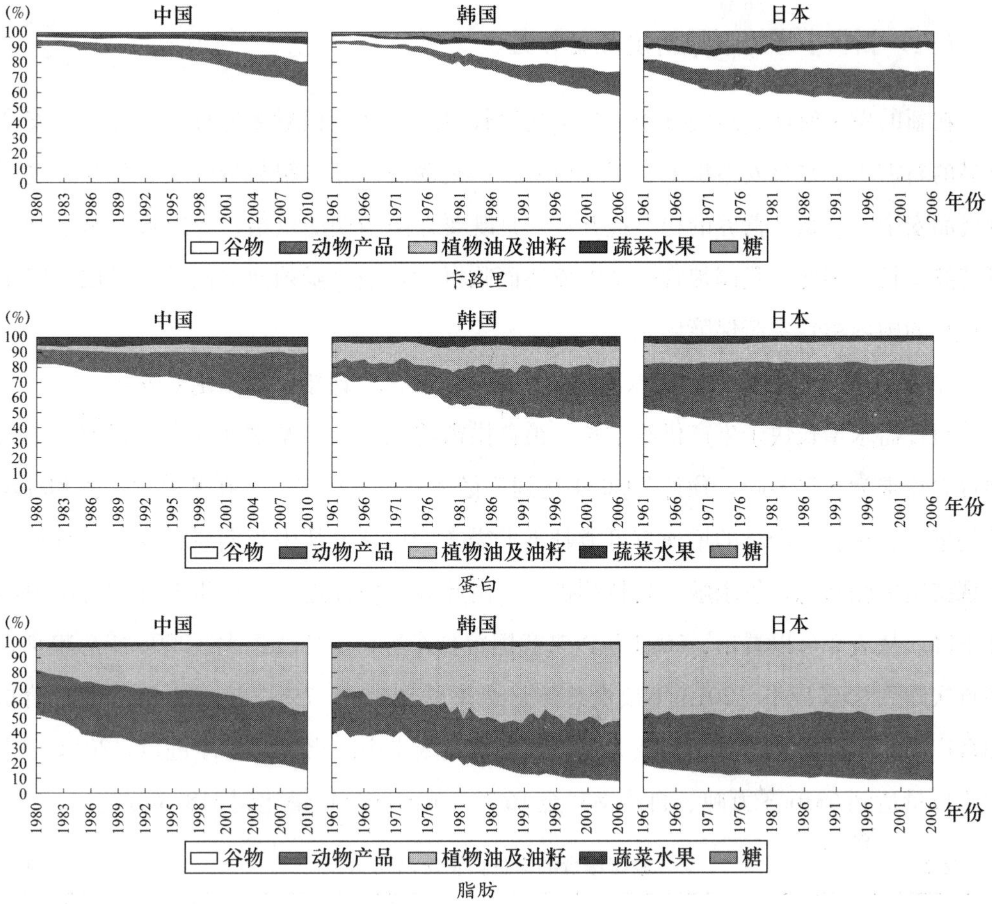

图7　中国、韩国和日本人均能量、蛋白和脂肪摄取的来源食物结构变化

出任何一点的安全问题，都会导致出现相关食品的滞销，进而对进口替代食品的需求大幅增加。比如，三聚氰胺事件后，我国乳制品进口成倍增长。因而，在新的发展时期，我国对粮食消费需求增长，更突出地表现在对生产和提供优质、安全、营养食品的需求上。

2013年的调查研究显示，从有机农业、有机食品到有机用品，有机生活正在风靡全球；从欧洲、美国、日本、中国港台到中国内地，全球有机食品以每年30%～40%的速度增长。尽管我国有机食品在整个食品行业市场份额中所占的比例估计还不足1%，但近年来消费者健康和环保意识的增强，使我国对有机食品的需求增长很快。据估计，我国有机食品消费每年增长三至五成，常年缺口30%，预计到2015年我国有机食品需求量将达到900万吨。

（三）新供求形势下的新粮食安全观

在新的发展时期，适应城镇人口快速增长以及城乡居民对多样性、营养性、安全性食品的新需求，粮食安全保障有了新要求：一是既要保障口粮数量的安全供应，也要实现食品安全、质量、营养的稳步提升；二是既要保障当期的供给，更应重视未来产能的可持续增长。因此，我国粮食安全保障还面临巨大挑战，亟须建立高效、优质、安全和可持续的国内粮食生产保障体系。

1. 资源约束日益突出，应以高效生产保障谷物基本自给、口粮绝对安全

粮食需求增长快于生产供给增长，粮食供需将长期处于紧平衡状态。目前，中国的粮食总需求为6亿多吨，预计2030年达到7亿多吨。相比之下，在城镇化扩张和环境资源约束下，粮食总产量的增速有可能赶不上需求的增速。从中长期看，我国粮食供求将呈现持续紧张状态，供求缺口将持续扩大，由此导致粮食进口的稳步上升和自给率的逐渐下降。从表2可以看出，2004年以来我国粮食净进口量持续扩大，2008年总粮食自给率首次跌到95%以下，2013年粮食总体自给率跌到了88.7%。这主要是由于对植物油和畜产品需求的快速增长，引致大豆进口倍增、玉米由净出口转为净进口，2013年大豆净进口量达到6316.3万吨、自给率降至16%，玉米净进口量达到318.8万吨。

表2　　我国粮食的净进口情况与自给率　　单位：万吨、%

年　份	粮食产量	粮食净进口量	粮食表观消费量	粮食自给率
1980	32055.5	1288	33343.5	96.1
1985	37910.8	-322	37588.8	100.9
1990	44624.3	862	45486.3	98.1
1995	46661.8	1967	48628.8	96
2000	46217.5	-42	46175.52	100.1
2001	45263.7	837	46100.67	98.2
2002	45705.8	-93	45612.75	100.2
2003	43069.5	61	43130.53	99.9
2004	46946.9	2492	49438.95	95
2005	48402.2	2232	50634.19	95.6
2006	49804.2	2540	52344.23	95.1
2007	50160.3	2205	52365.28	95.8

续表

年　份	粮食产量	粮食净进口量	粮食表观消费量	粮食自给率
2008	52870. 9	3670	56540. 92	93. 5
2009	53082. 1	4403	57485. 08	92. 3
2010	54647. 7	5764	60411. 71	90. 5
2011	57120. 8	6102	63222. 85	90. 3
2012	58958	7103. 1	66061. 1	89. 2
2013	60194	7675	67869	88. 7

资料来源：韩俊主编：《中国粮食安全与农业走出去战略研究》，中国发展出版社 2014 年版。

要素投入增长模式走到极限，粮食安全保障必须依靠科技提高效率来实现。在新形势下中央确定了实施“以我为主、立足国内、确保产能、适度进口、科技支撑”的国家粮食安全战略，明确要确保“谷物基本自给、口粮绝对安全”的新目标。尽管目前我国谷物自给率高达 97. 7%，但这一自给率的实现是以牺牲其他作物生产和资源过度消耗为代价的，在现有模式下进一步增产的空间非常小。而我国粮食生产的效率还大大低于发达国家，提高生产效率是保障未来粮食安全目标的根本途径。2004 年中国劳均粮食产量为 1. 35 吨，而日本和韩国都已经超过 4 吨；近 10 年中国粮食劳均产量大幅度提高，2012 年中国劳均粮食产量达到 2. 29 吨，仍大大低于日本和韩国的水平（见图 8）。同时，作为一个人均耕地资源非常紧张的国家，我国粮食的土地产出率也大大低于发达国家，2013 年我国每公顷土地的谷物产量是 5934 公斤，大大低于比利时、荷兰、新西兰、

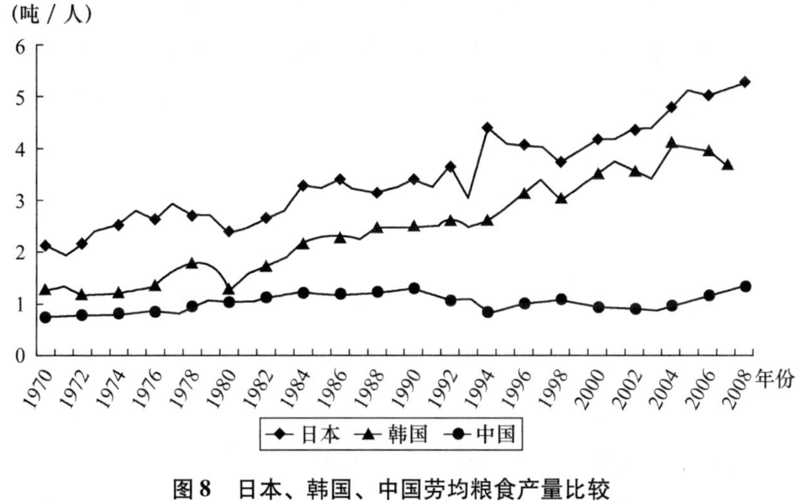

图 8　日本、韩国、中国劳均粮食产量比较

美国、德国、法国，也低于东亚地区的韩国、日本（见图9）。因而，我国通过推行规模经营、推广和应用新的技术，还有很大的生产效率提升潜力。

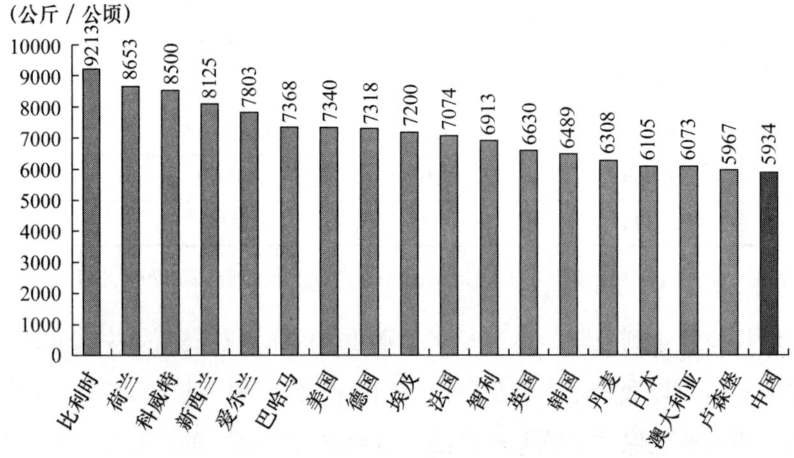

图9　主要国家谷物土地产出率的排名

资料来源：世界银行世界发展指数。

2. 居民健康饮食要求提高，应以优质生产保障粮食质量安全

我国在面临粮食供求数量紧张的同时，也存在着较大的供求结构失衡问题。一方面是常规性的基本口粮呈现丰年有余状态的同时，优质品牌大米供不应求；另一方面我国居民日益增加的多样化、健康安全食品需求，在当前国内绿色、生态农业生产资源日益萎缩的条件下难以满足，这是当前我国食物进口的另一重要原因。粮食安全在新的时期有了更丰富的含义，不仅仅是粮食数量的安全，而更突出强调的是质量安全和营养的保证。即粮食安全就是保证所有人在任何时候都能够有足够的、安全的、富有营养的食品，保证满足人们积极和健康生活的膳食需要和粮食喜好。因而，在当前我国居民已经基本解决温饱问题之后，粮食安全目标的重点正逐渐从保障全体人民“吃饱”向“吃好”转变，粮食生产不仅要实现数量增长，更加要求质量提升，即以优质生产保障粮食质量安全。

优质生产具体的要求表现在以下几个方面。一是产品的安全性，降低各种外部污染源对粮食生产的影响。但在工业化发展的今天，我国耕地、水源都存在各种污染问题，农药化肥的使用会降低食品的安全性，粮食储藏不当导致黄曲霉素超标，雾霾天气也会严重影响粮食作物的光合作用。在对粮食安全的要求越来越高的同时，解决粮食生产的安全问题面临的挑战却越来越多。二是食物的健康性，需要生物技术应用改良品种，使粮食在满足人们基本能量需求的同时，还能够提供人体需要的重要微量元素、发挥生理机能调节与平衡作用，比如葡聚糖大米、全胚芽大米、富硒降脂小米、游离子钙玉米等。

3. 国内粮食产能透支严重，应以可持续生产保障未来粮食安全

为了追求短期的产量增长，我国已经过度使用水土资源和环境容量，特别是过量使用化肥和农药，付出了巨大的环境成本和经济代价。目前，化肥农药使用对于粮食增产的效应下降，而环境污染效应在加速上升，最终会降低长期产出水平，进而降低国内生产能力。在新的发展形势下，我国的粮食安全不能再简单地以保障数量安全为目标，不能再以消耗资源、透支未来、破坏生态为代价换取今天的产能，不能再以牺牲质量安全来保证数量安全，迫切需要转变农业生产方式，建立可持续发展长效机制。

粮食安全目标不仅要考虑当期的供给安全，而且更要突出未来持续供应安全，这就要求粮食生产必须从资源消耗型向可持续发展转变，有序推动生态透支的“不健康产能”退出，并进一步提升“健康产能”，实现高产高效与资源生态永续利用协调兼顾。

二、国内粮食增产的资源环境代价

为了保障国家的粮食产量安全，除了不断扩大粮食播种面积、挤占其他作物发展空间外，这些年粮食增产主要是以资源、能源的规模化投入支撑实现的。这种粗放投入式的增长，一方面降低了粮食生产的经济效益，另一方面又严重透支了农业的生产力，破坏了农业赖以生存与发展的资源与环境基础，对保持粮食产量的可持续增长形成了威胁。

（一）化肥过量使用带来的污染成本已远超过其增产收益

中国农田投入化肥总量从 1978 年的 884.0 万吨上升为 2013 年的 5911.86 万吨，增长近 5.69 倍，远高于同期粮食产量增速。全国农作物单位播种面积施肥量由 1978 年的 58.89 公斤/公顷增长至 2013 年的 359.11 公斤/公顷，增长了 5.10 倍。如果以耕地面积计算，2013 年中国化肥施用强度达到 432 公斤/公顷，是世界平均水平的 3.6 倍，是国际公认的化肥施用安全上限 225 公斤/公顷的 1.92 倍。但中国化肥有效利用率仅 30% ~

40%，低于发达国家60%～70%的水平，未被有效利用的化肥成为面源污染的重要源头。

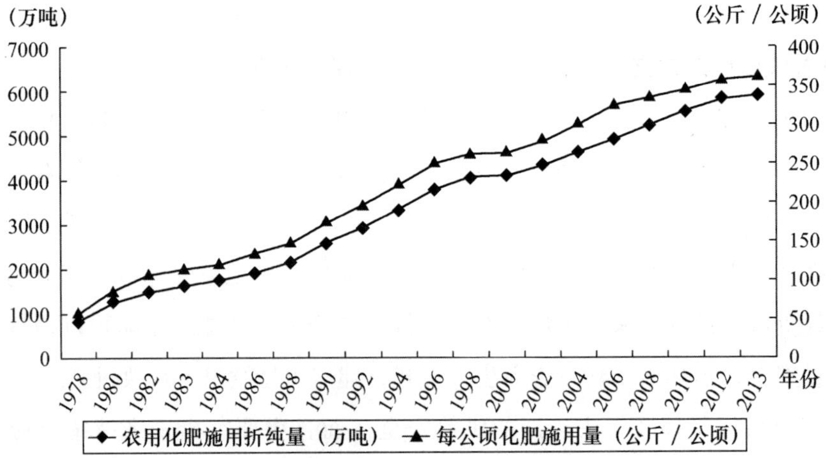

图10　1978～2013年中国化肥施用量变化

数据来源：历年《中国统计年鉴》。

1. 化肥使用对粮食增产的效应下降

从理论上来看，化肥的增产效果并不是始终随着施用量的增加而增加，而是有一个最优点。研究结果显示，中国三大粮食（水稻、小麦和玉米）最优化肥施用量为18.4公斤/亩（折纯量），而2011年中国主要粮食（水稻、小麦、玉米、大都）施用的化肥量为19.41公斤/亩，已经超过了最优施肥量1.01公斤/亩。而且化肥使用对粮食增产的效应下降，主要粮食作物的化肥投入弹性已经由2004年的0.175下降至2011年的0.14。从表4可以看出，在每公顷化肥投入不断增长的同时，单位面积粮食产出的化肥投入边际效益以年均1.58%的速度在下降，已由1984年的48.6下降到2010年的30.0（赵志坚、胡小娟，2013）。

表3　　三个阶段作物单产的年均增长率（%）

品　种	1981～1990年		1991～2000年		2001～2010年	
	根据实际值测算	根据移动平均值测算	根据实际值测算	根据移动平均值测算	根据实际值测算	根据移动平均值测算
一、粮食	1.61	1.40	0.46	0.71	0.74	0.62
1. 稻谷	1.36	1.28	0.51	0.57	0.30	0.23
2. 小麦	2.03	1.96	0.91	0.95	1.07	1.04

续表

品　种	1981～1990 年		1991～2000 年		2001～2010 年	
	根据实际值测算	根据移动平均值测算	根据实际值测算	根据移动平均值测算	根据实际值测算	根据移动平均值测算
3. 玉米	1.92	1.45	0.02	0.64	0.72	0.64
4. 其他粮食作物	0.86	0.63	0.64	0.86	0.27	0.03
5. 大豆	1.09	1.14	0.88	1.18	0.42	0.03
二、花生	1.69	1.39	1.49	1.75	0.87	0.69
三、油菜籽	0.81	0.94	1.09	0.86	0.51	0.87

资料来源：马骥、李亮科、朱宁：《中国保持粮食高自给率的环境问题研究》，提交给世界银行和国务院发展研究中心的研究报告，中国农业大学 2013 年。

表 4　　　　粮食的化肥投入增产效果

年　份	粮食播种面积 (10^4hm^2)	粮食单产 ($kg \times hm^{-2}$)	农业化肥施用量 (10^4t)	粮食化肥施用量 (10^4t)	粮食每公顷化肥施用量 ($10^3kg \times hm^{-2}$)	化肥粮食单产投入产出比率 (%)
1984	1.07	3951	1739	869.5	81.3	48.6
1986	1.11	3861	1930	965	86.9	44.4
1988	1.1	3921	2141	1070.5	97.3	40.3
1990	1.48	4266	2590	1295	87.5	48.8
1992	1.49	4341	2930	1465	98.3	44.2
1994	1.48	4499	3317	1658.5	112.1	40.1
1996	1.52	4894	3827	1913.5	125.9	38.9
1998	1.56	4952	4083	2041.5	130.9	37.8
2000	1.56	4752	4146	2073	132.9	35.8
2002	1.55	4885	4339	2169.5	140.0	34.9
2004	1.54	5186	4636	2318	150.5	34.5
2006	1.52	5310	4927	2463.5	162.1	32.8
2008	1.56	5547	5239	2619.5	167.9	33.0
2010	1.51	5524	5561	2780.5	184.1	30.0

资料来源：赵志坚、胡小娟：《我国粮食生产中化肥投入的环境成本研究》，载于《湖南大学学报（社会科学版）》2013 年 11 月第 27 卷第 6 期第 52～56 页。

2. 化肥过度使用导致土壤酸化严重

化肥投入量接近或超过土壤最大容量和作物最高产量需求，就会导致土壤中养分过剩和污染物积累，造成土壤生态系统处于超负荷运行，导致土壤本身物理、化学和生物学性质发生改变。目前，化肥高投入已经对中国生态环境产生影响，特别是土壤酸化严重。张福锁教授2013年在*Nature*的文章显示，1980～2010年中国陆地生态系统氮素沉降从每公顷年均13.2公斤增至21.1公斤，来自农业源氨排放（包括氮肥的直接排放和养殖场畜禽粪便等间接排放）的铵态氮沉降是氮素沉降的主体，占总沉降量的2/3左右。如2011年，中国有1997.4万吨氮通过化肥进入粮食生产。其中，有779.0万吨的氮（约39%）被作物吸收利用，有719.1万吨的氮（约36%）以氮气和氮氧化物的形式进入大气，有499.4万吨的氮（约25%）通过淋洗等方式进入水体或残留在土壤之中，后面两种氮元素流向成为土壤酸化的重要来源。

20世纪80年代以来中国耕地土壤酸化在不断扩大，酸化程度在不断加深。全国耕地土壤酸碱度（pH）30年平均下降了0.6个单位，相当于土壤酸量在原有基础上增加了2.2倍，酸化耕地（pH小于5.5）面积占比从30年前的7%，上升到目前的18%。农业部测土配方施肥数据显示，南方14省（区、市）土壤pH值小于6.5的比例由30年前的52%扩大到65%，土壤pH值小于5.5的比例由20%扩大到40%，土壤pH值小于4.5的比例由1%扩大到4%；酸化最严重的广东、广西、四川等省（区），pH值小于4.5的耕地土壤比例分别为13%、7%和4%。目前，中国40%的耕地土壤处于pH6.5以下，约11.9亿亩。其中，pH4.5以下（极强酸度土壤）有1.8%，约0.3亿亩；pH4.5～5.5之间（强酸性土壤）有15.85%，约2.9亿亩；pH5.5～6.5之间（酸性土壤）有22.7%，约4.1亿亩。北方地区，如东北三省、山东和内蒙古等曾经土壤呈碱性的区域也开始出现耕地酸化。而这些省份都是中国的主要粮食产地。

【专栏1】 土壤酸化的影响

土壤退化即指人类对土壤不合理利用而导致的土壤质量和生产力下降的过程。土壤酸化不仅影响当前农业和生态环境，更重要的是受它影响的土地面积及它对农业和环境的影响程度都将随时间增加而迅速增加。土壤酸化作为土壤退化的一个重要方面，加速了土壤酸度提高、大量营养元素淋失，造成土壤肥力的下降，严重影响作物生长。酸化后的土壤将严重影响粮食产量的提高。

（1）肥料流失严重。土壤酸化可导致大部分中、微量元素吸收利用率降低，肥料利用率不足，氮素流失加大，造成不溶性物质的磷钾养分吸收不了，加上酸性导致根系生长弱及养分自身吸收利用率低，其结果导致大量使用化肥。

（2）加重农药浪费。酸化土壤中植物长势减弱，抗病能力降低，易被病害侵染，不得不增加施药量。土壤在其酸度提高的同时也使得某些重金属元素的活性增加。

（3）抑制根系发育。土壤酸化可加重土壤板结，使根系伸展困难，发根力弱，缓苗困难，容易形成老小树、老僵苗，根系发育不良吸收功能降低，长势弱，产量降低。

（4）导致营养不良。导致盐基离子的加速淋失，导致土壤养分库的损耗，造成土壤养分贫瘠，使作物营养不良，缺素症严重。

（5）加大疾病风险。改变了土壤微生态环境，根际有害微生物在酸性条件下大量繁殖，且这些病害控制困难。

3. 化肥使用产生巨大的环境成本

就目前污染现状而言，要修复中国粮食耕地的土壤，仅酸化治理一项，中国至少需要再多投入9.95亿元/年（使用铵态氮肥转硝氨共存氮肥的方式），最高需要再多投入213.1亿元/年（使用增施有机肥料的方式）。根据赖力等（2009）的测算，1990～2005年全国化肥施用的环境成本以年均7.1%的速度增长，2005年全国化肥施用环境成本共计188亿元，约占当年农业增加值的1.5%，其中大气污染37.8亿元、土壤污染51.4亿元、水污染91.9亿元，分别占总成本的20.0%、27.3%和52.7%。

（二）农膜残留加速耕地“死亡”

我国农膜年均使用量已从1991年的64.21万吨增加到2012年的238.3万吨，累计增长2.7倍（见图11）。农膜的使用可以改善土壤温度、湿度，生长季节可以延长，土地就像穿上了一层棉衣，即使在自然灾害的情况下，产量也能够提高数倍。但农膜的使用却存在难以回收的问题，超过40%的农膜被留在地里。中国农科院监测数据显示，目前国内长期覆膜的农田土壤，平均每亩地膜残留量在5～15公斤。

大量残留在土壤里的农膜，会在15～20厘米土层形成不易透水、透气的难耕作层，

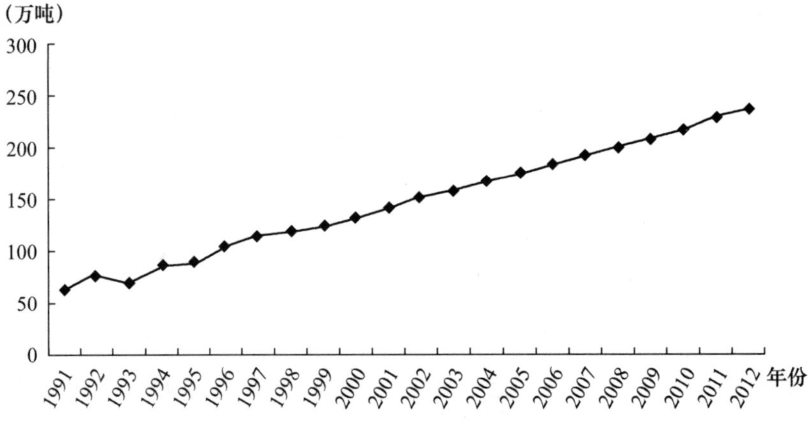

图 11　全国农膜使用的增长情况

严重影响作物根系的伸展和微生物的活力，造成土壤板结，而且还会阻碍作物根系的深扎和对土壤养分、水分的吸收。同时，农膜中的增塑剂在土壤中挥发，还会对农作物造成毒害，阻碍作物体内叶绿素合成，影响作物正常生长。调查显示，连续使用农膜种植玉米15年以上的土地，每亩含膜最高达25.6公斤，最低13.8公斤。一亩地土壤含残膜达3.9公斤时，将导致农作物减产11%～23%。

而且目前使用的聚乙烯材料地膜，埋在土壤中200年都不会降解。唯一的方式是农膜焚烧，但于800度焚烧农膜，会释放二恶英等严重的致癌物质，对生态环境和人的生命安全造成严重危害。

（三）粗放式灌溉加大了水资源压力

1. 粮食生产面临水资源不足的刚性约束

一是水资源总量年度间会出现波动，但长期看基本是个常量。据《中国水资源公报》统计数据，相对于其他年份，2008年、2009年、2011年全国和粮食主产区的水资源总量严重减少，到2013年水资源总量略有所增加，分别为27957.9亿立方米、11266.2亿立方米。

二是人均水资源占有量较低。2004～2013年我国人均水资源的平均值只有2003立方米，仅为世界平均水平的26%。其中，13个粮食主产省（区）的人均水资源严重不足，如河北、山东、河南、江苏、辽宁5个地区，人均水资源均低于1000立方米，河北水资源可利用程度最差、人均水资源占有量仅为216.3立方米/人（见图12）。

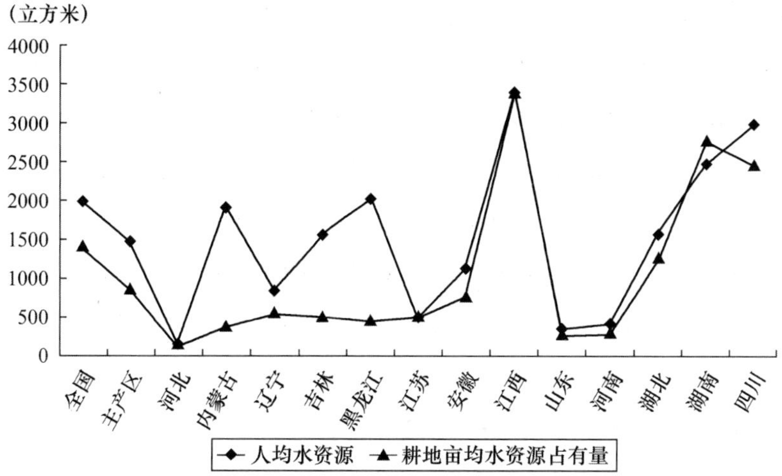

图 12　我国及粮食主产区主要水分指标 2004 ~ 2013 年的平均值比较

三是水土资源不匹配问题突出。2004 ~ 2013 年我国亩均水资源占有量仅为 1429.9 立方米，仅为世界平均水平的 50% 左右。其中，13 个粮食主产省（区）水土资源不匹配现象较为严重，除亩均水资源占有量较多的江西、湖南、四川、湖北 4 个地区外，其余地区“有土没水”或“没土没水”的现象较为严重。河北亩均水资源占有量仅为 157.6 立方米。水资源匮乏以及水土资源不匹配是粮食主产区面临的突出矛盾。

2. 粮食生产存在严重水资源浪费

一方面，由于水土地域不匹配，粮食生产面临水资源匮乏的严峻挑战。另一方面，我国粮食生产更多依赖于灌溉，而大多数地区仍采用传统的沟溉、畦灌为主的大水漫灌方式，节水灌溉的面积相对较少，水资源消耗浪费巨大，有的地区农田产出甚至接近“斤粮吨水”。2012 年我国农田灌溉水有效利用系数只有 0.516，发达国家为 0.7 ~ 0.8；每立方米水的粮食生产能力也只有 0.85 公斤，远低于发达国家每立方米水的粮食生产能力 2 公斤以上的水平。[①] 究其原因，主要是由于我国水资源缺乏先进的量水设施，推广节水灌溉的技术力度不大，输水、灌水、配水和田间水利用效率低下。另外，灌溉工程老化、农业用水管理体制不健全也是造成农业用水效率低的重要原因。

我国农田用水总量及占全社会用水总量比率非常高，但水资源利用率不高。从农田

① 谢崇宝：《发展高效节水灌溉之哲学思考［J］》. 载于《中国水利》2012 年第 9 期第 37 ~ 42 页。

用水消耗量来看①，2012 年我国用水消耗量为 3244.5 亿立方米，占全社会耗水总量的 53%。从农业用水消耗绝对量看，13 个粮食主产区中江苏最大为 277 亿立方米；黑龙江为 204.69 亿立方米。从耗水率相对量看，超过全国平均水平的有 6 个地区，内蒙古耗水率最大为 66.8%，山东为 64.8%，辽宁为 64%。其中，全国农田灌溉耗水率平均水平为 63%，最大地区为江苏 75.6%，河南、安徽、松辽流域均超过 70%，存在着各种形式浪费。从农田灌溉水有效利用系数来看②，粮食主产区超过全国平均水平，其灌区渠系输水和田间用水状况较好。超过全国平均水平的地区共有 7 个，河北为 0.654，山东为 0.614，河南为 0.585，江苏为 0.571，辽宁 0.566，黑龙江 0.565，吉林 0.544；较低的地区是四川 0.43，江西 0.471，湖北 0.472（见表 5）。

表 5　　2012 年全国及粮食主产区的农业水资源有效利用率

<table>
<tr><th></th><th>农业用水消耗量（亿立方米）</th><th>农业耗水率（%）</th><th>农田灌溉耗水率（%）</th><th>农田实际灌溉亩均用水量（立方米）</th><th>农田灌溉水有效利用系数</th></tr>
<tr><td>全　国</td><td>3244.5</td><td>53</td><td>63</td><td>404</td><td>0.516</td></tr>
<tr><td>主产区</td><td></td><td></td><td></td><td></td><td>0.535</td></tr>
<tr><td>河　北</td><td>—</td><td>—</td><td>—</td><td></td><td>0.654</td></tr>
<tr><td>内蒙古</td><td>128.08</td><td>66.8</td><td rowspan="4">71.9</td><td>336</td><td>0.492</td></tr>
<tr><td>辽　宁</td><td>90.87</td><td>64</td><td>509.77</td><td>0.566</td></tr>
<tr><td>吉　林</td><td>65.81</td><td>50.7</td><td>379.68</td><td>0.544</td></tr>
<tr><td>黑龙江</td><td>204.69</td><td>57</td><td>380.2</td><td>0.565</td></tr>
<tr><td>江　苏</td><td>277</td><td>55.5</td><td>75.6</td><td>448</td><td>0.571</td></tr>
<tr><td>安　徽</td><td>148.3</td><td>51</td><td>71.6</td><td>315.1</td><td>0.502</td></tr>
<tr><td>江　西</td><td>107.76</td><td>44.4</td><td>48.3</td><td>525</td><td>0.471</td></tr>
<tr><td>山　东</td><td>143.64</td><td>64.8</td><td>66.21</td><td>—</td><td>0.614</td></tr>
<tr><td>河　南</td><td>134.5</td><td>56.4</td><td>71.9</td><td>—</td><td>0.585</td></tr>
<tr><td>湖　北</td><td>129.01</td><td>43.1</td><td>56.7</td><td>410</td><td>0.487</td></tr>
</table>

① 用水消耗量指在输水、用水过程中，通过蒸腾蒸发、土壤吸收、产品带走、居民和牲畜饮用等各种形式消耗掉，而不能回归到地表水体或地下含水层的水量。

② 农田灌溉水有效利用系数是指某一时期灌入田间可被作物利用的水量与水源地灌溉取水总量的比值。它反映灌区渠系输水和田间用水状况，是衡量从水源取水到田间可被作物吸收利用构成中灌溉水利用程度的一个重要指标，其综合反映灌区灌溉工程状况、用水管理水平、灌溉技术水平。

续表

	农业用水消耗量（亿立方米）	农业耗水率（%）	农田灌溉耗水率（%）	农田实际灌溉亩均用水量（立方米）	农田灌溉水有效利用系数
湖　南	137.3	41.8	55.2	468	0.472
四　川	121.21	49	—	—	0.43

资料来源：2012 年粮食主产区的各省水资源公报。

注：农业耗水率 = 农业消耗总量占用水总量的百分比。

农田灌溉耗水率 = 农田灌溉用水占农业用水比率。其中松辽流域、安徽及湖南等地区的农田灌溉耗水率用农田灌溉占总灌溉消耗量的比例替代。

农田灌溉水有效利用系数计算公式为：农田灌溉水有效利用系数 = 灌入田间可被作物吸收利用的水量（立方米）/灌溉系统取用的灌溉总水量（立方米）。其中，湖南地区的农田灌溉水有效利用系数的值用水资源开发利用率（河道外用水量占多年平均水资源总量的比例）替代；江西来源于 2012 年江西省农田灌溉水有效利用系数分析结果汇总表。

河北农业用水消耗量、农业耗水率、农田灌溉耗水率为 2007 年数据。

3. 粮食增产导致水资源的过度利用

我国粮食增产的 90% 来自于主产区的增产。但粮食主产区农业水资源压力不断加大，部分地区农业水资源实际利用强度已超过水资源的可持续利用强度。从农业水资源压力指数指标来看，我国农业水资源压力指数①为 0.346，表明我国农业水资源利用总体上是可持续的。但粮食主产区仅有 3 个地区的农业水资源开发利用率低于全国平均水平，其余地区均趋近于国际合理开发利用的警戒标准。山东、江苏、河北农业用水压力较大，平均指数大于 1，已经超过国际标准，这些地区水资源利用的不可持续态势非常明显，农业水资源实际利用量已超过水资源的可持续利用量。河北的农业水资源利用的不可持续程度更加严重，平均指数已经达到 2.753（见表 6）。

表 6　　2006～2013 年粮食主产区农业水资源压力指数

	2006 年	2007 年	2008 年	2009 年	2010 年	2011 年	2012 年	2013 年	平　均
全　国	0.362	0.356	0.334	0.385	0.298	0.402	0.330	0.351	0.346
四　川	0.162	0.129	0.114	0.133	0.124	0.143	0.126	0.141	0.129
江　西	0.204	0.340	0.274	0.337	0.166	0.414	0.179	0.308	0.259

① 国际上公认的水资源合理开发利用率的警戒线是不超过水资源总量的 40%（祝魏玮，2007）。以此为基础构建水资源压力指数，即水资源压力指数 = 农业用水量/可持续用水量 = 农业用水量/（水资源禀赋 ×40%），当水资源压力指数大于 1，则水资源利用是不可持续的。

续表

	2006年	2007年	2008年	2009年	2010年	2011年	2012年	2013年	平　均
湖　南	0.280	0.340	0.302	0.338	0.244	0.406	0.237	0.309	0.301
内蒙古	0.864	1.198	0.814	0.917	0.866	0.811	0.663	0.345	0.880
吉　林	0.497	0.488	0.522	0.597	0.269	0.646	0.460	0.365	0.497
辽　宁	0.876	0.876	0.854	1.332	0.370	0.761	0.418	0.490	0.863
湖　北	0.559	0.327	0.345	0.453	0.272	0.470	0.511	0.505	0.421
黑龙江	0.715	1.092	1.180	0.600	0.731	1.081	0.876	0.543	0.780
安　徽	0.588	0.423	0.543	0.570	0.452	0.699	0.560	0.692	0.518
山　东	2.125	1.031	1.199	1.372	1.252	1.071	1.405	1.283	1.574
河　南	1.089	0.645	0.899	1.050	0.587	0.950	1.276	1.662	0.952
河　北	3.553	3.164	2.224	2.549	2.587	2.234	1.517	1.956	2.753
江　苏	1.673	1.354	1.900	1.874	1.983	1.562	2.045	2.662	1.985

资料来源：农业用水量及水资源禀赋来源于《中国水资源公报》。

注：农业水资源压力指数的水资源禀赋数据采用了《中国水资源公报》中的水资源总量指标。

4. 地下水超采导致严重生态问题

在水资源利用效率不高的条件下，粮食增产是以过度的水资源消耗为代价，很多灌区存在严重的地下水超采问题，给生态环境和未来的生产能力造成巨大损害。一是地下水资源衰竭。华北地区地下水超采最为严重，河北年均超采50多亿方，已累计超采1500亿方，面积达6.7万平方公里，超采量和超采区面积均为全国的1/3。自1980年以来，北京、天津和河北平原区地下水储量累计亏损量已达1550亿方。二是地面下沉形成漏斗区和地裂。根据《中国水资源公报》，2013年全国21个省级行政区共有地下水降落漏斗70个，总面积6.1万平方公里，河北、江苏深层漏斗面积最大。河北省共有地下水位降落漏斗26个，其中漏斗面积超过1000平方公里的有7个。华北地区累计地面沉降量超过200毫米的面积，达到6.2万平方公里，占全国的78%。全国已有200个县市发现了因地下水超采产生的地裂缝，主要分布在河北和山东。河北省已发现地裂缝400余条，其长度由数米至500余米不等，少数长达数公里。三是海水入侵威胁淡水资源安全。截至2010年，全国沿海地区因地下水超采引发的海水入侵面积约2500平方公里，咸水入侵面积超过1000平方公里，主要分布在河北、山东等省。河北省唐山、秦皇岛、黄骅，山东省烟台、莱州、滨州和潍坊滨海平原地区海水入侵严重，入侵距离一般达到

20～30公里。海水入侵使地下水产生不同程度的咸化，造成当地群众饮水困难，土地发生盐渍化，多数农田减产20%～40%，严重的达到50%～60%，非常严重的达到80%，个别地方甚至绝产。

（四）不合理的耕作方式使土壤质量恶化

1. 过度依赖化肥导致有机质不断下降

现在的耕种方式普遍存在“重用轻养”问题，盲目施用见效快的化肥，很少施用有机肥，有的地块已连续10多年甚至20多年未施有机肥，导致了我国土壤养分失衡、土壤肥力和有机质下降，使得我国基础地力对粮食生产的贡献很低。我国耕地的有机质含量一般较低，水田土壤大多在1%～3%，而旱地土壤有机质含量较水田低，有机质含量小于1%的耕地占31.2%（张桃林、王兴祥，2000）。欧美国家粮食产量70%～80%靠基础地力，20%～30%靠水肥投入，而我国耕地基础地力对粮食产量的贡献率仅为50%，与欧美等发达国家相比，低20～30个百分点。我国近30年的发展，粮食亩产平均提高了83%，而全国土壤有机质平均含量普遍下降，主要产粮区东北和黄淮海区域土壤有机质含量分别下降了45%和32%。而且耕地土壤生物群系也在不断减少。30年前，平均每公斤土壤中有3000～5000条有益线虫，而现在只有500条。原来每公斤土壤中有10克蚯蚓，现在不施有机肥的地里几乎找不到蚯蚓。以吉林省为例，黑土地严重退化，土壤有机质呈逐年下降趋势。据有关数据统计，吉林省土壤有机质含量已经从最初的4%～6%降低到目前的2%～3%，并正以每年0.01%的速度减少。由于土壤中有益生物数量减少，致使土壤生态食物链断裂，导致土壤物质循环、转化、储存及自身调控能力减弱，土传病害频发。

2. 粮食主产区耕作土地日益退化

据全国耕地质量监测结果显示，在东北黑土区，耕地土壤有机质含量大幅下降，每公斤平均含量26.7克，与30年前相比降幅达31%，黑土层已由开垦初期的80～100厘米下降到20～30厘米。另据对吉林省一些县（市）典型调查估算，全省黑土区水土流失面积已达到1260万亩，占全省水土流失面积的37.9%，黑土腐殖质层厚度已由20世纪50～60年代的平均60～70厘米，下降到现在的平均20～30厘米。目前，吉林省黑土腐殖质层厚度在20～30厘米的面积占黑土总面积的25%左右，腐殖质层厚度小于20厘米的占12%左右，完全丧失腐殖质层的占3%左右。优质黑土正在慢慢消失，部分黑土区已经丧失了农业生产能力。据专家估算，黑土地 1 厘米腐殖质层的形成需要 400 年左右时间，按照目前每年 0.3 厘米 ~1 厘米的流失速度计算，最快 20 年，黑土层将消失殆尽。华北小麦主产区也出现了耕作变浅的问题，导致有效耕层土壤容量减少、结构变差、犁底层加厚、容重增大、土壤保水保肥能力下降、作物根系下扎困难、抗逆性减弱等。据调查，华北区小麦玉米耕作区耕层厚度 17 厘米，较第二次土壤普查时期变浅近 5 厘米，山东、河北小麦玉米轮作区 12% 的耕层小于 15 厘米。

表 7　　黑龙江省以县为单位农田黑土有机质随开垦年限的变化

县　市	有机质（$g\times kg^{-1}$）		
	开垦前	第二次土壤普查	2002 年
嫩　江	120	51.6	50.6
五大连池	112	75.0	74.0
北　安	150	69.6	67.7
海　伦	106	56.8	45.0
拜　泉	120	30.0	44.0
绥　棱	100	44.5	41.7
望　奎	83	42.9	37.1
克　东	120	55.0	47.2
克　山	120	55.0	43.7
讷　河		46.3	40.3
兰　西	70.0		33.9
明　水		43.6	37.4
青　冈		35.0	36.1
依　安		41.4	39.8
庆　安	88.8	39.6	38.5
绥　化	100.0	41.8	37.3
巴　彦	107.6	44.5	32.6
呼　兰	118.2	40.0	32.4
哈尔滨		27.2	32.8
宾　县	100	29.3	26.6
双　城	65	27.0	28.7
五　常	93.2	32.6	30.7

续表

县　市	有机质（$g\times kg^{-1}$）		
	开垦前	第二次土壤普查	2002 年
阿　城	85.7	23.0	23.8
全省平均	80～100	43.2	38.9

资料来源：张兴义、隋跃宇、宋春雨：《农田黑土退化过程》，《土壤与作物》2013 年 3 月第 2 卷第 1 期第 1～6 页。

3. 土壤养分失衡日益严重

目前我国土壤有效磷的平均含量为 23.1 毫克/公斤，与第二次土壤普查相比，增长了近 3 倍。土壤有效磷含量提高并不是一件令人兴奋的事，因为多余的磷与大多数中量元素、微量元素有拮抗作用，造成植物缺素症发生加剧。另外，土壤中微量元素补充不足，农作物中微量元素缺素症状表现更加明显，面积不断扩大。据全国土壤测试分析，以 20 世纪 80 年代产量水平下的养分丰缺指标衡量，全国耕地中量元素钙在缺素临界值以下的占 64%、镁占 53%，微量元素硼在缺素临界值以下的占 84%、锰占 48%、钼占 59%，与第二次土壤普查时相比，缺素面积增加近 1 倍。1/3～1/2 的耕地缺磷，1/4～1/3 的耕地缺钾，缺乏微量营养元素的土壤也正在增加（恭子桐，1999）。

（五）过度开发耕作加剧生态脆弱性

1. 湿地开垦破坏自然生态平衡

我国现存湿地中约有 30.3% 的湿地已经遭到或正面临着盲目开垦和改造的威胁。据不完全统计，从 20 世纪 50 年代以来，全国湿地开垦面积达 1000 万公顷，长江河口湿地已被围垦的滩涂达 7.85 万公顷，全国沿海滩涂面积已削减过半，全国围垦湖泊面积达 130 万公顷以上，“千湖之省”湖北省的湖泊锐减了 2/3，56% 以上的红树林丧失。第二次全国湿地资源调查结果显示，全国湿地总面积 5360.26 万公顷，其中，自然湿地面积 4667.47 万公顷，占全国湿地总面积的 87.08%。与第一次调查同口径比较，10 年来湿地面积减少了 339.63 万公顷，减少率为 8.82%，自然湿地面积减少了 337.62 万公顷，减少率为 9.33%。以黑龙江三江平原为例，新中国成立以后经历 4 次开荒大潮，534 万公顷湿地现在只剩下 130 万公顷，三江平原 80% 的湿地已经变成 80% 的耕地了。为了保障粮食产量而不断侵占湿地开垦耕地，直接导致了自然生态净化系统被破坏，出现水质下降、生物多样性降低、土壤沙化、水土流失等生态恶化现象。

【专栏2】　湿地——“地球之肾”

湿地只覆盖了地球表面6%的面积，但却是地球上20%的已知物种的寄栖之地，是自然界最重要的生态系统和人类最宝贵的水资源之一。

湿地具有涵养水源和净化环境的功能。在蓄水、调节河川径流、补给地下水和维持区域水平衡中发挥着重要作用，是蓄水防洪的天然“海绵”，在时空上可分配不均的降水，通过湿地的吞吐调节，避免水旱灾害。每公顷湿地每年可去除1000多公斤氮和130多公斤磷。中国湿地为降解污染发挥了巨大的生态功能，湿地储存的泥炭对应对气候变化发挥着重要作用。如若尔盖湿地面积80万公顷，储存的泥炭高达19亿吨。

中国的淡水资源主要分布在河流湿地、湖泊湿地、沼泽湿地和库塘湿地之中。湿地维持着约2.7万亿吨淡水，保存了全国96%的可利用淡水资源。湿地是淡水安全的生态保障。湿地有湿地植物4220种、湿地植被483个群系；脊椎动物2312种，隶属于5纲51目266科，其中湿地鸟类231种。湿地是“物种基因库”。

将湿地生态状况按照好、中、差3个档次进行简单分类，中国的湿地生态状况总体上处于中等水平：评级为“好”的湿地占15%，评级为“中”的湿地占53%，评级为“差”的湿地占32%。

2. 坡地耕作导致严重的水土流失

坡耕地是我国耕地资源的重要组成部分。据国土资源部第二次全国土地调查数据，全国现有25度以上坡耕地8244万亩。据水利部、中国科学院和中国工程院联合开展的中国水土流失与生态安全综合科学考察结果表明，坡耕地是我国水土流失的主要策源地，其产生的土壤流失量占全国28.3%，西南、西北等地区坡耕地土壤流失量占当地土壤流失总量的50%以上。坡耕地的土层普遍较薄，耕作层下面为没有养分、不能生长植被的成土母质，处于坡面上的耕作层一旦流失，生产、生态基础就会遭到破坏。2005～2011年间，我国发生在坡耕地上的石漠化土地增加了65.15万亩，年均增加10.86万亩，其中失去耕种条件的面积为42.93万亩，年均以7.15万亩的速度弃耕。目前，贵州毕节、重庆万州等地区160多万亩坡耕地已经石漠化。

3. 水土流失加剧耕地损耗

近50年来，我国因水土流失而损失的耕地达5000多万亩，平均每年约100万亩，年平均土壤侵蚀量高达45亿吨。其中，黄土高原水土流失严重区每年流失表土达1厘米以上，北方土石山区土层厚度不足30厘米的土地面积占总面积的比例高达77%，东北黑土区一些地方耕作层厚度由开垦初期的1米左右降到现在的不足20厘米，不少地方耕作层表土已流失殆尽，丧失了生产能力。全国每年因水土流失而损失的氮、磷、钾总量近亿吨，其中黄土高原就占了约4000万吨。

4. 灌溉不当致使土地盐碱化

由于灌溉不当、用水过量等原因引起地下水位上升，会造成土壤中盐分积聚，即导致土壤的盐碱化。我国盐渍土地总面积14.87亿亩，其中现代盐渍土壤5.54亿亩，潜在盐渍化土壤2.60亿亩。近一半左右的次生盐渍化土地，使与粮食生产和灌溉技术紧密相关（王遵亲，1991）。目前，对我国盐渍化耕地的估计大约在1.1亿~1.4亿亩，到20世纪90年代中期，盐渍化土地占耕地总面积的比例已从1973年的6.7%上升到8.1%。我国西北地区耕地盐渍化问题尤为突出，据统计，西北地区农用地盐渍化面积3亿亩，约占全国盐渍化面积的60%，其中，因灌溉方式不当导致耕地土壤次生盐渍化面积2100万亩，占全国次生盐渍化面积10%。耕地盐碱化会导致土壤板结、肥力下降，不利于农作物吸收营养，阻碍作物生长。

表8　　中国盐渍化耕地和灌溉面积（1973~1996年）

年　份	耕地总面积（千公顷）(1)	盐渍化耕地面积（千公顷）(2)	盐渍化耕地占耕地总面积的比例（%）(3)=(2)/(1)×100	灌溉面积（千公顷）
1973	100212.67	6754.00	6.7	39222.7
1974	99912.00	6705.30	6.7	41269.3
1975	99708.00	6970.33	7.0	43284.0
1976	99388.00	7062.00	7.1	44981.3
1977	99247.33	7153.67	7.2	44999.3
1978	99389.33	7245.33	7.3	44965.3
1979	99498.00	7302.00	7.3	45003.3
1980	99305.33	7145.33	7.2	44888.0

续表

年　份	耕地总面积（千公顷）(1)	盐渍化耕地面积（千公顷）(2)	盐渍化耕地占耕地总面积的比例（%）(3) = (2)/(1) ×100	灌溉面积（千公顷）
1981	99037.33	7243.33	7.3	44574.0
1982	98606.67	7243.33	7.3	44176.7
1983	98359.33	7357.33	7.5	44650.7
1984	97854.00	7331.33	7.5	44452.7
1985	96846.27	7692.67	7.9	44036.0
1986	96229.87	7606.67	7.9	44226.0
1987	95888.67	7636.00	8.0	44403.0
1988	95721.80	7672.00	8.0	44375.9
1989	95656.00	7535.49	7.9	44917.0
1990	95672.90	7539.00	7.9	47403.1
1991	95653.60	7614.00	8.0	47822.1
1992	95425.80	7660.29	8.0	48590.1
1993	95101.40	7655.80	8.1	48727.9
1994	94906.80	7655.80	8.1	48759.1
1995	94975.12	7655.83	8.1	49281.2
1996	95466.51	7724.80	8.1	50381.4

来源：水利部，各种出版物。

引自：黄季焜：《中国土地退化：水土流失与盐渍化》，农业政策研究中心内部讨论稿系列。

（六）农药使用是以牺牲质量为代价增加产量

通常情况下，施用农药后因病虫害引起的农作物的损失可降至35%左右，而不施用农药损失则会达到70%左右。我国平均每年发生病虫害近1.8亿~1.87亿公顷，使用农药的防治面积近1.53亿公顷，可以挽回粮食损失200万~300万吨①。为了保障粮食丰收和节约劳动力，农民倾向于多用农药。近年来，随着越来越多的农民外出打工，使得粮食生产上缺乏劳动力，可以节省劳动力的除草剂、拌种子的农药使用量大量增加。

① 仲维科：《我国食品的农药污染问题》，载于《农药》2000年第39卷第7期第1~4页。

1. 我国农药使用量大大高于世界平均水平

我国农药使用量从1990年的73.3万吨增加到了2012年180.6万吨，以农作物的播种面积计算，每公顷的农药使用量从4.94公斤增加到了11.05公斤，增加1.24倍（参见图14）。如果以耕地面积计算，2012年我国每公顷的农药使用量达到13.36公斤，单位面积农药使用量是世界平均水平的2.5倍，与欧洲（1.9公斤）和美国（1.5公斤）相比则分别高出6、8倍。

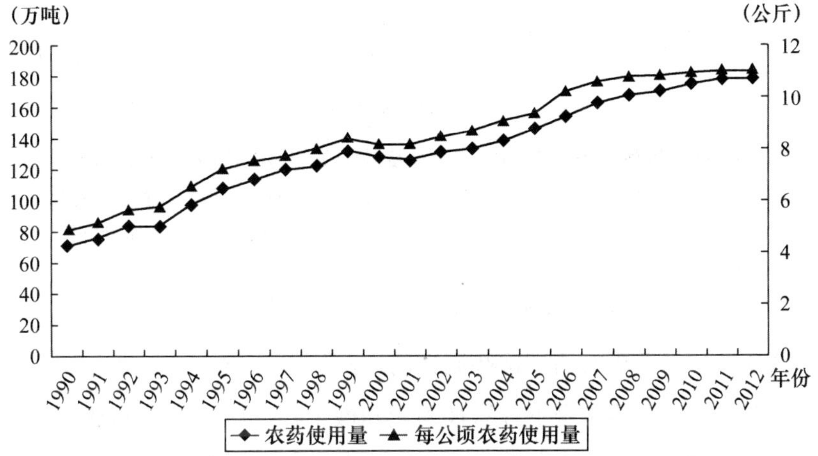

图14　我国农药使用的增长情况

2. 农药投入增速大大快于粮食产量增速

1978～2011年，中国三大粮食作物的农药投入年均增长率达到了5.15%。在这期间，出现了两个明显的增速较快时期，分别是1986～1991年和2001～2007年，这两个时期的农药投入金额平均年增长率分别达到了11.27%、7.63%，而同期粮食单产的平均年增长率仅分别为1.96%和1.88%（参见图15）。

3. 农药残留危害食品质量安全

我国的农药使用效率比较低，只有30%可以被有效利用，70%没有被利用的都残留在土壤中。没被利用的这一部分不但没有发挥保障粮食生产的作用，而且还对外界环境产生了污染，主要表现在农药对生态环境的危害影响，特别是对土壤、水体和大气产生污染影响（参见图16）。其中，对土壤的污染最为严重。农药进入土壤的途径主要有三种，分别是农药由田间施用直接进入土壤，通过作物落叶和雨水淋洗进入土壤，通过灌溉水和动植物残体而进入土壤。各类农药在土壤残留期长短的次序是含重金属农药、有

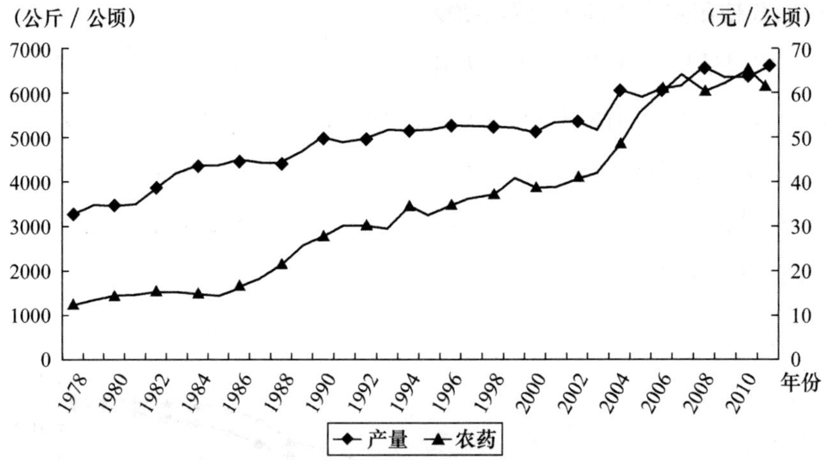

图 15 1978～2011 年中国三大粮食综合单产与农药投入金额情况

注：由于在统计年鉴中没有农药投入的量，所以本研究中采用农药投入金额替代农药投入量作为分析的对象，研究中所用的农药投入金额经过了农资综合价格指数的调整。因此，此农药投入金额完全可以替代农药投入量作为农药投入的相对量进行分析。

数据来源：历年《全国农产品成本收益资料汇编》。

机氯农药、除草剂、有机磷农药，这些流失的农药使得土壤中磷、镁、铅、汞等化学元素富集过高，而且由于农药本身不容易被阳光和微生物分解，对酸和热稳定，不易挥发且难溶于水，故残留时间长。农药对土壤的残留和污染主要集中在 0～30 厘米深度的土壤层中，造成土壤的严重污染。如超负荷连年使用农药，残留量远远超过土壤的自净和降解能力，就会导致土壤生产能力、调节、自净和载体功能受到严重损害，这种土壤生产出来的粮食必然会有有害化学物质的残留，会造成比较严重的食品安全问题，显著表现在粮食中的农药残留超标问题。

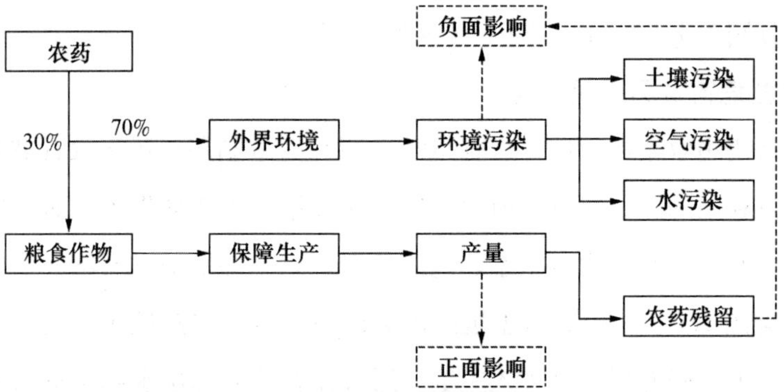

图 16 农药影响粮食作物生产的机理图

（七）污染耕地的继续耕种威胁粮食质量安全

据全国污染源普查，目前受污染耕地1.5亿亩，污水灌溉3250万亩，固体废弃物堆存占地和毁田200万亩，受污染耕地占总耕地面积的10%以上。

1. 耕地重金属污染的严重性不容小觑

2014年4月环境保护部和国土资源部联合发布的《全国土壤污染状况调查公报》显示，全国耕地土壤点位超标率为19.4%，其中轻微、轻度、中度和重度污染点位比例分别为13.7%、2.8%、1.8%和1.1%，主要污染物为镉、镍、铜、砷、汞、铅、滴滴涕和多环芳烃，镉的点位超标率高达7.0%。尽管以网格法布点取样数据只是反映抽样点的情况，而不能直接推断全国土壤污染超标的面积，但结合《重金属污染防治“十二五”规划》和我国水稻种植与施肥情况，可以粗略估计出调查范围内（630万平方公里）耕地超标面积约为25.5万平方公里，其中重度污染面积约3.5万平方公里。这与2009年国土资源部第二次全国土地调查公布的数据大体相当，即中重度污染耕地面积大体是5000万亩。

2. 污染区稻米镉超标带来健康危害

2008年南京农大潘根兴团队在全国6个地区（华东、东北、华中、西南、华南和华北）县级以上市场随机采购大米样品91个，结果表明10%左右的市售大米镉超标（甄燕红等，2008）。而在主要的工矿企业区，稻米超标就更加严重。2009年农业部对湖南省以水稻主产县为主的63个县市区开展调查监测，采检稻米样品688个，重金属综合超标率为41.86%，其中主要是重金属镉超标；2010年11月国家和湖南省级监督抽查，在重点区域采集47个大米样检测分析，重金属镉超标率高达72.34%。2011～2013年，对长株潭重点区域247万亩土壤与农产品进行了一对一调查检测，其中稻米镉超标率（镉含量>0.2毫克/公斤）达68.6%，面积约170万亩。WHO对镉的安全标准就是基于对肾脏的毒性建立的，上限是每周每公斤体重7微克，而谷物作为主食摄入量大，因而安全阈值必须更严格，FAO/WHO提出的谷物镉的最大许可值仅为0.1毫克/公斤。虽然较大范围的耕地都不同程度受到污染，但为了保证谷物自给安全，这些受污染的耕地仍然不得不继续生产，从而导致了大量镉超标的大米流入市场，而居民长期食用镉超标大米会带来严重的健康风险。

三、国内粮食生产可持续发展的实现途径

2014 年中央 1 号文件明确提出，“在重视粮食数量的同时，更加注重品质和质量安全；在保障当期供给的同时，更加注重农业可持续发展”；要求“推进农业发展方式转变”，“建立农业可持续发展长效机制”。为此，国家首次探索开展农业资源休养生息试点，有序推动“不健康产能”退出，并大力支持农业生产设施改良、技术进步，促进发展生态、高效农业，着力提升“健康产能”，以实现可持续发展下的粮食供给能力的稳步提高。

（一）生态退出支持未来产能的可持续提高

2014 年中央财政在耕地修复保护方面安排了退耕还林、还湿、还草、土壤重金属污染治理以及地下水超采治理三项试点工作，以建立生态补偿制度，强化对生态环境的修复和农业可持续发展的支持。

目前因为缺乏大范围的耕地环境普查，我们对有多少耕地需要进行生态退出仍然底数不清。我们从已有规划安排农业生态休养生息的几个方面，即退耕还林还草、退耕还湿、重金属污染治理以及地下水超采治理，在现有调查的基础上估计需要生态退出的耕地约为 14490 万亩，由此推算退出后对粮食减产的影响在 3919. 5 万吨（参见表 9）。

表 9　　耕地生态退出对粮食产能的影响估计

	2014 年退出面积（万亩）	预计粮食减产（万吨）	全部生态退出（万亩）	预计粮食减产（万吨）
退耕还林还草	500	75	8244	1236. 6
退耕还湿	15	5. 8	5064	1063. 5
重金属污染治理	14	20	5250	892. 5
地下水超采治理	85. 3	37. 35	5000	726. 9
合　计	614. 3	138. 15	23558	3919. 5

1. 退耕还林还草

根据 2013 年公布第二次全国土地调查主要数据成果的公报，目前我国 25 度以上的耕地（含陡坡耕地和梯田）仍有 549. 6 万公顷（8244 万亩），占 4. 1%，主要分布在西

部地区。2014 年国务院批准的《新一轮退耕还林还草总体方案》，计划到 2020 年全国具备条件的坡耕地和严重沙化耕地约 4240 万亩将退耕还林还草。2014 年中央财政共安排新一轮退耕还林还草专项资金 24.976 亿元，下达山西、湖北、湖南、广西、重庆、四川、贵州、云南、陕西、甘肃省 10 省（市）及新疆生产建设兵团 2014 年度退耕还林还草任务 500 万亩。其中，退耕还林 483 万亩、退耕还草 17 万亩。坡耕地的产量都非常低，一般一亩也就 100～200 公斤。如果按照亩产 150 公斤计算，即使 500 万亩退耕面积以前全部种植粮食，2014 年退耕还林计划实施后，最多也就造成 75 万吨粮食产能损失。假设 4240 万亩坡耕地与严重沙化耕地退出生产前全部种植粮食，到 2020 年新一轮退耕还林计划实施完成后，对粮食产能的影响也就在 636 万吨左右。如果考虑全面的生态退出，即使 8244 万亩坡耕地与严重沙化耕地全部退出，按照上述标准计算，预计对粮食产能的影响至多为 1236.6 万吨。

2. 退耕还湿

为支持湿地保护与恢复，2014 年中央财政安排林业补助资金湿地相关支出 15.94 亿元，支持湿地保护与恢复，启动退耕还湿、湿地生态效益补偿试点和湿地保护奖励等工作。2014 年 7 月，财政部会同国家林业局印发了《关于切实做好退耕还湿和湿地生态效益补偿试点等工作的通知》。退耕还湿先行安排在黑龙江、吉林、辽宁、内蒙古 4 个省区开展试点，退耕还湿面积 15 万亩；全国安排 21 个单位进行湿地生态效益补偿试点；对全国 60 个湿地保护工作业绩突出的县进行奖励。黑龙江省各试点单位通过土地置换、一次性买断、收缴国有土地等多种方式安排退耕还湿面积 12.345 万亩。按 4 个省 2013 年粮食的平均产量计算（386.85 公斤/亩），实施 15 万亩退耕还湿后，预计粮食减产规模在 5.8 万吨。由于目前对耕地侵占湿地的情况没有公布系统的调查结果，具体应该退出多少湿地仍然底数不清，我们只能假设退耕还湿是基于对过去 10 年湿地损失的修复。以近 10 年自然湿地面积减少了 337.62 万公顷（5064 万亩）计算，如果对此全部进行修复，并且假设 70% 的湿地（即 3545 万亩）减少都是因为开垦种粮食，以平均产量 300 公斤/亩计算，湿地生态修复可能造成的粮食减产预计在 1063.5 万吨。

3. 土壤重金属污染治理

2014 年 6 月 6 日，农业部和财政部正式批复《湖南重金属污染耕地修复治理与种植结构调整试点 2014 年实施方案》，中央财政安排专项资金 11.56 亿元，对长株潭 19 个县（市、区）170 万亩重金属污染耕地重点区域进行治理。依据农业部、财政部稻田镉污染划分等级，长株潭地区247万亩重点区域，重度双超面积约14万亩（土壤镉含量>1.0毫克/公斤、稻米镉含量>0.4毫克/公斤，列为替代种植区），中重度污染面积约80万亩（土壤镉含量≦1.0毫克/公斤、稻米镉含量>0.4毫克/公斤，列为管控专产区），轻度污染面积约76万亩（稻米镉含量0.2～0.4毫克/公斤，列为达标生产区）。

按照治理方案要求，对重度污染区必须进行非粮、非食用作物替代，如果14万亩全部实施将直接带来约12万吨粮食减产。根据课题组对湘潭市重金属污染治理实施情况的调研，按照方案要求在管控区采用低镉品种将会降低粮食单产，每亩减产约在200斤左右。据此估计，如果80万亩管控区全部推广低镉品种，将会减产8万吨粮食。而以数据初步估算，湖南省被重金属污染的耕地面积约在1420万亩以上，其中中重度污染、轻度污染面积估计在470万亩和950万亩。如果对全部470万亩中重度污染区参照试点方案来进行治理，假设其中10%的比例是需要进行替代种植的重度污染区，其他90%推广低镉品种，则耕地重金属污染治理预计可能会造成湖南省79.9万吨的粮食减产。以此方法推算至全国，以全国3.5万平方公里（5250万亩）的中重度重金属污染耕地计算，全部进行治理会导致892.5万吨粮食减产（见表10）。

表10　　耕地重金属污染治理对粮食产能影响的粗略估计

	长株潭试点	湖　南	全　国
替代种植区（万亩）	14	47	525
预计粮食减产（万吨）	12	37.6	420
管控区（万亩）	80	423	4725
预计粮食减产（万吨）	8	42.3	472.5
预计粮食减产总量（万吨）	20	79.9	892.5

4. 地下水超采治理

2014年中央财政安排63亿元支持河北省地下水超采综合治理试点，联合河北省财政共计74.5亿元投入实施《地下水超采综合治理试点方案（2014年度）》。试点范围包括衡水、沧州、邢台、邯郸4市的49个县（市、区），全部涵盖了冀枣衡、沧州、南宫三大深层地下水漏斗区；涉及土地面积3.6万平方公里、耕地面积3370万亩、有效灌溉面积2712万亩，地下水超采量27亿立方米、深层地下水超采量21.5亿立方米，分别占全省的19%、34%、40%、45%和70%。试点治理拟通过调整种植模式、非农作物替代农作物、推行农艺节水、建设高效节水工程、实施节水管理制度、增加替代水源的综合措施，探索建立长效的水生态保障体系。

按照试点方案，在无地表水替代的深层地下水严重超采区，适当压减依靠地下水灌溉的冬小麦种植面积，改冬小麦、夏玉米一年两熟制，为种植玉米、棉花、花生、油葵、杂粮等农作物一年一熟制，实现“一季休耕、一季雨养”，调整种植模式面积76万亩。在地下水严重污染和深层超采的小麦种植区，实施非农作物替代农作物，实现耕地、河湖休养生息，实施休耕面积9.3万亩（退耕还林还湿）。到2015年，计划调整农业种植结构（休耕雨养）85.3万亩，预计将造成夏粮减少34万吨、秋粮减少3.35万吨，总计减少粮食综合生产能力37.35万吨。

按照正在制定的《农业可持续发展规划》，将进一步在河北、河南、山东、新疆、辽宁5个省区推行地下水超采治理，涉及的区域面积在1.6亿亩，试点区域面积是5000万亩，而在治理实施过程中完全不用灌溉的面积也就在500万亩左右。如果500万亩都进行休耕或非粮作物替代，按5个省2013年粮食的平均产量计算（392.93公斤/亩），预计将直接减产196.47万吨；其余的治理面积，按照缩减灌溉后减产20%～30%的计算，预计减产在353.6万～530.5万吨。即新的地下水超采治理试点全面推广后，预计最多会造成总的粮食减产726.9万吨。

（二）综合资源与技术开发挖掘生产潜能

我国粮食的实际单产与理论上的最高单产，与发达国家现实单产相比还有很大差距，提高粮食单产和总产还有巨大潜力。近些年，我国通过水利灌溉条件的改善、高标准基本农田的建设，有效保障了粮食生产的基本条件，对于实现粮食增产目标作出了巨大贡献；测土配方施肥、水肥一体化、深耕深松等耕作技术的推广，大大提高了资源利用效率，促进了粮食增产。大规模的生产示范和试验研究也显示，通过加强田间土壤－作物系统综合管理可以实现粮食增产15%，综合技术的集成将能够实现粮食增产30%。

对不同增产措施效果的粗略测算显示，任何一种方案的推广（高标准基本农田建设、减肥增效和综合技术集成）都能够有保障地实现5000万吨以上的粮食增产目标。而且考虑到我国生产条件的差异性和农业生产分散性管理的难度，我们对技术推广效果的估计还是比较保守的。如果能够将生产基础设施条件的改善、综合技术集成推广应用以及规模化、现代化生产组织形式的发展相结合，粮食增产的潜力还能够进一步提高，有能力实现粮食增产过亿吨（见表11）。

表 11　　不同方案下粮食增产潜能估计　　单位：万吨

	粮食增产估计		粮食增产估计
坡改梯	250	土壤－作物系统综合管理推广 50%	3144.27
高标准基本农田建设	8193.724	土壤－作物系统综合管理推广 80%	5030.83
测土配方施肥	754.19	综合技术集成推广 80%	6579.7

1. 水利条件改善助力粮食增产

从上述分析看，与国外发达国家相比，我国灌溉习惯落后，灌区灌溉工程状况、用水管理水平、灌溉技术水平较低，高效节水灌溉面积比重偏低。因此，在农业用水总量不增加的情况下，用较少的耗水获得较高的产出，推广高效节水灌溉技术，改善灌溉条件，是缓解我国水资源紧缺的有效途径。据经验，灌溉包括输水和灌水两过程，若输水方式灌溉技术经历了渠道防渗和管道输水两个阶段，水利用系数可从 0.3 逐步提高到 0.95；若灌水方式从地表漫灌发展到喷灌、微灌、直至地下滴灌，水利用系数可从 0.3 逐步提高到 0.98。但在实际生产中，我国管道输水灌溉仍在田间沿用着传统的沟畦地面灌溉，节水灌溉技术水平低，造成田间水利用系数低，而对膜上灌和涌流灌的节水机理等研究仍在探索过程中。所以，还需继续深入总结国外的先进经验，学习和掌握科学节水灌溉技术，改善灌溉条件，来提高水的利用效率和管理水平。这是提高粮食产量的重要保障途径。

水利设施改善有助于水资源利用的节约，而节水技术应用可以保证水资源的可持续利用。根据水利部数据，2004～2013 年全国有效灌溉面积稳定增加，截至 2013 年底，全国有效灌溉面积达到 9.52 亿亩（6347 万公顷），占耕地总面积的 52.1%（参见表 12）。其中，节水灌溉工程面积 4.07 亿亩（2711 万公顷），约占有效灌溉面积的 43%；高效节水灌溉面积 2.14 亿亩（1427 万公顷），约占有效灌溉面积的 22%，其中低压管道输水 1.11 亿亩（740 万公顷）、喷灌 0.45 亿亩（300 万公顷）、微灌 0.58 亿亩（387 万公顷）。

表 12　　2004～2013 年全国有效灌溉面积和节水灌溉面积（万公顷）

年　份	2004	2005	2007	2008	2009	2010	2011	2012	2013
有效灌溉面积	5447.8	5502.9	5651.8	5847.2	5926.1	6034.8	6168.2	6303.6	6347.3
节水灌溉面积	2034.6	2133.8	2348.9	2443.6	2575.5	2731.4	2917.9	3121.7	2710.9

资料来源：《中国统计年鉴》。

从节水灌溉面积来看，2004～2013年我国节水灌溉面积逐年增加，从2004年3.05亿亩（2034.6万公顷），增加到2013年4.07亿亩（2710.9万公顷），占有效灌溉面积的42.71%。其中，2012年节水面积最大4.68亿亩（3121.7万公顷），节水灌溉面积占有效灌溉面积的比重为49.52%（参见图17）。

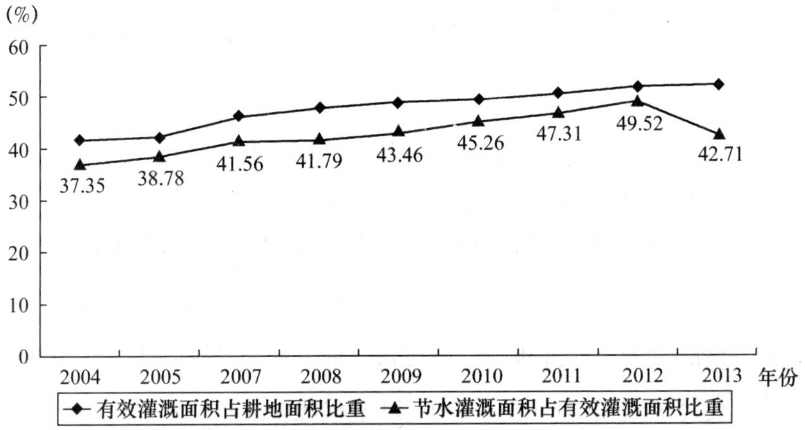

图17　我国有效灌溉面积占耕地面积比重及节水灌溉面积占有效灌溉面积比重

资料来源：《中国统计年鉴》。

从主产区粮食产量、农田有效灌溉面积分别占全国的比例趋势来看，近几年，粮食主产区粮食生产的农田有效灌溉面积一直稳定增加，2008年达到最低点以后，粮食主产区的有效灌溉面积占全国比例逐渐扩大，在2012年达到了69.3%；2013年粮食主产区农田有效灌溉面积为6.58亿亩（4384.4万公顷），占全国农田有效灌溉面积的69.1%（参见图18）。

近几年灌溉节水技术的创新和推广，有助于我国实现在水资源可持续条件下的粮食增产。一是大大节约了水资源。全国的农田灌溉水有效利用系数由2000年的0.43提高到2013年的0.523，形成节水能力约300亿立方米。尽管我国有效灌溉面积持续增加，但全国农田灌溉用水量基本稳定在3400亿～3700亿立方米，农田灌溉用水量占总用水量的比重从66%持续下降到56%，用有限的水资源支撑了我国粮食增产。二是增加了粮食产量。水利部数据显示，2011～2014年，我国通过实施大中型灌区改造、小农水项目，新增和恢复灌溉面积近6000万亩，发展高效节水灌溉面积超过9000万亩，节水灌溉措施亩均增产粮食10%～40%，新增粮食产能300多亿公斤。三是提高了肥料、农药使用效率。高效节水灌溉实现了水肥药一体化，与传统灌溉方式相比，肥料、农药利用

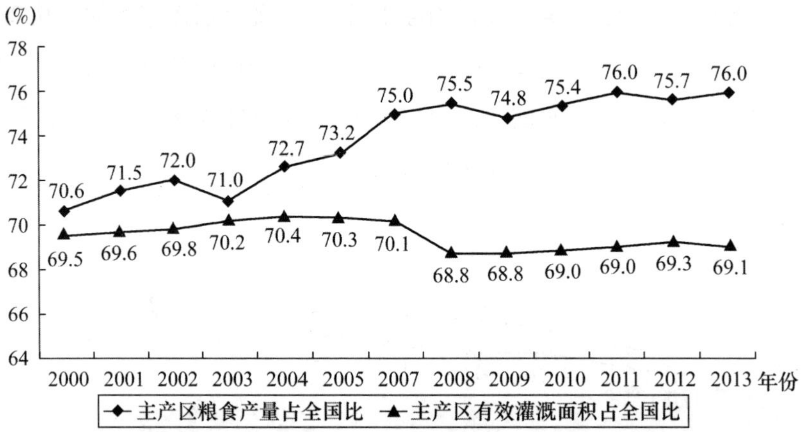

图18 粮食主产区粮食产量、有效灌溉面积占全国比例情况

率提高了5%~20%。四是发挥了综合效益，促进了现代农业发展。节水灌溉不仅实现了节能、省地、省时、省工、减排等综合效益，而且提高了技术集成、机械化、专业化生产经营程度，促进了农业规模化、集约化和现代化。

按照新的农业可持续发展规划，到2020年全国灌溉面积要增加到11.05亿亩，其中粮食灌溉农田面积达到6.8亿亩以上，全国节水灌溉面积比现状净增2.6亿亩，高效节水工程要增加2.5亿亩，增加坡改梯面积3000万亩；到2030年全国灌溉面积要增加到11.45亿亩，全国节水灌溉面积还要净增1.5亿亩，高效节水工程还要新增1.6亿亩，再增加坡改梯面积2000万亩（参见表13）。因为大量灌溉与节水工程的实施是与高标准基本农田建设配套，这里不单独计算水利条件改善带来的粮食增长能力，仅测算坡改梯所带来的粮食增产可能。据相关部门测算，在相同耕地、耕作条件下，梯田与坡耕地相比，每亩可增产粮食40公斤~100公斤。若以平均增产50公斤计，到2020年坡改梯将可以增加约150万吨的粮食增产潜能，到2030年还可以再增加100万吨，即2030年坡改梯工程实施完成后将预计增加250万吨粮食生产潜力。

表13　　农业可持续发展的水利保障目标

	2020年	2030年
全国灌溉面积（亿亩）	11.05	11.45
其中：农田有效灌溉面积（亿亩）	10.05	10.35
粮食灌溉面积（亿亩）	6.8	
全国节水灌溉面积（亿亩）	7	8.5

续表

	2020 年	2030 年
节水灌溉率（%）	64	75
高效节水灌溉工程（亿亩）	3.4	5
农田灌溉水有效利用系数	0.55	0.60
增加坡改梯面积（万亩）	3000	2000
坡改梯将增加粮食生产潜能（万吨）	150	100

2. 基本农田建设与改造

为保障粮食生产能力、提升产出效率，国家农业综合开发办公室以加强农田基本设施建设、土地整理与土壤改良为重点，推进中低产田改造和高标准基本农田建设。1989~2001 年，中低产田改造对粮食生产的效率提升发挥了重大作用，年均改造中低产田 2746.55 万亩，实现年均粮食增产 509.2 万吨。但随着有潜力增产的大量中低产田改造的完成，通过其实现粮食增产的空间逐渐降低，现在每年通过中低产田改造实现的粮食增产能力也就在 300 万吨左右。到 2009 年，中低产田改造的面积降低至 2464.21 万亩，粮食增产只实现了 284.09 万公斤。从 2009 年开始，在继续中低产田改造的同时，加大了高标准基本农田建设力度，以进一步提高粮食生产效率。到 2013 年中低产田改造面积下降至 1442.68 万亩，2009~2013 年共建设高标准农田 4009.56 万亩，逐年分别完成 51.55 万亩、480.05 万亩、757.23 万亩、1238.34 万亩、1482.39 万亩（参见图 19）。

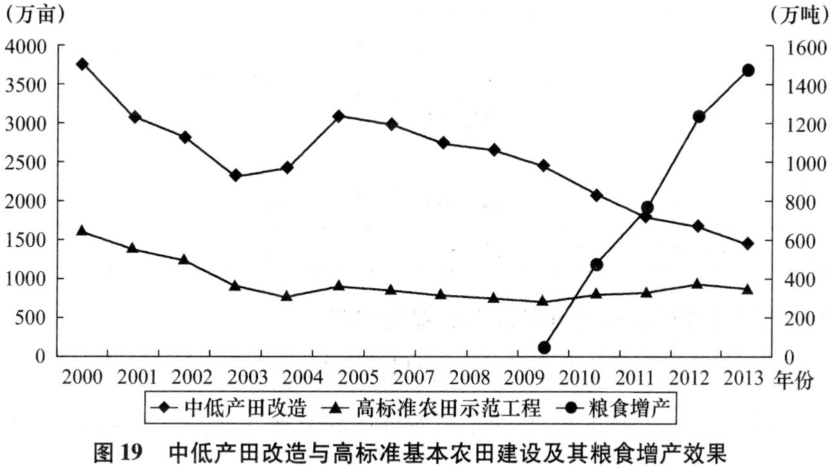

图 19　中低产田改造与高标准基本农田建设及其粮食增产效果

2013 年国务院批复了《全国高标准农田建设总体规划》，计划到 2020 年，建成集中连片、旱涝保收的高标准农田 8 亿亩，亩均粮食综合生产能力提高 100 公斤以上。高标准基本农田建设虽然是重点向粮食倾斜，但也要考虑棉花、油料、糖料等地区优势品种的平衡，因而就粮食的增产效果则按粮食主产区来计算比较合理。13 个粮食主产区，按照近 5 年高标准基本农田建设的亩均增产 148 公斤①计算，到 2015 年粮食主产区高标准基本农田建设 28688 万亩后，预计将能实现粮食增产 4245. 82 万吨；到 2020 年粮食主产区高标准基本农田建设 55363 万亩后，预计将能实现粮食增产 8193. 724 万吨（参见表 14）。同时，高标准农田建成后，灌溉水有效利用系数可提高约 10% 以上，据此测算，每年可节约灌溉用水 200 亿立方米以上；肥料利用率约提高 10%，每年可节肥 120 万吨以上；通过农田林网建设，还可有效增加林木蓄积量。

表 14　　高标准基本农田建设计划完成后预计的粮食增产效果

	2015 年建成规模（万亩）	2015 年预计粮食增产（万吨）	2020 年建成规模（万亩）	2020 年预计粮食增产（万吨）
河　北	2420	358. 16	4678	692. 344
内蒙古	1137	168. 276	3660	541. 68
辽　宁	1126	166. 648	2292	339. 216
吉　林	1227	181. 596	2740	405. 52
黑龙江	3197	473. 156	6556	970. 288
江　苏	2365	350. 02	4275	632. 7
安　徽	2631	389. 388	4670	691. 16
江　西	1377	203. 796	2825	418. 1
山　东	3504	518. 592	5982	885. 336
河　南	3500	518	6369	942. 612
湖　北	2213	327. 524	3570	528. 36
湖　南	1495	221. 26	3316	490. 768
四　川	2496	369. 408	4430	655. 64
合　计	28688	4245. 824	55363	8193. 724

3. 通过减肥增效实现环境可持续下的粮食增产

我国农业生产对化肥的依赖程度高，肥料的利用效率低，这是农业生产效率低且环境代价巨大的重要原因。我国从 2005 年开始推广测土配方施肥，实施后三大粮食作物氮

① 以 2008 年为基础计算中低产田的粮食增产效果为每亩 113 公斤，据此计算各年中低产田改造贡献的新增粮食产量，在总体的粮食增产产量中扣除该部分后，按照高标准基本农田建设面积，估算高标准农田建设的亩均增产效果。

肥、磷肥和钾肥利用率分别为33%、24%和42%，比实施前分别提高到了5、12和10个百分点。据测土配方施肥示范区调查结果，与常规施肥相比，水稻、小麦、玉米等主要粮食作物单产增加6%~10%，亩节本增效30元以上。据统计，测土配方施肥示范区一般每亩减少不合理施肥量1~2公斤（折纯）。截至2013年，通过实施测土配方施肥，全国累计减少不合理施肥1000多万吨，减少氮、磷流失6%~30%。

根据农业部正在制定的《化肥使用量零增长行动方案》，到2020年，测土配方施肥技术覆盖率达到90%以上，畜禽粪便等有机肥养分还田率达到60%、提高10个百分点，农作物秸秆还田率达到60%以上、提高25个百分点，机械施肥面积占到主要农作物种植面积的50%以上、提高20个百分点，水肥一体化技术应用面积达到1.5亿亩、增加8000万亩。按照2013年测土配方施肥实施计划，全国测土配方施肥技术推广面积要占农作物种植面积的60%以上，推广测土配方施肥技术14亿亩。据对农户抽样调查，应用测土配方施肥技术的田块，小麦、水稻、玉米亩均增产3.7%、3.8%、5.9%。以2013年小麦、水稻、玉米的播种面积和产量为基础，假设测土配方施肥覆盖面积分别增加30%，则按照上述的增产率计算，小麦、水稻、玉米产量将分别增加135.34万吨、232.12万吨和386.73万吨；仅考虑3种主粮生产，测土配方施肥按计划推广将可能带来754.19万吨粮食增产（参见表15），通过大幅度减少不合理用肥，在确保生态安全的基础上实现粮食增产。

表15　到2020年测土配方施肥覆盖面扩大后对粮食增长的影响

	水稻	小麦	玉米
测土配方实际增产效果（%）	3.8%	3.7	5.9%
2013年播种面积（万亩）	45468	36175.5	54477
2013年单产（公斤/亩）	447.81	337.04	401.07
测土配方覆盖面提高30%后的粮食增产量（万吨）	232.12	135.34	386.73
合计三大谷物增产（万吨）	754.19		

另外，中国农业大学张福锁教授领衔18个科研机构、33名研究人员共同完成的一项研究成果显示，土壤-作物系统综合管理[①]（ISSM）使水稻、小麦、玉米单产平均分

① 土壤-作物系统综合管理是指在多种作物上集成的高产高效的综合管理技术，如增密延衰水肥调控的玉米高产高效技术、适应多变气候的小麦群体与水肥调控技术、增密调氮的水稻高产高效技术、旱作水肥协调的高产高效技术等。

别达到8.5、8.9、14.2吨/公顷，实现了最高产量的97%~99%，与国际上当前生产水平最高的区域相当，而且在增产的同时，大幅度减少环境代价，实现粮食安全与生态环境保护的协调（Chen xinping et al，2014）。他们在全国大量地块进行试验示范的结果显示，小麦、玉米和水稻平均实现增产10%~15%、增效20%、减排30%。具体来说：小麦的52个试验点，平均增产14.2%，增效36.3%，节氮18.7%；玉米的72个试验点，平均增产19.2%，增效53.7%，节氮13.5%；水稻的58个试验点，平均增产9.7%，增效40.5%，节氮22%。而且他们试验地农户的调查显示，在不增加化肥投入的条件下，对于水稻有20%的农户（n=6592）生产能够达到接近土壤-作物系统综合管理最优的试验增产效果，而对于小麦则有5%左右的农户（n=6940）能够达到该水平。假设能够在全国一半的粮食种植区域推广土壤-作物系统综合管理，并且推广的农户能够达到当前试验地区农户增产效果的80%，那么粮食就能够实现3144.27万吨产量增加，并且大幅度降低化肥的使用和氮的排放，实现环境可持续的粮食增产（参见表16）。

表16　　土壤-作物系统综合管理的粮食增产效果

	水稻	小麦	玉米
粮食主产区农民平均单产水平（公斤/亩）*	446.67	380	506.67
试验地农民实际单产（公斤/亩）*	480	480	700
消除产量限制因素的改进试验单产（公斤/亩）*	540	553.33	840
无成本约束下的高产方案下的单产（公斤/亩）*	586.67	613.33	960
ISSM的单产（公斤/亩）*	566.67	593.33	946.67
ISSM对粮食增产效果（%）#	18.06	23.61	35.24
试验地区平均的粮食增产效果（%）+	9.7	14.2	19.2
2013年全国平均单产（公斤/亩）	447.81	337.04	401.07
2013年播种面积（万亩）	45468	36175.5	54477
预计实现粮食增产效果（%）	7.76	11.36	15.36
推广50%面积预计可实现粮食增产量（万吨）	773.72	692.54	1678.01
推广50%面积预计粮食增产总量（万吨）	3144.27		
推广80%面积预计可实现粮食增产量（万吨）	1237.95	1108.06	2684.82
推广80%面积预计粮食增产总量（万吨）	5030.83		

注：*来源于Chen，Cui，et al（2014），Producing more grain with lower environmental costs，Nature。

#根据上文数据，以土壤-作物系统综合管理试验单产与试验地农民实际单产测算的增产效果。

+张福锁教授研究团队试验点的平均增产效果。

张福锁教授认为如果能够有效地构建理想的高产作物群体结构组合、适应高产作物需求同步根层水肥供应、提高土壤基础地力，还是有潜力能够实现增产增效30%以上。他们的实验发现，在品种相同、土壤肥力没有大幅度提高的条件下，水稻、小麦和玉米同时增产增效30%以上的实现率分别为15%、22%和31%。这说明实现30%以上的增产增效是可能并可行的，但仅靠现有技术的集成大规模实现仍有难度，还需要进一步技术创新的支持。

4. 综合技术集成支持粮食增产

上述增产措施只是通过生产条件的改善以及投入要素的充分利用，主要是在常规技术条件下，以增效促进增产。而如果考虑新技术、新品种的开发和利用，粮食增产的空间还有望进一步提升。自2013年开始，中国农业科学院以“增产增效并重、良种良法配套、农机农艺融合、生产生态协调”为基本要求，组织开展了粮食作物增产增效技术集成生产模式研究计划，启动实施了水稻、玉米、小麦、大豆、油菜5种作物。

水稻分别在江西、湖北、广西建立了5个示范点，集成示范了水稻好氧栽培、机插轻型无土基质育秧、免疫诱抗剂应用、粒粒饱增产、低碳机械化稻作、激光耕整地、统防统治田间管理7项核心技术，构建了晚稻早熟品种、中迟熟品种技术集成等4套生产模式。通过示范应用，有效提高了产量和效益。在江西珠湖农场示范的3种早熟品种技术集成模式，平均每亩分别增产84公斤、166公斤和121公斤，平均增收338元；示范的中迟熟品种生产模式，每亩增产173公斤，增收349元。

玉米在山东、河南、安徽等主产县建立玉米新品种“中单909”千亩核心示范基地5个，集成组装了种子包衣、科学播种、统防统治、化控防倒、适时晚收、全程机械化等“农机农艺六配套”，并配合抢时、灭茬、宽窄行播种、测土配方、三位施肥、密植播种等“科学播种六融合”的“六配套六融合”大面积生产技术集成模式；在“六配套六融合”模式基础上，又增加了叶面施肥和辅助授粉两项技术，构建了“八配套六融合”超高产技术模式，取得了大面积均衡增产的良好效果。在山东省武城县，10亩“八配套六融合”技术模式示范田，平均亩产1056公斤，增产300～400公斤，节工5个，增收800元；1000亩“六配套六融合”技术模式示范田，亩产850公斤，增产150～200公斤，节工5个，增收600元。在东北春玉米区，将平播垄管机械精量播种、化学调控抗逆抗倒防衰等7项技术优化集成，1000亩“中单909”示范田平均亩增产100多公斤，增效200元，带动区域增产增效10%。

小麦在黄淮海产区开展了“增产增效协调、良种良法配套、农机农艺融合”技术集成模式研究。在山东、河南、河北、江苏和安徽等地建立万亩区1个、千亩片4个、百亩方10个，重点开展了包括“中麦”和“轮选”系列冬小麦优良品种、病虫害综合防控、墒情自动监测与灌溉预报、新型肥料与施肥等技术的集成生产模式研究。在山东临邑，集成了新品种、新肥料、氮磷钾与中微量元素全程平衡施肥、精细耕作管理、全程病虫草害综合防控、适期收获等技术，取得了良好的效果。在河南省新乡示范区，亩产超过600公斤，增产增效10%以上。

因此，综合集成品种、栽培、水肥利用、土壤改善、机械耕作等多种技术，主要粮食品种是可以实现30%～50%的增产。如果综合集成技术在全国80%的种植面积上推广，假设针对水稻、小麦、玉米分别能够以12%、17.6%、24.8%的概率实现30%的增产效果，而其余的部分（即88%、82.4%和75.2%）水稻、小麦和玉米分别能够实现增产7.76%、11.36%和15.36%①，那么我国粮食将总体实现新增产能6579.7万吨（见表17）。

表17　综合技术集成的粮食增产潜能估计

	水稻	小麦	玉米
试验地区平均的粮食增产效果（%）	9.7	14.2	19.2
2013年全国平均单产（公斤/亩）	447.81	337.04	401.07
2013年播种面积（万亩）	45468	36175.5	54477
新技术推广80%面积（万亩）	36374.4	28940.4	43581.6
实现30%增产效果的面积比例（%）	12	17.6	24.8
实现30%增产的新增产量（万吨）	586.40	515.01	1300.46
实现30%增产的新增产合计（万吨）	2401.87		
其余的推广面积中能够实现增产率（%）	7.76	11.36	15.36
其余的推广面积中能够实现增产量（万吨）	1245.81	913.04	2018.98
其余的推广面积的增产合计（万吨）	4177.83		
总增产合计（万吨）	6579.7		

① 增产效果的实现程度是以张福锁教授团队的实验数据为基础。将增产面积分为两组，一组是实现30%的增产，按照其实验的实现率计算比例；另一组即是其余的推广面积下的增产情况，以其试验数据的增产率的80%计算。

（三）可持续的粮食产能转换方案

按照目前的生产方式，我国粮食的增产存在很大的不稳定性。随着资源投入和消耗到了极限水平，生态的自我修复受到严重损害，不仅无法及时弥补资源和养分的耗损，而且还面临生态系统崩溃的风险，粮食安全保障将会受到巨大威胁。当前，迫切需要推进粮食生产方式的转型，以强化稳定的“健康产能”，实现对“不健康产能”替代，保障国家粮食生产能力的持续健康发展。

根据2000年印度的水稻育种家Ram Chet Chaudhary提出水稻产量模型，有三大“鸿沟”制约着产量的提升，即理论与试验产量之间的gap 0、试验产量和农田理论产量之间的gap1以及农田理论产量和实际产量的gap2（参见图20）。gap 0是目前最难跨越的，高度依赖于育种手段和育种资源，需要靠科学研究对生物资源进行有效的开发，而且受认知能力的限制永远不知道这个“鸿沟”有多大。gap1的限制因素来自于规模化生产带来的技术限制和区域的环境因素限制，通过农田基础设施条件的改善和技术的有效应用推广，是能够逐步缩小的。gap2主要来自农田质量以及水肥虫草管理方法，以及这些技术所需的额外的支出，只要科学地引导、有效地加强田间管理，这是最容易突破的产量限制因素。

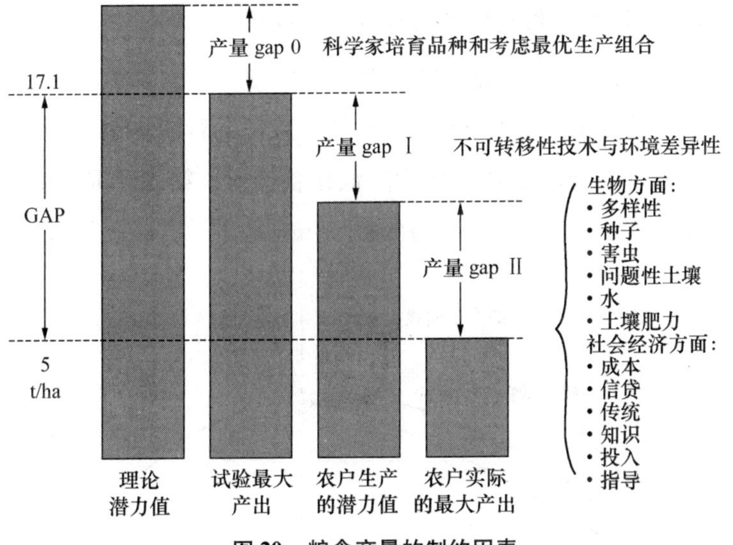

图20　粮食产量的制约因素

目前，我国小麦、玉米和水稻只分别实现了理论最高产量的46%、33%和35%，即小麦、玉米和水稻的增产潜力分别为117%、206%和186%，相当于每公顷增产7.0吨、

15.7 吨和 13.5 吨，即 gap 0 + gap1 + gap2。现实产量与试验中已经实现的最高产量相比，小麦、玉米和水稻的增产潜力分别为 84%、117% 和 73%，相当于每公顷可增产 5.0 吨、8.9 吨和 5.3 吨，即 gap1 + gap2。现实产量与同一肥力水平下高产农户的平均产量相比，小麦、玉米和水稻的增产潜力分别为 18.2%、16.3% 和 14.3%，相当于每公顷可增产 1.1 吨、1.2 吨和 1.0 吨，即 gap2。只要有效地加强田间生产管理，使绝大多数农户的生产效率能够提升，就能够在不改变生产和技术的条件下，通过核心基本农田的产量提升来平抑生态退出的影响维持稳定的粮食产能。这也是现实操作实现上最为容易的一步。而如果能够进一步加强生产条件改善和新技术的推广应用，将能够支撑生态休耕下的粮食增产。因此，稳定和强化基础产能的重点工作如下：一是加强农田生产管理，有效提高现有农户的生产效率；二是改善农业经营方式，将农田基础设施建设、现代生产技术应用与规模经营相结合，通过现代化经营方式提高生产效率；三是加强科学研究，通过育种等综合技术提高产出效率。

根据前面的测算分析，即使将现在需要生态修复的所有耕地全部退出，对我国粮食生产的影响也不会太多，粮食减产也就在4000 万吨左右。而我国有效推行任意选择一种增产方案（高标准基本农田建设、减肥增效和综合技术集成进行有效推广），都能够有保障地实现 5000 万吨以上的粮食增产目标，从而确保在生态休养生息基础上的粮食安全，建立健康产能下的粮食生产的可持续增长机制。如图 21 所示，我国粮食增产的理想路径如下：第一步是有序退出生态破坏性产能，支持生态的休养生息以强化未来潜在生产能力，在保障基本安全的条件下适度降低粮食产量；第二步是在减投增效的基础

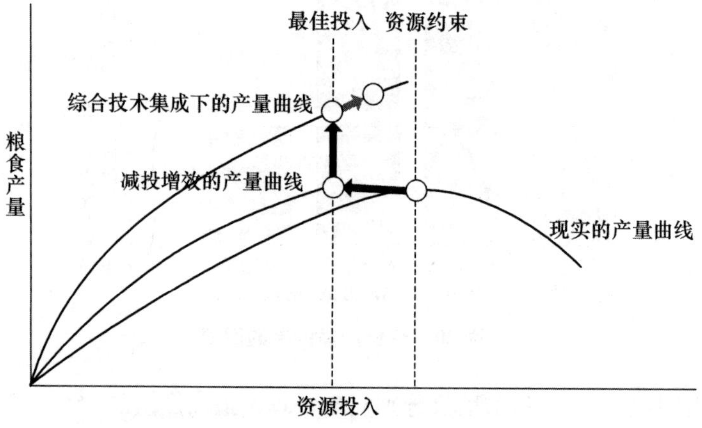

图 21　可持续的粮食产能转化和提升路径

上，以更少的资源要素投入保障现有粮食生产水平不降低或略有提升；第三步是全面改善生产与技术条件，推动生产曲线的向外推移，实现在更少投入下的更高产出；第四步应对粮食需求高峰，在高技术条件下进行高投入生产，实现粮食生产的超高产出效益。

四、国内粮食生产可持续发展的政策建议

1. 加强对耕地的环境监测，建立农业休养生息机制

有序推进耕地生态退出，保障粮食生产的生态安全。整合国土部门的全国第二次土地调查、农业部门的全国耕地地力调查与质量评价、环保部门的全国土壤污染状况调查获得的数据资源，摸清当前我国耕地的数量与质量状况，掌握存在突出环境问题的耕地底数，制定耕地生态退出的整体规划。根据耕地受损害、受污染及对生态环境影响的程度，对需要生态修养的耕地进行分类型、分阶段治理，明确需要进行永久退耕、间隙休耕、种植结构调整的耕地规模及具体地块，在转换产能有力接续和粮食安全充分保障的基础上，逐年、逐步推进耕地的生态修养。

加强对耕地的环境监测，动态调整耕地休养生息计划。建立常规的耕地环境监测制度，完善耕地质量、土壤墒情、肥效三大监测网络，建成国家、省、市、县四级耕地质量监测预警体系，及时掌握耕地环境状况的变化。对新增的生态问题突出的耕地进行有效预警，适时增加耕地休养生息计划；对休耕耕地质量改善情况进行评价，在质量达到一定标准之后，适时安排恢复生产；根据耕地的质量状况，评价其对粮食生产的可承受能力，按照可持续发展的要求调整生产计划。

2. 建立严格的耕地保护制度，强化对地力养护的激励机制

严防死守耕地红线，加强对基本农田的保护。除了必要的生态修复需要可对基本农田进行适度的调整外，坚决杜绝对基本农田的侵占。划定城市边界和永久基本农田，严格保护城郊水田、水浇地等优质耕地。严格规范耕地占补平衡政策的执行，对新开垦耕地必须经过农业、国土、环保部门的联合认定，避免占优补劣、占多补少、占水田补旱地，确保新开垦耕地不会对生态环境造成损害，地力条件和基础设施等必须达到一定标准；对建设需要占用的耕地必须将表层土壤剥离，移植到新开垦耕地之上以增强新耕地的基础地力。

强化对地力养护的激励机制，稳步提升耕地的基础地力。以耕地质量监测为基础，

建立与耕地质量相挂钩的绩效评价机制。《土地承包法》的修订应强化土地经营者的养地责任，支持经营者加强地力培肥，对耕地有机质、微量元素等提升的经营者给予奖励。土地经营权流转的价值评估需要将土壤肥力作为重要的因素予以考虑。加强耕地环境执法，对污染、破坏耕地者进行有力的行政和经济处罚，对掠夺性生产经营者必须责令承担必要的生态修复责任和经济补偿。

3. 加强永久良田建设，夯实粮食增产基础

高标准建设永久良田，形成稳定的健康产能。以高标准农田建设为基础实施永久良田工程，有序推进优质耕地的集中连片整治，着力实施土壤改良和农田生态环境优化，加强田间电力、水利、道路等基础设施的建设，建成一批与现代农业生产经营方式相适应、旱涝保收、稳定高产的高标准基本农田。将建设的高标准基本农田划定为永久性基本良田给予严格的保护和支持，建设要立足于长远规划，按照长期性生产支持的标准来建设，并通过持续的维护，形成持久性的生产能力。

建立有效的高标准良田管护与运营机制，确保发挥长久的效能。高标准良田建成后，应将建设形成的固定资产与土地经营权一并向经营者确权，以明晰产权为基础明确高标准良田及其设施的养护责任。制定高标准良田的设施修缮与维护标准，定期安排财政资金对修缮维护给予支持，向经营者提供长期、低息的政策性贷款支持设施的维护、土壤改良、耕地质量修复、技术改进等。

科学制定粮食增产计划，保证高标准良田产能的可持续性。精细化粮食生产管理，定期对高标准良田的设施状态、土壤质量、耕地肥力、生态稳定性等进行综合评价，根据农田生产的承受能力和生态修复能力分区、分片、分块制定粮食生产计划。对生产条件好、土壤肥力高、生态稳定性强的地块可以采取高投入的增产计划，作为粮食增产的主力支撑；对土壤肥力下降、自我修复缓慢的地块应降低产能水平，进行保护性耕作，帮助恢复生产活力；对出现生态退化问题的耕地可提出产能维持性休耕计划，确保休耕调整之后生产能够有效恢复。

4. 培育职业种粮人，稳定粮食生产主体

合理规划种植规模，有序促进适度规模经营。根据不同地区、不同作物、不同生产条件，以生产效率的最大化、经营者家庭生计可持续为原则，因地制宜确立合理的经营规模，政策明确重点支持的种粮规模。制定支持粮食生产适度规模经营的政策，通过流转补助政策鼓励不再以农业为主的农民（特别是不再种粮的高标准基本良田的承包人）

转出土地，通过租地补贴、租地贷款、土地置换等方式促进高标准基本良田以适度规模成片向种粮大户集中。对于已经集中的超大规模经营者，应引导其按照适度规模将地块进行成片分包给种粮能手，提高产出效益。

建立职业种粮者生产支持制度，确保其能够安定生产。制定职业种粮者的认定标准，培育核心专业种粮生产者。对认定的职业种粮者可按粮食产量高于一定亩产水平的增量部分给予额外的奖励，对其符合要求的生产投资所需资金给予低息政策性贷款支持；为保证其专业种粮无后顾之忧，提高对职业种粮者农村社会养老保险的保障额度和政府补贴的比例，建立职业种粮者的风险救助机制，通过财政和保险对因自然灾害、市场波动造成种粮家庭收入降低给予补偿。完善农业生产的社会化服务体系，有效调动专业大户、科研人员、农技服务队伍等组织与个人，组建农机、农技合作社或服务社，为生产者提供有助于粮食增产的深耕深松、测土配方施肥、机械化耕种与收割等专业技术服务，提高生产效率。

加强对职业种粮者的培训，以能力提升促进产粮效率提高。支持种粮大户到农学院和农业职业学校进行短期研修，对农业继承者报考中高等农业职业院校可放宽条件予以录取，并对其学习期间的学费和生活费给予资助。面向种粮大户组织实用性专业技能培训，对粮食生产关键过程的土壤培肥、耕播技术、苗期管理、追肥施药、农机应用等技术进行讲授和实践指导。针对不同地区、不同作物、不同生产条件，分别制定简明、易懂的粮食生产技术规范与操作指南，每年在播种、移栽、施肥等关键生产环节安排专业技术人员进行田间生产指导和提供技术咨询服务，及时解决农户在生产中面临的问题。

5. 强化科技支撑，科学突破产量制约因素

创新农技推广模式，以田间管理的强化促进增产增效。推动科技服务由“蜻蜓点水式下乡”向“深度扎根农村”转变，推广“科技小院”的技术支持模式；科技人员参与种粮农户的生产过程帮助其优化田间管理和水肥投入，通过“干中学”增强新技术的采纳接受程度，通过实践应用的检验反馈，针对不同地区的不同现实问题因地制宜调整增产技术方案，增强技术的地区适用性。

加强区域增产增效的应用模式研究，科学制定适宜的增产技术方案。围绕我国粮食主产区开展资源高效利用技术研究，以充分利用当地的光温水等生态资源为基础，研究构建各区域的作物种植体系结构，以作物结构优化使光合物质生产发挥最大效能。以高产作物的水肥利用机理研究为基础，立足于区域的水资源约束条件和生态可持续发展要求，以根层水肥监控为抓手，研究根层水肥供应与高产作物施肥需求在数量上的匹配性、空间上耦合时间上同步的水肥管理技术。

加强综合技术集成创新，建立支撑粮食高产高效生产的可行技术体系。以作物高产优质、养分高效利用和生态环境安全为目标，开展优良品种选育、农田养分高效管理、水分高效利用、作物高产栽培、重大病虫害综合防控、土壤地力提升、农机农艺相结合的保护性耕作等技术集成创新研究，构建适合不同区域的从品种选择到全生育期、全过程的高产高效综合集成技术的生产模式，熟化技术的集成与配套，为进一步提高粮食增产潜力提供有力的技术支撑。

参考文献

[1] 刘忠，黄峰，李保国. 2003 ~ 2011 年中国粮食增产的贡献因素分析. 农业工程学报，2013，29（23）：1 ~ 8

[2] 赵志坚，胡小娟. 我国粮食生产中化肥投入的环境成本研究，湖南大学学报（社会科学版），2013，27（6）：52 ~ 56

[3] 杨锦英，韩晓娜，方行明. 中国粮食生产效率实证研究. 经济学动态，2013（6）

[4] 黄季焜. 中国土地退化：水土流失与盐渍化. 农业政策研究中心内部讨论稿系列

[5] 黄季焜，杨军，仇焕广. 新时期国家粮食安全战略和政策的思考. 农业经济问题，2012（3）

[6] 韩俊. 提高粮食生产能力，确保国家粮食安全. 国务院发展研究中心调查研究报告，2013 年第 46 号

[7] 韩俊，金三林. 迈向高收入国家的中国粮食安全战略与政策研究综合报告. 国务院发展研究中心工作报告，2013 年 10 月

[8] 韩俊主编. 中国粮食安全与农业走出去战略研究. 中国发展出版社，2014

[9] 国务院发展研究中心课题组. 我国粮食生产能力与供求平衡的整体性战略框架. 改革，2009（6）

[10] 李颖明. 粮食主产区农业水资源可持续利用分析. 中国农村经济，2009（9）

[11] 武拉平. 城市化对我国粮食需求的影响研究——基于农民工食物消费的调查研究. 提交给世界银行和国务院发展研究中心的研究报告，中国农业大学经管学院，2013

[12] 马骥，李亮科，朱宁. 中国保持粮食高自给率的环境问题研究. 提交给世界银行和国务院发展研究中心的研究报告，中国农业大学，2013

[13] Chen X. P.，Cui，Mingsheng Fan，Vitousek P.，Zhao M.，Ma W. Q.，Wang Z. L.，Zhang W. J.，Yan X. Y.，Yang J. C.，Deng X. P.，Gao Q.，Zhang Q.，Guo S. W.，Ren J.，Li S. Q，Ye Y. L.，Wang Z. H.，Huang J. L.，Tang Q. Y.，Sun Y. X.，Peng X. L.，Zhang J. W.，He M. R.，Zhu Y. J.，Xue J. Q.，Wang G. L.，Wu L.，An N.，Wu L. Q.，Ma L.，Zhang W. F.，Zhang F. S. Producing more grain with lower environmental costs，Nature，2014

建立高效开放可持续的粮食安全保障体系

金三林

今后一个时期，农村人口向城镇转移和城镇居民消费结构升级，是中国粮食需求增长的主要动力。从日本、韩国等东亚国家的经验和我国的发展趋势来看，未来我国粮食供求矛盾将更加突出，居民对粮食可及性和质量的要求也会越来越高。面对新的形势，我国应树立新的粮食安全观，建立高效开放可持续的粮食安全保障体系。为此，我国应提高三种能力，深化四项改革，即提高国内粮食综合生产能力、粮食可持续发展能力、国际市场和海外资源利用能力，深化粮食价格形成机制、粮食补贴政策、粮食储备政策、粮食流通体系四项改革。

一、未来一个时期我国粮食安全面临的主要形势

未来 10 ~ 20 年，我国将由中等收入阶段向高收入阶段迈进，并将在 2020 年全面建成小康社会，同时全球经济增长格局也将发生深刻变化，中国保障粮食安全面临新的形势。

1. 从中等收入阶段向高收入阶段迈进过程中，必然伴随着粮食消费的持续增长和消费结构的快速转变

预计到 2020 年，中国人口总量将达到 14.1 亿人，城镇化率将上升到 60% 左右，人均 GDP 将达到 7000 美元以上（2008 年价格）。2030 ~ 2035 年间，中国人口和城镇化率都将达到峰值，并进入高收入国家行列。从国际经验看，在这一阶段，中国仍将处在食品消费结构持续转变的过程，食品总需求量将持续增加，肉禽蛋奶鱼等动物性食品消费仍有很大的增长空间，对粮食需求总量会持续增长。从粮食需求结构看，未来城乡居民

口粮需求总量将会逐渐减少，粮食需求增长主要是饲料粮和工业用粮的增长。

2. 国内粮食生产的约束条件增强，粮食增产潜力向现实转化的难度进一步加大

一是耕地减少、水资源短缺的约束日趋突出。二是粮食生产比较效益低、生产成本和机会成本加快上升、农业劳动力素质下降的约束不断强化。三是科技支撑粮食增产的长效机制尚待形成。粮食品种更新慢，种植结构单一，大型农机作业推广应用水平不高，导致土壤质量下降。四是中国自然灾害频发，农业基础设施条件又差，抗灾能力弱。

3. 未来我国粮食供求的结构性失衡问题将更加突出

预计到2020年，我国粮食消费总量可能达到6.3亿~6.7亿吨，自给率下降到85%左右；2030年粮食消费量在7.0亿吨左右，自给率进一步下降到80%左右。但大米和小麦两种最重要的粮食作物的自给率都将高于95%，能确保自给，玉米自给率将显著下降。除大豆以外的油料作物生产和需求保持同步增长，但供需缺口也将略有扩大；大豆的进口则将持续增加。

4. 流通体系对我国粮食安全的影响越来越大

随着城镇化的发展，我国粮食生产和消费日益集中，粮食流通量增加，流通范围扩大，居民对市场的依赖程度加深，弱势群体向边缘地带集中，对流通设施的可及性乃至整个粮食流通业都提出新的要求。

5. 作为快速发展中的开放型大国经济体，我国对全球粮食市场的影响以及国际社会对中国的责任要求都在不断增加

随着粮食需求量和贸易量的扩大，中国与国际粮食市场的双向互动影响日益加深，国内粮食供求影响国际价格，并进一步通过各种传导机制影响国内粮食市场。随着经济地位的上升，国际社会日益要求中国承担更多的国际责任，在保障全球粮食安全、维护国际粮食市场稳定方面发挥更大的作用。

二、适应新形势，树立新的粮食安全观

2014年中央经济工作会议提出了“以我为主、立足国内、确保产能、适度进口、科技支撑”的国家粮食安全战略。中央农村工作会议提出了“耕地红线要严防死守”、“调动和保护好‘两个积极性’”、“搞好粮食储备调节”、“中央和地方要共同负责”、“善于

用好两个市场、两种资源"、"重视粮食质量"等一系列重大战略部署。对此，应有全面深刻的认识。

1. 坚持立足于靠国内保障粮食基本自给，牢牢掌握粮食安全的主动权

我国毕竟是世界上最大的粮食生产和消费国，如过分依赖粮食进口，存在着不可低估的风险和隐患。在复杂多变的国际环境下，必须清醒和理性地把握好粮食进口的度。但在经济全球化深入发展的时代背景下，不充分利用世界粮食市场和粮食资源，不仅代价太高，而且难以实现可持续发展。我国农业发展战略布局必须立足于用好国内国际两种资源、两个市场。

2. 树立高效开放可持续的新粮食安全观

高效，就是要深化体制改革，提高粮食生产效率和流通效率，提高粮食支持政策的效率，平衡好发挥市场机制作用与政府干预的关系。开放，就是要鼓励中国农业企业"走出去"，加强农业技术合作，建立长期稳定的贸易渠道，并让世界对中国粮食供求有一个清晰而稳定的预期，平衡好利用国际资源与实现合作共赢的关系。可持续，就是要发展资源节约、生态友好型农业，让生态脆弱和污染严重的土地休养生息，在资源环境可承载的范围内来挖掘粮食生产潜力，平衡好增加粮食产量与保证农业生态安全的关系。

3. 应设立更具弹性的粮食自给率目标

把重点放在口粮方面，确保大米和小麦这两类口粮的基本自给。谷物中的玉米，可适当进口，将谷物（大米、小麦和玉米）的总体自给率保持在一个适度水平。大豆等油料产品，则可更多地依靠国际市场供给。

三、提升国家粮食安全保障能力

1. 以提高生产效率为核心，提高国内粮食生产能力

增强国内粮食生产能力是所有国家保障粮食安全的基石。面对农村劳动力持续转移，水土资源约束趋紧，化肥农药施用水平接近临界点的客观趋势，中国应把提高农业生产率作为增强国内粮食综合生产能力的主攻方向。从国际比较来看，中国劳动生产率和土地产出率都有很大提升潜力。但发挥这一潜力的基础是农业规模经济，不仅要扩大土地经营规模，实现内部规模经济，还要重视农户间的联合与合作，发展社会化服务，实现外部规模经济。同时，还应重视各类农业园区的发展，实现集聚经济。

中国推进土地规模经营，要注意适度和有序，实现劳动生产率和土地产出率的同步增长，农业人口市民化进程与土地流转速度同步加快，规模化种植主体种粮收益与其机会成本（外出务工收入）同步提高。政府的主要作用，一方面是完善市民化政策，促使农民的永久性转移，为规模经营创造条件；另一方面是完善农村土地产权制度，发育农村土地市场，引导耕地向种粮大户、家庭农场、专业合作社等新型生产主体集中。

中国提高农业生产效率，需要持续推进农业技术进步和改善粮食基本生产条件。推进农业技术进步的重点是增加农业 R&D 公共支出、集成推广先进增产技术、推广粮食全程机械化、提升农业生产者的人力资本水平。改善粮食基本生产条件的重点是中低产田改造和农田水利建设。中国中低产田占粮食耕地面积的70%左右（约10亿亩），如果中低产田亩产增加100~200公斤，就会增产1000亿~2000亿公斤。

2. 以保障粮食质量为目标，提高粮食可持续发展能力

为了追求短期的产量增长，中国已经过度使用水土资源，过量使用化肥和农药，付出了巨大的环境成本。目前，化肥农药使用对于粮食增产的效应下降（边际效应趋于零），而环境污染效应在加速上升，不仅严重影响粮食质量，还将降低长期产出水平。因此，中国应摒弃不计成本追求高自给率的做法，切实保护农业生态环境，提高粮食可持续发展能力。

对农业生态环境保护要有更清晰的计划。应组织开展全国农业环境普查，并根据普查情况制定专项整治计划，统筹推进土壤污染与大气、水污染防治。开展耕地土壤环境分级分类管理，对于未污染的耕地，进一步加大保护力度；对于轻度污染耕地，进行治理和修复；对于严重污染耕地，应调整种植结构，或进行休耕。

让生态脆弱和污染严重的土地休养生息。从2013年开始，中国第二期退耕还林补贴政策将陆续到期，应继续实施这一计划，除了巩固已有的1.39亿亩退耕还林的成果，防止出现毁林复耕，还应将近1亿亩坡耕地和严重沙化耕地纳入其中，在2020年以前实现退耕还林。

完善土地质量保护激励机制。实施土地质量保护专项补贴制度，对自愿休耕、调整结构或限制化肥农药使用的农民，给予补贴。将有机肥纳入农资综合补贴范围，将精准施肥机械、喷药机械纳入农机补贴范围，加快推广测土配方施肥和生物防治，力争在2020年前实现化肥利用率和农药使用效率年均提高一个百分点。

3. 加快农业"走出去"，提升国际市场和海外资源利用能力

中国加入 WTO 后的事实表明，渐进和可预期的进口增长能实现双赢。例如中国大豆进口的增加，带动了南美大豆的生产，推动了全球大豆生产和贸易，同时也满足了中国的市场需求，节约了土地和水资源。

为保障国内供给，中国应进一步提升粮食进口能力。如加强与粮食主产国的合作，与这些国家签订中长期的粮食贸易协议，建立稳定的进口渠道。适应饲料粮进口快速增长的需要，中国应逐步调整玉米贸易政策，适时调高配额，降低配额外关税。

中国更应该加快农业"走出去"。在世界范围内，仍有大量的土地未被开垦。中国应发挥自身在农业生产水平上的优势，加大对周边国家、南美、非洲的农业开发援助和投资。这种投资，尽管短期内很难将产品返销国内，但能增加东道国的粮食生产能力，提高其粮食自给率，改善全球粮食安全形势，进而改善中国粮食安全的外部环境，也能提升中国农业企业的国际竞争力。中国农业"走出去"要以农产品供应链、加工、储运、销售等非种植和养殖环节为重点，要注重履行社会责任。

四、深化粮食政策改革

1. 健全以市场机制为基础的粮食价格形成机制

中国现行粮食价格形成机制在一定程度上导致了市场扭曲，并使政府背负了沉重的财政负担，应该改革。但这种改革应该是渐进的：先改革需求侧，后改革供给侧；先改对外依存度比较大的粮食品种，后改自给率较高的粮食品种；先改现行政策效果差的（如临时收储），后改其他政策。

加快建立市场导向的粮食终端价格形成机制。取消对粮食终端价格的管制，即取消"抛售国家储备粮平抑粮食价格"的常规做法，代之以应急管理和低收入群体的食品补贴机制。正常情况下，允许粮食市场价格自由波动，通过低收入群体的食品补贴机制来保障其粮食供给。只有在出现重大自然灾害等外部冲击的情况下，才启动应急管理，动用国家储备进行干预。同时，建立以核心 CPI（剔除食品价格后的 CPI）为目标的通货膨胀调控政策，减小食品价格对货币政策的直接影响。

有序推进粮食生产价格改革。价格支持仍然是各国粮食安全政策的基础，只不过由政府直接入市收购改变为按目标价格（基准价格）进行差价补贴。目标价格制度，就是政府预先确定粮食的目标价格，农民按市场价格随行就市销售。当市场价格低于目标价格时，按两者之间的差价给予农民补贴；若市场价格高于目标价格，则不启动该政策。目标价格可以较好地分离价格形成和政府补贴，既能达到补偿农民收益的效果，又能减小对市场的扭曲。很多国家在由价格支持向直接补贴政策过渡时，均采取这一政策。但由于中国还没有建立起“农业基础信息管理系统”，还无法掌握农户种植面积等基础地理信息，这一政策的实施需要通过试点，逐步完善。

最低收购价政策在近期内仍需保留，但也需要完善。可将目前的“政府直接收购”这一单一渠道，改为“政府直接收购”和“差价补贴”并行，由农民自主选择。农民既可以将粮食销售给政府指定的收储企业，也可以向政府申请领取最低收购价与市场价之间的补贴。这样既减轻政府收储压力，也为今后大范围实行目标价格政策奠定基础。

建立按市场价托底收购制度。当粮食价格深度下跌，农民出现卖粮难时，由政府直接或间接入市，以市场价敞开收购粮食，并作为政府调节储备的来源之一。

2. 改革粮食补贴政策，提高补贴效率

为稳定农民预期，保持农村社会稳定，现有的补贴政策不宜取消，综合补贴水平还要不断提高，以弥补生产成本上涨对利益的侵蚀。同时，中国农业补贴水平离 WTO 规定的上限还有一定距离，也有增长空间。但也要适应中国粮食安全的新目标，对补贴政策进行改革，减少对流通的补贴，增加对生产和消费环节的补贴。

完善粮食直补、农资综合补贴、良种补贴的发放方式，将补贴与粮食作物产量挂钩。将增量补贴向粮食主产区、种粮大户倾斜，保障真正种粮的农民收益能达到全国全省平均水平。

设立与生态环境、经营规模挂钩的专项补贴。如设立“土地休耕计划”、“粮食质量提升计划”，通过补贴的方式，引导农民自愿休耕土地或减少化肥农药的使用。也可“以奖代补”的方式建立土地规模经营专项补助，即对土地经营规模达到一定标准的经营者进行直接奖励补助。

健全对低收入群体的食品补贴制度。完善食品价格上涨与社会救助、保障标准的联动机制。中央财政可建立专项补贴资金，对各地价格临时补贴资金给予适当补助，重点向中西部地区倾斜。对于残疾家庭等特殊困难群体，应建立食品直接供应制度，通过发放食品券或定向供应平价粮等方式，保障其食物供给。

在财政收入增长大幅放缓的情况下，主要应通过优化存量补贴资金来提高补贴效率，即减少对流通环节的补贴（由于放开了终端价格，不再需要巨大的调节储备，可以节省大笔储备补贴资金），增加对生产环节的补贴。

3. 改革粮食储备政策，更多地利用社会资源承担储备

中国建成了全球规模最大的粮食储备体系，但也存在目标过多、体系不全、结构不合理等问题，应急稳市能力还比较脆弱。今后应按照“收缩目标，减小规模，调整结构，完善布局，社会参与”的思路，进一步健全中国的粮食储备政策。

合理划分战略储备、调节储备和企业商业周转储备的关系。战略储备由中央政府负责，主要是应对全局性的粮食供求失衡和突发事件引发的公共危机，储备规模不宜过大。调节储备以地方政府为主，主要是应对季节性波动和区域性粮食供求失衡。同时还要鼓励企业建立合理的商业周转储备。在这一框架下，可大力压缩调节储备规模，使战略储备和调节储备合计略高于国际标准线即可。调节储备应向主销区倾斜，特别是三大城市群地区，并提高成品粮的比例。

改革政府储备粮管理方式。中储粮专司中央政府战略储备职能，取消对其的利润考核，并加强监管。调节储备的收储、轮换、投放由地方政府具体负责，并以委托社会收储为主。政府要明确运行机制，实现储备吞吐运作的制度化和规范化，减少对市场的冲击。

充分利用社会力量参与粮食储备。借鉴美国的委托代储制度、法国的“干预价格”国家收购与商业储备制度，通过政府购买服务的方式，鼓励粮食加工和流通企业、民营商业企业参与粮食储备，降低储备成本。

4. 改革粮食流通体系，提高粮食流通效率

高效的粮食流通体系对提高粮食可及性、稳定粮食价格有重要作用。中国粮食流通业总体上还是个传统产业，组织化、网络化、“四散”化（散储散运散装散卸）、信息化水平低，中央和地方之间、不同部门之间、国有和民营之间的粮食物流资源体制分割严重，整个流通体系的效率很低。

借鉴“路网分离”的改革思路，建设现代化的粮食物流骨干网络。沿跨省粮食物流主要通道，按照“散装化、网络化、系统化、信息化”的要求，在主产区、集散地、交通枢纽、中心城市，以整合现有粮食物流资源为主，建设一批骨干粮食物流节点，建立国家粮食物流骨干网，实现骨干粮食物流节点与主要铁路、水路、公路运输的无缝衔接。国家粮食物流骨干网可委托一家公共企业建设运营，为所有物流主体提供平等服务，有偿服务。

推动仓储服务的专业化和市场化。加快粮食仓储企业的产权制度改革，发展专业的第三方仓储服务。鼓励仓储企业间的资产重组，以股份合作等方式盘活闲置仓储资源，通过优化存量来提高整个社会的粮食仓储能力。

深化基层国有粮食企业的改制改革。加快县级国有粮食企业的股份制改造，剥离政策性业务和经营性业务，使其成为真正的市场主体。鼓励企业盘活土地等存量资产，通过资产经营收益增强发展活力。鼓励优势企业跨县并购，建立区域性粮食龙头企业，实现产供销一体化发展。

健全粮食应急供应体系。以整合现有资源为主，通过委托承担等方式，完善粮食应急加工、储运、供应网点布局，提高应急管理能力，守住粮食安全底线。

粮食产业“走出去”发展规划和政策措施研究①

课题组②

21世纪以来，我国涉农涉粮企业加快走出去步伐，投资规模不断扩大，取得了一定成效，积累了一些经验，也面临一些突出的困难和问题。随着我国经济发展进入新常态，国内粮食供求出现新特点，长期供求趋紧与阶段性局部过剩并存，对“走出去”提出了新的要求；构建开放型经济新体制，促进国际国内要素有序自由流动、资源高效配置、市场深度融合，使我国对外开放进入新阶段，对“走出去”带来重大机遇；国家粮食安全战略提出了新目标，需要在更大范围、更高层次有效利用全球农业资源；国际投资出现新趋势，跨国农业投资成为外国直接投资（FDI）的新热点。这些新变化、新机遇、新挑战，都要求我国必须在更高的起点上制定和完善我国粮食产业“走出去”战略规划。

一、我国粮食产业“走出去”的现状、成效及问题

尽管我国粮食产业对外投资增长较快，但基本是以企业和地方政府自发为主，需要国家在战略层面予以规划，并从政治、外交、贸易、金融、财税等方面予以支持。

---

① 本报告中粮食的内涵是广义的，包括谷物、大豆以及其他油料，还包括其他食物品种。广义上，粮食产业“走出去”包括粮食产业对外合作、对外援助、直接投资等内容。狭义上，粮食产业“走出去”是指我国企业在政府的政策指导下，以盈利为目的，在平等互利的基础上，采取资本、技术、产品和劳务输出等多种方式，在国外进行直接投资，自主从事合法的农业生产和经营活动。本报告所研究的粮食产业“走出去”侧重狭义上的概念。

② 本文系2014年度国家粮食局政策法规司委托课题报告，课题负责人：叶兴庆、曾丽英（国家粮食局副局长）；课题协调人：金三林；课题组成员：颜波（国家粮食局政策法规司司长）、金三林、陈玉书（国家粮食局政策法规司处长）、周群力；报告执笔人：金三林、周群力。

（一）我国粮食产业“走出去”现状及成效

近年来，我国粮食产业海外投资开发步伐加快，并呈现以下几个特点。

1. 规模迅速扩大

2004～2013年，我国农林牧渔业对外直接投资的存量从8.34亿美元增长到71.79亿美元，增长了8.6倍，年均增长27%。对外直接投资流量从2003年的0.81亿美元增长到2013年的18.13亿美元，增长了22.4倍，年均增长41%。特别是一些边境省份对周边国家的农业投资增长较快。如黑龙江对俄罗斯农业开发面积由2005年的210万亩发展到2011年的690万亩，并形成了一批大型龙头企业。其中，截至2011年底，黑龙江农垦在境外共开发土地150万亩，投资超过15亿元，累计生产粮食超过19亿斤。云南省也在实施“中南半岛粮仓计划”，鼓励企业到柬埔寨、老挝、越南开展农业投资。

2. 地域不断拓展

截至2015年1月，我国在境外设立农业企业1640家，已与100多个国家（地区）开展了农业合作。据不完全统计，目前我国有约300家大中型企业在全球46个国家或地区开展农业资源开发合作，从业人员6万余人。中国农业发展集团公司等企业在近10个非洲国家开展了种植及养殖业投资合作，还与塞拉利昂、南非等非洲国家开展了水产养殖与远洋渔业捕捞合作。黑龙江农垦在俄罗斯、乌克兰、缅甸、菲律宾和巴西等10个国家进行农业合作开发。我国远洋渔业已经在境外建立了约130个基地（代表处）、合资企业和后勤补给基地，入渔国家从最初的几个西非国家发展到37个国家，作业海域拓展到太平洋、大西洋、印度洋公海及南极海域。我国远洋渔业占公海渔业资源的份额也从2001年的1%提高到现在的6%。

3. 开发合作方式逐步多元化

我国企业境外农业投资在起步阶段多数集中于农业生产环节，而后逐渐发展到加工、储运等环节，投资方式也日趋多元。方式一是境外建设基地。如黑龙江全省在俄建立境外粮食和蔬菜种植、畜牧养殖和农产品加工基地重点项目已由2005年的70个发展到2011年的172个。方式二是海外资产收购。近年来，随着我国企业实力的增强，海外并购等投资方式也逐渐增多。如2008年6月，中粮集团收购了全球最大的生猪养殖加工企业史密斯菲尔德5%的股份。2011年3月，澳优乳业公司出资约1.5亿元收购荷兰海普诺凯乳业集团51%的股份，成为其控股股东。2014年，中粮集团又分别收购荷兰农产品及大宗商品贸易集团尼德拉公司和来宝集团旗下来宝农业有限公司51%股权。方式三是农业技术交流与合作。到2011年6月，我国援建非洲国家14个农业技术示范中心基本完成，并还将在安哥拉、刚果（金）、南苏丹等国再增建10个。方式四是共同开发农业资源。如中国水产总公司目前在非洲13个国家有23个合作项目，年水产品产量达30多万吨。

4. 项目投资主体多元化

国有的农垦企业、粮食企业、种子企业、渔业企业已成为主力军，发挥了主体和示范带动作用；民营的农业企业正在加大“走出去”的步伐。重粮集团、中粮集团、黑龙江农垦总局、中农发集团等大型企业已成为农业“走出去”的典型代表。其中，重粮集团于2011年投资25.03亿元在巴西建设大豆基地。黑龙江农垦总局计划到2015年，在俄罗斯、巴西、菲律宾等国家和地区建设粮食种植、畜牧养殖、木材采伐等类“域外垦区”超过4000万亩。中农发集团重点在非洲、南美、澳洲、东南亚开发农业、渔业等资源，未来开发利用境外农业土地的目标是1000万~3000万亩。

5. 资源开发能力不断增强

我国海外农业投资开发品种已由初期的粮食，逐步拓展到猪肉、乳品、水果、蔬菜、木材、食糖、酒类、水产等农产品。产业门类也由最初的种植业，逐步扩展到养殖业、乳业、食品加工业、仓储物流业，初步实现了产业多元发展。产业链条也开始拉长，如黑龙江省境外农业开发项目中，种、养、加一体化的综合开发项目已占到30%以上。牡丹江市在俄罗斯的超3万亩的大型综合农场，建有现代化的仓储设施和配套的粮食加工厂，粮食年加工转化率达到53%，初步实现了由种养业向精深加工业的延伸。

总体来看，我国粮食产业“走出去”势头较好，增强了我国全球农业资源配置能力，拓展了我国农业发展的空间。我国企业在境外的农业投资，增加了东道国的农产品供给，满足了当地的市场需求，也增加了当地的就业机会。但目前我国“走出去”企业在境外生产的粮食等农产品，主要在当地市场销售或出口到第三国市场，返销国内的很少。

（二）面临的突出问题

目前我国粮食产业“走出去”主体呈小、散、弱局面，投资领域和地域分散，企业发展目标和国家粮食安全目标衔接不够，面临一些突出问题。

1. 粮食产业对外直接投资规模总体很小，投资主体小、散、弱

我国虽有多年的农业对外援助与对外投资合作历史，但海外农业投资仍未形成规模与体系，与发达国家的海外农业投资规模相距甚远。2013 年，我国农林牧渔业对外直接投资额为 18.13 亿美元，仅占我国对外直接投资额的 1.7%。与日本近似发展阶段相比，我国这个比重要低得多。在 20 世纪 70 年代之前，日本农业对外投资占比为 17%，到 90 年代，这一比重仍高达 7%。我国农业海外投资以中小企业为主，大型企业集团较少，投资规模很小。据统计，我国农业企业单项对外投资规模平均只有几十万美元。如黑龙江从事境外农业开发经营的主体中，个人在俄开发经营面积占到了近 30%，以企业为开发主体的不足一半，且大多数为中小型企业。

2. 大部分粮食产业投资项目集中在生产环节，农业全产业链掌控能力弱

国外大型农业跨国公司很少直接投资于农业生产环节，绝大多数是投资于种子、化肥、农药等农业产前环节和加工、物流、贸易等产后环节。他们通常采用订单方式收购东道国农户的产品。而且，跨国农业公司的农业跨国并购非常活跃。以日本为例，在投资海外农业时，是以加工、储藏、运输、销售等非种植和养殖环节为主的，2000 年以后农产品加工的对外直接投资占农业对外直接投资的 98%。而我国企业海外农业投资起步阶段多集中在农业生产环节，农产品加工投资不足，农业仓储物流和贸易掌控能力弱，跨国并购相对较少，大都处在风险比较大、利润率比较低的农业产业链低端。

3. 对外投资项目缺乏相应的保险产品和服务

国际冲突和自然灾害是对外农业投资项目面临的主要不可控风险。我国没有针对国际冲突的保险产品和服务，部分国家也没有针对自然灾害的农业保险产品和服务，我国企业的对外农业投资项目也不能参加国内的农业保险。企业缺乏相应的避险手段，容易蒙受巨大损失。

4. 企业资金瓶颈问题突出

一是财政支持不足，我国没有设立农业对外投资支持资金，也缺乏相关税收优惠政策；二是金融支持不足，国内没有对外投资资金放大机制，境外资产难以抵押、海外农业投资风险高、回报周期长等原因使得大多数企业融资难。很多企业对外投资还是以自有资金为主，资金规模偏小，国际竞争力难以提升。

5. “走出去”企业的抗风险能力较弱

海外投资一直都是高风险领域，农业海外投资风险更高。一是东道国的政治风险。

一些发展中国家尽管资源丰富，但政治环境不稳定，政局变化大，政策连续性差。有的国家对于我国农业投资防范心理较重，特别是对我国的国有企业。二是国际经济环境变化的风险。农业“走出去”项目建设和生产周期较长，农产品价格、汇率波动较大。三是东道国贸易保护主义风险。部分国家在贸易保护主义压力下，采取缩减签证发放配额、提高企业环保标准、增加企业社会义务等方式影响投资者权益，甚至是通过修改法律、提高税率、重新审查项目等措施将一些提供给投资企业的项目重新收归国有。四是国外对投资者购买或租赁土地设定限制越来越多。近些年国际社会关于我国农业“走出去”的报道不断升温，关于我国“新殖民主义”的批评声音也甚嚣尘上。这使得我国海外农业和粮食投资面临着与先行国完全不同的环境，这势必会增加土地租用的成本以及投资的不确定性。与高风险相对应的是，我国企业普遍缺乏风险预警、防范、处置经验，再加上缺乏海外投资风险评估机构和完善的保险制度，企业应对风险、抵御风险的能力弱。

6. 国内政策支持力度和服务能力明显不足

为了促进粮食产业“走出去”，国家出台了一些政策。如 2006 年，商务部、农业部和财政部联合下发了《关于加快实施农业“走出去”战略的若干意见》，农业部还专门制定了《农业国际合作规划》。但这些政策呈碎片化，支持力度不足。一是税收优惠政策不完善。我国与部分国家还没有签订避免双重征税协定，仍存在对国外生产返销国内的农产品征收关税和增值税等双重征税问题。二是信息收集与服务能力不强。我国除了一个常驻 FAO 代表处外，只在美国和菲律宾等使馆设置了农业参赞，国际农业信息收集与服务远远不能满足企业的需求，甚至于连一个具有公信力的统计数据都没有。三是尚未建立起海外农业投资激励机制。尤其缺乏境外农业投资退税、奖励、贷款补贴等方面的激励机制。四是促进国有企业发展战略性海外农业投资项目的考核激励机制不健全。国有企业现行考核制度为一年一考核，大规模的、投资回收期较长的农业“走出去”投资将给企业带来较大的年度考核压力，制约企业“走出去”步伐。五是在管理体制方面也存在一些问题。农业“走出去”工作部际协调领导小组发挥的作用有限，多头管理、沟通不畅等问题还较为突出。各个部门、各级政府开展的农业合作、援助项目没能与企业“走出去”有效结合起来 。六是缺乏行业协会指导。国际经验表明，行业协会在农业“走出去”中扮演了重要角色，有助于行业自律、价格协调、应对贸易纠纷、抵御海外风险和提供各种服务。但我国的企业很少能从行业协会获得这方面的支持和帮助。

7. 缺乏跨国经营的管理人才

“走出去”的涉粮涉农企业缺乏掌握外语、了解国际规则与国际管理的管理人员；对投资国的有关农业产业政策、农产品市场潜力、农村劳动力素质、风土人情等情况了解甚少，以致一些投资项目陷入困境。

二、粮食产业“走出去”的国际经验及借鉴

农业资源的国际合作开发，无论对土地资源稀缺的国家还是对土地资源闲置的国家都有吸引力，如日本、韩国、沙特阿拉伯、科威特等国，土地资源有限，难以自主保障粮食需求，很早就开始到海外购买或租赁土地，满足本国市场需求。日本海外农田面积3倍于国内；韩国在海外经营的农田面积近200万公顷，超过其国内农田面积；海湾国家近年来在非洲、东南亚、中亚和欧洲多个国家达成租地、购地协议；印度专门修改法律支持海外农业；一些国际金融机构纷纷加入海外农业开发行列。

特别是日本、韩国、沙特阿拉伯三国农业资源相对匮乏，粮食自给率低。为保障国内粮食供给，三国先后都实施了粮食和农业“走出去”战略，建立全球农产品供应体系。这三个国家农业“走出去”取得了较大成效，积累了有益经验，也有一些深刻教训，值得我们借鉴和思考。

（一）日本、韩国、沙特阿拉伯粮食产业“走出去”的主要举措及成效

1. 日本的主要做法及成效

日本耕地资源有限，粮食自给率低。日本政府一直重视农业“走出去”。目前日本在世界各地拥有约1200万公顷农田，是其国内农田面积的3倍。日本采取的措施主要包括以下四点。一是积极推动农业贸易投资谈判，为日本农业企业境外投资铺路。如1973年日本与巴西签订了《日本－巴西农业开发合作计划书》，随后日本三井顺利进入巴西开展农业投资。二是大力实施对外农业援助，巩固与投资目的国的关系，为农业“走出去”提供重要保障。三是充分考虑东道国农户的利益，如在巴西推出专门的低利率贷款，受到当地农户欢迎。四是根据不同国家和地区的情况采取不同的投资方式，包括贸易合作、收购土地、订单生产、与本地企业合作等，较好地规避了投资风险。

2. 韩国海外屯田的举措和成效

韩国人均耕地面积不足0.04公顷，粮食自给率不到30%。20世纪70年代以来，韩国政府一直坚定实施海外屯田战略。其主要措施包括如下：一是制定《海外农业投资指南》，指导企业、个人等各种投资主体去海外屯田；二是培育农业跨国企业集群，使之成为农业"走出去"的主要力量；三是设立开发基金支持企业海外农业投资，给予企业所需经费最高70%的融资支持；四是设立农业海外开发协会，保护境外投资者的合法权益。目前韩国在境外经营的农田面积超过了国内，取得了一定成效。但总的来看，其海外屯田战略并未达到预期目标，如进军蒙古、中亚和澳大利亚的企业全部撤出，12家进驻俄罗斯边疆区的企业如今只剩5家。

3. 沙特阿拉伯的主要做法及成效

沙特阿拉伯水土资源匮乏，食物进口依存度高。2009年以来，沙特阿拉伯坚持"政府主导、私人主打"的方式，开展大规模海外农业投资，目前已获得76.6万公顷耕地，取得了阶段性成效。其主要做法包括如下内容。一是根据本国需求，明确12类投资产品，并制定东道国投资选择标准，指导企业海外投资。二是向私人投资者提供资金、信贷支持。沙特阿拉伯设立了约8亿美元的投资基金，并建立产业发展基金，为企业提供信贷担保，2012年给予投资者投资总额60%的融资便利。三是建立政府控股公司，作为农业"走出去"的重要主体。四是注重与东道国利益相关方协作，尽可能规避风险。

（二）经验及启示

日本、韩国、沙特阿拉伯三国粮食产业"走出去"为保障其国内粮食供给起到了较大作用，他们的一些经验值得我们借鉴。

1. 粮食产业"走出去"是国家战略，而且是长期战略

粮食和农业"走出去"的主体是企业，企业有自身的利益诉求和发展目标。同时，农业"走出去"风险高，单个企业难以应对，需要政府动用国家力量为企业创造好的投资环境，并整合境外投资力量，形成合力，为国家战略服务。因此，三国都将农业"走出去"明确为国家战略，并制定了专门的规划。如沙特阿拉伯政府制定并对外公布了海外农业投资行动计划，对农业海外投资进行统一部署。而且，农业投资成本高，回收慢，这些国家都把农业"走出去"视作长期战略。如韩国自20世纪70年代就开始实施"走出去"战略，已经持续了30多年。随着经济全球化速度的加快，越是实现了战略明晰、统筹规划的农业“走出去”战略的国家，将越来越拥有农业产业的国际竞争力。战略缺失对一个国家造成的影响将是深远的。

2. 粮食产业“走出去”需要健全国内管理体制和保障机制

粮食和农业“走出去”涉及多个领域、多个管理部门，需要政府统一协调。日本早在1914年就成立了专门协调海外农业开发的机构。沙特阿拉伯政府设置了一整套从部长级委员会到行政办公室4个层级的管理机构，涵盖了农业海外投资的各个方面。而且，农业“走出去”是一个长期战略，需要长效保障机制。为此，韩国制定了《海外农业开发合作法》，保障相关政策的延续性。日本政府也颁布了相关法规。

3. 粮食产业“走出去”要选择合适的地区，重视综合成本效益

开展粮食和农业境外投资，不仅要重视东道国的土地资源、农业生产条件，还要重视东道国的政治风险。如马达加斯加政局不稳，直接导致韩国大宇集团2009年彻底终止租赁其130万公顷土地的合作项目。同时，还要重视综合成本效益。在境外从事农业生产，产前、产中、产后都将增加许多环节，综合成本很高。如2008年韩国在蒙古获得27万公顷土地，尽管价格低廉，但是该农场距蒙古首都乌兰巴托有1000多公里，运输设施严重不足，种粮综合成本很高，项目在经济上并不可行。

4. 粮食产业“走出去”要因地制宜，采取合适的投资方式

粮食和农业境外投资领域包括种植基地、物流设施、贸易渠道、加工行业等，具体投资方式包括直接投资（绿地投资）和并购投资。从三国的经验教训来看，大规模“屯田”风险较高，最终效果并不是很好（如韩国），而投资仓储物流设施、加工业，成功率往往较高。在投资方式上，对于政局长期稳定、土地权属关系较为明确、粮食自给率较高的国家，可以直接投资；对于投资竞争较为激烈、国内贸易保护主义较为严重的国家，可采用并购投资，与本地企业和跨国公司合作，以降低投资风险。

5. 粮食产业“走出去”要尊重东道国的利益，注重社会责任

粮食和农业境外投资要尊重和保障东道国的利益，做到互惠互利。如日本和韩国都十分注重把对外援助与农业“走出去”密切结合起来，提高东道国自身的农业生产水平和粮食生产能力。同时，要引导企业注重社会责任，规范企业投资行为。韩国的境外农业投资者一度曾很少考虑为当地解决粮食、就业等问题，在投资国受到抵制，也受到国际社会的批评，这也是导致韩国在一些国家投资失败的原因。

6. 粮食产业“走出去”要处理好政府支持与企业自主投资的关系

企业是粮食产业“走出去”的主体，应对自己的投资负责。政府主要通过外交、贸易、对外援助等方式，降低企业投资风险，为企业境外投资创造好的环境。同时，制定信贷、税收、保险、通关等支持政策，降低企业投资成本。政府还可以设立投资基金或产业基金，为企业提供融资便利。但在具体的投资决策上，政府不宜干预，应给予投资者充分自主权。通过这些方式，将国家力量与企业自身的灵活优势充分发挥出来，引导企业将自身发展目标与国家战略目标相衔接。这也是日本、韩国、沙特阿拉伯三国农业“走出去”取得较好成效的重要原因。

三、新时期我国粮食产业“走出去”的总体思路及目标

粮食产业“走出去”是我国实施“走出去”战略的重要组成部分。在我国农业发展资源约束加剧、农产品供求平衡趋紧、农业对国际市场依赖程度不断提高的背景下，加快粮食产业“走出去”步伐更显必要和紧迫。未来10～20年，虽然我国粮食产业“走出去”将面临诸多挑战，但外部总体环境有利。应抓住机遇，把农业对外合作、农业对外援助和粮食产业对外投资有机结合起来，拓展我国农业参与全球化的广度和深度，提高统筹利用国际国内两个市场、两种资源能力。

（一）粮食产业“走出去”的战略定位

新时期我国粮食产业“走出去”的战略定位应包括以下四个方面。

1. 参与全球农业市场竞争，提升我国涉粮涉农企业的国际竞争力

目前，少数跨国农业公司垄断着全球农业市场。而我国涉农企业国际化经营和管理能力不足，如中粮集团2012年销售收入281.9亿美元，仅占世界跨国粮商中排名第一的嘉吉公司的21%，相比之下规模较小，国际竞争力不强。应将大型企业作为我国实施农业“走出去”战略的载体，鼓励企业通过“绿地投资”和跨国并购等方式，在境外进行农业综合开发、农产品加工、仓储运输、市场营销，构筑以跨国经营为重点的全球粮油食品产业链体系，成为我国自己的国际大粮商，打破跨国农业公司的垄断，提升我国参与全球农业市场的能力。

2. 利用境外农业资源，增强对国内紧缺粮食品种进口货源的掌控能力

小麦、稻米等口粮必须主要依靠国内市场满足供给，而油脂油料、食糖等紧缺农产品则需要充分利用国际市场和国外资源满足国内需求。只有获得境外农业资源开发的主动权，增强对全球农业产业链的控制力，才能防范、控制、化解单纯的农产品进口带来的风险。在我国紧缺农产品进口规模不断扩大的背景下，应该加大农业对外直接投资规模，形成在境外的国内紧缺农产品供应后备基地，保障境外农业资源输入的稳定性和自主性。

3. 扩大农业技术输出，提高发展中国家粮食生产能力

我国农业具有明显的技术优势，这是我国重要的优势外交资源，应发挥好这一优势，以扩大对外投资带动我国农业技术输出，在东道国建立农业技术试验、示范、培训中心，帮助东道国提高农业技术水平和粮食生产能力，增加东道国的农产品供给。这将有利于树立我国负责任大国的形象，为我国带来丰厚的外交和政治收益，增强我国的国际影响力。这也有利于回击一些海外媒体把我国对非洲农业投资视为“圈地”并推行“新殖民主义”的偏见，为我国发展营造和平的国际环境。

4. 以投资带动贸易，形成大进大出、双向流动的国际粮食流通大格局

以海外农业投资，带动农资、农机出口，消化国内过剩产能。通过海外投资，建立起覆盖全球的粮食贸易和供应链网络，为国内农产品开辟低成本、高效率的销售网络。

（二）基本原则

1. 统筹规划，突出重点

制定统一、明晰的粮食走出去战略规划，以 5 年为周期，滚动实施。分类指导不同企业、不同地区、不同领域的投资，在每个地区都突出投资重点，予以重点支持。

2. 企业为主，市场运作

发挥企业的主体作用，由企业自主决策、独立经营。“走出去”的企业采取各种适合发展中国家国情和实际的经营模式，遵循市场经济规律，以生产粮食和当地紧缺的经济作物为主业，开展多种经营、综合生产，按照市场化原则进行对外农业合作。

3. 依托援助，巩固基础

充分发挥我国对亚非拉一些发展中国家长期农业援助的影响，有效利用对外援助推广的农业生产技术和经验、培养的当地农业人才、积累的良好政治关系，为粮食产业对外投资服务。

4. 因地制宜，注重效益

对利润高的经济作物，投资的种植加工地宜靠近消费市场、中心城市。对于市场稳定、需求量大粮食作物，适宜开展多种经营和规模经营，既创造规模效益，又能争取合作国有利的投资政策。

（三）总体思路

顺应国内资本输出和全球农业投资发展的客观趋势，抓住国家实施“一带一路”、周边外交等重大战略机遇，把国家意志和企业利益相结合，政府引导和企业自主投资相结合，大力培育海外粮食投资主体，积极建设海外粮食投资载体，加快完善政策支持体系，按照“立足周边、深耕南美、巩固非洲、放眼全球”的战略布局，构建全球粮食产业链、供应链和服务链，提升国家粮食安全保障能力，提高我国农业的国际竞争力，增强我国在国际粮食安全治理体系中的话语权和影响力。

（四）三步走战略

2020 年前：以周边国家和地区为重点，完善政策支持体系，鼓励边境省份和相关企业加大对周边国家的粮食产业投资，到 2020 年基本建成一定规模的、稳定的周边粮食生产基地，初步形成与“一带一路”规划相一致的国际粮食物流体系，与周边国家形成良好的粮食合作关系；同时，巩固与南美国家的粮食经贸合作，加强对非洲国家的农业援助，为开展长期投资做准备。

2025 年前：在巩固周边的基础上，以南美为重点，加大投资力度，形成比较稳定的油料生产基地，推动建立东亚 – 南美农产品供应链体系和跨洋农产品国际物流通道；同时，适时加大对非洲的开发投资。

2030 年前：在前期工作的基础上，重点投资非洲，提升全球农产品供应能力；其他地区的粮食投资稳步发展，“立足周边、深耕南美、巩固非洲、放眼全球”的战略布局基本实现。

（五）2020 年发展目标

一是争取实现海外可控耕地面积达到 3000 万公顷（可控包括直接购买、租赁、合作等方式）；二是争取海外粮食产量超过 1 亿吨，可控粮源超过 3000 万吨；三是争取培养 1 ~ 2 家有国际影响力的跨国粮商，若干家有区域影响力的国际化粮食企业。

四、新时期我国粮食“走出去”的战略布局及投资方式

(一)“走出去”的战略布局

对投资国(地区)的选择,应综合考虑东道国土地资源、生产条件(水资源及农业设施)、物流设施、自身的粮食自给率、土地权属是否明晰、政府对外资的态度、与我国的距离、和我国的外交关系、已有的投资基础等内容。优先选择土地资源丰富、生产条件较好、国内粮食自给率较高、土地权属关系较为明确、和我国距离较近的国家和地区。根据“立足周边、深耕南美、巩固非洲、放眼全球”的战略布局,我国粮食“走出去”的重点地区包括以下四类。

1. 周边国家,特别是俄罗斯远东地区、中亚、老挝、柬埔寨、缅甸等国家

俄罗斯农业用地 2. 2 亿公顷,耕地约 1. 34 亿公顷,尚有近 1/4 处于闲置状态。中亚 5 国土地资源丰富,农业用地约 2. 8 亿公顷,土地开发程度不高。老挝、柬埔寨、缅甸 3 国尚未开发利用的耕地达 1800 万公顷。这些国家农业开发潜力很大,与我国开展农业合作的意愿强烈,而且与我国地理接壤,国内人员和农资最有可能进去,农产品最有可能运回来,我国企业在其已有一定投资基础,可作为近期和中长期的投资重点,通过土地开发和建立农产品加工和仓储物流体系,将其建设成为我国重要的“海外粮仓”。

2. 南美巴西、阿根廷等农业资源和生产大国

据 FAO 估计,拉美地区约有 4. 2 亿公顷土地可以改造为耕地,潜力非常大。这些国家是我国重要的大豆、油料进口来源地,跨国公司在其投资密集,但在贸易、物流、加工等领域仍有投资机会,可作为中期的投资重点,未来发展成为我国重要的海外油料、玉米供应基地。

3. 南部非洲的土地资源大国

非洲可耕地面积 8. 1 亿公顷,已耕地 2. 1 亿公顷。在已耕地中,实际利用的土地只占 1/4。非洲垦殖指数很低,只有 6. 4%,远远低于世界 11% 的平均水平。虽然非洲国家农业开发潜力很大,但农业生产条件差、农业技术落后,投资环境有待改善,投资风险不小,可做长期投资考虑,近期主要通过加强农业合作和援助,帮助这些国家提高粮食生产能力。

4. 北美、欧盟、澳洲等发达国家

这些国家农业现代化程度高，大型农业跨国公司聚集，应鼓励我国企业参股国外农业公司，并择机进行并购，借以提升自身技术管理水平和参与国际化经营的能力。

（二）选择适宜的投资模式

我国粮食产业“走出去”投资方式的选择，要坚持四个原则：一是坚持“屯粮”为主、“屯田”为辅，降低投资风险，提高投资效率；二是把对外援助与农业“走出去”密切结合起来，援助开路，投资跟进；三是主要以农产品供应链、加工、储运、销售等非种植和养殖环节投资为目标；四是遵循东道国的环境标准，尽可能减轻负面影响。

对于不同的地区，还应采取不同的投资模式。

对于俄罗斯、东南亚等周边粮食生产国，应以租赁土地、直接经营为主，并鼓励就地发展深加工，把投资国的出口需要和我国的进口需求结合起来。对周边国家的农业投资，应以毗邻省份的企业、特别是农垦企业为主，政府通过农业援助予以支持。

对于巴西、阿根廷等农业资源和生产大国，应以贸易渠道、供应链设施、加工业投资为主，实施“以设施换土地经营权、换粮食”战略。对这些国家的农业投资，应以企业集群投资为主，把国有企业与民营企业有效组织起来，并积极与当地企业、跨国公司合作。

对南部非洲的土地资源大国，应将政府的对外援助和企业投资结合起来，以农业园区为载体，逐步加强农业生产设施、物流设施建设，提高东道国自身的粮食生产能力，着眼于长期投资和回报。

五、新时期我国粮食产业“走出去”的主要任务

未来一个时期，我国粮食产业“走出去”的核心任务是建立全球产业链，健全供应链，完善服务链。

1. 培育海外投资主体

一是要充分发挥国有涉农、涉粮企业的主导作用。扶持和打造一批农业大型企业集团和跨国公司，充分发挥其在农业耕作技术、农业基础设施建设等方面的技术优势和经验，争取在获取境外重大农业资源开发项目、农业技术合作项目上有更大的突破。鼓励农垦企业在东道国投资建设农业基础设施和农业园区，鼓励中粮集团等粮食流通企业在

东道国建设仓储物流设施，鼓励中远集团等大型运输企业在东道国建设港口设施，共同打造从生产、收购、仓储、运输到贸易加工的全球粮食供应链，切实解决我国部分重点农产品缺乏进出口渠道控制能力和定价权的问题。二是调动民营企业的积极性。充分发挥民营企业小、快、灵的优势，鼓励民营企业、产业基金围绕粮食产业链的相关环节积极在海外投资，帮助其做大做强。三是鼓励企业集群投资。鼓励国有企业和民营企业以股份合作、设立共同基金、共建园区等方式开展合作，把国家意志和企业利益相结合。鼓励大型企业为中小企业提供供应链服务，改善中小企业的运营环境。四是强化企业的社会责任。支持和引导海外投资企业与相关利益者合作，带动当地农民就业和增收，履行社会义务，树立良好的形象。指导企业发布社会责任报告，尊重当地风俗习惯和宗教信仰，保护投资目的国生态环境，积极参与投资国社会慈善事业的发展。

2. 加强海外粮食产业投资载体建设

一是鼓励建设海外农业园区等生产基地，特别是鼓励有国内园区开发建设经验的农垦企业在海外投资建设生产基地。以建设境外农业园区为突破口，对现有的境外农业合作资源进行适度的整合，逐步建立由农场、农机具制造出口、仓储、物流、农产品加工厂及卖场等组成的现代化境外农业产业体系。二是在有条件的地方建设一体化的投资基地。鼓励国内龙头企业通过发展种养业，兴办农产品保鲜加工业园区、建设农产品专业批发市场等方式，延长价值链，提高附加值，带动当地就业，也带动国内农业生产资料、机械设备和劳务的输出。三是推动农业技术示范中心等援外项目转型发展，由单一的政府间示范合作项目，向技术推广、技术服务、农机维修，人才培养，农资供应等服务拓展，为其他农业投资主体服务。

3. 加强基础设施建设，构建国际粮食物流大通道

一是依托“丝绸之路经济带”和“21 世纪海上丝绸之路”规划，建立东南西北四大国际粮食物流通道。东线，利用远东－南美西海岸航线，建立我国－南美粮食物流通道；西线，利用“丝绸之路经济带”西向通道，建立我国－中亚－北非粮食物流通道；南线，利用海上丝绸之路，建立我国－东南亚粮食物流通道；北线，利用“丝绸之路经济带”北向通道，建立我国－俄罗斯粮食物流通道。沿国际物流大通道，在主要投资区、重要粮食集散地、国际性交通枢纽、东道国中心城市，以整合现有粮食物流资源为主，建设一批骨干粮食物流节点，实现骨干粮食物流节点与国际铁路、水路、公路运输的良好衔接。适度调整国内重大粮食物流网络规划，实现国际国内粮食物流通道的无缝对接。二是把国际粮食物流大通道建设纳入《丝绸之路经济带和21世纪海上丝绸之路建设战略规划》，统筹协调好粮食供应链设施与其他基础设施建设的关系，统筹安排国内重大投资项目和重大国际合作项目。积极利用亚洲基础设施投资银行和丝路基金开展粮食供应链设施建设。三是加快推进与周边农产品贸易伙伴国粮食贸易和物流体系的互联互通。推进政府整体框架下的规制建设，加强监管、标准制定和贸易主管机构之间的协调沟通，优先建立粮食流通的“单一窗口”系统。

4. 健全海外投资服务体系，完善服务链

一是加强信息支持与服务。驻外机构和涉农部门要完善政策信息服务网络，向企业提供投资国农业投资优惠政策和合作信息。建立风险评估机制，为农业企业海外投资防范、规避风险提供服务和指导。二是搭建行业服务平台。组建境外农业开发企业商会或境外农业合作协会，为企业、个人建立交流和服务的平台。三是注重人才培养。发挥我国涉外机构、高校、协会的优势，培养境外农业企业管理和技术人员。四是加强中介服务。大力培养外围服务企业和专业人才，以投资顾问公司、律师事务所、会计公司、公关公司、猎头公司的形式，招揽、组织当地人才、华人华侨以及有驻外经验的人员为我国境外投资企业服务。

六、我国粮食产业“走出去”的政策保障措施

1. 完善支持政策

一是加大财政支持力度。国家设立海外农业投资专项基金，支持海外资源开发。对重大农业“走出去”项目，可考虑参照执行农业产业化龙头企业相关扶持政策，在农业基础设施建设、生活设施建设和农机具购置等方面给予一定补贴。二是切实加强金融支持。加大信贷、贴息和外汇借款支持，降低企业融资成本。支持符合条件的企业发行企业债券，进入国内国际资本市场融资，拓宽融资渠道。在出现大的并购机会时，国家应通过主权基金入股、长期无息或低息贷款等方式给予企业大规模资金支持。三是完善税收政策。尽快与海外农业投资目标国签订避免双重征税的协定，对没有签订协议的国家和地区，境外农产品回运应减免进口关税和增值税。对于农业对外投资项目需出口的生产资料、机械设备等，应降低或减免关税。四是积极推动农业贸易投资谈判。把农业境外资源开发纳入双边或多边经贸谈判框架中，通过外交谈判协商解决双重征税、人员签

证期限过短、劳务人员限制、入境生产资料关税过高、产品返销时征税过高等问题。对部分国家针对我国农业企业，特别是国有企业的投资，设立专门审查程序的问题，应予以关注和协调。五是建立和完善海外农业投资保险体系。鼓励各类保险公司扩大保险覆盖面、提高保险额度，降低海外农业投资面临的各种风险。六是建立境外农产品回运绿色通道，对粮棉油糖回运优先检测、验关和通行。七是健全技术输出管理制度，包括规范和完善相关法规，如修订《农作物种质资源管理办法》和《现阶段不对国外交换、有条件交换、可以对外交换的作物和水产种质资源名录》，进一步明确技术输出的范围，鼓励实用技术及物化技术出口。

2. 加强对粮食产业“走出去”的组织和管理

一是借鉴日本、韩国、沙特阿拉伯等国家经验，尽快制定国家层面的《海外农业投资战略》和《粮食“走出去”中长期发展规划》，着眼长远，精心布局，开展全球农业资源配置。二是健全农业企业“走出去”管理服务机构。在现有“走出去”部际联席会议机制基础上，进一步加强领导协调。设立常设性的协调机构，加强我驻重点国家使领馆的人力投入，建立类似仲裁委员会的带有强制性和影响力的机制，防止我国企业在境外恶性竞争影响国家整体利益。三是搭建农业“走出去”信息服务平台。建立境外投资农业企业数据库，跟踪了解投资企业，做好咨询服务。密切跟踪国外相关法律法规的调整，并且收集、分析和预测农产品市场信息，为农业对外投资企业提供各种信息资料。定期举办农业“走出去”企业交流会，促进企业间信息共享。四是加快农业海外投资立法进程。明确政府支持、监管和服务职能，保障农业企业海外投资合法权益，惩处企业海外投资不负责任的违规行为。

3. 积极参与全球和区域粮食安全治理

一是积极参与全球粮食安全计划。参与和推动联合国粮农组织、G20 和亚太经合组织（APEC）等倡议的建立全球和区域粮食储备体系、粮食安全治理机制和禁止粮食禁运等行动计划。二是积极参与国际与地区粮农事务。加强在上海合作组织、“10 + 1”和“10 + 3”以及中非合作论坛框架下合作，主办好 APEC 粮食安全伙伴关系机制，APEC 粮食安全部长级会议，将农业“走出去”纳入国家双边或多边经贸谈判框架。三是促进国家间的技术转让。推动发达国家通过无偿或有偿形式向发展中国家转让农业生产技术，提高发展中国家的粮食生产能力。四是加强对外宣传，淡化对外农业投资的国家色彩，用正面事实引导舆论，提升我国在国际农业投资合作领域的话语权。

城镇化将对我国粮食消费产生重大影响

金三林

人口增长、农村人口向城镇转移和居民收入增长，是粮食消费增长的三大主要因素。随着我国人口增长放缓，后两个因素的影响将越来越大。我们开展的相关研究表明，随着城镇化的发展，我国粮食供求缺口还将扩大，但主粮（大米和小麦）仍能保持较高的自给率，饲料粮（玉米）和油料（大豆）的进口则会继续增长。

一、城镇化是我国粮食消费增长的主导因素

城镇化发展的过程，不仅是农民进入城市、融入城市的过程，也是城乡居民收入增长的过程。一方面，农村人口持续向城市转移，由原先可以自给的生产者转变为粮食和其他食品的净购买者；另一方面，随着收入水平的提高，城市居民对于畜产品和水产品等健康营养食品的需求也会持续增加，这些都会带动粮食消费的增长。根据统计数据粗略测算，1990～2011 年，我国居民食用粮食消费量（包括口粮和饲料粮）增加了 4136.6 万吨，其中，城镇居民消费量增加了 12473.9 万吨，对全国增量的贡献率为 301.5%。城镇粮食消费的增长，主要是由于城镇人口的增加（贡献率为 85%）①，其次是城镇人均粮食消费水平的提高（贡献率为 15%）。未来一个时期，我国城镇人口将持续增长，城镇居民的收入水平也将持续提高，必将带动粮食消费增长。

1. 数亿进城农民工是我国粮食消费增长主要群体

我国城镇化道路的一个显著特色是“农民→农民工→市民”，由于农民工的人均粮

① 按常住人口计算，并假设在城市常住的农民工食物消费水平和城镇居民一致。

食消费量要高于城乡居民，规模庞大而且持续增长的农民工群体，对我国粮食消费产生了重要影响。根据我们组织的调查①，2013 年农民工年人均粮食消费达到 396.34 公斤/人，比农村居民的消费水平高 43.39%，比城镇居民的消费水平高 14.78%。主要是因为，农民工大多在建筑业、制造业等体力消耗较大的行业就业，而且大多是青壮年。

未来庞大农民工群体的粮食消费还将持续增长。一是目前的 2 亿多存量农民工市民化过程还将增加粮食消费量。虽然农民工的粮食消费总量高于城镇居民，但从消费结构看，其口粮消费要远高于城镇居民，畜产品消费则低于城镇居民，特别是肉禽及制品要低 20%。目前，约有 2.4 亿的农民工被统计为城镇常住人口，其中的大部分将逐步融入城市，收入水平也会持续增长，其畜产品的消费必然还会增加，进而拉动饲料粮的需求。二是未来 10 年我国农民工数量还会增加，也将带动粮食消费增长。预计到 2020 年，进城农民工将比 2012 年增加 4500 万人，按现有的人均消费水平计算，粮食消费将增加 210 亿公斤。如果考虑收入增长的因素②，增加会更多。

2. 城镇居民在外饮食会随着收入的增长而增加，也会导致粮食消费增长

相关研究表明，居民在外食物消费（主要是在餐馆消费）与收入之间存在显著的正相关关系，即人均在外消费食物量会随着收入水平的上升而增加。中国科学院农业政策中心 2007 ~2011 年的全国大中城市居民消费实地调查数据表明③，城市居民在外饮食支出占到食物总支出的 35%，在外食物消费量大约占到总消费量的 20% ~30%。如果考虑在外饮食，我国城市居民的主要食物消费量在过去 10 年都呈现显著增长的趋势。

3. 我国仍将处在食品消费结构持续转变的过程，食品总需求量将持续增加

从发展趋势来看，未来中国城镇化的过程，也是向高收入国家迈进的过程。从国际经验看，在这一阶段，我国仍将处在食品消费结构持续转变的过程，食品总需求量将持续增加。我国 2010 年的食品消费结构相当于 20 世纪日本 60 年代末和 70 年代初、韩国 80 年代末和 90 年代初的水平。在这一时期，韩国和日本的食品消费结构都经历快速转

---

① 调查工作由中国农业大学武拉平教授带领的研究团队执行，调查选取了广东、浙江、山东、四川、河南和北京 6 省市，样本包括 3700 个农民工。粮食消费包括直接的口粮消费和消费畜禽制品引致的饲料粮消费。调查结果虽然不是很精准，但大致能反映出农民工粮食消费要高于城乡户籍常住居民的事实。

② 城镇居民由于收入水平较高，热量来源较多依靠蛋白质和脂肪（畜产品和油类等）的摄入，而农村居民热量摄入源仍然主要依赖于碳水化合物，在热量摄入相同时城镇居民需要多消费 20% 的粮食。

③ 目前住户调查的食物消费数据主要是在家消费，没有充分考虑在外饮食的食物消费数量。

变，谷物在人均食物能量、蛋白和脂肪等摄取量的比重显著下降，而植物油和动物产品的比重快速上升。根据日本、韩国食品消费结构的变化趋势，以及现阶段我国与日、韩人均食物消费结构的差异，可以认为在未来10～15年，我国植物油和动物产品的人均消费水平仍将保持较快增长。

二、未来我国粮食供求平衡趋紧

我们同时采用了中国农业政策部门均衡模型、中国省别食物供求模型、人均热量消费模型三种方法分别对未来我国粮食需求进行了预测。三种预测结果有一定差异，但都表明未来我国粮食供求的结构性失衡问题将更加突出，并呈现以下特点。

第一，我国食物需求进入新的阶段，高附加值农产品需求将在未来10～15年保持快速增长。大米、小麦等口粮的人均消费水平将持续下降，但肉蛋奶和蔬果油等高附加值食物的人均消费水平将快速增长，肉蛋奶需求的增长将对饲料粮的供给提出重大挑战。

第二，到2020年，我国粮食消费总量可能达到6.3亿～6.7亿吨，自给率下降到85%左右；2030年粮食消费量在7.0亿吨左右，自给率进一步下降到80%左右。

第三，口粮和饲料粮的自给率存在显著差异。我国大米和小麦两种最重要的粮食作物的自给率都将高于95%，能确保自给，但玉米自给率将会下降。

第四，除大豆以外的油料作物生产和需求保持同步增长，但供需缺口也将略有扩大；大豆的进口则将持续增加。

第五，我国畜产品生产将保持较快增长，多数畜产品供需基本能保持平衡，但牛羊肉和牛奶的自给率会有较大幅度的下降。

三、政策建议

面对新的形势，应全面落实“以我为主、立足国内、确保产能、适度进口、科技支撑”的国家粮食安全战略，加快建立高效开放可持续的粮食安全保障体系。

一要以提高生产效率为核心，提高国内粮食生产能力。从国际比较来看，我国劳动生产率和土地产出率都有很大提升潜力。发挥这一潜力，需要持续推进农业技术进步和改善粮食基本生产条件，加快现代技术在粮食全产业链的应用，还要适度和有序推进土地规模经营，实现劳动生产率和土地产出率的同步增长。

二要加快农业“走出去”，提升国际市场和海外资源利用能力。以农业技术转移、加工、储运、贸易等环节为重点，加大对周边国家、南美、非洲的农业开发援助和投资。加强与粮食主产国的合作，建立稳定的、多元的进口渠道。

三要以保障粮食质量为目标，提高粮食生产可持续发展能力。适应城乡居民对粮食质量的新要求，建立粮食可持续发展长效机制，在资源环境容量范围内提升“健康产能”，同步提升粮食数量和质量安全保障能力。

从粮食收割到颗粒归仓

秦中春

2004 年以来，我国已基本建立促进粮食生产稳定发展的长效机制，但在粮食生产出来之后，粮食的归仓入库工作还存在发展瓶颈，制约农民种粮收益的实现和国家粮食安全。2013 年以来，我们对江苏省粮食系统进行了调研，发现该省的一些探索具有重要意义，为解决这一环节面临的难题提供了宝贵经验。从全国来看，为了保证粮食收割后能够颗粒归仓，国家既需要从技术入手解决粮食物流周转问题，也需要从体制和政策入手解决各种参加者之间的利益平衡问题。

一、我国粮食产后归仓入库是“惊险的一跃”

我国粮食产后归仓入库工作具有复杂性。与发达国家相比，我国农户生产经营规模小。粮食流通市场化改革以前，除了少数商品粮主产区以外，大多数地区粮食产后归仓入库的过程都是自己生产和自己储藏保管，只有一少部分进入市场流通，形成商品粮和市场粮源。市场化改革以后，随着经济社会发展进入新阶段，粮食商品率不断提高，农户自己储粮大幅减少，粮食产后归仓工作变成粮食产后处理、物流周转和市场交易相结合，粮食流通问题也随之复杂化。

现阶段我国粮食产后归仓入库过程充满了矛盾。这一过程以农民生产收割的粮食为起点，以非农户所有的粮仓保管粮食为终点，多类主体参加，多个环节相连接，多种矛盾相交织。这些主体有：种粮农民、合作社、经纪人、加工企业、仓储物流企业、地方政府部门和中央政府部门等。相关的环节有：收割后的晒干或烘干、去杂包装、运输装卸、市场交易和仓储保管等。主要矛盾是：农民粮食产后处理能力不足，农民卖粮与经纪人、粮库收粮之间存在博弈，粮食加工企业收粮、地方粮库收粮和中央粮库收粮存在竞争，粮食市场宽松时农民“卖粮难”与粮食市场紧张时企业“买粮难”交替并存，中储粮的代储库与直属库之间存在矛盾，粮食购销企业与农业发展银行之间存在矛盾，地方政府部门与中储粮企业之间存在矛盾等。

但经过这一过程，粮食流通的矛盾就大为缓解，粮食的性质就从产品变成商品，粮食的所有权从农民转移到非农民的其他市场主体，粮食的形态从含水量和含杂量比较高的地产粮变成达到一定质量标准并适合储存保管的市场粮，实现了“惊险的一跃”。

二、江苏省推动做好粮食归仓入库工作的重要探索

江苏省是我国粮食产销过渡带，兼有粮食主产区和主销区的特点。近年来，该省在做好促进粮食产后归仓工作方面进行了探索和创新，从帮助农民做好粮食产后处理和深入推进地方粮食企业改革入手，健全和完善物流链条，规范和平衡各方利益，积极推进粮食产后颗粒归仓，在全国具有突破性。

1. 大力扶持粮食产后烘干能力建设

“十二五”以来，全省粮食系统购进和建设了42台套大型粮食烘干机，每台套设备大约在300万元左右，省级财政每台补贴达到100多万元。这种设备的引进和推广，大大提高了粮食收购过程中的集中烘干能力。在太仓市，政府专门制订粮食低温烘干设施配置与改造方案，大力推进“粮食银行”服务体系建设，建立健全粮食企业与镇、村长期合作机制。

2. 不断深化地方国有粮食企业改革

江苏省近几年推进地方国有粮企兼并重组，不断打造发展新平台，发挥了地方国有粮企在流通中的龙头带动作用。在扬州市宝应县，2008年对全县国有粮食购销企业进行改革，实行集收购、储存、加工、调运为一体的企业集团模式；2011年10月进一步改革原有以代购代储为主的经营模式，成立江苏宝粮控股集团有限公司，以目标考核为核心，实行集团化企业管理。为了推进全省改革，2013年5月，江苏省政府办公厅专门出台“关于深化地方国有粮食企业改革的意见”，深入推进地方国有企业改革。

3. 切实加强一线粮食收购管理服务

粮食部门在粮食收购中具有重要的公共管理服务责任，而履行这一责任需要“改造

自我”，实行政企分开。近几年，淮安市在这方面进行了有力探索。一是加强对市场主体的规范引导，合理保护农民利益。主要内容是组织送政策上门，通过发布政策公告，印制宣传品等，将政策交给群众，让农民卖“明白粮”；严格审核和管理粮食收购主体的资格和条件，保证农民卖粮得到现金，让农民卖“放心粮”；引导促进各粮食收购主体改善收购服务条件，让农民卖“满意粮”。二是创新风险管理机制，帮助地方国有粮食收购企业解决资金周转问题。2013 年 1 月以来，淮安市以县区为单位，由政府和收购企业共同出资，在全省率先建立县级粮食收购共同担保基金，为地方国有粮食购销企业从农业发展银行等获取贷款收购粮食提供担保。三是改善政府公共服务，深入基层化解粮食收购中的矛盾。组织粮食部门人员深入基层，加强市场监管，协调解决矛盾。

4. 探索地方粮食储备管理的新模式

粮食归仓入库的仓库选择是重要的，核心是要保证质量可靠。近年来江苏在地方粮食储备管理上有一些新探索，既体现了严格储备责任和保障储备数量，也体现了因地制宜和在储备方式上的灵活性。一种是以苏州市为代表，实行价外补贴政策，在扶持农民种粮的同时，指定地方国有粮油购销公司进行合同收购，增加地方粮食部门储备粮源；另一种是以常州市武进区为例，地方政府退出粮食经营性业务，只保留粮食储备管理业务，委托中储粮公司进行管理及轮换。

三、做好粮食归仓入库工作需要深入解决的问题

1. 在粮食周转的干燥仓储上存在薄弱环节

粮食有生命，从地产粮到仓储粮之间需要及时进行产后处理，包括干燥、去杂、运输、装卸和进库等，才适合长期保存和转为市场粮源。在这个物理变化过程中，存在以下两个突出问题。

一是粮食产后集中烘干能力不足。刚收割的粮食含水量和含杂量很高，如果不及时晒干或烘干，无法直接进行长期保存及保证质量。现在的农村农民基本上已没有比较大块而独立的晒场或晒坝，同时由于农村年轻人多数外出打工，也缺乏必要的劳动力搬运、装卸和晒干粮食。对于小农户而言，由于经营规模小，购买粮食烘干机的能力比较弱。对于一些生产经营大户而言，购买力有所增强，但由于粮食烘干设备投入大，需要场地和能源配套，很难移动使用，在使用上还有一定专业性，一年就只用一次，购置意

愿也不足。这样，在粮食生产收割季节多雨或遭遇其他极端反常气候时，粮食就无法及时晒干或烘干，在归仓入库之前就有可能白白损失或浪费掉了。

二是地方粮库老化破旧改造滞后。20 世纪 90 年代末，我国利用国债项目，集中建设了一批现代化粮库，这些粮库绝大多数已划归中央储备粮管理公司。实践证明，这些粮库在近年来的粮食流通中发挥了中流砥柱的作用。但其末端建设还很不完善，最突出的问题是其代储库建设和地方粮库建设管理滞后。在粮食主产区，粮食生产能力增长较快，粮食仓储能力本身就存在不足，同时粮食仓储设施的建设改造成本高，投资大，回收期长，在粮食市场紧张时还不一定用得上，企业本身投入不足，多数地方政府由于财政能力弱，也没有进行足够的投入，而中央政府主要管大库建设，对小库建设也是基本不管或投资不足，结果导致这些仓储能力的建设改造严重滞后。

2. 在粮食流通的管理体制上存在政企不分

粮食是利益载体，从农民的粮食变为非农民的粮食的过程中存在多种市场交易，在缺乏合理规范的管理体制和健全完善的公共管理服务的情况下，农民在流通中多处于弱势地位。在这个利益转换过程中，也存在突出问题，主要是地方粮食流通体制改革滞后，政企没有完全分开，地方粮库本身发展创新不足，小、散、弱现象没有根本改变，同时政府公共管理服务创新不到位，对政策性金融机构的管理和考核机制不完善，导致粮食购销企业融资困难，也影响粮食流通。

在很多基层地区，作为基层粮食收购主体，地方粮库隶属于地方粮食部门，政企并没有完全分开，基层粮食部门与地方粮食收购库点是利益共同体。在市场化后多数改革滞后，这些粮库在发展上处于边缘地带和交叉地带，在业务经营上以买原粮、卖原粮和赚取差价及保管费为主，粮食产后处理能力弱，仓储条件较差。而这些库点本身对改造也有顾虑，害怕改造后自己失去控制权和银行不给粮食收购贷款。作为基层粮食流通的公共管理服务者，基层粮食部门职责不完善，人员队伍老化，加上管理标准体系不健全，质量检验手段落后，在服务农民和监督管理粮食市场主体方面存在困难。此外，作为承担粮食收购政策性资金提供的中国农业发展银行，在资金管理上向商业银行机制靠拢，对地方国有粮食企业融资提出严格要求，要求进行资产质押或者建立担保基金，不仅建立了较高的贷款门槛，而且无形中提高了贷款的成本，对地方粮食企业的粮食购销活动有重要影响。

四、政策建议

1. 深入推进政企分开，促进地方粮食企业转型升级

解决粮食产后归仓入库问题最重要的途径，是促进粮食加工企业加快发展和转型升级，延伸产业链和服务链，实现与农民粮食生产收割的对接。在粮食主产区，粮食产后归仓的主要终点主要在非农民的粮库，这些粮库由不同粮食收购主体经营管理，不同主体在解决瓶颈问题和服务农民方面的差异很大。相比之下，传统的地方国有粮食企业在解决瓶颈问题和服务农民方面的能力是最弱的，其次是中储粮公司，粮食加工企业在解决瓶颈问题和服务农民方面的能力是最强的。要深入推进政企分开，深化国有粮食企业管理体制改革，对地方国有粮食购销企业的资源进行拆分和整合，促进地方国有粮食企业兼并重组和转型升级，拓展和延伸产业链和服务链，作为解决粮食归仓入库关键问题和服务农民的主渠道。科学规划，发展现代粮食加工和物流产业，针对地方国有粮食企业改革面临的人员分流、粮食收购贷款资格、土地利用、人才聘用、基础设施建设配套等问题，加强组织领导，制定扶持政策。因地制宜，按照“一县一策”的方式，调整和优化粮食收购网点布局，整合系统资源，引入战略投资者，提高市场竞争力。

2. 加强政府管理服务，保护种粮农民售粮合理利益

解决粮食产后归仓入库问题最重要的支撑，是有组织对这个环节进行管理和承担相关的责任，保护农民利益，保障国家粮食安全。在我国，这个组织就是政府及有关部门和机构。要加强领导，创新体制，强化政府的公共管理和公共服务职能，协调解决粮食归仓入库过程中各参加者的利益平衡问题，建立合理市场秩序，着力破解制约粮食流通发展的制度障碍。中央政府应合理确定全国粮食最低收购价及临时收储价格总水平，加强中央粮食储备管理和中国农业发展银行的粮食收购资金政策管理，扶持重要环节的基础设施建设。地方政府应深化地方政府行政管理体制改革，对基层粮食行政管理部门的职责进行调整和优化，健全和完善粮食产后服务体系，加强对各种市场主体粮食收购行为的规范引导和管理监督，协调解决各种具体问题。改进国家政策性金融管理服务体制，切实帮助企业分解融资负担和成本。

在粮食收购管理工作中，地方粮食部门代表地方政府，要按照公共管理和公共服务的责任要求，切实转变职能，严守两个底线，保护农民合理售粮利益。第一个底线是，把国家粮食收购政策交给群众，让农民卖“明白粮”。第二个底线是，超前谋划，建立风险担保基金，管住管好粮食收购企业，让农民卖“放心粮”。在此基础上，促进各粮食收购主体改进贴心服务，把利益归于群众，让农民卖“满意粮”。在有条件的地区，要突破现行粮食直补和价格支持政策的局限，推广“价外补贴”政策，对种植一定规模商品粮的农户提高补贴标准，在促进粮食生产稳定发展的同时，提升地方粮食储备管理能力。

3. 加大国家财政扶持，加快提升粮食烘干仓储能力

解决粮食产后归仓入库问题最紧迫的任务，是为提高主产区粮食集中烘干能力和改造地方仓储设施条件进行投融资，加快改造薄弱环节，尽快弥补短板和补足缺口。要加大财政扶持，以粮食产后烘干、仓储和物流的基础设施建设和改造为重点，加快提高粮食产后处理和仓储保管的能力，促进粮食颗粒归仓。

一是改进国家农机直补政策，大幅度提高对粮食烘干机器设备的财政奖补的比例，完善奖补办法。将达到一定条件的粮食加工企业和仓储物流企业纳入申请补助对象范围，扩大烘干机器设备的选择范围，规范和完善烘干机设备的使用和服务标准。

二是由中央政府出资，在全国粮食主产区，新建或改造一批仓储规模相对较小的仓储库和收购点，并交由中储粮公司负责管理，替代现有的中储粮代储库，健全和延伸中央粮食储备管理和服务网络，解决中央粮食储备收购最后一公里问题。在建设规模上，不仅要建设大粮仓，中小粮仓也要考虑；不仅新建粮仓，对现有的就粮仓进行更新改造也要考虑。在选址和布点上，要因地制宜，优化布局和规模，以国家主体功能区建设规划为依据，主要在粮食主产区和核心产区规划建设，与现有中央粮食储备直属库配套。

三是对地方国有粮食企业和承担应急储备任务的粮食加工企业建设改造仓储设施实行奖励或补助。加大支持力度，像支持水利设施建设一样，扶持粮食主产区仓容建设与改造。创新建设管理方式，鼓励多方参与，多形式、多渠道解决问题，建立仓储设施建设投入长效机制。可以采取股份制方式，对中央政府投资部分资产由中储粮公司所有，对地方政府投资部分有地方储备粮公司所有，对农民及企业投资部分有投资主体所有，帮助仓储企业分散风险和融入市场化体系。推进技术创新，引入数字粮仓管理技术，与粮食烘干设施、质量监测设施等结合，提高粮食流通设施建设现代化水平，为推动企业发展转型升级提供支撑。

深化地方国有粮食企业改革的途径

——基于对江苏地方国有粮食企业改革的调查

秦中春

改革开放以来，我国对国有粮食企业不断改革，以适应粮食流通形势发展需要。地方国有粮食企业是国有粮食企业的重要组成部分，是国家收购掌握粮源、促进粮食增产和农民增收的重要载体和得力抓手。经过多年的努力，地方国有粮食企业改革发展取得重要成就，逐步融入市场经济大环境，但与加强粮食现代流通能力、资产保值增值、公平参与竞争、提高企业效率、增强企业活力、承担社会责任的要求相比，仍然具有较大差距。江苏省是全国粮食产销大省，近几年在深化地方国有粮食企业改革方面进行了重要探索，初步改变“小、散、弱”的格局，较好地理顺了行政管理、资产管理、经营管理、服务管理的关系，企业发展迈上新台阶，改革成效显著，取得重要经验。从调查来看，改革过程也还存在一些深层次矛盾和问题，需要引起重视，在改革措施上应进一步深化。

一、江苏省深化地方国有粮食企业改革的主要做法

1. 制定专门政策引领和推进体制改革

2011 年 7 月，江苏省政府在全国较早地发布了《江苏省“十二五”粮食流通发展规划》（以下简称《规划》）。2011 年 10 月，江苏省粮食局按照这个《规划》要求，在沭阳召开了题为“深化国有粮食购销企业改革，推动粮食流通产业转型升级”的现场推进会。2012 年 11 月，国家粮食局、中国农业发展银行出台《关于进一步加强合作推进国有粮食企业改革发展的意见》。2013 年 5 月，江苏省政府办公厅、省粮食局结合江苏

实际，出台《关于深化地方国有粮食企业改革的意见》（以下简称《意见》），明确了相关政策措施，创造了改革发展好环境。按照这个《意见》，江苏省深化改革的主要内容有以下四项。一是实施兼并重组，促进国有粮食企业做大做强。主要是推进县域内企业兼并重组，培育区域性粮食集团。二是转变企业经营模式，建立现代企业制度。主要是提高产业化经营水平，强化企业经营管理，建立现代企业制度。三是完善政策措施，创造改革发展环境。主要是改制重组后的地方国有粮食企业，由市、县（市、区）人民政府从当地实际出发，授权粮食行政主管部门负责国有粮食企业的资产运营与管理；灵活选择有利于企业改革的土地使用权处置方式；对重组、改制后的国有和国有控股粮食企业继续给予税收优惠政策；加大对地方储备信贷支持力度；对地方国有粮食企业资产重组，农业发展银行要发放重组贷款；对国有粮食企业符合流动资金贷款条件要求的，农业发展银行要积极给予流动资金贷款支持，促进其扩大经营；探索在粮食行政管理部门建立粮食共同担保基金，为地方国有粮食企业融资进行担保；加大对改制重组后的国有和国有控股粮食企业基础设施建设的财政支持力度等。四是加强组织协调，确保改革顺利进行。主要加强改革推动，认真落实政策，规范企业改制，加强改革指导。

2. 推动市县组织变革和优化网点布局

在地方国有粮食企业中，除了极少数省级国有粮食企业以外，大多数企业资产的所有者主要是市县政府（代表国家所有），因此，市县两级政府的行为在深化改革中具有举足轻重的地位。为了确保改革顺利进行，在江苏省政府的统一组织领导下，省粮食局和市县两级政府积极参与、决策和统筹，各级粮食部门积极行动，以粮食流通发展规划为依据，围绕做大做强国有粮食企业和优化企业网点布局，深入调查研究，积极开展试点，制定整体方案，重点实施兼并重组，对基层国有粮食企业结构进行调整，主要实行“一县一企”、“一企多点”，推进了政府从拥有国有资产向经营国有资本转变。各市县在改革中结合实际情况，因地制宜，有的撤销乡镇粮管所法人资格组建粮食购销公司，改善企业资本结构和组织结构；有的与大型国企、民营企业深度合作实行股份制改造，组建公司制、股份制形式的国有和国有控股骨干国有粮食企业；有的支持国有控股粮食集团有限责任公司发展，推动重点国有粮食企业创造条件上市融资发展；有的对地方国有粮食系统的资产实行放一批（盘活变现闲置资产）、收一批（集中优势资产）、合一批（重组低效资产）；有的结合“退城进郊”，向粮食物流、产业园集中，大力建设打造现代粮食物流园区等。在具体实施过程中，省粮食部门按照“项目跟着规划走，资金跟着项目走”的要求，在政策资金上重点支持率先改革到位的企业和重点仓储设施项目建设，通过扶大扶强促进转型升级，推动了改革走向深入。

3. 促进企业转变机制和加强内部管理

地方国有粮食企业要在市场竞争中立足并获得优势，不仅需要有好的资产，还需要有好的人才和好的内部管理。江苏省在深化改革过程中，注重引进或聘用优秀人才特别是择优选拔使用企业法人代表，推进企业从分散经营向建立法人治理结构转变和从松散管理向建立现代企业制度转变，全面提升国有粮食企业竞争力。对于兼并重组后的企业，深入推进政企分开，企业经营管理与政府行政管理脱钩，企业购销实行市场化运作，统一购销经营，提升企业标准化、规范化管理水平；政府面向社会公开管理，打破垄断，促进竞争，实行公开招标，创建示范粮库和企业文化，同时主要从宏观上进行管理，保障粮食安全，调节利益分配，引导企业为农民服务，为消费者服务；加强粮食收购投融资管理，引导企业与当地政府建立担保基金；建立会计委派、目标责任管理制度，加强绩效考核和责任追究。省粮食局联合财政厅对省级以上财政补助资金开展绩效评价，加强对财政项目资金的使用跟踪，督促资金及时到位，防止截留、挤占、挪用，财政补助资金要求专项核算，确保专款专用。

4. 指导企业拓展服务和发展新型产业

对于地方国有粮食企业而言，不仅要有经营效率和基本效益，更要合理承担社会责任，深入服务农民、消费者和国家调控粮食市场的需要。江苏省在深化改革过程中，注重加强指导，推进典型示范，推动企业从效益优先向效益和服务双轮驱动转变，从购销经营向规模化、产业化、组织化、载体化方向发展转变，将小流通转变为大流通，将短流通转变为长流通，将简单流通转变为仓储、物流、加工、经营、服务并举的流通产业，使企业更好地服务农民、消费者、国家和职工。一是积极牵线搭桥，组织研讨会，加强交流指导，解决企业在拓展服务和发展产业中的各种问题。二是充分利用资源条件，采取资本合作、经营合作、组织创新等途径，建立科研和生产基地，拓展经营范围，向产前和产后延伸产业链条，发展现代粮食服务业态等，培育优势企业，组建粮食集团。三是重点扶持骨干粮库建设，加强危仓老库改造，建设仓储物流设施，配备购置烘干设施，引进加工企业和建立加工厂，发展粮食加工品牌，积极打造现代粮食物流产业园，提升粮食流通产业综合发展水平。

二、改革取得的初步成效

1. 深化企业改革工作全面推进，企业家底基本摸清

在改革政策推动下，全省粮食系统提高了对深化国有粮食企业改革的认识，统一了思想，明确了思路，通过上下衔接，深入基层调查，清产核资，掌握了全省地方国有粮食企业的第一手情况。各市县在调查基础上，普遍确立“三步走”的改革工作方案。调研表明，至2012年底，该省从事粮食购销经营的国有企业共计1045个，其中国有独资经营企业643个，国有控股企业48个，承包经营企业237个、租赁经营企业117个。全省国有粮食购销企业在册职工21847人，其中在岗职工15775人，返聘职工11042人；不在岗职工5928人，其中内退3525人，军转干667人，伤残军人270人；其他1048人。全省国有粮食购销企业总资产3119112.46万元，占地面积49646.56亩，房产原值540067.97万元，有效仓容1369.51万吨。2012年全省地方国有粮食购销企业收购粮食310亿斤，销售443亿斤，购销总量居全国第2位，全省农民通过售粮增收约12亿元。2012年全省实现利润共22458万元，较2011年增长119%。

2. 试点县企业改革积累经验，新型模式开始形成

深化改革以后，各地市基本都选择1~2个试点县率先进行改革，为整个改革积累了经验。从试点县的改革来看，新型模式已经开始形成。地方国有粮食企业的传统经营模式是“买原粮、卖原粮”，企业的发展空间和市场竞争力十分有限。改革后，基本建成县（市、区）粮食购销总公司（集团）+子公司、分公司+收储库点的经营模式。这些企业产权界定清晰，建立了公司化的经营管理机制，企业用人更加开放，能升能降，能进能退，为吸纳优秀人才提供了发展平台，激发了内部活力。发展投入增加，基础设施建设有了质的提升，提高了企业掌握粮源能力。推进放心粮店建设，承担储备粮收购管理和应急体系建设任务，综合实力普遍增强。通过效益优先提高市场竞争和抗风险的能力，粮食经济得到长足的发展。

3. 独立经营法人数量大幅减少，国有资产结构优化

深化改革以后，各地通过改革实践在资产管理方面开始取得了结构性的重要转变，实现了国家的归国家，遏制资产流失，改善了资产质量。地方政府代表国家对国有资产和资源进行统一管理，同时对国有企业利益进行统一调节，对企业资产实行优化整合，多年来以租赁、承包等分散型、过渡性经营为主的方式逐步改变，更多地采取撤并、股份制等形式调整企业布局结构，建立总公司（集团）+子公司（分公司）法人治理结构，国有粮食企业数量大幅减少，企业体量扩大，企业质量提高。市县域国有粮食企业普遍实行兼并重组，建立“一县一企、一企多点”的新构架，改变了过去“小、散、弱”、“单打独斗”的局面，集聚行业合力，运营更加规范和统一，投融资能力增强，市场秩序明显好转。

4. 粮食流通产业转型升级加快，企业面貌发生变化

深化改革以后，地方国有粮食企业开始从主营购销、买原粮和卖原粮向经营实体转变，实现了企业的归企业，企业活力明显增强，企业功能发生变化。一方面，通过土地资源、政策资源、粮食资源等要素整合和股份制改造，整体实力不断增强，出现了宝应、靖江、沭阳、沛县、张家港等一批做大做强企业的典型。另一方面，一批“小、散、弱”的国有粮食购销企业更加容易被“关停并转”，企业制度更加完善。总体上，改革后的企业粮食购销服务能力明显增强，粮食购销量增长，开始从简单的粮食购销拓展到产前、产中和产后服务，提升在粮食价值链中的位置，同时节约管理费用，提高效率，运转成本有所降低，经营成本降低。特别是物流（产业）园区、中心粮库及骨干粮库三位一体地方粮食流通产业体系逐步建立，粮食成为资源，基本实现了经济效益和社会服务双轮驱动、互为促进，国有粮食企业在服务农民的同时，企业盈利增加或扭亏为盈，职工收入上升，国家粮食安全得到保障。

三、改革中的难点和存在的问题

1. 改到深处是产权，有的企业不愿改革

地方国有粮食企业的产权关系特殊，企业改革后，有可能做大做强，也有可能关停并转，还可能出现资产清算难题。在改革过程中，会暴露一些深层次问题，不少企业既有资产，也有债务；既有公开、显性和过去形成的负债，也有隐含、隐性和新出现的债务。地方国有粮食资产属于地方政府代表国家所有，而资产经营收入由地方政府代表国家和企业职工分享，企业改革的影响因素多而复杂。这些粮食企业发展与地方政府及其粮食部门具有千丝万缕联系，多数企业实行双重管理，企业职工来源复杂，企业改革发展重大事项决策和运作程序复杂，企业资产置换或处置难。同时，这些企业的经营管理者实际上“包盈不包亏”，多数在经营中享有政策性优惠，形成了既得利益，“守摊子，等政策、靠支持”的计划经济观念在一些行政主管部门和企业仍然存在，有的不愿放弃或担心失去政策性优惠，改革内生动力存在不足。一些粮食部门也不愿将企业彻底推向市场，不愿直接面对企业经营的失败。这一方面是对企业的关爱和保护，另一方面也是对企业发展风险管理机制和市场竞争能力的损害。一些市县粮食购销公司依然停留在管理性层面，没有实施实质性经营管理运作。

2. 改到实处是资金，部分扶持政策不到位

与中央和省级国有粮食企业不同，多数县域地方国有粮食企业存在仓储设备差、经营规模小、产业链短、服务能力弱、风险承受能力较弱、发展缺乏后劲等很多具体问题。从改革来看，要解决这些问题都离不开资金。资金的来源，要么是政府投资，要么是民间投资，要么是资产置换，都离不开政策的大力扶持。在实行企业改革、“粮安工程”、危仓老库改造过程中，建设资金从何而来，是基层企业最大的问题。基层企业很复杂，不少企业经营创收用于养人尚有不足，盘活资产也要有一个过程，少则三到五个月，多则七到八个月。如果企业配套过大、包袱过重，会给企业的发展和系统的稳定带来很大的压力，甚至会拖垮企业。对很多地方国有粮食企业而言，企业缺乏自有资金、贷款难度大、融资能力弱问题突出，总体资产质量较差，最大的资产就是土地和仓库。但是，当前这些资产主要来自国有划拨，在土地产权结构上存在问题。在很多市县，还存在扶持政策力度不够、政策设计不尽合理、政策实施不到位等问题，存量资产难以联合重组，增量资本也难以引进和优化，资金问题仍然解决不了。特别是随着小城镇建设的加快推进，原来在城镇中心的一些购销企业需要采取“退镇进郊”的方式在粮源集中的地方建设中心库，但受国家土地政策的影响，没有土地指标，进不去，影响粮食企业改革发展进程，也带来农民卖粮难问题。

3. 改到难处是用人，增人与减人困难

在地方国有粮食企业改革中，要面向市场求生存和求发展，用人问题很关键。从企业的人力资源配置角度看，一是要“增人”，面向社会吸纳优秀人才，用新观念、新知识、新技术促进企业发展；二是要“减人”，分流企业富余人员，减轻不合理负担；三是要“变人”，加强培训，提高人员素质和活力。相比之下，在改革过程中，各地对企业自身人员的培养培训工作普遍重视，难点在于“增人”和“减人”，优秀人才缺乏，富余人员精简难。一方面，由于长期以来企业规模偏小和职工收入较低等，市场营销人才、经营管理人才和高级技术人员缺乏，特别是企业集团，县购销总公司缺乏高级经营管理人才，难以选聘到比较合适的能人或职业高管。而用能人，如果无发展平台，能人不平衡，对改制企业的发展创新构成制约。另一方面，粮食系统人员多、包袱重，季节性忙闲不均，职工队伍老化，化解历史遗留问题棘手，部分企业人员不愿改，用谁不用谁很难平衡，特别是用新人替老人，很多老人不平衡，不管如何平衡改革发展都存在较大的成本代价。

4. 改到关键是服务，提高服务两头能力缓慢

国有粮食企业的最终服务对象，一头是种粮农民，一头是粮食消费者。从国有企业改革的方向来看，国家保留国有企业的目的是要实现资产保值增值、提供公共服务或者满足特定的政策目的，但资源很难整合，产权制度改革很难到位，提高服务“两头”能力困难，大企业有大企业的问题，小企业有小企业的问题。大企业的优势是经营规模大、产业链长，但也容易形成官僚或垄断，不利于内部的竞争，容易形成新的政企不分。对大企业而言，企业数量减少，资产规模扩大，利益矛盾更大，管理层次多，技术要求更高，观念、努力、技术、资本是关键，在产权管理、利益分配和风险责任上还不完善和规范，单靠改革解决不了问题，改革要与发展配合才能解决问题。小企业的优势是灵活、效率高，主要缺点是“小、散、弱”，分布零散、企业规模小、数量多、不平衡、科技含量低、税负重、仓库危老、人员老化、后劲不足、基础设施差、投融资和经营服务能力弱。由于企业购销规模小、技术创新不足、市场竞争力弱、经营管理粗放，不少企业仍以买原粮、卖原粮的“搬运工”经营方式为主，未形成有影响力的品牌和强有力的购销网络，企业收购资金压力大，产前、产中、产后服务滞后，经营服务效率偏低，而经营成本居高不下。

四、思考与建议

1. 深入推进政企分开是关键

要进一步提高对地方国有粮食企业改革的认识，深化改革，加快建立现代企业制度，使市场在资源配置中起决定性作用和更好地发挥政府作用。深化改革不仅是政策要求，而且是大势所趋，是全国粮食供求关系转变、生产方式转变、购销模式转变、消费方式转变、科技支撑方式转变的迫切要求。改革的核心是要解决效率问题和服务问题。

在政策目标上，不是归大堆或简单的合并，而是做大做强与关停并转相结合，整合资源，强化服务，实行政企分开，推进国家的归国家（资产管理、保值增值）、企业的归企业（经营管理、市场竞争）、个人的归个人（社会管理、社会保障）。有的国有的主体性质可能没有了，但企业还在。有的企业没有了，但流通设施还在。有的流通设施没有了，但服务网络还在。重点是企业组织管理制度创新和改造粮食流通设施及完善服务网络，解决企业进入障碍（招商引资、做大做强、拓展延伸、提高效率、品牌发展等）问题，退出障碍（规范清算、关停并转、人员分流、业务结转等）问题和配套的公共管理服务（布局调整、资产重组和社会保障等）问题。今后粮食局的机构职责也要改革，规范企业经营管理，保障企业自主决策、自主经营的权利，促进企业加强对农民和消费者两头的服务，建立相关激励考核及制约机制。

2. 落实改革扶持政策是抓手

深化必须要有抓手，这个抓手就是投资，投资来自项目。改革的一个重要途径是要建立混合所有制经济形式。目前混合所有制效率低于民营，高于国有，相对来讲，是比较好的一种形式。要赋予民营企业与国有粮食企业同等的政策待遇，鼓励和支持民间资本通过参股、控股等多种形式参与国有粮食企业改制重组，发展混合所有制经济。重点推进土地的划转、加快兼并重组、建立股份制公司，完善现代法人治理结构。要以政企分开为基础，围绕粮食流通发展规划，通过落实扶持政策，利用危仓老库维修改造项目、粮食物流体系建设项目、销区粮食批发市场建设项目、产区粮食物流产业园项目等加快改革。要加强政府统筹协调，加大政策扶持力度，落实流通规划，推动优化布局、技术创新、投资融资、基础建设、链条经营、品牌发展，帮助企业解决在资产重组过程中的土地、资金、税收、项目等具体问题，在政策资金上重点支持率先改革到位的企业和重点仓储设施项目建设。

3. 规范粮食企业用人机制是保障

要改进推进改革的方法，将规范企业用人机制的改革作为重点。一是解决认识问题，增强机遇意识、进取意识和责任意识。党的十八届三中全会开启了新的改革窗口，蕴含许多新的机遇，谁抓住了机遇谁就发展，否则谁就会落伍。粮食行业相对于其他行业，改革是滞后的，如果缺乏具有进取意识和责任意识的人员，做不好工作。二是加强组织领导，最大限度减少阻力和震荡。各级粮食部门也要加强领导，履行好对本部门改革的领导责任，充分发挥干部考核任用的导向作用，不伤害合理的既得利益，也要分门别类，把在改革上有胆识、有智慧、有办法的干部用起来，上下齐心抓改革。三是加强队伍培训与交流，提高学历层次和职业技能，依托人才推发展。人才引进难关键是收入低，可以实行老人老办法、新人新办法。四是建立和完善社会保障，实行合同管理。

4. 加强流通基础设施改造是基础

推进政府购买服务和服务标准化管理，健全粮食稳价保供机制，加快危仓老库改造，加强粮食仓储物流基础设施建设和质量检验手段建设，完善应急供应体系，建立地方储备粮动态管理机制。建立储存库点动态调整机制，改变以往一成不变的储备模式，形成竞争机制、考核机制。积极探索民营资本进入政策性储备，健全地方储备粮承储企业淘汰机制，建立地方储备粮承储企业候选库。建立地方储备粮检查记录机制，实行检查责任可追溯。探索建立公共财政以参股、控股方式对粮食基础设施、流通产业发展项目进行补贴的机制。充分发挥公共财政资金投入引导作用，通过以奖代补、先建后补、贷款贴息、财政补贴等方式引导社会资本参与粮食项目建设，发展混合所有制经济，推动现代粮食流通产业发展。

新疆塔城、昌吉棉花价格改革调研报告[①]

冯明亮

2013 年 11 月 15 ~ 18 日，本人参加新疆维吾尔自治区专题调研组前往新疆塔城地区和布克赛尔县、乌苏市、沙湾县和昌吉州[②]玛纳斯县、呼图壁县等北疆棉花主产区开展棉花价格改革调研。调研组深入棉花集中种植的县、乡、村，走访农户、合作社等棉花生产经营主体以及轧花厂和棉花收购加工企业了解棉花生产和销售情况，并分别召集了两地（州）、五县（市）相关部门座谈讨论棉花生产和价格改革问题。

调研发现，各地普遍对棉花价格改革问题高度关注，认为取消国家临时收储政策将给新疆棉花生产带来新的风险，但价格改革也意味着新的机遇。即将开展的目标价格补贴试点对于稳定新疆棉花种植，保护棉农基本收益，推进棉花生产走向规模化、机械化和集约化道路具有重要意义，政策设计必须着眼大局，审慎、稳妥推进。目标价格的设定应综合考虑棉花生产成本和基本收益、其他种植业比较收益等多重因素，调研初步认为可以将目标价格设定在籽棉平均价格（或白棉三级价格）8.5 元/公斤。补贴方式要体现效率、公平等基本目标并兼顾可操作性，可以按照种植面积、平均单产和目标价格与实际价格之差进行补贴，补贴对象为棉花生产（种植）主体。原有的其他补贴政策还应继续完善，短期内不能取消。价格改革方案应尽早确定，并及早公布目标价格，以稳定 2014 年农业种植、方便地方和农户做好生产备耕安排。

---

① 本文系作者在新疆维吾尔自治区党委农办挂职期间撰写的调查报告。

② 昌吉州，昌吉回族自治州的简称，以下同。

一、两地（州）棉花生产情况

1. 2013 年棉花生产情况

2013 年塔城、昌吉两地（州）棉花实际种植面积稳中有升，达到 488.87 万亩。其中，塔城地区实际种植面积 281.67 万亩，分别是乌苏市 120 万亩、沙湾县 150 万亩和布克赛尔县 11.67 万亩；昌吉州实际种植面积 207.2 万亩，包括呼图壁县 65 万亩、玛纳斯县 70 万亩。

受低温及霜冻灾害天气影响，2013 年各地棉花单产普遍下降，尽管棉花种植面积扩大，但两地（州）棉花（籽棉）总产量仍与上年持平，为 137.67 万吨。塔城地区棉花总产量为 69.3 万吨，其中和布克赛尔县 2.7 万吨、乌苏市 32.6 万吨、沙湾县 34 万吨。昌吉州总产量 68.37 万吨，其中呼图壁县 22.1 万吨、玛纳斯县 21 万吨。

目前，两地（州）的棉花收购工作已近尾声，大部分棉花交售到本地的轧花厂，棉花已收购量接近产量的 80%。但由于气候反常，夏初有低温冻害、秋后霜冻比往年提早，导致棉花生长成熟受到较大影响，尤其是影响到部分棉花的马克隆值难以满足国储标准，10% ~20% 的棉花无法入储、轧花厂不收，只能以低至 5 ~6 元的价格销售。

两地（州）的棉花种植区域均包括宜棉区和次宜棉区，不同区域的单产水平差距较大。宜棉区和次宜棉区以光热水土、农业气候资源分布来划分，部分县的种植范围横跨了宜棉区和次宜棉区。如和布克赛尔县的夏孜盖乡往北为次宜棉区、单产仅为籽棉 260 公斤/亩，南部的查和特乡则为宜棉区，单产达到籽棉 320 公斤/亩；呼图壁县乌伊路以北是棉花优势产区、单产达到籽棉 355 公斤/亩，以南是次宜棉区、产量仅为籽棉 205 公斤/亩。

2. 近 3 年来棉花种植和收益分析

2011 年以来，国家将棉花临时收储政策常态化，为棉花生产经营创造了稳定的市场预期，新疆棉花种植面积持续扩大，塔城、昌吉两地（州）棉花种植面积也逐年增加。2011 ~2013 年，塔城地区的棉花播种公布面积分别为 184.42 万亩、193.29 万亩、222 万亩，昌吉州的棉花播种实际面积分别为 190.9 万亩、205 万亩、207.2 万亩。在主要种植县（市）乌苏市、沙湾县、玛纳斯县、呼图壁县等地，棉花播种面积超过农作物总播种面积的 50%，棉花产业发展在农业、尤其是种植业发展中的地位举足轻重。

目前棉花种植已经成为两地（州）农民收入的重要来源。在塔城地区的棉区，棉花种植收入占种植业收入比重超过50%，其中乌苏市、沙湾县作为自治区级优质棉基地，农民人均纯收入60%以上来自棉花。在昌吉州，原棉产值占大农业产值的17.8%，对农民收入贡献达到20%；在主要种植县（市）昌吉市、呼图壁县和玛纳斯县，棉花种植对农民收入的贡献率分别达到50%、60%、70%以上。

受气候条件影响，近3年来棉花单产略有波动，其中2012年气候条件好，棉花产量较高。2011～2013年，塔城地区棉花单产分别为籽棉325.5公斤/亩、344.7公斤/亩、312.2公斤/亩，昌吉州单产分别为籽棉335公斤/亩、340公斤/亩、330公斤/亩。

由于种植成本逐年攀升，尽管近3年来棉花收购价格比较稳定，但棉花种植的收益并不稳定。尤其是在农户分散经营的土地上种植棉花，农户的收益空间正在被不断上升的人工拾花成本挤占。在塔城地区，2011年和2012年籽棉收购平均价格分别为8.29元/公斤、8.1元/公斤，而亩均种植成本（非机采棉）分别为1469.5元、1734.2元，按照当年棉花产量计算，亩均利润分别为1228.9元、1057.87元；2013年籽棉价格达到8.7元/公斤，但产量下降、成本上升，亩均利润不足千元。在昌吉州，2011～2013年籽棉收购平均价格分别为8.2元/公斤、7.9元/公斤、8.7元/公斤，亩均成本（非机采棉）分别为1757元、1861元、1956元，亩均利润分别为990元、825元、915元。

在棉花种植成本中，由于人工拾花费用近年上涨较快，机采棉的比较效益进一步凸显。人工拾花费用近3年涨幅超过30%，目前已达2.5元/公斤以上。不断上升的人工成本使得人工拾花与机采棉之间的成本差距拉大，扣除损耗、级差所导致的价格差异等因素后，亩产量350公斤的棉花使用机采所带来的利润比人工拾花的利润高出300元以上。

3. 棉花补贴政策落实情况

当前自治区在棉花种植环节实行了棉花良种推广补贴政策、棉花高新节水补贴政策、测土配方施肥以及农机局购置补贴政策等；在棉花加工、运输环节还提供了出疆棉花和棉纱、棉布运费补贴。各地普遍严格按照《中央财政农作物良种补贴资金管理办法》《出疆棉纱运输费用补贴管理暂行办法》及《关于加快自治区纺织业发展有关财税政策的通知》等规范要求，落实补贴政策、管理和发放补贴资金。

在棉花良种补贴方面，2013年塔城地区核定补贴面积157万亩，兑付补贴资金2368.5万元；昌吉州核定面积207.2万亩，按照每亩15元的标准予以补贴。良种补贴对于引进推广优质、早熟、抗病棉花新品种，鼓励和引导种植户提高棉花品质和种棉效益，加快推进新疆优质棉基地建设具有重要意义，应予保留并进一步完善。但由于各县（市）近年无序开荒等问题，各地为控制总播面积的增长，削减了棉花种植面积的上报数据，影响到棉花良种补贴面积的认定，成为各地落实良种补贴政策的梗阻。

在高新节水补贴政策方面，各地棉花高效节水滴灌面积不断扩大，不仅有效减少了棉花生产过程中水资源的使用，而且提高了棉花单产。这一补贴政策落实情况较好，并得到棉花生产主体的普遍欢迎，充分发挥了政策的示范引导作用，对于促进棉花种植节本增效起到了重要作用。

此外，各地比较重视棉花、棉纱、棉布运费补贴政策，认为它对于新疆棉花和纺织品出疆进入内地市场、提高新疆棉花产品和加工企业的市场竞争力具有重要意义。2013年塔城地区已核定出疆棉纱2405.69吨，下达出疆棉纱中央运费补贴120.28万元，下达出疆棉纱自治区运费补贴46.88万元，缓解了运距过长给企业带来的负担。各地都认为这一补贴也应继续保留。

二、两地（州）对目标价格补贴改革的意见

两地（州）、五县（市）的棉花生产经营主体、加工企业和地方政府部门普遍认为，2011年以来实施的棉花国家收储政策有效稳定了棉花市场，对于稳定新疆棉花生产、带动农民增收意义重大。关于棉花目标价格补贴改革，各地认为补贴对象应以棉花生产主体为主，目标价格应由自治区综合考虑成本效益、棉花种植在种植业中的比较收益、对宜棉区和次宜棉区的产业布局调整需要、引导规模化和集约化种植的基本目标等多重因素来确定，补贴方案应充分考虑到生产经营环节各个主体的利益。

对于补贴方式，各地的意见主要集中在补面积或者补产量、销售量，对于如何补贴、如何操作争论较多。

1. 方案一：按照种植面积进行补贴

一些地方和棉农主张按照各地、各生产主体的棉花种植面积进行补贴。这种补贴政策直观、操作方式简便，棉农能直接享受到国家的惠民政策。补贴发放可以依据现有的良种补贴政策所确定的面积，能够有效减少中间环节、保障棉农利益、调动农民种植棉花的积极性、稳定棉花种植面积。

但是这一补贴方式也收到不少反对意见。一是仅按照面积补贴，不能有效地激励棉农提高棉花生产效率，有鼓励“懒人种地”的倾向。且有可能造成次宜棉区种植面积扩大化，使得地方政府让次宜棉区逐步退出棉花种植、优化区域布局和结构调整的努力难以奏效，棉花的整体生产水平难以提升。二是如果棉花的生产销售利润有限、靠面积补贴来确保土地经营的收益，将导致农户的分散经营或者规模经营效益差异缩小、土地流转的难度加大。即便是已经流转的土地也有可能重新返回到分散的农户手中，不利于推进棉花种植的规模化和集约化。三是对于分散农户的种植面积核定难度和成本较大。一旦价格补贴完全补在种植面积上，对于面积的认定，包括时间节点和标准都尤为重要。如果认定面积的时间过早，则农户有可能在面积认定后借口受灾重新种植其他作物；而如果认定面积的时间过晚，又不利于激励农户灾后补种抢收。四是补贴政策完全不涉及加工等其他经营主体，难以提高企业等市场主体的积极性，有可能出现棉农“卖棉难”问题。

2. 方案二：按照棉花交售量进行补贴

部分地方和棉农主张按照棉花交售量进行补贴，认为这一补贴方式更加公平。一是这一方式可以充分调动广大棉农的生产积极性和转变生产方式、应用新技术新品种的自觉性。棉农通过加大投入，加强管理，提高生产经营的组织化、规模化和集约化程度，实现节本增效、提质增效，凭借棉花产量与质量的提高获得更多的经济效益。二是有利于优化棉花区域布局，减少次宜棉区的棉花种植面积，使次宜棉区逐步退出棉花种植。三是有利于促进土地流转，推动规模化经营，使得合作社、家庭农场等规模经营主体的效益进一步凸显。四是通过对收购加工企业的收购管理，能够改善棉花收购市场秩序，压缩棉花地下市场的生存空间。

但这一补贴方式也存在突出问题，尤其是可操作性不强、可能衍生的风险因素较多。一是由于棉花收购加工企业多所有制且性质多样，对于其收购行为管理的难度较大。以昌吉州为例，全州取得棉花加工资质的棉花加工企业 68 家，其中国有企业 4 家、国有参股企业 8 家、民营企业 56 家。在收购过程中，如果通过政府政策人为干预棉花收购市场，使得已经取得加工资质的企业获得市场“特权”，也可能导致收购企业坐大、出现压级压价和收购不及时等问题。二是如何汲取粮食收购市场中出现的“转圈粮”教训、避免可能出现的“转圈棉”问题，目前仍缺乏有效的办法和途径。三是造成棉花加工企业依赖政府变相的“特许”经营生存，不利于充分发挥市场竞争机制的作用、提升企业的市场竞争力。

3. 方案三：将面积补贴与交售量补贴相结合

有些地方在讨论中提出，棉花价格改革可以考虑采取多种形式按比例分别补贴。如40%的补贴按照种植面积发放，将良种、生产资料、节水灌溉、病虫害防治、棉花采摘、残膜回收等生产环节的各个因素综合考虑制定补贴方案；60%的补贴按照市场价格与目标价格的差距，以实际棉花交售量对棉农进行补贴。通过两种补贴方式的结合，兼顾了前两种补贴方案的优点，又能在一定程度上降低其可能出现的风险和负面效应，适应各个层次、各个方面的具体情况。

在实施过程中，由农业行政主管部门牵头负责种植面积和产量方面的认证工作，由价格主管部门依据种植成本和基本收益以及其他作物的比较效益确定目标价格，各有关部门配合、协同制定价格补贴方案和具体操作规则。一是采取多种方式和先进技术手段来确定土地面积，确保种植面积应补尽补、补贴资金不被套取；二是充分发挥发改、财政、税务、工商、质检、供销等相关部门的监管职能，完善监管机制，加强各环节监管，加大对违规企业和生产经营主体的惩戒力度，避免出现收购环节中的“转圈棉”等问题。

但是，这一方案过于复杂，监管的内容比前两种方案多出一倍，还涉及不同部门的协调，操作难度较大。此外，将40%的补贴放在种植环节直补，这与国家开展棉花价格改革的精神不完全一致，也不利于争取国家有关部门的支持。

4. 补贴的管理、发放主体

对于补贴的管理和发放，多数县（市）提出，应该赋予县（市）政府一定的管理自主权。一方面，以县（市）为单位管理补贴、落实政策，能够兼顾各县（市）棉花生产经营的不同情况和不同水平，避免大范围内将补贴拉平的政策产生负面激励。另一方面，赋予县（市）一定的自主权，有助于县（市）政府在辖区内开展结构调整、优化生产布局。

也有一些地方提出，全区应统一标准、由自治区统一组织。各地负责统计面积、审核销量，按照统一的标准发放补贴，避免不同地区的农民之间相互攀比引发新的矛盾。

三、政策建议

综合考量各地棉农、合作社、轧花厂、地方政府等各个利益相关者的利益诉求，我们认为棉花价格改革政策应着眼于“使市场在资源配置中起决定性作用”，在稳定棉花种植、保障棉农基本收益的同时，推动资源配置依据市场规则、市场价格、市场竞争实现效益最大化和效率最优化。在具体的价格政策设计中，要坚持“有利于稳定农民收入，有利于进行结构调整，有利于新品种新技术推广，有利于棉花产业有序发展，有利于实现资源配置效率最优”的原则，做到政策内容的科学性与操作执行的便捷性有机统一。

我们认为，国家发展改革委提出的根据目标价格、平均单产和种植面积来进行补贴的办法，在现实中操作性较强。即在市场价格低于目标价格时，每个种植户获得的补贴额等于“种植面积×平均单产×目标价格与市场价格之差”。补贴中各因素的考量要注意以下几个方面。

第一，目标价格的设定以全区的平均种植成本为基础，加上合理收益。合理收益要考虑棉花种植的投入产出效益、粮食和其他经济作物的比较效益、近年农民种植棉花的收益情况等因素，建议以现行农村耕地流转的平均价格为基本依据，在此基础上再加上规模化经营主体流转土地后能够获得的基本收益来确定，即目标价格等于“平均种植成本+耕地平均流转价格+流转后土地基本收益”。根据塔城、昌吉两地（州）的情况看，目前耕地流转的平均价格为600元/亩，合作社流转土地、开展规模经营的基本收益为200元/亩，因此“合理收益”可以设定为800元/亩。按照2013年的种植成本、平均产量和这一合理收益水平，2014年籽棉（白棉三级）收购的目标价格应为8.5元/公斤左右。

第二，目标价格应在每年的1月上旬公布，以方便地方和农户备耕或调整种植结构。对于种植面积、平均单产和实际市场价格的认定，则需要合理选取时间节点。目前北疆地区的棉花种植基本在5月底前完成，对于种植面积的认定可以与良种补贴的相关工作结合起来，以5月30日为时点采集数据进行公示、确定面积。以9月30日为时点，根据株数、结铃数、单铃重等指标，通过科学抽样测定各地和全区的平均单产水平。到11月底棉花收购接近尾声，以11月30日为时点根据棉花收购价格计算实际平均价格。到12月，各地即可按照这些指标数据落实种植户补贴金额，公示并通过一卡通直接将补贴资金转移到种植户手中。根据本年度的棉花生产经营情况确定下一年度的目标价格，在次年1月上旬予以公布。

第三，在政策执行中，要明确各层级政府的职能和责任。以县（市）为单位计算单产水平，自治区根据各县（市）棉花种植面积和县（市）区域内单产水平向各县市拨付补贴资金，由各县（市）将补贴资金发放到农户手中。同时，赋予县（市）一定的自主权，县（市）可以按照气候条件和自然资源等因素将辖区内不同区域的单产水平作出区分，实行差异化补贴，以便引导棉花种植向宜棉区集中。为方便操作，一个县（市）范围内的单产水平最多可以划分三档，由县（市）政府对不同区域按照不同的平均产量进行补贴。全区各地抽样选点测产的工作由自治区农业部门科学制订方案，统一组织实施。

此外，针对政策设计和执行中的具体问题，提出以下建议。

1. 准确核定棉花种植面积

目前各地棉花的实际种植面积与良种补贴面积、统计公布面积往往不一致。以昌吉州为例：2010～2013年，按照统计公布数据，全州棉花种植面积分别为116.04万亩、158.25万亩、176.81万亩和169.7万亩，而按照良种补贴所确定的实际棉花播种面积，则分别达到155.73万亩、187.8万亩、198.8万亩和207.2万亩。塔城地区各县（市）的情况也与此类似。

种植面积的数据口径不一，既有政策原因，也与统计方式有关。一方面，近年来自治区强调“两个可持续”发展，以水定地、控制水土资源开发，各地普遍控制总播面积。但实际播种和棉花种植面积并没有真正压缩，这就使得各地（州）对县（市）上报的总播面积和棉花播种面积进行调整，导致各地的上报数据与实际情况难以吻合。另一方面，国家统计局往往根据调查总队提供的抽样户种植情况来调整自治区全面统计的棉花种植面积，而其抽样数据与实际情况也难免存在一定的偏差。

价格改革政策的出台和实施必须以棉花的实际种植面积为依据。因此，建议自治区参考第二次全国土地调查中的耕地面积数据，确认棉花实际种植面积，并以事实为基础提高各项农业政策和改革方案的科学化水平。同时，对于非法开荒问题予以严格管制，对各地在不同时期的开荒土地、尤其是大宗土地上的棉花生产，以水价和水资源使用费作为调节杠杆，既保障其合法权益，又推动水土资源可持续开发利用。

2. 以县（市）为单位科学测定平均单产

平均单产的认定对于价格改革政策目标的实现具有重要意义。如果将全区作为一个整体测定平均单产，并以此为依据发放价格补贴，则可能导致棉花高产区和低产区之间的受益不均问题，低产区的实际受益程度超过高产区。因此，在单产的认定上建议按照行政区划，以县（市）为单位进行确定。自治区根据各县测定的平均单产水平和种植面积，按照统一的目标价格与实际价格之差将补贴经费划拨到各县（市）。

各县（市）可根据本区域内棉花生产的实际情况，设定宜棉区和次宜棉区不同的单产标准，对宜棉区和次宜棉区实施差异化补贴政策。一方面，这一补贴机制能够调动县（市）调整优化棉花种植布局、提高棉花生产经营水平的积极性，使其采取积极措施提高本区域内的棉花单产；另一方面，县（市）可自行设置差异化补贴机制，通过价格补贴政策对宜棉区和次宜棉区的种植进行有效调控，引导棉花种植向优势产区集中，走集约化发展道路。

此外，各县（市）及不同区域的棉花测产由自治区统一组织，按照科学的抽样选点和实测方案，由县（市）之外的第三方机构负责实施，避免在测产过程中出现问题、引发矛盾。

3. 参考现行耕地流转价格确定合理收益水平

在确定棉花目标价格时，可以将现行的耕地流转价格作为“合理收益”的参考价格。各地耕地流转的价格作为市场信号，是在综合不同经济作物比较效益的基础上由市场确定的。将这一价格机制引入到目标价格的设定，能够兼顾到棉花种植和其他作物种植的比较效益，具有合理性。

棉花价格改革政策和目标价格的设定，不仅要考虑棉花生产种植和农民收入水平的稳定，也要着眼于推进棉花生产的规模化和集约化。有合作社在座谈中表示，推进机采棉的种植范围是有效降低棉花生产成本、提高新疆棉花市场竞争力的战略选择和必要途径，而一家一户分散经营又难以实现机采、节本增效。因此，在价格改革的实施过程中，需要保证种植成本基础上的合理收益略高于耕地流转价格，确保农民土地流转收入不减少、合作社流转土地种植棉花有收益，引导合作社流转土地、实现棉花生产的规模化。

4. 完善政府职能，提高棉花良种化水平，对棉花收购和加工市场进行合理监管调控

新疆作为国内棉花的优势产区，尽管目前在激烈的国际市场竞争中并不占有优势，但潜力巨大。部分生产经营主体认为，从新疆与美国等其他棉花产地的生产情况来看，棉花生产效益的差距主要来自三个方面：一是生产主体的种植规模，这是各种节本增效措施的基础；二是机械化水平、尤其是机采覆盖率，这是影响生产成本的关键因素；三是良种化水平，这是影响产量、质量的关键因素。目前机械化水平正在稳步提高，机采棉面积日益扩大，但是良种化水平还不够、与美国等国相比还有较大差距，还需着力加强适应本地气候条件的良种研发和推广。

在取消国家储备政策的同时，考虑建立地方应急收储机制，以防止市场波动过大、收购企业压级压价损害农民利益。由于收购加工企业完全市场化运作，政府的直接调控手段有限，因此自治区可考虑制定棉花销售应急预案、建立地方应急收储机制，合理确定应急储备规模，完善应急储备吞吐调节机制，并在新疆建立棉花现货交易市场和交割平台。

政府对棉花的收购和加工市场应做好合理调控和监管，但也应充分发挥市场在资源配置中的决定性作用，减少政府对市场的微观管理和行政干预。部分加工企业表示，受制于国家有关部门对加工生产线条形码的严格控制，企业产能无法有效释放，也不利于市场竞争。

5. 充分认识结构调整难度，确保价格改革平稳过渡

当前棉花在新疆农业种植中的比重较大，主要种植县（市）短期内调整种植业结构布局的难度较高。棉花种植的布局往往取决于地方的气候条件和自然资源的配置，要调整种植结构、压缩棉花种植，受到多方面因素的制约。

一是水资源的调配瓶颈。由于新疆各地在春播时水资源普遍紧张，而棉花用水多从每年6月开始、正值各地进入丰水期，因此棉花的种植能够与水资源的供需时节相匹配，缓解春播时水资源短缺的问题。一旦各地大规模调整棉花种植，水资源的配置矛盾将进一步加剧。

二是其他作物的市场容量瓶颈。根据呼图壁县的测算，2013 年当地棉花种植的亩均效益为970 元，番茄的亩均效益为1725 元，辣椒的亩均效益为1450 元，制种玉米的亩均效益为1082 元，商品玉米和小麦的亩均效益分别为790 元和436 元。但是全县棉花种植面积达到60 万亩，其他作物种植的面积总和不到20 万亩，这主要是由于番茄、辣椒、制种玉米等经济作物属订单农业，种植规模受制于订单数量和市场容纳能力，一旦大面积种植，其价格和销路难以确保。

三是农业生产资料、尤其是相关机械的装备瓶颈。由于主要产区多年来长期从事棉花种植，当地的合作社和农户往往按照棉花生产的需要来配备生产资料和机械。要在短期内调整作物结构，生产条件和技术服务难以迅速跟上。

因此，在价格改革的初期要尤其重视政策环境的稳定和连续性，为种植业以市场为导向转换结构创造一定的调整时间。在政策设计中充分考虑近年的市场行情和棉花种植效益，尽早确定价格改革方案并及时公布目标价格，稳定农民的市场预期、方便各地和各生产经营主体做好备耕生产准备。

稳妥推进目标价格改革促进新疆棉花产业发展

冯明亮

中央部署2014年在新疆开展棉花目标价格改革试点，这是完善农产品价格形成机制和政府补贴机制的一次重要探索。棉花作为战略物资，是关系国计民生的重要原材料，也是新疆种植规模最大的农作物。组织好改革试点，对于新疆和国家都具有重要意义。要着眼于棉花产业的长远发展，通过目标价格改革理顺棉花市场运行、稳定棉花生产、保障棉农基本收益，需要完善改革方案、精心组织实施，并对棉花生产做好长远布局。

一、完善改革方案，精心组织实施

1. 补贴发放的时间安排需考虑棉农的生产生活需求

目前棉花市场行情不稳定，市场价格与目标价格之间的价差预计较大，价格补贴在棉农的整体收入中占有较大比重。棉农在年初的生产资料贷款往往需要在当年年底偿还，而如果在棉花完全交售后发放补贴，发放时间势必推迟到第二年，这就会影响到棉农的生产生活安排。

棉花作为新疆主要农产品之一，近年来其收益在全自治区农民总收入中占到25%左右，在棉花主产区县（市）的占比甚至超过60%。如果价格补贴全部延迟到次年发放，将对当年新疆农民收入的核算产生重要影响。新疆的棉花种植相对分散，宜棉区和次宜棉区的单产差别较大，且各家各户的种植水平不一，如果简单用面积来核算补贴，则对提高生产效率的激励效果不强；而如果完全按照产量核定补贴，又无法在当年尽早兑付一部分补贴资金。因此，新疆在补贴方案中提出，按照农户交售的棉花数量结合种植面积进行补贴：在当年9月按照种植面积先发放补贴资金的60%，到次年2月再根据实际交售的棉花数量兑付剩余补贴资金。这一方案操作起来相对复杂，但符合当地农民生产生活的实际需要。

2. 准确核定棉花种植面积和产量作为落实补贴的依据

合理确定补贴依据是顺利推进改革的关键。由于新疆的棉花种植面积长期底数不清，往年数百万亩开荒种植棉花的土地没有纳入统计核算；棉花产量也存在收购量、公检量和统计公布量等不同口径，近年不同口径的数量差异超过 100 万吨。必须准确核定新疆棉花的实际种植面积和实际产量，避免因为补贴依据不准确而影响改革实施。

3. 制定配套预案保障改革平稳推进

当前国际棉花市场行情低迷，国际棉价仍然维持在较低水平，国内棉花的市场价格预计也将走低。这将导致目标价格和市场价格之间的价差拉大，也势必增加政府的补贴金额，需要财政部门根据市场行情做好预案，使农民及时、足额获得补贴。

棉花市场的运行情况也将对收购环节产生影响。当前棉纺织行业景气指数不高，纺织企业普遍缺乏融资能力，预计下半年对原材料的收购只能根据实际消化的进度来开展。而轧花厂在收购农民手中的籽棉时，为减少资金压力和仓储压力，也会考虑纺织企业的消化进度和能力。这可能导致农民手中的棉花难以在短时间内收购完。推进棉花收购进度、防止出现农民“卖棉难”问题，需要提前做好预案。

二、正视改革对新疆经济社会的影响，谋划好新疆棉花长远发展

棉花是新疆、尤其是南疆农业中的关键作物之一，其产业发展对新疆经济社会影响较大。2014 国家公布的棉花目标价格为 19800 元/吨，比上年临时收储价减少 600 元/吨，按 2013 年国家统计局公布的新疆棉花产量 351 万吨计算，棉农受价格因素影响将减收 21 亿元。按全疆农村人口 1257 万人计算，平均每个农民减收 167 元。

受多方因素影响，未来 5 年中新疆棉花的种植面积可能出现明显下滑。从 2014 年目标价格公布后各方的反应来看，农民的植棉意愿将进一步下降。此外，新疆近年的棉花种植面积实际高出统计数字数百万亩，未纳入统计的主要是在新开荒地中种植的面积。由于新疆的用水总量、尤其是农业用水量大大超过了“三条红线”，为保护生态环境，按照规划需在 2020 年前减水退地 700 万亩，退出耕种的土地多为现有的棉花地。可以预

见的是，未来新疆的棉花将维持在种植面积2000多万亩、皮棉总产量300万吨左右的水平上。

在当前的稳定形势和市场环境下开展棉花目标价格改革试点，必须考虑新疆经济社会的具体特点和要求，着眼于保障棉农利益和促进新疆棉花产业长远发展，做好改革布局。

1. 整合多重目标，使目标价格改革产生更好的激励效果

目标价格改革的政策目标较多，包括保护棉农基本收益、稳定并优化新疆的棉花生产、提高棉花生产效率、按照市场引导推动农业结构调整、实现农业资源优化配置等。要考虑不同目标的优先序和有效整合，通过完善改革方案实现多重目标，并在改革实施中充分考虑棉农、轧花厂和收购企业、下游棉纺织行业等各相关主体的利益关系，使政策的激励效果与改革的目标相一致。

2. 推进棉花种植向优势产区集中，提高棉花生产的规模化和集约化水平

新疆作为棉花主产区，在全国棉花总产中的比重越来越高。新疆的水土光热资源条件适宜棉花种植，棉花生产向这样的优势产区集中，既是新疆地方政府长期行政推动的结果，也是市场选择的结果。从长远来看，还需继续推进棉花生产向优势产区集中，提高棉花种植的规模化水平和集约化水平。这是提升规模效益、实现节本增效的必要条件，也有助于实现棉花生产全程机械化作业、缓解人力成本上升对棉花生产的不利影响。要改善基础设施条件，在新疆大力实施棉花高产区建设项目，将新疆打造为国家优质棉基地。

3. 加大棉花科技研发和品种改良力度，提高国际竞争力

新疆作为国内棉花优势产区，尽管目前在激烈的国际市场竞争中并不占有优势，但潜力巨大。从新疆与美国等其他棉花主要产地的生产情况看，除机械化水平和规模效益因素外，棉花生产效益的差距主要来自良种化水平，这是影响产量、质量的关键因素。因此，要着力加强适应新疆气候条件的棉花良种研发和推广，提高新疆棉花在国际市场上的竞争力。

农产品目标价格制度的经济学解释

秦中春

2014 年中央 1 号文件提出逐步建立农产品目标价格制度，引起了社会广泛关注。实际上，我国学术界从 20 世纪开始就有人研究农产品目标价格制度。在政策方面，2008 年国家颁布的《国家粮食安全中长期规划纲要（2008 - 2020）》就提出了探索研究目标价格补贴制度。农产品目标价格是农产品目标价格制度中的一个核心概念。但从截至目前的研究文献看，学术界对这个概念的解释，主要集中在价格目标或预测价格及参考价格上，这在理论上存在缺陷，很容易在政策实践中产生误导。从经济学上看，农产品目标价格的概念非常特殊。作为一种改革方案，国家建立农产品目标价格制度，并不意味着政府要制定价格目标、预测价格以及参考价格，也不意味着对现行价格管理政策的简单否定，在理论上应该有严格而规范的解释。

一、对农产品目标价格的传统解释

综合迄今为止学术界对农产品目标价格的理论解释，主要是将农产品目标价格作为与农产品市场价格相对应的一种价格目标或预测价格及参考价格来对待。这种解释从价格出发解释价格，在理论上存在缺陷，并不完全符合提出农产品目标价格制度的本来含意，也与党的十八届三中全会提出的让市场在资源配置中起决定性作用不一致。

刘树杰（1997）提出，目标价格是农产品价格调控的水平或区间；从我国的实际出发，在存在连续性的价格调控政策的情况下，目标价格可以参考以下公式制定：目标价格 = 前期市场价格 ×（1 + 当年预期农村工业品价格上涨率 + 预期非农产业与农业劳动生产率上升率之差 + 需求预测调整系数）。对于那些前期未曾干预过的产品，前期市场价格可以考虑先将前 3 年或前 5 年的市场价格剔出当年通胀率后进行算术平均，以确立长期均衡的相对水平，然后再以此平均值乘以前 3 年或前 5 年的通胀率。

孔祥平、许伟（2010）认为，粮食目标价格是国家或某一地区为稳定粮食生产，保障粮食安全，综合一定时期内种粮成本实际增长和种粮农民合理收益等因素制定的一种政策性参考价格。在这种目标价格体系下，国家可参考当前市场价格与目标价格的价差，综合市场供求状况，适时调整对农政策。如果市场价格低于目标价格，国家即对种粮农民实施补贴；如市场价格较大幅度高于目标价格，则采取适度加大储备粮投放、扩大进口规模等手段，调控市场供求，平抑价格。

吉林省物价局粮价课题组（2010）提出，目标价格是由政府制定并预先公布的预期价格；一定时期（一年或更长时间）的目标价格，是政府依据这一时期产品成本和合理盈利制定的，能够充分反映产品价值；目标价格的预先公布对于市场价格运行具有一定的导向作用；从长远地、动态地来看，市场价格将与目标价格越来越接近，也必将有利于相对稳定甚至减轻财政负担；目标价格的制定要以成本为依据，必须解决好定价成本和合理盈利如何核定的问题，按力求准确、操作简便原则核定和发放玉米目标价格补贴。

戴冠来（2009）认为，目标价格是我国粮食三元价格形成机制中的三种价格形式之一，是国家公布的高于市场价和最低收购价的保证农民种粮收入的目标价位，不是实际收购价格，不是取代市场价和最低收购价的价格；是反映粮食完全成本和合理利润的价格，是引导粮食价格体系进一步合理化的目标；是逐步实现的，可以分为最终目标和年度目标，最终目标是实现城乡居民人均收入相等、粮食完全成本得到补偿；这个目标价格不可能一步到位，可能要经过几十年的时间，因此还要定出每年的阶段性目标价格；目标价格是一个标杆，既是补偿农民种粮成本的标杆，也是引导粮食市场价格合理化的标杆。

刘俊颖、刘瑞平、陈晨（2009）提出，目标价格（目标成本）合同是一种较多运用在工程外部条件复杂、工期长、不确定性因素较多的工程中的一种合同模式。这种合同模式是成本加酬金合同模式的演变。在签订合同前，合同各方事先约定该工程的预期成本，即目标价格。在工程结算时，比较工程最终的结算价与目标价格的差异，按预先约定的差异奖罚计算办法来调整最终结算价。

广东省价格协会课题组、文武汉（2010）认为，粮食目标价格首先是在收购环节合理的价格标准，是国家在一定时期内、为了保障粮食生产稳定发展、实现国家粮食安全、保障粮农合理收益增长、参照粮食价格形成多种因素而测定的一种政策性的合理价格；测算稻谷目标价格的公式为“目标价格 = 稻谷生产的完全成本 + 合理利润”。

伍世安、刘萍、付兴（2012）提出，粮食目标价格是指国家在一定时期内为实现一定政策目标而依据某些因素制定的政策性上限价格；对粮食价格之所以要建立规制，是因农产品存在蛛网现象；粮食目标价格的政策性目标应包括保障国家粮食安全、均衡城乡居民收入、协调现货期货价格、衔接国际国内粮价、控制物价总体水平五个方面。

伍世安（2012）认为，粮食目标价格是上限价格而不是“价值价格”；粮食目标价格的政策性目标是多个而不是一个；粮食目标价格是相对价格而不是绝对价格。

张千友（2011）提出，目标价格是国家在一定时期内，为了实现粮食总量平衡、稳定粮食价格和提高农户收益率等目标，而制定的能够反映粮食生产所消耗的资源价值及适当利润的政策性价格。它是粮食市场价格变动的合理上限。当市场平均价格低于目标价格时，国家对农户进行差价补贴，反之则由市场调节。制定目标价格，要坚持完全成本原则、平均收益原则、渐进调整原则和理顺差价原则。

李林茂、余耀明（2011）认为，粮食目标价格是中央政府在一定时期内根据保障粮食安全需要、弥补种粮成本、保持粮农合理收入、考虑影响粮价形成的各种因素而测定的理想价格水平；该价格每几年测定一次，期间可就情况变化作些调整。

王文涛（2011）提出，制定目标价格的作用在于提高农民收入，促进城乡公平，根据西方经济学分配理论，收入由要素价格决定，因此必须确定合理的要素价格和成本利润率，最终确定合理的目标价格。

吉林省物价局和吉林省价格协会粮价课题组、冯晓波、屈校民（2012）认为，目标价格是政府事先制定的一定时期的标准价格，是促进种粮比较收益趋于合理和稳定的价格机制，由最低收购价、“四项补贴”、反周期补贴构成。

徐雪高、沈贵银、翟雪玲（2012）提出，大豆目标价格是国家或某一地区综合一定时期内种豆成本实际增长和种豆农民合理收益等因素制定的一种政策性参考价格；确定大豆目标价格补贴，关键是要合理确定大豆目标价格、大豆市场价格和农民大豆实际产量。

二、对农产品目标价格的合理解释

农产品价格问题是非常复杂的。人们在提到价格的时候，对农产品价格的理解往往太简单，并不是从公共管理的角度出发来认识的，忽视了农产品价格的多元性、多阶段性和多样性。其实，每一个价格的背后都隐含了众多的假设和条件，比如交易目标、交易时间、交易环节、交易地点、交易对象、交易规模、交易频率、交易可持续性、产品品种、产品等级、产品质量等，一个交易就有一个价格，不同的交易就有不同的价格。如果简单抽掉价格背后的这些假设条件，是无法对价格进行合理评价的。计划经济的做法就是政府定价，简化了交易条件，结果政府无论采取什么方式确定价格，都很难做到准确合理，因为现实的交易是差异化的、复杂的、动态的和不确定的。市场经济的做法就是放开市场购销和交易价格，政府通过确定规则保证价格确定及变化合理，结果解决了价格确定的科学性和合理性问题。

从经济学上看，对农产品目标价格的合理解释是：在农产品市场购销全面放开的条件下，政府从公共管理入手，为了保护处于弱势地位的长期从事生产发展的特定产区、特定品种、特定规模、诚信经营的农业生产者和低收入的农产品消费者免受农产品市场价格周期性波动的损害，所确定的一种政策性补贴价格标准或市场损失补助价格标准，包括政策性价格下限标准（主要针对主产区生产者）和政策性价格上限标准（主要针对低收入消费者）两种。准确地说，这种价格是政策性补贴核算价格或市场损失补助价格核算标准，本质上是一种合约价格，是在农产品市场全面放开条件下，政府代表国家，为保护社会特殊群体的合理利益、在公共财政可支付能力和行政管理可控制能力的范围内、核算和发放临时补贴的一种价格计算标准，以此来解决市场机制所不能解决的在利益分配上的失灵问题，推进农产品价格的信号功能（反映供求关系，引导资源配置）与利益调节功能（实现产权转移，承载利益分配）的分离，实现信号的归信号（价格变化由市场决定）、利益的归利益（政策补贴由政府决定）。

从经济学上看，农产品目标价格的决定因素，并不仅仅是农业生产综合成本及合理收入，而是由国家战略因素、财政因素、行政因素和农业生产综合成本及合理收入因素等共同决定的，并随社会经济的发展不断会有所变化。

一是国家战略因素，主要影响是政策性补贴的针对性，只有粮、棉、油、糖、生猪和部分蔬菜等关系国计民生和社会安全的农产品属于目标价格政策管理范围。我国人口多，农业资源不足，这些农产品基础性强，社会需求量大，但农业生产成本较高，比较效益偏低，供求总体偏紧，市场流通体系不健全，价格受国际市场影响大，国内政策调控空间有限，生产稳定发展困难等，需要国家从发展战略上予以政策性扶持。随着经济社会发展阶段的变化，国家战略因素是变化的，实行农产品目标价格制度的对象和补贴水平也会有所变化。

二是财政因素，主要影响是财政资金约束，这种补贴需要较大的现金投入和以强大的财政实力作为后盾，而国家的财政资源不仅是稀缺的，而且财政资金的使用有比较严格而复杂的预算管理程序。如果没有特别的财政制度安排，补贴难以落实，制约制度的有效实施。如果公共财政可支付能力有限，目标价格补贴的价格标准就不可能较高。

三是行政因素，主要影响是组织管理约束，这种补贴需要较大的工作投入和以高效率的组织管理系统作为后盾。我国目前的行政管理控制系统总体上还比较简单，与发达国家相比还存在较大差距，政府的工作要直接深入农村基层，下乡、进村和入户，系统地组织农户和企业基本情况包括地理位置、土地面积、作物面积、作物产量、销售量、销售价格、生产成本收益等申报、审核、管理和披露比较困难，组织资源、工作经费、支撑手段和监督管理等都存在一定问题。如果不深化改革和创新工作方式以及引入现代化技术支撑，有可能花了钱但事没有办好，制约制度的可持续性。如果政府对投机管控能力不足或行政效率不高以至于管理费用较高，目标价格补贴的范围和价格标准会受到限制。

四是农业生产综合成本及合理收入因素，主要影响是按照目前的社会平均生产水平及能力进行农业生产所需要的基本投入、综合成本和合理收入所决定的农产品保本价格水平，国家按照这个价格进行补贴后农民可以保证获得基本经营收入。目前学术界讨论涉及的内容主要就是这一块，由于不同地区、不同规模、不同技术的生产者以及国内外生产者的农产品生产效率和成本收益差异较大且不断变化，目标价格补贴的价格标准有可能上涨也有可能下降。

三、农产品目标价格制度的内容

农产品目标价格制度在形式上是对农产品目标价格的一种制度安排，在性质上是有特殊针对性的一种政策性补贴制度及反周期补贴制度。按照2014年中共中央1号文件提出的政策要求，要坚持市场定价原则，探索推进农产品价格形成机制与政府补贴脱钩的改革。引入农产品目标价格制度的政策目标，是将农产品价格形成机制与政府补贴机制分开，让价格由市场决定，同时又将农产品价格的变化与政策补贴机制联系起来，对由于农产品生产价格过度下降给特定生产者带来的基本利益损害和由于农产品消费价格过度上升给特定消费者带来的基本利益损害由政府进行适当补偿，补偿的方式是针对特定对象、界定利益损害和实行临时补贴及限额补贴，补贴的内容是公开、公平和公正的，补贴的获得具有严格规范的条件及程序约束。

从农产品目标价格制度的主要内容看，不是一种价格调控制度，而是一种农业补贴制度。由这个制度提供的农业补贴，尽管与粮食直补、农资综合直补、良种补贴、农机补贴等农业生产补贴一样都属于农业补贴，但也有很大不同，要求与实际生产销售挂钩并由市场价格变化来进行检验，如果制度设计合理，这种补贴是更加具有科学性和合理性的。在这种补贴制度中，国家的本质是一个中间人，是在农产品生产出现阶段性或临时性过剩以至于市场价格大幅回落、全社会消费者获得农产品价格下降带来的实质性福利的时候，国家代表消费者为农业生产销售者提供一定的限额补偿，保障基本经营收益，实现生产者与消费者之间的利益平衡，促进农业生产长期稳定发展和保障农产品市场长期稳定供应，建立良好的社会秩序和社会结构。

农产品目标价格制度在实施中有目标价格补贴、目标价格贷款和目标价格保险三种具体组织形式。对不同的农产品而言，根据发展需要和制度实施条件的不同，这三种形式的制度安排可以单独采用，也可以结合采用。

目标价格补贴以特定产区、特定品种、特定规模、诚信经营的农业生产者为对象，主要是实行农产品市场损失国家直接补贴制度，国家设立农产品目标价格补贴合约，明确合约价格与相应的补贴申报、核查、监督、资金拨付和违约责任追究等管理办法，符合要求的农业生产者申报并接受核查，以农产品上市后一定时间的社会平均实际交易价格为依据核定与目标价格的差额并计算单位补贴额，结合经办部门核实的作物面积、作物产量和销售数量等信息，由国家财政直接提供差额补助到参加制度的农业生产者。

目标价格贷款以农业生产者向银行或相关金融机构申请并获得营销贷款资金为前提，主要是实行农产品抵押贷款制度，国家对作为抵押物的农产品的生产销售价格提供担保，这个担保价格就是农产品目标价格。国家对于作为抵押物的农产品上市后实际市场销售价格低于目标价格的部分带来的市场损失，由国家财政按照实际差额损失直接补助到参加制度的农业生产者以及银行。

目标价格保险以农业生产者缴费参加由保险公司负责的市场价格保险制度为前提，主要是实行农产品市场价格保险制度，国家财政对农业生产者参加市场价格保险提供保费补贴，约定特定时期、特定市场、特定等级和特定农产品的市场交易的保险价格和保险赔付标准，这个保险价格就是农产品目标价格。对于市场价格低于保险价格的部分带来的市场损失，由保险公司按照实际差额损失直接补助到参加制度的农业生产者。

农产品目标价格制度由中央政府和地方政府分别组织实施。中央政府实行的农产品目标价格制度，主要是政策性价格下限补贴制度，主要内容是在全国农业主产省或主产区、为应对重要农产品生产价格的过度下降给农民带来的额外损害、针对具有一定经营规模的农民、在满足约定条件下、按照规定的程序和办法、提供限额的政策性补贴。地方政府实行的农产品目标价格制度，既有政策性价格下限补贴制度，也有政策性价格上限补贴制度。在政策性价格下限补贴制度上，可以参照中央政府的制度实行，并在制度上进行接轨，适当提高政策性价格下限和提高补贴标准。在政策性价格上限补贴制度上，主要内容是针对农产品消费价格的过度上涨给低收入群体带来的额外损害，针对低保群体和其他特殊困难群体，在满足约定条件下，按照规定的程序和办法提供限额的政策性补贴。

实行农产品目标价格制度，并不意味着政府要制定价格目标或预测价格及参考价格，而是让农产品价格回归市场决定，价格可能低于政策性价格下限运行，也有可能上涨到政策性价格上限以上运行，这与党的十八届三中全会提出的让市场在资源配置中起决定性作用的观点是一致的。在这一点上，农产品与其他产品一样，没有特殊性。在市场经济条件下，市场价格是多元化和多样化的，价格由市场决定，在公共管理上市场价格本身不应有目标，而且农产品价格的变化本身受多种因素影响也很难预测或者无法预测，任何由政府确定价格目标的行为都可能存在不合理性或者有风险。

实行农产品目标价格制度，也并不意味着对现行有关调控政策的简单否定，而是对主产区粮食最低收购价及临时收储价制度的一种改进和对低收入群体最低收入保障制度的一种完善，核心是保护生产者基本经营收益和保障消费者基本生活。在这一点上，目标价格制度与现行调控政策相比没有什么本质的不同。主要的差异是，政府行为发生变化，要引入和界定补贴的具体条件、对象、价差、数量、流程等，对农产品流通配套体系建设和规范化管理的要求更高，对农业支持保护的方式更加深化和细化，财政补贴从隐性走向显性、从不确定走向确定、从难以控制走向可控。实行目标价格后，市场波动可能会更大，政府面临社会压力增大，管理成本会更高。

实行农产品目标价格制度的关键是明确政策导向，引入交易条件，界定利益损失，实行合约治理，实行市场的归市场（自由交易，价格不限）、政府的归政府（按照政策导向、财政能力、行政能力、特定对象和约定条件提供限额补贴）、个人的归个人（属于政策扶持的特定对象如实申报备案，在符合补贴规定条件下按照约定标准获得限额补贴）。实行这种制度后，在理想情况下，农产品价格完全由市场（国内外市场）决定，上不封顶（如质量太好或极度稀缺），下不保底（如质量太差或严重过剩）。在正常情况下，市场价格处于合理区间，所有生产者和消费者都得不到补贴。只有在农产品生产价格下降到政策性价格下限或农产品消费价格上涨到政策性价格上限时，才会有部分生产者或消费者可能会因为农产品价格的变化而获得补贴，而真正获得这种补贴还有其他一系列管理要求，防控可能的投机或寻租行为，提高财政补贴资金作为一种稀缺资源的管理效率、配置效率和利用效率。

国家建立农产品目标价格制度，从理论上看，有两个重要的隐含假设。一是国内农产品市场流通体系比较健全而完善。这样，对农民而言，不管农产品是紧缺还是过剩，是质量高还是质量低等，都可以顺利卖出去，实现物流周转，能保证生产者获得起码的应有收入和实现产品的价值，最后从生产领域转移到消费领域，唯一问题是交易价格高低或利益平衡的问题。二是政府的组织管理能力比较强大以及具有控制参加者在制度内进行寻租或投机的有效手段。这样，对政府而言，哪些生产者因为价格过度下降受到额外损害，哪些消费者因为价格过度上升受到额外损害，是有据可查、可以报告、信息准确、补贴到位、高效处理和财政可控的，对于可能的寻租或投机行为能够进行有效控制，不会出现不该补贴的拿到补贴、该补贴的拿不到补贴、拿到补贴手续非常繁琐、拿到补贴与投入相比得不偿失等。

在政策实践中，实行农产品目标价格制度需要很多前置条件，包括深化政府行政管理体制和公共管理服务方式改革，从管理到仓储企业转变到管理监督到农户、经纪人、仓储企业、加工企业等，加强对主产区农户及相关农业生产经营者的调查、统计、联系和支持，建立全国统一、内容完整、书面票证和电子网络相结合、高效运行的农产品收购票证管理系统，建立低保及特殊消费群体购买农产品统计报告系统，建立专门配套的财政资金、金融管理、行政管理服务体系、信息化技术支撑系统，要求农业生产经营方式创新、农产品流通体系不断健全和完善、国有农产品流通企业改革深化、市场价格监测统计体系不断健全与完善等。

农产品目标价格制度的内容与粮食最低收购价和重要农产品临时收储制度不同，引入农产品目标价格制度，对于解决农产品价格变化机制的合理性和保护生产者基本经营收益可能是有效的，但并不能解决农产品的物流周转问题，也就不能完全替代目前政府实施的价格调控制度，包括粮食最低收购价制度和重要农产品临时收储制度。目前我国农村正在发生很大的分化，农业生产主体和流通主体变化快，农民经营规模总体上比较小，农产品流通体系不健全和不完善，小农的流通主要通过经纪人提供服务，普遍存在寻租或投机现象，农产品交易调查统计和信息化管理基础差，农产品流通问题不仅有利益平衡的问题，而且有物流周转的问题，在改革上切不可一蹴而就。

参考文献

[1] 戴冠来．粮食目标价格的地位和作用．中国物价，2009（10）：28～30
[2] 戴冠来．确定粮食目标价格的一些思考．价格理论与实践，2009（10）：17～19
[3] 广东省价格协会课题组，文武汉．建立广东稻谷目标价格政策研究．市场经济与价格，2010（1）：10～15
[4] 吉林省物价局粮价课题组，李志隆，屈校民．关于实行玉米目标价格政策的探讨．价格理论与实践，2010（4）：36～39
[5] 吉林省物价局和吉林省价格协会粮价课题组，冯晓波，屈校民．关于制定粮食目标价格问题的研究．价格理论与实践，2012（5）：22～25
[6] 孔祥平，许伟．关于建立粮食目标价格的几点思考．价格理论与实践，2010（3）：15～16
[7] 孔祥平，许伟．关于建立粮食目标价格的几点建议．经济研究参考，2010（36）：25～26
[8] 刘俊颖，刘瑞平，陈晨．目标价格合同激励模式及失效原因探究．国际经济合作，2009（9）：58～62
[9] 刘树杰．农产品价格调控：政策目标与目标价格．中国物价，1997（10）：24～25
[10] 李林茂，余耀明．关于粮食目标价格的思考．价格月刊，2011（4）：1～10
[11] 秦中春．我国生猪价格的变化趋势与政策选择．国务院发展研究中心调查研究报告，第125号（总2119号），2013
[12] 秦中春．我国粮食价格的变化趋势与政策选择．国务院发展研究中心调查研究报告，第128号（总2122号），2013
[13] 邱天朝，尹磊．建立适合国情的农产品反周期补贴制度．中国科技投资，2013（8）：29～32
[14] 徐雪高，沈贵银，翟雪玲．我国大豆目标价格补贴研究．价格理论与实践，2013（3）：35～36
[15] 王文涛．粮食目标价格和反周期补贴政策研究——基于市场化国际化背景下的分析．价格理论与实践，2011（12）：35～36

[16] 文武汉．建立广东稻谷目标价格政策研究报告．中国物价，2010（1）：30～37

[17] 伍世安，刘萍，付兴．论中国粮食目标价格的目标及测算：以玉米为例．江西财经大学学报，2012（1）：18～27

[18] 伍世安．关于粮食目标价格的再认识．价格理论与实践，2012（8）：24～25

[19] 张千友．粮食目标价格：内涵、障碍与突破．价格理论与实践，2011（3）：21～22

引入农产品目标价格制度的合理思路

秦中春

2014年中央1号文件提出逐步建立农产品目标价格制度，意义重大。建立农产品目标价格制度，需要对粮食最低收购价制度和重要农产品临时收储制度进行改革，但并不意味今后就要彻底取消粮食最低收购价制度和重要农产品临时收储制度。在我国，实行粮食最低收购价制度和重要农产品临时收储制度，除了有对农民生产的农产品进行“调控价格”的功能，还有对农民生产的农产品进行“托底购销”的功能，这种“托底购销”对于解决我国农业生产发展中所存在的小生产与大市场的矛盾非常重要，在短期内还难以被完全替代。要提高对农产品目标价格制度的认识，结合我国农产品流通发展现状和未来市场发展需要，正确处理实施农产品目标价格制度与实施粮食最低收购价制度和重要农产品临时收储制度的关系，合理引入农产品目标价格制度。

一、农产品目标价格制度不能完全替代粮食最低收购价制度

目前我国对水稻和小麦两种粮食实行最低收购价制度。根据我们调查研究，这种制度安排在实践中具有对农民生产的粮食进行“调控价格”和“托底购销”的双重功能。作为一种改革方案，如果对粮食最低收购价制度进行改革，建立农产品目标价格制度，可以替代其中所包含的“调控价格”功能，使市场机制更好发挥作用，同时将政策性补贴从隐含和难以控制转变为显性和可控，更加适应市场形势不断变化的需要，提高政府补贴资金使用的合理性与有效性，但无法替代其中所包含的“托底购销”的功能。

粮食最低收购价制度具有很强的“调控价格”功能，主要是调节价格水平，控制价

格波动区间，保障农民获得基本经营收益。从2004年起，我国粮食收购市场已经全面放开，粮价主要由市场形成，但政府的调节也是有效的，主要手段就是实行粮食最低收购价制度。在粮食收购时，中储粮公司主要按粮食最低收购价收购，而加工企业和其他社会化购销企业会根据当年粮食最低收购价确定各自的收购价，在粮食收购价实施方案启动前会贴上边收购（即以最低收购价为基础稍微提高一点，因为市场价高），在粮食收购价实施方案实施后会贴下边收购（即以最低收购价为基础稍微下降一点，因为最低收购价为粮食实际收储到库的价格减去运输费、装卸服务、含水含杂后的价格，市场价会略低）。对加工企业和其他社会化购销企业而言，粮食收购要占用大量资金，购销风险是比较大的，除非粮食减产或存在供不应求，粮食收购价是能降低就尽量降低，即使在粮食最低收购价预案没有正式启动的年景，最低收购价也客观上起到了“调控价格”作用，是市场定价的基础，最低收购价的持续提高对保护农民利益是有好处的。

粮食最低收购价制度还具有很强的“托底购销”功能，主要是提供包收渠道，保证主产区农民生产的粮食能及时顺利卖掉，在全国范围内跨地区和跨年度之间进行余缺调剂，实现粮食产后物流周转。我国农村人多地少，粮食主产区主要位于经济欠发达的地区，总体上仓储物流条件比较差，粮食加工企业不发达，而粮食生产受天气和市场等多因素影响，有丰有歉，在粮食生产丰收时，容易出现地方企业不愿收购乃至竞相压级压价的情况，形成“卖粮难”。对农民而言，粮食生产出来后能够顺利卖出去并及时获得收入，是最重要的。实行粮食最低收购价制度后，通过中储粮公司的介入，在粮食收购季节主要按照限定的最低收购价格实行定点收购，然后在全国范围内跨地区和跨年度之间进行仓储调剂和市场拍卖，帮助农民解决了在粮食丰收后地方企业仓储物流设施不足、地方加工企业和其他社会购销企业不愿收购乃至竞相压级压价的难题，是国家对主产区农民利益的实质性保护和可靠性保护，也使国家掌握了成本较低的粮源，用于在全国范围内跨地区调剂和跨年度调剂余缺，是政府防通胀、保民生和提升国际经济竞争力的物质基础和重要手段。

与农产品目标价格制度相比，粮食最低收购价制度有利有弊。这种制度的隐含缺陷是，所谓最低收购价其实是一种人为设定的政策性价格，人算不如天算，上涨容易下降难，在按最低收购价收购后需要及时组织在市场上卖掉，在政策设计不周密、定价不合理特别是国内价格持续较大幅度高于国际价格和管理不完善的情况下，有可能扭曲市场运行，扰乱不同农产品之间合理的比价和差价关系，还有可能带来巨大的财政风险，以及出现寻租和腐败等现象。但是，这种制度在操作上相对简便，主要通过中储粮公司的企业化操作就可以完成，效率比较高，在管控上也比较可靠，对农民基本经营收益的保护很有力。相比之下，农产品目标价格制度的主要功能是提供政策性补贴，这种补贴具有显性和可控的性质，可以减少市场扭曲，更好地发挥市场在资源配置中的作用，但由于中国农业发展以小生产为主，农民组织化程度低，政府的组织管理工作将非常复杂，要求有配套机构、人员、资金等工作系统，要求特定生产者和特定消费者按照统一规定进行专门登记申报并接受审查，相应的交易成本和财政支出会大幅提高。

二、农产品目标价格制度也不能完全替代重要农产品临时收储制度

目前我国对玉米、大豆、油菜籽、棉花、糖料等重要农产品实行临时收储制度。与粮食最低收购价制度类似，这种制度安排也具有对农民生产的农产品进行“调控价格”和“托底购销”的双重功能。作为一种改革方案，如果对重要农产品临时收储制度进行改革，建立农产品目标价格制度，可以替代其中所包含的“调控价格”功能，但无法替代其中所包含的“托底购销”功能。

与粮食最低收购价制度不同的是，在重要农产品临时收储制度中，对农产品收购价格的确定时间有所不同，主要不是在农作物播种或农产品生产之前确定，而是农作物播种或农产品生产之后确定，有的在新产品收获上市之前确定，有的在新产品上市之后确定，主要由当年的国际和国内农产品市场供求及价格运行的具体情况决定，这样，对农产品收购价格及收储行为就带有“临时性”的特点。

与粮食最低收购价制度类似，与农产品目标价格制度相比，重要农产品临时收储制度也是有利有弊。主要缺陷是，所谓临时收储价格是一种人为设定的政策性价格，上涨容易下降难，在临时收储后要及时组织在市场上卖掉，如果有合理亏损要由财政承担，如果临时收储价确定不合理，有可能扭曲市场运行，扰乱不同农产品之间合理的比价和差价关系，还有可能带来巨大的财政风险。主要好处是，在政策操作上比较简便，主要由中央垂直管理的国有流通储备企业和部分加工企业等组织完成，效率比较高，对农民基本经营收益的保护比较有力。相比之下，农产品目标价格制度的主要功能是提供政策性补贴，在制度设计合理的情况下，可更好地发挥市场在资源配置中的作用，但政府的补贴工作非常复杂，具有重要的条件，在财政支出上可能不减反增。

三、粮食最低收购价制度和重要农产品临时收储制度在实践中面临的主要问题

我国从2004年开始建立粮食最低收购价制度，从2008年开始建立重要农产品临时收储制度。2005～2006年、2009年和2012年，国家启动了籼稻最低收购价执行预案，2007年、2012年启动了粳稻预案，2006～2009年、2012年、2013年启动了小麦预案。2008年、2012年和2013年，国家启动了玉米临时收储，2008～2013年启动了大豆和油菜籽临时收储，2011～2013年启动了棉花和食糖临时收储。实行这两个制度后，对增加农民收入、促进生产发展、保障市场供应、稳定价格水平发挥了重要作用。但在实践中，由于国内外市场发生变化，这两个制度的下一步实施都面临挑战。

在这两个制度中，要保证制度合理运行的隐含假设是，国内价格低于或等于国际市场进口成本价（保证合理的“最低”以实现在市场上正常顺价销售），同时国内价格的确定本身要合理，否则就可能受到国际市场冲击，带来价格扭曲及巨额的财政风险。前几年，由于国际农产品价格发生大幅波动，我国农产品价格显著低于国际市场，国家“调控价格”主要考虑保护国内农民基本经营收益只增不减，对国际农产品价格的大幅波动及其影响估计和考虑不足，在政策的实际操作中并没有严格遵循当初制度设计的“最低”和“临时”的初衷，导致出现了“最低价格不最低”、“临时收储不临时”的突出问题。目前我国农产品市场价普遍高于国际价格，导致农产品进口快速增长，开始形成对价格变化合理性的扭曲和国际市场冲击，如果不及时引入对农民利益进行保护的新机制，下一步的生产发展、市场调控和政府支出将陷入进退两难。此外，由于政策管理还不尽完善，也不同程度地存在一些扭曲市场运行、扰乱不同农产品之间合理的比价和差价关系以及出现寻租和腐败现象等问题。

四、引入农产品目标价格制度后农产品市场运行可能面临的新问题

我国目前还没有建立农产品目标价格制度。建立这个制度，依赖于很多前置条件，需要政府做艰苦细致的努力并在方法上进行创新。作为一种改革方案，在引入农产品目

标价格制度的过程中，如果简单放弃粮食最低收购价制度和重要农产品临时收储制度，农产品市场运行有可能出现新问题，或者一些曾经解决的问题有可能重新出现，需要引起警惕。

1. 农产品价格波动可能增大

这种波动对生产者、消费者、加工经营者和政府，都是不利的。影响农产品价格的因素多种多样，农产品价格本身就容易发生波动，特别是由于农产品供给价格弹性和需求价格弹性的不一致，农产品价格的变化存在典型的“蛛网现象”。这种波动为期货市场及投机者提供了发展机会，但对于实体市场的参加者却并没有实质上的好处，反而会为此承担更多风险管理成本和交易成本。随着农产品价格波动增大，即使不考虑必要的组织管理工作成本，政府的财政负担也可能不减反增。

2. 农产品流通问题可能凸显

这种问题不仅会因为市场流通设施不健全或不完善可能产生，而且会因为市场担心农产品价格大起大落进行观望而加重出现。随着农产品价格波动加大，农产品市场流通主体在经营行为上将更加谨慎，一旦农产品价格出现回落特别是有持续回落时，人们会为了控制风险而观望，在经营上止步不前。对于那些经营能力比较弱的农产品市场流通经营主体，有可能加速破产倒闭，对农产品的高效流通产生影响，受到影响最大的是农民。

3. 国家对特定生产者或消费者的补贴政策执行存在困难，在管控不力时可能会引发社会不满

建立带有直接的差价补贴性质的政策，在实际操作中会存在政策宣传困难、操作方式复杂、基层任务繁重和农民理解欠缺等困难和问题。政府可用于补贴的资源是稀缺的，如果政府预算不到位或没有足够资金进行补贴，或由于政府组织、管理和监督工作量增大而行政管控能力不到位，出现补贴不落实、低效率、寻租和腐败等，将引发农民群众和加工流通企业的不满。

五、对引入农产品目标价格制度的几点建议

1. 明确政策改革的方向

农产品价格政策改革的总体思路是让市场在资源配置中起决定性作用和更好地发挥

政府的作用。要从理论上提高对农产品目标价格和农产品目标价格制度的认识，正确处理农产品目标价格制度与农产品收购市场全面放开制度、粮食最低收购价和重要农产品临时收储政策之间的关系，按照既要解决现实问题又要防控和解决新问题从而从根本上解决问题的原则，对现行制度的内容实行保留、取消和修改相结合，建立和完善由农产品市场价格制度、农产品最低收购价及临时收储制度和农产品目标价格制度组成的“三位一体”的新型管理制度整体框架。建立农产品目标价格制度的政策目标，主要是弥补农产品市场价格制度和最低收购价及临时收储制度在设计上存在的隐含缺陷，核心是要将国家的职责放在有限政府框架内，建立专门的政策性补贴制度，将政府代表国家为主产区农民及特定消费者提供的隐含的和不确定的价格补贴转变为显性的和确定的直接补贴，提高补贴的精准性和可控性，实行信号的归信号（由市场供求决定）、利益的归利益（由政府补贴调节）。农产品目标价格由假设条件和价格水平两个部分组成，价格对象有生产价格和消费价格两种类型。农产品目标价格制度具体分为政策性价格下限补贴制度和政策性价格上限补贴制度。针对生产者的，主要是农产品生产价格或者农产品收购价格，在管理上主要是要确定政策性价格下限。针对消费者的，主要是农产品零售价格或者农产品购买价格，在管理上主要是要确定政策性价格上限。由于农产品价格是不断变化的，农产品政策性价格上限和下限在实践中需要定期或不定期进行调整。

2. 加强政府管控能力建设

建立农产品目标价格制度，是一个政府有“退”有“进”的过程，要加快建立全国统一、内容完整、书面票证和电子网络相结合、高效运行的农产品收购票证管理系统。这个“退”的过程，主要是退出政府对农产品价格变化的直接干预或不合理干预，让农产品价格的变化由市场供求关系决定，让粮食最低收购价或农产品临时收储价可涨也可落，由国内和国际两个市场决定。这个“进”的过程，就是要做好日常工作和应急系统基础建设，全面加强公共财政可支付能力、政府行政管控能力建设、农民生产经营能力和国有企业服务能力。由于农产品购销涉及税收，国家对农民卖自产农产品免税，在税务部门的要求下，以中储粮公司为代表的一些企业建立了一套票证制度，要求农民在销售过程中提供自产证明和个人身份证，并在农民销售后为其开具正式发票。实行这套票证制度，对于实行农产品目标价格制度非常有意义。但在实际操作中，由于没有人专门对此监督检查并追究责任，这套票证制度的设计和执行不完善。建议由国家财政和税务部门牵头，以现行的全国农业补贴管理信息系统和税务管理信息系统为基础，多部门参与，加强对农产品收购环节的规范管理，明确责任、分工合作、整合资源、技术支撑，建立全国统一、内容完整、书面票证和电子网络相结合、高效运行的农产品收购票证管理系统，以此作为对农民计算和核发农产品目标价格补贴的最重要的客观依据。

3. 逐步引入目标价格制度

目前我国探索建立农产品目标价格制度，还只能在具备一定条件的品种和地区先试行，全面实施需要一个很漫长的过程。这些条件是，对政策性补贴容易操作和市场化流通没有障碍的要优先实行，对政策性补贴操作困难和市场化流通体系落后的最后实行或不实行。分品种看，大体顺序是棉花和大豆、生猪、糖料、油菜籽、玉米、小麦和水稻等。分地区看，大体顺序是新疆、东北、广西、其他地区。对于那些暂时不宜建立农产品目标价格制度的品种和地区，在国内市场价格明显高于国际市场价格、农产品进口出现快速增长、国内生产发展面临国际市场低价农产品冲击压力的情况下，可以通过增加对农民的粮食直接补贴、控制最低收购价或临时收储价涨幅乃至适当降低绝对价的办法，解决对生产者的基本经营收益保护问题。

4. 推进调控政策组合配套

建立农产品目标价格制度后，要继续保留粮食最低收购价制度，但也需要进行配套改革，主要是向名副其实的“最低”回归，仅用于保障主产区农民生产的粮食在市场低迷时能全部卖掉和在全国范围内跨地区和跨年度之间进行余缺调剂；同时要继续保留重要农产品临时收储制度，但也需要进行配套改革，主要是向名副其实的“临时”回归，仅用于保障主产区农民生产的重要农产品在市场低迷时能全部卖掉和在全国范围内跨地区和跨年度之间进行余缺调剂；将粮食最低收购价制度和政府重要农产品临时收储制度中的政府“调控价格”的范围进行调整和拓展，从主要考虑国内市场变化转变为考虑国内和国际两个市场变化相结合，从主要考虑短期变化转变为考虑短期与中长期变化相结合，从主要考虑一般社会正常交易转变为考虑政府财政可补贴能力、特定主体、特定交易和责任分担相结合。

我国油橄榄产业发展亟待解决的几个问题

张云华

近期，我们对四川省广元市青川县、甘肃省陇南市武都区进行油橄榄产业专题调研，并了解全国油橄榄产业发展的总体情况，现提出发展壮大油橄榄产业的几点建议。

一、我国油橄榄产业发展情况及地位

1. 油橄榄产业起步早、规模小，秦巴山区是核心发展区域

油橄榄与油茶、油棕、椰子并称为世界四大木本油料植物。目前，全球油橄榄种植面积为1.3亿亩，约8.5亿多株，橄榄油年产量为260万吨，居世界植物油料的第6位，其中95%以上集中在西班牙、意大利等地中海沿岸国家。我国于1964年在周恩来总理亲自关怀下，从阿尔巴尼亚引进种苗开始栽培试验。

20世纪末以来，四川、甘肃、云南、重庆等一些适生地区，结合国家山区林业综合开发和退耕还林等工程项目，油橄榄产业逐渐恢复发展，但总体规模还比较小。至2012年，我国油橄榄种植面积约为50万亩，1100多万株，鲜果产量8800吨，橄榄油年产量约1500多吨。

油橄榄的种植需具有适宜的气候环境和地理条件，我国油橄榄的最佳适生区在长江中上游及白龙江、金沙江、嘉陵江、汉江等长江支流，适生总面积约为450万亩。目前，四川省广元市油橄榄种植面积14.5万亩，甘肃省陇南市种植面积25万多亩，秦巴山区这两地的种植面积占全国已种植面积近80%。

2. 橄榄油品质高，进口多，市场潜力大

油橄榄鲜果榨制成的橄榄油是一种高端食用油，是唯一以天然状态被使用的果肉油，抗氧化性较强，营养价值丰富，价格是普通植物油的6~10倍。

我国橄榄油市场供不应求，九成以上依赖进口。根据海关总署统计数据显示，2011年我国橄榄油进口总量为32898吨，同比增长55%；相比2002年605吨的进口量，10年时间我国橄榄油进口量增长了53倍。国际橄榄油组织称“中国是世界上最后也是最大的橄榄油消费国”，存在着3亿多潜在消费人口，按人均年消费1公斤计算，3亿人的年需求量在30万吨左右。由此测算，中国油橄榄种植面积至少需要300万亩以上，而目前仅为50多万亩，还有较大发展空间。

3. 壮大油橄榄产业有利于提升我国食用油数量和质量安全水平

我国食用油年消费量近3000万吨，人均消费约20公斤，但自给率不足40%。国内自给部分九成以上依靠油菜籽、花生、大豆等草本油料，而油橄榄、油茶等木本油料较少。为提高食用油自给率而增加草本油料种植面积面临“与粮争地”的问题，增产瓶颈不小，但充分利用山地、林地资源种植油橄榄等木本油料则空间很大。在适生地区大力发展油橄榄产业，可以提高我国橄榄油的供给能力，对于优化食用油结构和提升食用油综合品质具有重要意义。

4. 发展油橄榄产业有利于促进山区农民脱贫致富

橄榄油需求旺盛，油橄榄产业具有明显的竞争优势，发展潜力巨大，相应的对农民的增收作用显著。按四川广元、甘肃陕南现有成熟示范园的实际情况来看，油橄榄种植为每亩33株，7年后进入初挂果期，12年后达到丰产，株产可达50公斤，亩产可达1500公斤。按每公斤果售价10元计算，亩产值达15000元。橄榄树寿命可达几十到上百年，可以成为惠及几代人的“造福树”。广元市青川县营盘乡新南村8年生油橄榄（初挂果期）单株最高产量2012年达到60公斤，平均产量15公斤/株，亩产450公斤，收入4500元。

二、油橄榄产业发展中面临的问题

1. 苗木品种混杂，挂果率低、产量低

目前我国有上百个油橄榄品种（品系），各地在引进油橄榄品种过程中普遍存在引入品种过多问题，一些品种并不适合在当地生长且挂果率低。在引入之后的繁育过程中，技术力量薄弱，不少地区多年来都没有筛选确立适合当地种植的主推优良品种。

青川县是油橄榄的适生地区之一，但在10多年前的发展初期，全县引入18个油橄榄品种，良莠不分、苗木质量低下，挂果率和产量都低，影响了农民种植收益和积极性。近两年，该县选育出几个适合本地的油橄榄品种，但数量较少，辐射面积不大。

2. 加工环节薄弱，企业带动能力不强

油橄榄只能用于加工产品，无法直接食用，这决定了加工在油橄榄产业中的特殊重要性。而我国国内的油橄榄加工水平较低，深加工能力不足，加工企业大多规模小，实力弱。广元市和陇南市都各有数家油橄榄加工企业，加工分散，对农民和产业的带动能力弱，产品市场认知度低。整个产业缺乏大型龙头企业引领，缺乏与国外知名企业和品牌的竞争能力。

3. 种植条件较差，基础设施薄弱

油橄榄树的种植区域普遍是立地条件差、基础设施薄弱的贫困山区。这些地区需要依靠发展油橄榄产业脱贫致富，但往往又没有财力来改善土地、水利、道路等基础设施，产业发展困难不小。

三、关于壮大我国油橄榄产业的建议

1. 集中各方力量抓好品种引进和选育工作

品种引进和选育是油橄榄产业发展的基础，影响长远。针对品种混杂和产量低的问题，应集中国家和地方专业科研机构力量，进行专项支持，开展品种引进和选育的实验、试验、筛选等工作，在各个适生区建立良种繁育基地和示范园。对已经种植的挂果率低、含油率低、品质差的品种，要进行“高接换优”品种改良，建议将其纳入国家低产林改造项目予以扶持。同时，还要扶持引进地中海沿岸国家含油率高、抗性强、结果早的优良品种。

2. 高度重视龙头企业带动作用

橄榄油及其他油橄榄加工产品具有广阔的市场前景，油橄榄产业潜力巨大，企业大有可为。针对橄榄油主要靠进口及国内缺乏大型龙头企业的现状，应依托我国现有食用油及食品饮料加工大型龙头企业，大力培育我国自己的油橄榄加工龙头企业，提高自有品牌的市场知名度和占有率。以龙头企业为带动，提高油橄榄产业化经营水平和林农收入，提高油橄榄产业整体发展水平和竞争能力。

3. 整合相关资金支持贫困山区油橄榄产业发展

我国油橄榄产业已具备一定的科研、种植、加工和市场条件。在此基础上，应积极支持我国油橄榄产业发展更上一层楼，整合退耕还林、农业综合开发、农田水利、以工代赈等工程来推动油橄榄产业发展，并将油橄榄产业作为秦巴山区等国家集中连片贫困地区的重点产业，加强基础设施建设，提高产业科研水平，扩大种植规模，壮大我国油橄榄产业。

探索建立生猪生产周期性损害救助制度

秦中春

一、我国生猪市场调控存在的问题

党中央、国务院高度重视生猪市场价格波动问题。近年来，国家对生猪市场先后实施了一系列调控政策。2007 年 2 月，国务院出台《关于促进畜牧业持续健康发展的意见》，8 月出台《关于促进生猪生产发展稳定市场供应的意见》。2011 年 7 月，国务院出台《关于促进生猪生产平稳持续健康发展防止市场供应和价格大幅波动的通知》。2009 年以后，国家已经两次就生猪市场调控问题出台专门方案。第一次是在 2009 年 1 月，国家发展改革委等六部门出台《防止生猪价格过度下跌调控预案（暂行）》。第二次是在 2012 年 5 月，国家发展改革委等六部门出台《缓解生猪市场价格周期性波动调控预案》。这两个预案先后得到多次启动和实施。这些调控政策取得了重要成效，对促进生猪生产恢复性增长、加快改变生猪市场供求紧张状况产生了重要作用。

然而，现行的调控机制仍然存在重要缺陷。主要问题是，相对于调控生猪价格上涨，政府对调控生猪市场价格下跌的措施不完善。最大的问题是，目前的调控手段以储备调控为核心，缺乏对生猪生产者在猪价过度下降后受到的损害提供直接补贴的保护措施，不能满足发展需要。由于猪肉属于鲜活农产品，本身难以储存，政府的储备能力也有限，难以通过储备吞吐调节价格，生产者受益非常有限。同时，调控的前提需要基于准确的预测，而对未来的预测是困难的。从调控需要解决的真正问题看，是保护生产者的基本收益，提高综合生产能力。因为在猪价上涨后，市场机制可以进行有效调节，猪价上涨的负担由全社会分担，而在猪价过度下降后，福利由全社会共享，损失却只能由生产者承担，生产发展难以持续，并造成市场周期性波动。从目前的猪肉市场调控机制看，在保护生产者的基本收益方面的措施基本是无力的。

二、猪粮市场调控属性的比较及部分国家的典型做法

市场调控是缓解农产品市场价格波动的重要手段。然而，与粮食市场调控相比，生猪市场调控的作用和影响是有限的。2004 年以来，由于国家促进粮食生产稳定发展和在粮食市场上进行有力调控，我国粮食价格变化总体上比较温和。但与粮价的平稳变化相比，猪肉市场价格的变化却始终大起大落，市场调控的作用和影响有限。主要原因是猪粮的产品特性、生产过程和调控条件等不同（见表 1）。

表 1　　猪粮的市场调控属性比较

	关联因素	粮食调控	生猪调控
1	产品储存属性	粮食为普通产品，容易储存，保质期一般 3 年左右	生猪为鲜活产品，难以储存，需要冷冻，保质期一般不超过半年
2	产品生产属性	粮食生产周期为 1 年，生产者主要为小农户	生猪生产周期为半年，生产者为小农户、大户和企业并存
3	调控成本属性	粮食单位价值低，市场价格波动区间相对较小，调控成本相对较低	猪肉单位价值高，市场价格波动区间大，调控成本高
4	调控组织属性	目前我国主要依靠中央垂直管理的中储粮公司和地方储备粮公司进行调控，中央粮食仓储物流能力强，组织效率高	目前我国缺乏或不可能建立中央垂直管理的储备肉公司进行调控，中央猪肉冷冻收储能力弱，组织效率不高
5	基本政策含义	对粮食可通过以储备手段为核心实现较好调节	对生猪难以通过以储备手段为核心实现较好调节

从发达国家的典型做法来看，政府对生猪市场波动的调控措施是综合的和多样的，包括了反周期补贴、引入期货交易、政府储备及进出口调节、政府指导猪肉回购及冷藏并对参加者提供补贴、政府与农民合作建立猪肉价格风险基金对生产者进行直接补贴制度、政府指导价及公开干预和特殊消费者补贴等。从这些措施看，最重要的不是临时性市场干预或政府收储，而是致力于建立长期性的机制，以政府补贴为核心，以保护生产者基本收益为着力点（见表 2）。

表 2　　部分国家生猪市场调控的典型做法比较

	基本做法	基本原理	典型国家及实施情况
1	基于生产者的基本收益的反周期补贴	当猪肉产品的每单位国民收益低于全国目标收益时触发，由政府进行直接补贴，为农户提供收入安全网	美国。2002 年农业法案及以前为基于价格的反周期支付，2008 年农业法案以后改为基于收益的反周期支付
2	引入生猪期货交易	发现价格，提供预测信息，促进生产者及相关参加者了解猪肉价格走势，引导生产和流通，分散风险	美国。1966 年开始在芝加哥商品交易所开始生猪期货交易，主要品种有瘦肉猪、冷冻猪肉等
3	政府储备及进出口调节	政府制定猪肉上下限价格，超过这个范围就进行储备调控及进出口调节；在价格下跌超过下限时，就从批发市场收购猪肉增加储备，在价格上涨超过上限时，就抛售储备，或依法减免进口税增加进口	日本。政府猪肉储备量小，只有 2.5 万吨左右，约占消费 2%，对市场调控力弱。当价格上涨过度时，主要通过进口调节。2007 年，猪肉价格上涨到 500 日元/公斤以上，超过上限，政府储备减少了 1 万吨，2008 年猪肉进口增加 6 万吨
4	政府指导猪肉回购及冷藏，对参加者提供补贴	政府按照农户养殖成本制定基准价格，在批发价格低于基准价格时，在政府指导下，由生产者团体、猪肉加工行业协会等自主实行猪肉冷藏保存，政府补贴相关成本和损失。参加的生产者团体主要是农协全国联合会和畜牧专业农协，猪肉加工行业协会主要是火腿及火腿肠行业协会，政府补贴范围为利息、加工费、运输费、仓储费等	日本。与国储和进口相比，指导回购数量不大，但对市场买卖双方心理影响大，效果明显。2009 年 10 月，日本猪肉价格下跌超过下限，生产者团体和肉食加工企业从批发市场收购 1604 吨猪肉，次月猪肉价格回升到正常水平，日本政府支出 38.5 亿日元的补贴
5	政府与农民合作建立猪肉价格风险基金，由基金对生产者进行直接补贴制度	按照农户预计销售生猪头数，由政府和农户按 1:1 投入建立风险基金，在猪价下降到基准价格以下时，农户可以从风险基金中得到差额的 80% 的补贴	日本。2010 年，每头猪保费为 580 日元，全国共 3560 户（占 59%），为其 1290 万头生猪（占 76%）缴纳了 74.8 亿日元保费，政府投入 74.8 亿日元
6	政府指导价及公开干预	对于原产地为欧盟的部分产品，政府制定并公布指导价，生产者销售农产品价格不得低于指导价，市场价一旦偏离指导价，政府即买进，以免对市场造成冲击	欧盟。1970 年以后，欧洲农产品开始自给有余，实行共同农业政策，规定了市场干预政策。2003 年以后，这一政策有所改革，变为了以单一支付计划为主，无论价格及数量，实行固定补贴

续表

	基本做法	基本原理	典型国家及实施情况
7	特殊消费者补贴	不专门针对生猪，但与猪肉等有关。政府制定针对特定群体的食物营养计划，对其实行定向补助，即使食品价格高涨，也能满足其基本需求	美国。政府制定了学校午餐计划、学校早饭计划、儿童与成人食品照顾计划、夏季食品服务计划等，对特定的消费者群体提供定向支持，扩大消费，保证食物营养

注：根据有关资料整理。

资料来源：温雁（2012），蓝海涛、涂圣伟（2013）。

三、改进生猪市场调控机制的基本思路

总体上看，我国目前已经建立多渠道入手、多部门参与和多种措施并举的生猪市场调控政策体系，这些措施是必要的，今后仍然需要保留。改进生猪市场调控机制的基本思路，是在坚持和完善这些措施的基础上，结合生猪产业发展的特殊性，引入对遭受周期性损害的生产者提供救助的机制，对生产者加大政策扶持，为今后保证猪肉市场充足供应、降低通货膨胀压力和改善消费者福利提供支撑。

主要设想是，政府牵头，多渠道筹资，设立生猪生产周期性损害救助基金，制定专门的生猪生产周期性损害救助管理办法，建立长期有效的制度和配套工作体系。主要内容是，在生猪生产发展出现周期性损害时，以超过一定规模的商品生产者为对象，以周期性亏损为基本依据，实行财政直接补助与生产者出资相结合，对生产者的基本收益提供保护，同时配套建立规模化生产调查统计、登记管理、市场监测和信息披露机制，从源头上加强生产管理和信息服务，从根本上缓解市场波动。

四、政策建议

1. 以促进生猪生产稳定发展为目标，设立救助基金

围绕促进生猪生产稳定发展，尽快建立生猪生产周期性损害救助制度。设立生猪生产周期性损害救助基金，基金来源以政府出资为主，实行多渠道筹资，具体由中央政府、地方政府和超过一定生产规模的生猪生产者以及其他相关单位共同出资组成。借鉴

日本建立猪肉价格风险基金的经验，由政府与规模以上农户按照1∶1的比例共同出资，生产者出资条件的初步考虑是每月平均存栏规模在50头以上的规模养殖户，结合近几年生猪周期性损害发生实际情况，综合估算出资额；同时也有所改进，以平均月存栏生猪头数为依据进行出资和补助，对平均月存栏规模在50头以下的小农户不用出资，仅由国家提供超额补助，每头补助标准相应降低，组织管理成本也大幅降低；当生猪市场价格和养殖效益下降到满足周期性亏损补偿条件时，养殖户可以从基金中得到差额补贴。政府的出资也可以每年进行分摊，纳入财政预算，每年按期进行投入。按照2009～2012年生猪生产周期性损失数据初步测算，如果以全国生猪月均存栏数为依据，大体上政府的出资水平为平均每头生猪每年约50元左右。

2. 以连续3个月以上出现亏损为依据，实行动态管理

以国家发展改革委公布的猪粮比价为准，凡是出现连续3个月以上猪粮比价低于6.0的，就定义为周期性损害发生，由国家启动周期性损失救助机制。目前我国生猪的平均生产周期为5～6个月，连续3个月以上猪粮比价低于6.0，对商品生产者是难以承受的。从历史上看，出现这种现象的概率是有限的。从2009年1月至2013年上半年的4年多内，一共发生两次。第一次是从2010年2月3日到7月14日，持续5个多月。第二次为2012年4月25日到9月19日，持续4个多月。

3. 以猪粮比价低于盈亏平衡点为依据，实行差额补助

按照我国目前的生猪养殖水平，猪粮比价6.0为盈亏平衡点。差额补助的方式是，按照与盈亏平衡点的实际差额和持续时间以及相关的生猪产品价格计算。这种安排体现了这一政策的救助性质，是在生产者责任自负基础上补助，相当于国家只负责按照社会平均经营水平进行补亏，生产者获得这种补助本身并不能从中获得利润，要赚钱还只能依靠市场价格的回升和提高生产经营水平实现。按照这一思路，根据统计资料，在2010年和2012年两次周期性亏损中，猪粮比价平均为5.26和5.8，按照6个月的生产周期，结合持续时间，测算平均每头生猪的差额补助标准大约为141元和47元。

4. 以实际存栏超过最低规模数为依据，实行超额补助

生猪调控向基层和农户延伸，面临的问题是点多面广。可按照每月实际存栏超过5头以上的数量提供补助，同时对实际存栏达到50头以上的数量实行风险管理，要求生产者参加生猪生产周期性损害救助基金出资，并以此为条件，在风险发生后实行双倍回报（见表3）。这意味着每月存栏在5头以下的部分自己负责，也将从事自给自足式生产的小农排除在外，可以大大减少工作量，并可以控制制度内寻租和投机；同时，每月存栏 50 头以上的部分要自己参与基金筹资，获得的补助也是双倍的，可以增强风险防范功能，也可以控制制度内寻租。最低扣除规模设想为月存栏 5 头，主要考虑是政府的救助政策作为公共政策，应该具有普惠性，更多地惠及穷人。同时存栏 5 头以上就具有明显的商品生产特征，目前月存栏 5 头生猪以上的生猪养殖户实际上是比较有限的，初步测算全国总规模在 1000 万户以内。

表 3　　不同规模养殖户的差异化管理

	月存栏 5 头以下的养殖户	月存栏 5 ~ 49 头的养殖户	月存栏 50 头以上的养殖户
参加周期性损害救助基金筹资	不参加基金筹资	不参加基金筹资	参加筹资，按照国家与养殖户1:1比例参加周期性损害救助基金筹资
发生周期性损害时获得基金补助	不能享受国家补助资金	超过 5 头以上的部分，享受国家差额补助资金	对 50 头内的部分按照超过 5 头部分享受国家差额补助资金；对超过 50 头以上的部分，在享受国家差额补助标准的基础上，再获得自己筹资部分补助资金，从而享受双倍补助资金

5. 以全国平均统计数据为依据，实行按年结算

具体方式是，在周期性损失结束的年度，以连续 3 个月以上全国平均猪粮比价低于盈亏平衡点的差额、持续时间、相关的价格计算平均每头生猪补助水平，在此基础上，各地结合规模化生产者实际存栏超过 5 头以上的数量和生产统计，进行综合核算，按照年度，提供一次性补助。

6. 以中央补助保底和地方配套相结合，实行组合扶持

政府补助资金由中央和地方进行分担，按照中央财政出最低补助基数，地方各级政府根据各自财力进行追加补助，并安排相关的工作经费，并完善畜牧业生产扶持政策。根据统计资料，按照 2010 年和 2012 年两次周期性亏损估算，测算需要政府出资额分别约为 580 亿元和 190 亿元，占养殖户当年收益损失总量或消费者获得福利的比例约为 20%；如果按照 2009 ~ 2012 年的 4 年进行分摊，每年政府出资总额平均约为 193 亿元，占每年生猪总产值的比例约为 2%。

7. 以严格生产登记和明确责任为基础，实行合约管理

实行统一领导，归口管理，具体工作由农业、统计、财政和发改等部门和单位负责承担，采取政府部门调查统计与生产经营者自主申报相结合，促进农民的参与，规范参加者责任。建立规模化生产登记管理制度，实行按月定期报送存栏信息。生产者要接受核查，保证报送信息准确，对申报信息不准和不讲信用的，要严格追究责任，违者要进行处罚。

四川广元发展低碳农业的实践

张云华

低碳农业是低碳经济的重要组成部分，是现代农业的应有之义，是转变农业发展方式的有效途径。四川省广元市积极发展低碳农业，为我国低碳农业发展提供了实践样本和政策启示。

一、我国发展低碳农业的背景

1. 农业生产高消耗、高污染

随着化肥、农药、农用塑料薄膜等化学合成物质和农业机械、水利灌溉设施作用于农业，农业生产能力得到极大提升。然而，不合理、过度使用这些外部资源投入带来了能源和资源的高消耗，同时伴随着高污染。2011 年，我国化肥施用量（折纯量）5704. 2 万吨，超过世界总用量的 30%，亩均施用量是国际公认的化肥施用安全上限 15 公斤/亩的 2 倍，而平均利用率仅为 40% 左右。2010 年我国农药使用量达到 175. 8 万吨，是 1990 年的 2. 4 倍，亩均农药使用量约为 1 公斤，利用率仅为 30% 左右。2010 年我国农用塑料薄膜使用量为 217. 3 万吨，每年有几十万吨农膜残留于土壤中。未被利用的化肥和农药以及残留农膜造成了土壤、地下水、地表水和空气的污染。我国畜牧业养殖产生的畜禽粪便污染问题突出。据统计，我国猪、牛、鸡三大类畜禽粪便年总排放量约 30 亿吨，这些本可以作为肥料的动物粪便有相当一部分未经处理直接排放污染了土壤和水源。农业污染不仅影响了农业产出，还威胁到农产品质量安全和消费者健康。

我国是一个严重缺水的国家，农业用水占比较大，近几年我国农业年用水约占总用水量的 62%，同时存在用水粗放，浪费严重现象。2011 年，我国农田灌溉水有效利用系数为0.51，远低于世界先进水平的0.7～0.8。

2. 农业生产高排放

联合国政府间气候变化专门委员会（IPCC）第四次（2007年）评估报告表明，农业是温室气体的主要排放源之一，占全球人为排放量的13.5%。CO_2是温室效应气体的大户，农业对其贡献大约为15%～25%，主要来源是土地。据估计，因为农业的扰动，全球每年由土壤释放到大气中的碳量约为0.8×1012公斤～4.6×1012公斤。CH_4的温室效应系数为CO_2的21倍，农业对大气CH_4数量的贡献约是50%，主要来源是水稻栽培、动物养殖。农业是我国碳排放的主要来源之一，农业碳排放量占碳排放总量的20%。

二、低碳农业是转变农业发展方式的有效途径

低碳农业是指农业生产过程中低消耗、低排放、低污染、高碳汇（即“三低一高”）的农业。低碳农业可以抵消80%的农业温室气体，发展低碳农业意义重大。

1. 低碳农业是资源节约型和环境友好型农业

从内涵上看，低碳农业是生态农业、绿色农业、循环农业的进一步发展，发展低碳农业，就是通过采取各项节能降耗技术及措施，达到“三低一高”的要求，减缓全球气候变暖速度，保护生态环境。

2. 低碳农业是优质安全型农业

低碳农业产品注重绿色、环保理念，在维持基本产量的前提下，生产中注意有害投入品减量和替代，采用平衡施肥，大量施用有机肥，用绿色防控进行病虫草害防治，尽量不使用或少使用化肥、农药和生物制品。所以，低碳农业生产的产品是无公害农产品、绿色食品和有机食品，符合消费者生态、安全、绿色消费需求，低碳农业品牌也易被大家接受，有利于品牌塑造。品牌是现代农业的灵魂，高效益的品牌打造，也是推动低碳农业快速发展的动力所在。

3. 低碳农业有利于农民增收

低碳农业可以从三方面实现比传统农业更高的收益。首先，低碳农业通过节能降耗，大幅度减少生产投入实现增收；其次，通过品牌塑造，大打生态、安全、绿色牌，产生良好的品牌效益；最后，通过一定的平台，实现碳汇交易获得收益。据测算，推广

低碳农业技术，每亩可节本增收 136 元；通过品牌打造，农产品产值至少增长 20% 以上；碳汇交易每亩可增收 3.7 元以上。广元市 200 万亩耕地生产低碳农产品，每年可实现节本增收、品牌增收、碳汇增收共计 14 亿元，农民人均增收 600 元左右。有研究认为，由于全球性的资源短缺问题日益突出，作为资源性的农产品显得格外重要，从而使农业有可能成为效益最好、最有前途的产业之一，而低碳农业必将在这一发展过程中体现出独特的优势。

三、四川省广元市发展低碳农业的实践及效果

四川省广元市高度重视低碳经济发展，确立了“生态立市”发展思路和“低碳发展”战略，并推进低碳经济发展取得了显著成效。广元市先后荣获“2009 低碳中国贡献城市”、“2010 全国低碳发展突出贡献城市”称号，2012 年，受邀参加了“低碳中国论坛首届年会”和德班气候大会，被国家发展改革委批准为四川省唯一的国家低碳试点城市。广元市发展低碳农业具有得天独厚的有利条件，森林覆盖率达 53.6%，土壤中重金属含量、农药残留量均低于国家和省颁标准，农业生产环境优良；已有全省最大的错季无公害蔬菜生产基地和四川外销出口加工蔬菜生产示范基地，已建成全省面积最大的全国绿色食品原料标准化生产基地 112 万亩；全市有农业研究所 1 个，猕猴桃研究所 2 个，核桃研究所 2 个，蔬菜研究所 1 个，同 20 余所大学院所建立了广泛的校地合作关系，发展低碳农业技术支撑有力；测土配方施肥项目于 2008 年、2011 年成功实现 25 万美元、480 万元的碳汇交易，在全国属首例，走在利用测土配方施肥项目开发碳指标并成功交易的前列。

1. 低碳农业技术得到大面积推广

广元市农业部门推广低碳农业技术已有多年，在测土配方施肥、免耕覆盖、秸秆还田、合理轮作、资源循环利用、绿色防控等技术领域成绩显著，为全域推进低碳农业打下了坚实的技术基础。

（1）在测土配方施肥技术推广方面，2005 年，剑阁县试点实施国家测土配方施肥项目，2008 年，全市各县区全面推广。截至 2012 年，全市测土配方施肥项目共争取中央资金投入 2033 万元，技术推广面积 2574 万亩，全市共增收节支 25.6 亿元左右，共减少氮肥用量（折纯量）8.2 万吨，折合减排二氧化碳 65.6 万吨，同时减少了生产、运输氮

肥耗用天然气、煤、石油、电力等产生的二氧化碳排放。

（2）在秸秆还田技术推广方面，自 2008 年以来，广元市每年实现秸秆还田面积均在 300 万亩左右，还田秸秆量在 110 万吨左右，每年能够给农田增加有机质 20 万吨左右，蓄碳减排效益明显。苍溪县三江村被农业部授予“秸秆还田免耕覆盖起源地”，其免耕覆盖耕作已持续 25 年，为全市推进秸秆还田循环农业发展起到了很好的示范作用。

（3）在免耕栽培技术推广方面，近年来，广元市每年免耕栽培面积均超过 40 万亩，不仅增加了土壤碳蓄积能力，而且大幅度减少了因耕翻、平整、中耕及培土等耕作措施所需人力、机械、能源或畜力的投入所导致的碳排放，减少了土壤有机碳因土壤破坏以 CO_2 形式向大气释放。

（4）在绿色防控技术推广方面，配合“三品”（无公害农产品、绿色食品、有机农产品）基地建设，全市每年在水稻、玉米、茶叶、蔬菜上建立绿色防控示范区 2 万亩以上，辐射带动面积 100 万亩以上。

2. 农村沼气建设成效显著

截至 2012 年底，全市累计建沼气池 34.1 万口，每年可为农户提供优质燃料 1.19 亿立方米，减少 CO_2 排放 68.2 吨，可保护林地 119.35 万亩，减少水土流失 153.45 万吨，可提供优质无公害沼肥 341 万吨。2010 年，广元市农业局被农业部评为全国沼气建设先进集体，苍溪县被国家能源局、财政部、农业部授予“国家绿色能源示范县”称号，农村沼气建设连续 9 年获得四川省政府“李冰杯”奖励。目前，全市宜建农户沼气建成比例达 72%，已实现沼气化市创建目标。

3. 低碳农业发展已有初步规划

2012 年初，广元市开展了创建全国低碳农业示范市工作，制定了《广元市创建全国低碳农业示范市实施方案》，提出了“三步走”创建工作规划，即：第一步，2012 年完成全域无公害农产品整体认定，启动低碳农业万亩示范片建设；第二步，2013 年全域推进国家绿色标准化原料生产基地整体认定；第三步，2014 年申创全国低碳农业示范市。目前，全市已实现第一步目标，2013 年已申报国家绿色标准化原料生产基地面积 106.8 万亩，将累计完成认证面积 218.8 万亩，可顺利实现第二步目标。

4. 低碳农业万亩示范片建设初见成效

2012 年，广元市启动了 7 个低碳农业万亩示范片建设。全市整合各类涉农项目资金 3.7 亿元投入示范片建设，在示范片内完善了基础设施，推广各项低碳农业技术 20.4 万亩次，认定绿色食品原料基地3.3万亩，认证绿色食品14个。据测算，示范片通过推广使用低碳技术，减少农业投入1088万元以上，减少碳排放7.8万吨以上，生产各类低碳农产品21万余吨，品牌效益亩均增加400元以上。

四、对我国发展低碳农业的建议

1. 国家层面制定低碳农业发展战略

我国政府对低碳经济、节能减排工作非常重视，低碳经济、节能减排已经成为经济发展的理念和内容。在此基础上，应把低碳发展理念具体到农业生产中，在国家层面制定低碳农业发展战略和规划，拟定科技、财政、产业等方面的支撑政策，建立低碳农业统计指标体系和监测考核体系，发挥政策导向作用。

2. 建立综合性低碳农业技术体系

目前，我国在测土配方施肥、农村沼气建设、节水技术、资源循环利用、秸秆还田、免耕栽培和绿色防控等方面的技术已经比较成熟，并且在全国范围内开展了技术推广工作。但是，这些技术和相关项目还处于单打独斗的状态，低碳农业还没有形成一整套系统的技术体系，以便农业部门、涉农生产者借鉴使用。因此，应综合农业各个领域、各个环节的各种低碳农业技术，建立综合、系统、规范标准化的低碳农业体系，加强低碳农业技术的创新和推广力度，促进低碳农业技术的集成使用，推动低碳农业技术应用于农业实践。

3. 建立低碳农业示范区

在全国不同类型的区域，选择农林牧渔不同领域，建立低碳农业示范区，在政策支持、财政补贴、技术应用等方面先行先试，总结经验和做法，逐步扩大、普及低碳农业。

4. 加强低碳农业领域的国际交流合作

低碳是全球性命题。国际上关于低碳农业已经形成了一些比较成熟的经验和技术，我国应加强低碳农业方面的国际交流和合作，积极引进先进可行的技术和做法，促进低碳农业发展。

第三部分

城乡变迁

如何推进城乡发展一体化

叶兴庆

统筹城乡发展，以农业现代化支撑新型城镇化，以新型城镇化化解“三农”问题，是走中国特色新型城镇化道路的必然要求。改革开放以来，我国城乡面貌都发生了巨大变化。但受经济发展阶段、特别是城乡二元体制的制约，我国目前仍存在明显的城乡差距，农业农村发展大大滞后于工业化、城镇化发展，严重影响到全面建成小康社会目标的顺利实现，甚至影响到现代化建设的顺利进行。小康不小康，关键看“老乡”。在这个现实背景下，集中精力推进城镇化，千万不能忽视农业农村发展，更不能以牺牲农业农村为代价。那种以为只要工业化、城镇化水平上去了“三农”问题自然会得到解决的观点是有害的，那种强调先集中力量实现工业化、城镇化再回过头来慢慢解决“三农”问题的主张也是不可取的。在过往的工业化、城镇化进程中，我们亏欠农业农村太多。未来理想的城镇化进程，应该是城乡二元结构逐步消除、城乡共同繁荣发展、城乡各自特色优势都得到充分彰显的进程。这应该成为我们追求的目标。

中央城镇化工作会议和《国家新型城镇化规划》都明确要求，加大统筹城乡发展力度，加快城乡发展一体化步伐。为此，必须坚持工业反哺农业、城市支持农村和多予少取放活方针，加快消除制约城乡协调发展的体制性障碍，促进生产要素在城乡之间自由流动和平等交换、公共资源在城乡之间均衡配置，形成以工促农、以城带乡、工农互惠、城乡一体的新型工农城乡关系，让广大农民平等参与现代化进程、共同分享现代化成果。

一、推进城乡统一要素市场建设

建设城乡统一开放、竞争有序的市场体系，使市场在城乡间的资源配置中起决定性作用，提高城乡间资源配置的效率和公平性，可以为城乡发展一体化提供重要推动力量。经过多年改革，我国城乡间产品市场的一体化程度已经较高，工农产品自由流动和平等交换的目标已基本实现，为发展农业生产、增加农民收入注入了活力。但我国要素市场改革明显滞后，特别是城乡间要素市场的一体化程度仍较低，城乡间要素自由流动面临诸多体制障碍、交换不平等程度较为明显，既使农村处于不利地位、利益大量流失，又使资源配置效率低下。

应把维护农民生产要素权益作为推进城乡发展一体化的重要着力点，保障农民工同工同酬，保障农民公平分享土地增值收益，保障金融机构农村存款主要用于农业农村。应加快建立城乡统一的人力资源市场，消除城乡、身份等一切影响平等就业的制度障碍和就业歧视。建立城乡统一的建设用地市场，逐步消除国家垄断城市建设用地一级市场、国有与集体土地权能不平等的格局，探索符合规划和用途管制条件的农村集体经营性建设用地出让、租赁、入股的具体方式，在缩小征地范围、完善征地程序的基础上重点调整征地价格形成办法，建立兼顾国家、集体、个人的土地增值收益分配机制。加快构建竞争适度、价格合理、服务便捷、普惠“三农”的农村金融市场体系，强化大中型商业银行、农村信用社服务“三农”职责，逐步实现村镇银行县市全覆盖，支持由社会资本发起设立服务“三农”的县域中小型银行和金融租赁公司，积极发展新型农村合作金融组织，完善农业保险制度。引导城市人才、技术、资金等生产要素投向农村。

二、推进城乡规划、基础设施和公共服务一体化

推进城乡发展一体化，应注意处理好市场和政府的关系，既坚持使市场在城乡间的资源配置中起决定性作用，又更好发挥政府在消除城乡体制壁垒、编制城乡发展规划、建设城乡基础设施、提供覆盖城乡的公共服务等方面的职能。

一是推进各级各类规划城乡全覆盖。编制各级各类规划，特别是市县级经济社会发展总体规划、土地利用规划、城市和村镇建设规划，应树立全域规划的理念，把城乡作为一个整体进行统筹谋划，合理安排市县域城镇建设、农田保护、产业集聚、村落分布、生态涵养等空间布局，推进城乡绿化美化一体化。目前一些地方村镇建设、土地利用等重要规划还未覆盖到全部村庄、甚至集镇，应尽快实现规划全覆盖，真正发挥规划的引领和约束作用。规划要有前瞻性，但也要实事求是、切实可行。

二是推进基础设施城乡互联互通。加快农村公路建设，完善养护和安全管理机制，推进城乡道路客运一体化。有条件的地方应推进城镇供水管网向农村延伸。实施新一轮农村电网改造升级工程、提升农网供电可靠性和供电能力，深化农村电力体制改革、巩固和扩大城乡同网同价改革成果。加快农村互联网基础设施建设，实行与城市同等甚至更为优惠的资费标准，推进信息进村入户，遏制和消除城乡数字鸿沟。

三是推进基本公共服务城乡均等化。统筹城乡义务教育资源均衡配置。整合城乡居民基本养老保险制度、基本医疗保险制度，推进城乡最低生活保障制度统筹发展。完善城乡均等的公共就业创业服务体系。健全有利于财力资源在城乡间均衡配置的财政体制，逐步提高县级基本财力保障水平，实现县级政府财力与保障责任相匹配，为基本公共服务均等化提供财力支撑。

三、加快发展农业现代化

研究表明，一方面，我国农业劳动力转移已迈过“刘易斯第一转折点”，如果不转变农业经营方式、推进农业技术进步、加强农业基础设施建设，继续转移农业劳动力将会导致农业生产下降。另一方面，农业转移人口进城及落户后，尽管部分口粮品种的消费会减少，但肉蛋奶等其他食物的消费量将会明显增加。这告诉我们，顺利推进工业化、信息化、城镇化，必须同步推进农业现代化，不断提高农业综合生产能力。

应以解决好地怎么种为导向加快构建新型农业经营体系，以解决好地少水缺的资源环境约束为导向深入推进农业发展方式转变，以满足吃得好吃得安全为导向大力发展优质安全农产品，努力走出一条生产技术先进、经营规模适度、市场竞争力强、生态环境可持续的中国特色新型农业现代化道路。应把保障国家粮食安全和重要农产品有效供给作为现代农业建设的首要任务，严守耕地保护红线不动摇，划定永久基本农田，加强农田水利设施和高标准基本农田建设。建立农业可持续发展长效机制，促进生态友好型农业发展，在摸清底数、开展试点的基础上稳步推进农业环境突出问题治理。提高农业科技创新能力，做大做强现代种业，因地制宜推广先进适用农业技术。改进农机补贴方式，支持发展农机合作社、农机专业大户等服务组织，稳步提高主要农作物耕种收综合机械化水平。加快健全土地经营权流转市场，通过奖补等措施鼓励有条件的农户流转承包土地的经营权，发展专业大户、家庭农场、农民合作社等多种形式规模经营。统筹规划产区和销区农产品市场布局，加强农产品物流设施建设，促进农村与城镇的产销对接。

四、建设社会主义新农村

随着城镇化的发展，越来越多的人将从农村迁往城镇，农村人口会逐步减少，农村村落布局会发生较大变化，部分村庄甚至会消失。但我们必须清醒地认识到，即便将来城镇化率达到70%，届时仍将有近5亿人常住在农村，接近欧盟27国目前人口总数。承载这么多人的广袤乡村，如果仍处于“垃圾靠风刮、污水靠蒸发、家里现代化、屋外脏乱差”的状态，我们怎么可能宣称实现了全面小康目标，遑论实现了现代化。在着力建设现代化城镇的同时，应当遵循自然规律和城乡空间差异化发展原则，建设有历史记忆、地域特色、民族特点的美丽乡村，使之成为幸福生活的美好家园。

应加强乡镇村庄规划和建设管理，注意保留村庄原有风貌，慎砍树、不填塘、少拆房，避免盲目地撤并村庄，尽可能在原有村庄形态上改善居民生活条件，尽可能减少对自然的干扰和损害，让村庄融入大自然。加强农村基础设施建设，让农民走上平坦路、吃上清洁水、用上便宜电、住上安全房。加强农村社会事业发展，推进农村义务教育学校标准化建设，完善以县医院为龙头、乡镇卫生院和村卫生室为基础的农村三级医疗卫生服务网络，加强农村公共文化和体育设施建设，让农民像城里人一样享有方便、现代、舒适的公共服务设施。

建立农民工市民化成本分担机制

叶兴庆

一、关于农民工市民化的两个基本概念

第一，到底什么是农民工市民化？字面理解，就是农民工转化为城镇居民。狭义而言，是指农民工获得城镇户籍、与城镇居民享受同等社会保障和福利待遇，这主要取决于体制改革进展。广义而言，不仅包括户籍、待遇与城镇居民完全一样，而且包括文化、心理与城市社会高度融合。古今中外的移民经验表明这是一个长期过程，往往需要经历几代人才能实现。一般所讲的农民工市民化成本，主要是就狭义的市民化而言。

第二，到底有多少农民工有待市民化？以1978年全国城镇人口为基数，按全国平均人口增长率推算，2012年这部分城镇“原住民”应增长到2.4亿多人。2012年按常住人口口径统计的城镇人口为7.1亿人。这意味着，1978年以来累计有4.7亿人从农村进入城镇。这分为以下三种情况。

一是计划体制内的国家招工、大学招生、参军提干等“选择性”进入，这部分人基本被城市体制接纳。

二是城镇空间扩张导致城郊农民“被动性”进入，这部分人多数已变为城镇居民，还有一些没有被完全纳入城市体制。

三是城镇建成区外的农民为寻求就业和定居机会“自主性”进入，也就是进城农民工，他们中的部分人受益于户籍制度改革，已获得城镇户籍，但大部分户籍仍在农村。就狭义的市民化而言，“被动性”进入的一部分和“自主性”进入的大部分，是有待市民化的重点人群。2012年底，农村户籍人口约为8.76亿人，按常住人口口径统计的乡村人口为6.42亿人，相差的2.34亿人就是有待市民化的农民工及其随迁人口。今后还

将有几亿乡村人口要进入城镇，他们同样将面临市民化问题。

二、农民工市民化确实会产生社会成本

长期以来，我国在城乡实行两种不同的社会管理体制，城镇基础设施和公共服务明显好于农村。从农村向城市的人口迁移，确实会增加社会成本。城乡差距越大，这种成本越高。

据国务院发展研究中心《农民工市民化的成本测算》课题报告，一个农民工如果成为市民需要增加政府的支出约为8万元左右（2009年不变价）。农民工市民化成本的支出是一个长期的过程，并不是需要一次性投入，而是伴随着农民工市民化的过程。短期来看，义务教育和保障性住房是主要支出，占总成本的1/3左右；远期来看，养老保险补贴是主要支出，约占总成本的40%～50%，但养老保险补贴受养老金支出政策的影响很大。

住房城乡建设部2006年所做的一项调研显示，每新增一个城市人口需要增加的市政公用设施配套，小城市为2万元，中等城市为3万元，大城市为6万元，特大城市为10万元。

中国发展研究基金会发布的《中国发展报告2010》中认为，中国当前农民工市民化的平均成本在10万元左右。

据广东省测算，2011年全省跨县（市、区）流动的非户籍学生达到339万人，如果将这些非户籍学生入读公办学校的比例由目前的25%提高至75%，需要新增公办学位78万个，为此需要投资203.5亿元用于新建学校的征地、校舍和教学仪器设备，每年还要支出173.3亿元用于公用经费补助、教师工资福利。这些学生如在原籍就读，所需财政投入应低于这个水平。两者之差，就是新增社会成本。

三、目前农民工市民化产生的社会成本主要由输入地城市政府承担

在现行财政和事权划分体制下，农民工市民化产生的各种社会成本，主要靠输入地城市政府自行消化。这使城市政府承受较大财政支出压力。这是城市政府不愿向农民工

开放户籍的根本原因。

一些地方为降低承担的社会成本，对进城农民工实行费率、补贴、待遇比城镇职工低很多的社会保险。如上海的外来务工人员综合保险，作为一种过渡性制度安排有其积极意义，但也带来社会保险“碎片化”等新的问题，不利于农民工真正融入城市。

近年来，针对一些地方反映的突出问题，中央财政开始分担部分责任。例如，中央财政从2008年秋季学期起，安排奖励资金专项用于接收农民工子女的城市义务教育阶段学校补充公用经费和改善办学条件。但截至目前，农民工进城的各种社会成本绝大部分仍要靠地方承担。

四、消化农民工市民化成本的思路与建议

1. 从制度上缩小城乡基本公共服务差距

目前城乡之间的基本公共服务，无论在制度设计还是保障水平上均存在明显差距，不少方面还带有明显的城乡二元体制烙印，在城市实行一套办法，在农村实行另一套办法。应尽可能在城乡实行相同的公共产品供给制度，即使暂时做不到，也应为未来的转移接续和城乡并轨预留接口，为落实十八届三中全会《决定》提出的“在农村参加的养老保险和医疗保险规范接入城镇社保体系”创造条件。应继续加大对改善农村民生的支持力度，国家新增民生投入应向农村倾斜，逐步缩小而不是扩大城乡基本公共服务差距。

2. 从财力上增强输入地的公共服务能力

进城农民工较多的地方，本来是经济比较发达、地方财力较好的地方，承受能力较强。但完全由输入地财政承担，不利于加快农民工市民化步伐。就输入地而言，在制定城市公用设施发展规划、安排重大民生工程时，应自觉将外来人口纳入覆盖范围。就上级政府而言，衡量输入地人均财力时，应将全部常住人口作为基数，并充分考虑提供公共服务成本较高的因素。尽快落实十八届三中全会《决定》提出的“建立财政转移支付同农业转移人口市民化挂钩机制”，借鉴中央财政对输入地解决农民工随迁子女接受义务教育的奖励办法，建立与实际服务人口相匹配的公共财政转移支付制度，调动输入地接纳外来人口的积极性。

3. 根据成本消化能力逐步剥离附着在城镇户籍上的各种公共服务获取资格

只有把附着在城镇户籍上的各种公共服务获取资格剥离出去，才能最终实现人口自由迁徙。为此，一要坚决停止赋予城镇户籍任何新的社会福利，加强对各地新出台政策的监督，真正做到“今后出台有关就业、义务教育、技能培训等政策措施，不要与户口性质挂钩”，即使出台其他政策也要尽量不再与户籍挂钩。二要对目前仍与户口性质挂钩的所有政策进行一次彻底清理，从易到难，排出顺序，逐项制定时间表，逐项出台剥离方案，最终还原户籍的人口登记功能。

推进农业转移人口市民化的总体思路和战略路径

金三林

城镇化的本质就是农业人口向城镇非农产业的转移和集中，推进农业转移人口市民化，促进目前的2.6亿、每年新增几百万的农业转移人口真正融入城市，是提高城镇化质量的中心任务。从国情出发，我国推进农业转移人口市民化，应以省内落户定居和公共服务均等化为重点，区分不同城市、不同群体、不同公共服务项目，有序推进。

一、农业转移人口市民化的内涵和特征

1. 农业转移人口市民化的内涵

（1）农业转移人口的界定。农业转移人口是指自愿转移到城镇非农产业并持续从事非农产业，已经实现职业转变，但户籍性质仍然为农业户口的劳动人口以及其随迁家属。不包括：①因土地征用而被转移到城镇的农业人口；②季节性外出务工的兼业农民；③通过上大学等方式转移的农村人口。农业转移人口的主体是农村转移劳动力，包括：离开本乡镇6个月以上的外出农民工，以及在本乡镇内转移就业6个月以上的本地农民工。把本地农民工考虑在内，主要有两个原因：一是本地农民工中的部分（约25%）也被统计为城镇居民，二是本地农民工中的部分人将来会到城镇定居。

（2）农业转移人口市民化的内涵。农业转移人口市民化是指农业转移人口在实现职业转变的基础上，获得与城镇户籍居民均等一致的社会身份和权利，能公平公正地享受城镇公共资源和社会福利，全面参与政治、经济、社会和文化生活，实现经济立足、社会接纳、身份认同和文化交融。

（3）农业转移人口市民化是一个过程。这个过程的实质是公共服务和社会权利均等

化的过程，包括四个基本阶段：①转移就业，由农民变成工人或其他非农就业人员，实现职业身份的转换；②均享服务，农业转移人口自身及其家庭逐步进入流入地城镇公共服务体系；③取得户籍资格，获取完整的市民权利，实现社会身份的转换；④心理和文化完全融入城镇，成为真正的市民。四个阶段可以有跨越。

2. 中国特色农业转移人口市民化的基本特征

从国际比较来看，我国农业转移人口市民化具有四个鲜明的特征。一是“就业带动”。坚持统筹城乡就业，鼓励农民工就近就地转移，引导农民工外出务工就业，扶持农民工创业，在确保农民工实现基本稳定就业的基础上稳步推进市民化进程，这也是中国区别于拉美国家城市化进程的主要特点。二是“保障地权”。坚持依法保障农民工的土地承包经营权，让农民工既进得了城，又回得了乡，能够在城乡间双向流动、进退有据，不会既失业又失地。三是“渐进转移”。坚持分阶段促进农村劳动力转移就业和融入城市，20 世纪 80 年代逐步消除农民“离土”的限制，允许农民“离土不离乡，进厂不进城”；90 年代逐步消除农民“离乡”的限制，允许农民跨地区流动和进城打工；进入 21 世纪，逐步放宽农民工在城镇落户定居的限制，使农业人口转移和城镇化有序推进。四是“户籍管理”。实施城乡分割的户籍登记和管理制度，并在户籍管理制度的基础上逐步形成了城乡二元分割的社会福利制度。这一制度是导致现在“半城市化”的主要原因，并因此而饱受诟病，但从历史的角度来看，它也避免了农村人口盲目向城市流动，避免了中国出现“无就业的城市化”。

二、农业转移人口市民化的现实基础和发展趋势

从总体上来看，我国农业转移人口市民化已进入第二阶段，即均享公共服务的阶段，并在加快进入第三阶段。

1. 现实基础

（1）农业转移人口已成为支撑我国城镇化发展的主要力量。近年来我国城镇化水平的提高主要是依靠农业转移人口进城就业，农业转移人口已占到城镇常住人口的 1/4 以上，农业转移人口增长对城镇化率提高的贡献超过 50%。根据第六次全国人口普查数据，2010 年按常住人口计算的城镇人口为 66978 万人（城镇化率为 49.95%），但按户籍人口计算的城镇人口为 45964 万人（城镇化率为 34.17%），城镇常住人口比户籍多

21014万人，这包括15335万人外出农民工，约3000万人农民工随迁家属子女，其他类型转移人口约400万，也包括约2000万本地农民工（约占本地农民工总量的25%），农业转移人口使常住人口城镇化率提高了约15个百分点。2012年，这一贡献率进一步提高到17个百分点。

（2）农业转移人口流动“家庭化”和居住的稳定性趋势明显。举家外出、完全脱离农业生产和农村生活环境的农业转移人口已经占到一定比例。2012年举家外出农业转移人口3375万人，占全部外出就业农业转移人口（16336万人）的20.6%。

（3）农业转移人口在流入地居住趋于长期化。据国务院发展研究中心的调查，农业转移人口在目前城市的就业时间平均为5.3年，超过5年的占到了40%，超过10年的约占20%，相当一部分已经成为事实“移民”。

（4）新生代农业转移人口市民化意愿强烈。目前，在外出农民工中，年龄在30岁以下（1980年后出生）的占到近60%，本地农民工中也占到近20%，总量超过1.1亿人。他们中的多数人不具有农业生产的基本经验和技能，土地情结弱化，市民化意愿非常强烈。

（5）农业转移人口市民化的政策环境不断改善。国家公共服务均等化政策的实施，使得一些社会福利逐步与户籍脱钩，向全部常住人口覆盖，面向农业转移人口的公共服务明显提高。特别是一些省份在省内加快推进公共服务制度和户籍制度一体化改革，为省内市民化奠定了基础。

（6）农业转移人口的文化程度和劳动技能不断提高，收入持续增长，市民化能力不断提升。农业转移人口中具有高中文化程度的比重和接受过技能培训的比重逐年提高，工资持续较快增长，2014年月均工资达到2864元，比2005年增长了两倍多（参见图1）。随着劳动力结构性短缺矛盾的进一步突出，以及国家改善收入分配政策的实施，农业转移人口工资仍将保持较快增长。

2. 存在的主要问题

主要表现为：不包容，不均衡，不可持续。

（1）不包容。农业转移人口在城镇落户定居难，享有的公共服务水平低，缺乏制度化的利益表达渠道和社会上升通道，社会参与和融入程度低，在城镇形成新的二元结构。特别是，外省农业转移人口和本省农业转移人口在市民权利方面的差距日趋扩大，跨省农业转移人口已成为城市的最边缘群体。

（2）不均衡。农业转移人口主要集中在东部发达地区和地级以上城市（均超过

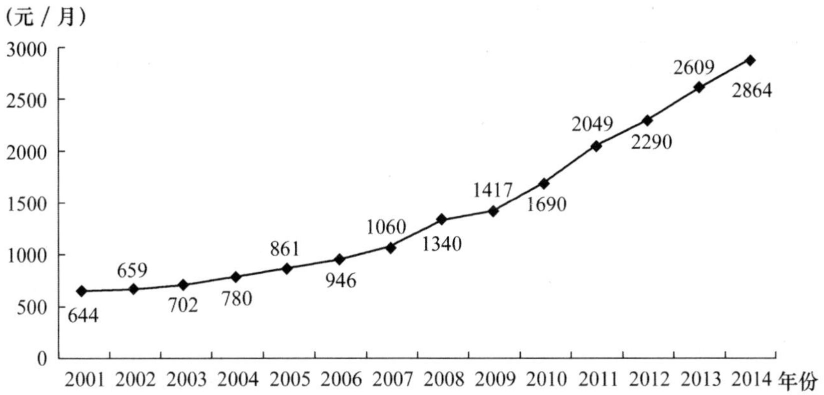

图1　2001~2014年农民工工资增长情况

60%），导致大城市人口过于集中，中小城市和城镇发展不足，想吸引农业转移人口的地方引力不大，对农业转移人口引力大的地方又容纳不了，大中小城市和小城镇协调发展的格局一直没有形成。

（3）不可持续。人口布局和城市承载能力错位，使得大城市资源环境压力日益加大；适应农业转移人口市民化的财政分担机制不健全，地方政府推进农业转移人口市民化的动力不足；农业转移人口收入水平低，农村财产处置的市场化机制缺失，市民化能力不足，内需潜力不能有效释放，这种“半市民化”模式已经难以为继。

3. 发展趋势

（1）农业转移人口总量仍将继续增长，但增速将会逐渐放缓。中心课题组①模拟预测显示，“十二五”期间，我国年均新增农业转移劳动力900万人左右，“十三五”期间700万人左右，2020~2030年间500万人左右（参见表1）。在现行制度下，预计2020年农业转移人口总规模在3.2亿人左右，2030年将达到3.7亿人（未考虑退出人口），存量人口和增量人口的市民化任务都很重。

（2）新增农业转移人口将以农村新成长劳动力为主，年龄结构、文化程度、发展意愿都将呈现新的特点。经过20多年持续大规模转移后，我国农村剩余劳动力数量和剩余程度相对于20世纪90年代，已经大幅降低。国务院发展研究中心课题组①用不同的方法测算了对农业劳动力的实际需求量，虽然各种方法估计的剩余劳动力数量有较大差异，但变化趋势基本相同。估计的结果显示，2010年中国农村剩余劳动力的数量基本上

① 国务院发展研究中心《中国农民工发展政策研究》课题组，课题负责人韩俊。

表 1　　我国未来劳动力转移模拟结果　　单位：万人

	新增转移农村劳动力		新增转移农村劳动力
2011 年	938	2021 年	586
2012 年	890	2022 年	562
2013 年	852	2023 年	535
2014 年	820	2024 年	507
2015 年	790	2025 年	486
“十二五”	4290	“十四五”	2676
2016 年	737	2026 年	468
2017 年	688	2027 年	450
2018 年	646	2028 年	435
2019 年	618	2029 年	419
2020 年	596	2030 年	404
“十三五”	3285	“十五五”	2176

数据来源：DRC—CGE 模型结果，《中国农民工发展政策研究》。

在 0.8 亿 ~ 1.1 亿人之间，平均约为 9560 万人左右（参见表 2）。从年龄结构来看，农村剩余劳动力以中年以上妇女为主，以剩余劳动时间为主，真正可外出务工的有效剩余劳动力只有不到 3000 万人。根据农民工的需求、新增农民工数量综合判断，这 3000 万左右的农村剩余劳动力将在 2017 年左右转移完毕，这以后新增农业转移人口将主要以当年新参加工作的农村劳动力为主。

表 2　　不同方法计算的农村剩余劳动力数量　　单位：万人

	方法一	方法二	方法三	方法四	均　值
2000 年	18087.2	12592.3	16285.1	13603.4	15142.1
2001 年	17594.2	13001.6	16016	13329.6	14985.4
2002 年	17318.4	13368	15681.6	13000.9	14842.2
2003 年	15965.3	13267.2	15193.5	12542.6	14242.1
2004 年	13607.8	11817.5	14427.9	11739.3	12898.1
2005 年	13480.3	11100.4	13624.9	10881.2	12271.7
2006 年	13457.4	10252.3	13421.4	10734.1	11966.3
2007 年	12230.9	9442.7	12524.3	9794.9	10998.2
2008 年	11942.5	8849.3	11978.9	9173.7	10486.1

续表

	方法一	方法二	方法三	方法四	均　值
2009 年	11338.6	8467.6	11527.8	8732.9	10015.4
2010 年	10765.2	8102.4	11093.7	8313.3	9568.6

注：①农村剩余劳动力数量的计算公式为：农村剩余劳动力 = 农业劳动力数量 - 农业劳动力的实际需要量。其中关键是计算农业劳动力的实际需要量（国家统计局农调队，2002）。②方法一：农户最大收益法（计算公式：刘建进，1997；王红玲，1998）；方法二：产业结构差值法（计算公式：王玲等，2004）；方法三：资源劳动需求法（计算公式：陈扬乐，2001）；方法四：有效耕地劳动比例法（计算公式：胡鞍钢，1997）。

同时，随着农村人口增长放缓及教育发展，新增农业转移人口中初中毕业生的比重将大幅下降，高中及以上文化程度的比重将大幅增加。从全国来看，初中生毕业后直接工作的人数由2003年的750.56万人下降到2010年的43.69万人，减少了94.1%（主要是农村初中生毕业后直接工作的人数大幅下降），而高中阶段教育毕业直接工作人数从2003年的438.83万增加到2010年的806.94万人。根据我国人口预测以及《国家中长期教育改革和发展规划纲要》中对教育发展的规划，预计“十二五”期间平均每年约有初中毕业生1700万人左右，其中除825万人进入普通高中学习外，约180万人直接参加工作，约610万人进入中等职业中学学习，合计每年近800万人进入劳动力市场，其中大部分将成为新转移的农民工①。预计“十三五”期间平均每年有初中毕业生1621万人，其中进入普通高中约830万人，直接参加工作和接受中等职业教育的共约740万人，在这当中绝大部分是农村人口，是农民工主要组成部分（参见表3）。

表3　　中长期全国新参加工作劳动力构成估计　　单位：万人

时　期	初中毕业生	初中毕业后的去向				
		直接参加工作（含经过技能培训）	中等职业学校	小　计	高中及后续的高职和高等教育	不参加工作
2011～2015年	1701	186	610	797	825	80
2016～2020年	1621	127	610	737	829	54
2021～2025年	1588	105	596	700	843	45
2026～2030年	1685	99	624	723	920	42

注：主要的农民工群体未去除城镇劳动力。

数据来源：根据人口预测及教育规划计算。

① 800万人中有少部分属于城市户口。

（3）农业转移人口省内转移就业的数量持续增加，就地市民化趋势明显。随着区域经济布局的调整，农业转移人口就业布局也出现了新的变化：仍以东部地区为主，但在中西部地区就业的比重开始上升。出现这种变化的一个重要原因，是农业转移人口在中西部省内就近转移就业增长加快。从全国来看，在省内转移就业农民工（包括本乡镇内就业和出乡镇但在省内就业）的数量从2008年的15058万人，增加到2011年的17807万人，3年增加了2748万人，年均增加916万人（参见表4）。省内转移就业的比重也从2008年的66.8%增加到2011年的70.4%。其中，本地（乡镇）就业的比重基本稳定，而出乡镇但在省内就业的比重从29.1%提高到33.2%，首次超过出省的比重。分地区来看，东部地区省内就业的比重一直很高，在90%以上；中部地区从47.9%上升到50.9%，年均上升1个百分点；西部地区从50.3%上升到56.1%，年均上升2个百分点（参见表5）。可以预计，随着中西部地区经济发展的加快，将会有更多的中西部农业转移人口选择就近转移就业或回乡创业。

表4　　全部农民工省内外分布情况　　单位：万人

	2008年				2011年			
	全国	东部	中部	西部	全国	东部	中部	西部
出省农民工①	7484	874	3691	2858	7471	832	3902	2875
出乡镇但在省内农民工②	6557	3433	1507	1678	8392	4181	1904	2169
本地（乡镇）农民工③	8501	5408	1884	1209	9415	5777	2136	1502
省内合计人数②+③	15058	8841	3391	2887	17807	9958	4040	3671

表5　　全部农民工省内外分布情况　　单位:%

	2008年				2011年			
	全国	东部	中部	西部	全国	东部	中部	西部
出省①	33.2	9.0	52.1	49.7	29.6	7.7	49.1	43.9
出乡镇但在省内②	29.1	35.3	21.3	29.2	33.2	38.7	24.0	33.1
本乡镇内③	37.7	55.7	26.6	21.0	37.2	53.5	26.9	22.9
省内合计比重②+③	66.8	91.0	47.9	50.3	70.4	92.3	50.9	56.1

（4）第一代农民工将逐步退出城市劳动力市场，“增量转移人口进城与存量转移人口返乡”的双向流动特征将日趋明显。外出农民工的年龄结构呈倒U型分布，以20～40岁为主，超过40岁的比重下降，超过50岁的比重更低（参见表6）。而本地农民工年龄

结构则呈喇叭形，40 岁以上的比重最大。农村的种养大户、新型农业组织的创办人大多都有外出务工经商的经历。这些说明随着年龄的增长，会有外出农民工退出城市劳动力市场，回到家乡就业或创业，也有一部分回到了农村。2011 年，本乡镇内就业的农民工增加 527 万人，与外出农民工增量（528 万人）基本相当，就是因为有大量中年以上外出农民工返乡就业创业。国家统计局的调查资料显示，40 岁以上的第一代农民工所占比重逐年上升，由 2008 年的 30.0% 上升到 2011 年的 38.3%。以此计算，目前 40 岁以上的农业转移人口约有 1 亿人，其中外出农民工约 4000 万人，本地农民工约 6000 万。他们中的大部分将在未来 10 ~ 15 年逐步退出城市劳动力市场，相当一部分将回到农村但不会再从事农业。预计在 2020 年左右，外出农民工和返乡农民工的数量大致相当，此后有可能出现外出农民工数量小于返乡农民工数量的现象。数量庞大的返乡农民工何去何从，对城镇化健康发展和城乡一体化发展事关重大。

表 6　　外出农民工年龄结构变化情况　　单位：%

年龄段	2004 年	2006 年	2010 年
20 岁以下	18.3	16.1	8.8
21 ~ 30 岁	43	36.5	49.6
31 ~ 40 岁	23.2	29.5	23.5
41 ~ 50 岁	12.5	12.8	13.4
51 岁以上	3	5.1	4.7

数据来源：国家统计局。

（5）随着新增农村转移劳动力数量的下降，未来城镇人口的增加将主要依靠非就业农业转移人口来补充，城镇化发展有可能由就业驱动转向非就业驱动。2005 ~ 2010 年，我国城镇化率从 42.99% 提高到 49.95%，提高了近 6 个百分点，其中农业转移人口数量增长的贡献率超过 60%。但随着农村转移劳动力数量的下降，其对城市新增人口的贡献率将逐年下降，即使假定转移人口全部（包括本地农民工）统计为城镇人口，“十二五”期间的贡献率刚刚达到 50%，到“十三五”期间将下降到 39%，“十四五”下降到 34%，“十五五”下降到 31%。也就是说，“十二五”以后，城镇人口的增加将主要依靠农村非就业人员进城（如区划调整等）来实现。

（6）农民工群体日趋分化，不同群体农民工市民化意愿和能力有较大差异。根据流动程度的大小，可将农业转移人口划分为三个群体。第一类是基本融入城市的农民工，

表 7　　城市新增人口与农村新增劳动力的差值　　单位：万人

五年规划期	期末城镇化率	期间累计增加城镇人口	城市累计自然增长人口	农村新增转移劳动力	城市新增人口与农村新增劳动力的差值
“十二五”	55%	8540	1724	4290	2526
“十三五”	60%	8364	1406	3285	3673
“十四五”	65%	7852	796	2676	4380
“十五五”	70%	6976	-76	2176	4876

以举家外出农民工及其随迁家属为主，数量在5000万人左右，在城市有固定的住所和工作。这一群体农民工收入水平总体较高，渴望在城市获得尊重、公平对待、实现自我价值，更倾向于在就业地城市落户定居，强烈要求子女能在就业地接受教育并参加中考和高考。总体来看，这一类农民工的市民化意愿和能力都比较强。第二类是常年在城市打工，但又具有一定流动性（主要是春节返乡）的农民工，以新生代农民工为主，数量在1亿人左右，在城里有相对稳定的职业、收入和居住地。新生代农民工思想观念、生活习惯、行为方式已日趋城市化，大多数渴望成为“新城市人”，对保障性住房和随迁子女教育问题十分关注。这一类农民工收入水平总体较低，市民化意愿较强但市民化能力较弱。第三类是中年以上的第一代农民工（年龄在40岁以上），数量也在1亿人左右（外出农民工4000万左右，本地农民工6000万左右），市民化能力较强，但市民化意愿较弱，未来10～15年将退出城镇劳动力市场。

三、农业转移人口市民化的目标和路径

从国情出发，推进农业转移人口市民化应坚持两条腿走路：一方面，加快户籍制度改革，放宽落户条件，让有意愿有能力的农业转移人口在城镇落户定居成为市民；另一方面，推进公共服务均等化，将社会福利与户籍剥离，让暂不符合落户条件或没有落户意愿又有常住需求的农业转移人口，能享有基本公共服务。

1. 总体目标

农业转移人口市民化的总体目标是：总量平稳递增，布局合理均衡，服务可及均等，社会融合顺畅。

（1）总量平稳递增。坚持存量优先、因地制宜、分类推进的原则，把有意愿且符合落户条件的农业转移人口逐步转为流入地市民；引导农村富余劳动力和外出务工人员就近就地转移就业和返乡创业，在省内实现市民化，使落户定居的农业转移人口稳定增长。

（2）布局合理均衡。适应国内产业布局调整的客观趋势，按照主体功能区和城镇化规划的布局要求，引导农业转移人口向适宜开发的区域集聚，提升中小城市、小城镇的产业支撑能力和人口吸纳能力，吸纳更多人口，逐步形成农业转移人口在东中西部、大中小城市合理分布的格局。

（3）服务可及均等。根据不同公共服务项目的轻重缓急，依托居住证制度，梯度推进基本公共服务均等化，逐步实现基本公共服务由户籍人口向常住人口扩展，保障农业转移人口与本地居民平等享有基本公共服务。

（4）社会融合顺畅。保障居民自由迁徙的基本权利，消除农业转移人口与户籍人口的身份差异以及附着的不平等待遇，促进农业转移人口自身融入企业，子女融入学校，家庭融入社区，群体融入社会。

2. 基本路径

在具体方式上，应以省内落户定居和公共服务均等化为重点，区分不同城市、不同群体、不同公共服务项目，有序推进。

（1）适应省内就业比重不断提高的趋势，加快推进农业转移人口在省内落户定居。目前，农业转移人口在省内就业的比重已达到70%，并以每年1个百分点的速度上升。未来，数千万第一代外出农民工将逐步退出城市劳动力市场，其中的相当一部分将回到家乡的城镇定居。适应这一趋势，进一步放宽省内落户定居的限制，使存量农民工中的80%①在省内实现市民化。

（2）引导新增农业转移人口就近就地转移就业，在本地实现市民化。到2030年，我国还将新增1亿多农村转移人口，应通过加快产业布局调整，大力发展中小城市和县域经济，使新增农业转移人口的大多数（60%②以上）在省内转移就业，在本地实现市

① 2011年省内就业的农业转移劳动力比重为70.4%，这一比重未来年均可提高1个百分点。

② 2011年新增农业转移劳动力中，在本乡镇就业的比重为50%，出乡镇但在省内就业的比重应该在10%以上。

民化。

(3) 以举家外出人群为重点，推进跨省农业转移人口在流入地落户定居。中小城市和城镇要加快取消落户门槛，把有意愿的跨省农业转移人口转为市民；大城市和特大城市也要制定透明落户政策，合理设置门槛，通过积分落户等方式，让跨省农业转移人口落户。优先解决举家外出跨省农业转移人口的落户问题。

(4) 加快推进公共服务均等化，实现基本公共服务向农业转移人口全覆盖。对暂不符合落户条件或没有落户意愿又有常住需求的农业转移人口，根据权利和义务对等原则，梯度赋权，优先解决子女教育、公共卫生、住房保障等基本民生问题，使他们在流入地居住期间享受与户籍居民同等的基本公共服务，并随社会贡献的增加享受到更多的市民权利。

3. “三步走”战略

第一步，在“十二五”期间，农业转移人口就业的稳定性进一步增强，公共服务均等化和在城镇落户的政策体系基本建立并取得显著进展，居住证制度全面实施，公共卫生、子女义务教育等基本公共服务实现全覆盖。

第二步，在2020年前，农业转移人口市民化全面推进，除少数特大城市以外，基本实现自由迁徙，全国有50%①的农业转移人口在城镇落户，基本公共服务覆盖所有未落户的农业转移人口。

第三步，到2030年，农业转移人口可自由在城镇落户并融入城镇，农民工现象终结，农业转移人口市民化基本实现。

四、推进农业转移人口市民化的政策重点

1. 推进有意愿、有条件的跨省农业转移人口在流入地落户定居

目前，大多数地方的落户政策主要是针对本辖区的非农户口，对跨行政区的农业转移人口落户仍设有较高门槛。各地都在推行居住证制度，但从居住证到落户的制度通道还不是很清晰。农业转移人口市民化成本大部分由地方政府来承担，流入人口较多的地方政府缺乏动力。常住人口信息系统不健全，不能提供有效的数据支撑。

① 其中，举家外出农民工及其随迁家属约占10%，退出城市劳动力市场的第一代农民工及其家属约占40%。

下一步应根据不同城市人口规模和综合承载力，制定差别化的落户条件，分类有序推进户籍制度改革，降低落户门槛。到2020年，除少数特大城市以外，基本实现自由迁徙，有20%的跨省流动转移人口落户；2030年全部实现自由迁徙。

政策重点包括如下：一是以“两个合法稳定”为基本条件，放开除北京、上海、天津、广东、浙江、江苏6省市以外的所有省份的各类城市、城镇的落户条件，实现自由迁徙；二是建立和实施阶梯式户口迁移制度，逐步放宽上述6个省份各类城市落户限制，并向举家外出农民工倾斜；三是建立从居住证到落户的制度通道，以办理居住证为计算连续居住年限的依据，符合当地政府规定相关条件的，可以在当地申请登记常住户口；四是健全农业转移人口市民化公共成本分担机制；五是建立健全实有人口信息系统。

2. 鼓励第一代农民工返乡就业创业和落户定居，引导新增农业转移人口就近转移就业，让农业转移人口的大多数在省内实现市民化

近几年中西部经济增长相对较快，农民工工资与沿海地区差距缩小，地方政府更加重视招工，农业转移人口本地就业的市场环境趋好。但中西部地区基层公共就业服务机构不健全，中介市场不发达，劳动力供求信息少；本地农民工参加城镇社保的比例更低，权益受损现象比沿海地区更严重；农民工返乡创业面临土地、资金瓶颈等共性问题；小城市和城镇的基础设施差，人口承载能力不够；在省内地级以上城市落户仍然受到限制。

下一步应结合产业布局调整和劳动力流向转移的趋势，把就近转移就业和省内市民化提到更加重要的位置，作为今后我国就业促进政策和城镇化战略的重点。2020年前，使省内就业的比重每年提高1~2个百分点，2020年省内就业比重达到80%左右，在政策层面基本能实现省内自由落户，实际落户的比例达到60%左右。

政策重点包括如下：一是实行城乡统一的就业登记制度，建立城乡人力资源信息库和企业用工信息库；二是以中西部基层为重点，加快构建全国城乡沟通、就业供求信息联网，网点到达县城、乡镇和城市街道、社区的劳动力市场和就业服务网络体系；三是加强对中小企业劳动用工的规范和指导，切实保障农业转移人口的劳动权益；四是加强对农民工创业的政策引导、项目开发、风险评估、小额担保贷款、跟踪扶持等一条龙服务，扶持各类农民工创业园的建设；五是完善有利于加快小城市和城镇发展的财税、土地、投融资政策，提高其综合承载能力；六是在省级行政区域内建立城乡统一的户口登记制度，为本省农业转移人口在省内市民化创造条件。

3. 以新生代农民工为重点，加快推进公共服务均等化

目前面向农民工的公共服务水平有很大改善，但农业转移人口随迁子女义务教育“两为主”进展不均衡，学前教育和中考高考问题日益突出；农业转移人口不能平等享受公共卫生和计生服务，看病难问题突出；在城镇参加社会保障的比率和保障水平低，住房保障程度低；农业转移人口市民化成本分担机制不健全，流入人口较多的地方政府财政压力很大。

下一步应以新生代农民工为重点，区分不同项目，有序推进公共服务均等化。到2015年，基本健全义务教育、就业培训、社会保障、公共卫生、计划生育等基本公共服务项目；到2020年，基本健全保障性住房、低保、学前教育和高中阶段教育等与城市户籍紧密挂钩的公共服务项目。

政策重点包括以下四点。一是切实保障农业转移人口随迁子女受教育权利，重点是落实以“流入地政府为主、普惠性幼儿园为主”的政策，解决农业转移人口随迁子女接受学前教育问题；落实异地高考政策，特别是要完善北京等特大城市的异地高考政策。二是加强农业转移人口公共卫生和医疗服务，重点是合理配置医疗卫生服务资源，提高农业转移人口接受医疗卫生服务的可及性；推广在农业转移人口聚居地指定新型农村合作医疗定点医疗机构的经验，方便农业转移人口在城务工期间就近就医和及时补偿。三是做好农业转移人口社会保障工作，重点是健全城镇企业职工基本养老保险与新型农村社会养老保险制度之间，以及城镇职工医疗保险和新农合之间的衔接政策，实现养老和医疗保险在城乡之间以及跨统筹地区之间的顺畅转移接续；提高农业转移人口在流入地城镇的参保率，解决非正规就业、劳务派遣工、随迁家属的参保问题。四是以公共租赁住房为重点，扩大城镇住房保障覆盖范围，将中低收入住房困难的农业转移人口家庭纳入保障体系；逐步将住房公积金制度覆盖范围扩大到在城市有固定工作的流动人口群体，建立和完善住房公积金异地转移接续制度。

4. 健全农业转移人口市民化公共成本的分担机制

现行的公共服务资源大多仍以常住人口来配置，不能适应人口大规模流动的要求，流入人口较多的地区财政负担重。

今后应进一步明确各级政府的职责，并以常住人口作为财政分成依据来调整各级政府之间的财政分配关系。

政策重点包括以下两点。一是进一步明确中央政府、省级政府和城市政府在推进农业转移人口市民化方面的主要职责。中央政府主要负责制定基本公共服务全国最低标准，依法承担义务教育、社会保障、公共卫生等基本公共服务成本，增加对接受跨省农业转移人口较多省份的支出补助。省级政府主要负责制定本省（区、市）公共服务标准，承担公共服务成本省级负担部分，增加对接受跨市农业转移人口较多城市的支出补助。城市（含区县）政府要承担公共服务成本市（县）级分担部分，以及基础设施建设和运营成本。二是适应农业转移人口市民化的客观趋势，进一步完善财税制度，以常住人口作为财政分成依据来调整各级政府之间的财政分配关系。健全中央和省两级专项资金转移支付制度，对吸纳农业转移人口较多的城市给予资金补助。促进生产型税收向消费型税收的转变，增强流入城市吸引人口定居的动力。建立健全财权与事权相匹配的财政管理体制，实现基层政府“事权”和“财权”的对应，确保基层政府具备提供公共服务和以一定财政资金调配人口空间分布的能力。

5. 健全包括农业转移人口在内的流动人口信息管理体系

目前，包括农业转移人口在内的流动人口信息不充分，调整不及时，各部门信息不能互联互通共享，不能为相关决策提供及时有效的支撑。

下一步应完善统计制度，整合部门信息资源，加快建设国家人口基础信息库。

政策重点包括如下：一是进一步加强和完善人口普查、人口抽样调查制度，准确反映流动人口规模、结构和变化情况；二是建立流动人口动态监测和信息共享工作制度，整合公安、人力资源和社会保障、人口计生和统计等部门的报表和监测信息，全面了解流动人口生存发展状况，为完善相关政策提供数据支持；三是以建设国家人口基础信息库为契机，加快建立“综合采集、集中管理、信息共享”的流动人口信息综合数据库和共享平台，为实现流动人口服务管理信息化奠定基础。

进一步发挥好农业转移人口对消费增长的支撑作用

金三林　朱贤强①

目前，我国出乡镇的农业转移人口总量已接近2亿人。这一庞大的群体，是支撑我国消费增长的重要力量。为全面了解农业转移人口家庭消费状况，我们通过卫生计生委流动人口司组织的流动人口调查，对6省份、8城市的16878个农业转移人口及其家庭开展了消费调查②，调查内容不仅包括在流入地的消费情况，还包括老家的消费状况。从调查结果看，农业转移人口家庭消费水平总体还不高，消费潜力巨大。释放这一潜力，还需进一步落实好相关政策。

一、农业转移人口家庭消费的总体特征

随着收入水平的持续提高，农业转移人口家庭消费水平显著上升，但与流入地城镇居民相比，其消费能力仍然较弱。

（1）农业转移人口家庭在流入地消费水平及总消费水平均低于流入地城镇居民家庭，增长潜力巨大。2012年农业转移人口家庭在流入地的年消费支出均值为27060元，比流入地城镇居民家庭年均消费支出水平（48959元）要低2.2万元左右。如果加上在老家的消费支出，农业转移人口家庭年总消费支出均值为38862元，仍比流入地城镇居

① 国务院发展研究中心信息中心副研究员。

② 本次调查按照兼顾东、中、西部不同类型城市的原则，选择上海市松江区、江苏省无锡市和苏州市、福建省泉州市、湖北省武汉市、湖南省长沙市、陕西省西安市和咸阳市进行典型调查。

民家庭低 1 万元左右。

（2）农业转移人口家庭消费倾向明显偏低[①]。由于收入不稳定、社会保障不完备等原因，农业转移人口必须提高储蓄，加强自我保障，所以其消费倾向总体较低。调查表明，农业转移人口家庭总消费倾向（0.531），比 8 城市农村居民家庭消费倾向（0.76）和城镇居民家庭消费倾向（0.68）都要低。

（3）农业转移人口在流入地的消费支出已超过在老家的水平。调查结果表明，农业转移人口家庭在流入地年消费支出占家庭年总消费支出的 70%，在老家的消费支出占 30%，“城市干活，回家花钱”的状况已发生改变。

（4）农业转移人口家庭支出结构仍具有“生存型”和“顾家型”特点。农业转移人口家庭在流入地的支出，主要是食品支出、寄回老家支出、住房支出。其中，食品和住房支出合计超过其家庭在流入地支出的五成。

（5）不同农业转移人口群体[②]的消费水平存在明显差异。举家外出农业转移人口家庭消费水平最高，其在流入地消费水平低于当地城镇居民家庭，但总消费水平已接近于城镇居民家庭。第一代和“80 后”农业转移人口家庭在流入地消费和总消费水平均低于当地城镇居民。“90 后”农业转移人口家庭消费水平在四类群体中最低，且大大低于流入地城镇居民家庭。

二、影响农业转移人口家庭消费的主要因素

影响居民家庭消费的基本因素主要有两个：家庭收入水平和消费倾向。调查数据分析表明，收入对农业转移人口家庭消费水平有重要影响；家庭迁移的完整性、自有住房情况、缴纳社保情况、在流入地居住时间则对家庭消费倾向有重要影响。

（1）收入水平对农业转移人口家庭消费有显著影响。随着收入水平的提高，农业转移人口家庭消费支出明显增加，年收入 6 万元以上家庭的消费水平是年收入 3 万元以下家庭的 2 倍多。

---

① 消费倾向为消费支出占收入的比率。

② 我们根据农业转移人口的迁移类型和年龄段，将其划分为四个群体：第一类是举家外出农业转移人口；第二类是第一代农业转移人口，也就是 20 世纪 80 年代以前出生的农业转移人口；第三类是“80 后”农业转移人口，即 1980～1989 年出生的农业转移人口；第四类是“90 后”农业转移人口。

（2）家庭迁移的完整性对消费有重要影响。举家外出农业转移人口家庭的消费支出水平最高，并远高于老家有留守人口的家庭，说明家庭迁移越完整，消费倾向越高。

（3）自有住房的农业转移人口家庭消费水平明显较高。已购商品房或政策性住房的农业转移人口家庭消费水平明显高于其他群体。

（4）参加社保情况对农业转移人口家庭消费水平有重要影响。参加城镇养老、医疗保险及住房公积金的农业转移人口，其家庭消费水平显著高于未参加的家庭。

（5）在流入地居住时间越长，农业转移人口家庭消费水平越高。连续居住 5 年以上农业转移人口家庭消费水平，要比居住 1 年以下的家庭高出 50%。

三、进一步释放农业转移人口家庭消费潜力的建议

目前，我国农业转移人口家庭约有 1 亿个，有 60% 打算在流入地长期居住，据此静态估算，仅生活消费的年度增长潜力就有 10000 亿元左右。如果再考虑其他相关消费支出，增长潜力更大。释放这一潜力，必须全面深化改革，落实好相关政策，以提升技能和增加财产性收入为重点，促进农业转移人口家庭持续提高收入水平；以户籍制度改革和公共服务均等化为重点，推进农业转移人口市民化，提高消费倾向。

（1）促进农业转移人口持续增加收入，提高消费能力。一是提高农业转移人口的就业技能，夯实工资增长的基础。不仅要加强面向存量农民工的职业技能培训，提高培训的针对性和培训质量，还要加强面向农村新成长劳动力的职业教育，增强其就业技能。二是提高农业转移人口家庭的财产性收入。推进农村集体产权制度改革，扩大农民持有的集体资产股份的权能，让农业转移人口分享集体资产收益。完善和保障农业转移人口土地权益，保障其土地承包权、房屋所有权与宅基地使用权财产功能的实现。

（2）分类有序推进户籍制度改革，加快农业转移人口市民化进程，增强就业和居住的稳定性，提高家庭迁移的完整性。一是推进有意愿、有条件的跨省农业转移人口在流入地落户定居。各地应尽快出台具体的户籍改革方案，中等以上城市要明确从居住证到落户的制度通道，给农业转移人口以稳定的预期。二是鼓励第一代农业转移人口返乡就业创业和落户定居，引导新增农业转移人口就近转移就业，让农业转移人口的大多数在省内实现市民化。

（3）以新生代农业转移人口为重点，加快推进公共服务均等化，提高消费倾向。一

是以学期教育和高中阶段教育为重点，切实保障农业转移人口随迁子女受教育权利，鼓励核心家庭举家迁移。二是提高农业转移人口在流入地城镇的参保率，解决好非正规就业、劳务派遣工、随迁家属的参保问题。三是加强农业转移人口公共卫生和医疗服务。

（4）健全面向农业转移人口的住房供应体系和政策体系。一是在住房发展和建设规划中充分考虑农业转移人口的住房需求和特点，增加中小户型、中低价位商品住房供应。二是以公共租赁住房为重点，将稳定就业的农业转移人口纳入城镇住房保障体系。三是完善城中村和棚户区改造对农业转移人口住房的安排，配建面向农业转移人口出租的住房，并纳入公共租赁住房统一进行管理。

我国农民工工资上升的成因及趋势

金三林　朱贤强

进入21世纪以来，我国以农民工为主体的普通劳动力工资呈持续上涨态势，这一现象产生的根本原因，在于我国农村有效剩余劳动力持续下降，普通劳动力供求关系正在发生转折性变化，因而这种上涨是趋势性的，应从战略层面予以高度重视。

一、农民工工资上涨趋势及影响

1. 我国农民工工资在2004年以后持续快速上涨

我国农民工工资长期以来处于偏低的水平，并且一度几无增长。但是从2004年珠三角地区开始出现“民工荒”以后，农民工工资出现持续快速上涨。2011年外出农民工月平均已增长到2049元，与2005年的875元相比增长了一倍多（参见图1）。

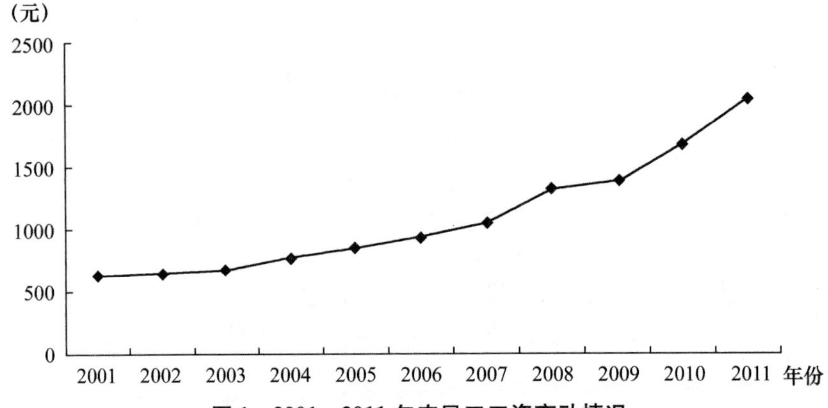

图1　2001～2011年农民工工资变动情况

从区域看，中西部地区农民工工资增长加快，与东部工资差距明显缩小。根据国家统计局的调查，2011 年在东部地区务工的农民工月均收入 2053 元，中部地区为 2006 元，西部地区为 1990 元，西部与东部的平均工资差距由 2005 年的 15% 左右下降到 3% 左右。

2. 农民工工资对制造业劳动力成本的影响

为分析农民工工资对制造业各行业劳动力成本的影响，我们计算了农民工实际工资与制造业各行业人均工资定基指数（2005 年 = 100）的相关系数。结果显示，制造业 30 个行业人均工资定基指数与农民工实际工资的相关系数都高于 0.90，有着非常明显的正相关关系，农民工工资上涨会带来制造业各行业劳动力成本的提高。

3. 农民工工资对服务业劳动力成本的影响

从计算结果看，服务业平均工资定基指数与农民工工资定基指数的相关性更高。除金融业、公共管理和社会组织、文化体育和娱乐业三个行业相关系数为 0.98 外，其余行业相关系数均为 0.99。特别是对于劳动力密集型服务业，农民工工资上涨是其行业劳动力成本上升的主要原因。

4. 农民工工资对农业劳动力成本的影响

在理论上，农民工工资上涨会提高农业生产劳动的机会成本，带动农业劳动力工资上升。从计算结果来看，农民工工资与各类农产品雇工工资定基指数的相关系数均高于 0.9，说明农民工工资对农业劳动力成本确实有着很大影响。在现实中，农业“用工难”问题在全国各地普遍存在，一些地方出现“雇不到、雇不起”的现象。

二、农村剩余劳动力下降是农民工工资上涨的主要原因

21 世纪以来，我国农民工总量持续增长。2011 年全国农民工总数达到 25278 万人，其中外出农民工人数为 15863 万人，较 2005 年分别增加了 12700 万人和 6054 万人。伴随农民工数量持续增长的另一个现象是“民工荒”从沿海向内地蔓延，从季节性向常态化演变。这些现象出现的根本原因是农村剩余劳动力从无限供给向有限剩余转变，农民工供求关系发生了深刻变化，这种变化必然反映在劳动力价格——工资上面。

1. 农村存量剩余劳动力数量已大幅下降

自 1978 年我国农村开始实行家庭承包制改革后，农业生产积极性得以激发，劳动力

剩余现象开始严重显现。根据一般的定义，农村剩余劳动力等于从事农业的劳动力总量减去当时生产技术条件下农业需要的劳动力数量。农业劳动力数量是确定的，而对农业劳动力的实际需要量不同的学者有不同的测算。国务院发展研究中心课题组①用不同的方法测算了对农业劳动力的实际需求量，虽然各种方法估计的剩余劳动力数量有较大差异，但变化趋势基本相同（参见表1）。估计的结果显示，2010年中国农村剩余劳动力的数量基本上在0.8亿~1.1亿人之间，平均约为9560万人左右。从年龄结构来看，农村剩余劳动力以中年以上妇女为主，以剩余劳动时间为主，真正可外出务工的有效剩余劳动力只有不到3000万人。经过20多年持续大规模转移后，我国农村剩余劳动力数量和剩余程度相对于20世纪90年代，已经大幅降低。剩余劳动力已经从最初的全面过剩，进入到总量过剩、结构性短缺的阶段。

表1　　不同方法计算的农村剩余劳动力数量　　单位：万人

	方法一	方法二	方法三	方法四	均　值
2000年	18087.2	12592.3	16285.1	13603.4	15142.1
2001年	17594.2	13001.6	16016	13329.6	14985.4
2002年	17318.4	13368	15681.6	13000.9	14842.2
2003年	15965.3	13267.2	15193.5	12542.6	14242.1
2004年	13607.8	11817.5	14427.9	11739.3	12898.1
2005年	13480.3	11100.4	13624.9	10881.2	12271.7
2006年	13457.4	10252.3	13421.4	10734.1	11966.3
2007年	12230.9	9442.7	12524.3	9794.9	10998.2
2008年	11942.5	8849.3	11978.9	9173.7	10486.1
2009年	11338.6	8467.6	11527.8	8732.9	10015.4
2010年	10765.2	8102.4	11093.7	8313.3	9568.6

注：①农村剩余劳动力数量的计算公式为：农村剩余劳动力 = 农业劳动力数量 − 农业劳动力的实际需要量。其中关键是计算农业劳动力的实际需要量（国家统计局农调队，2002）。②方法一：农户最大收益法（计算公式：刘建进，1997；王红玲，1998）；方法二：产业结构差值法（计算公式：王玲等，2004）；方法三：资源劳动需求法（计算公式：陈扬乐，2001）；方法四：有效耕地劳动比例法（计算公式：胡鞍钢，1997）。

2. 人口增长放缓及教育发展是农村剩余劳动力下降的主要原因

在供给方面，农村剩余劳动力下降的原因主要有两个方面：一是人口增长放缓，导

① 国务院发展研究中心“中国农民工发展政策研究”课题组，课题负责人韩俊。

致作为普通劳动力主要源泉的农村新增人口数量下降；二是教育发展和大学扩招，又导致直接进入劳动力市场的农村新成长劳动力数量下降。在剩余劳动力存量不断被吸收的情况下，二者的共同作用必然使农村剩余劳动力总量、尤其是年龄在 40 岁以下的有效剩余劳动力数量持续下降。

（1）长时间低生育率导致农村新增劳动力供给逐年减少。随着义务教育的普及，初中毕业生已成为我国新增劳动力的主要来源（或初中毕业后直接工作，或继续升学后工作）。统计数据显示，全国初中毕业生数量在 2005 年达到顶峰后，开始连续下滑，2010 年比 2005 年减少 373 万人，下降幅度为 17. 6%。农村初中毕业生数量则在 2004 年达到峰值后连年下滑，2010 年农村初中毕业生比 2004 年减少 398. 2 万人，减少幅度达到 39. 2%（参见图 2）。初中毕业生人数的下降直接导致我国新增劳动力供给的减少，特别是农村初中毕业生人数的大幅下降，更是从源头上减少了农业转移劳动力的供给。

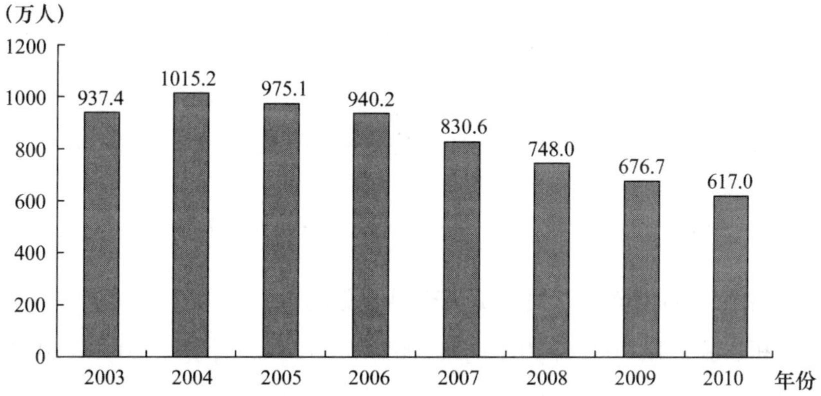

图 2　2003 ~ 2010 年农村初中毕业生数

（2）教育发展，特别是高等教育扩招，进一步减少了农村低端劳动力的供给。从 2003 年到 2010 年，我国高等教育毛入学率由 17% 上升至 26. 5%，普通高等教育本专科招生人数由 2003 年的 382 万人增长至 2010 年的 661 万人，增长超过 73%。高等教育的扩招提高了适龄学生接受高中阶段教育的积极性，带动了高中阶段教育的发展，导致更多的农村初中毕业生升入高中阶段学习。从全国来看，初中生毕业后直接工作的人数由 2003 年的 750. 56 万人下降到 2010 年的 43. 69 万人，减少了 94. 1%，主要是农村初中生毕业后直接工作的人数大幅下降。这种下降也导致低端劳动力（指初中毕业和高中毕业后直接参加工作的新增劳动力）供给逐步减少，2010 年比 2005 年减少 327 万人，下降幅度达到27.8%（参见表2）。由于农村初中毕业和高中毕业后直接参加工作的新增劳动力，是我国农民工增长的主要来源，在农民工需求仍较旺盛的情况下，这种快速下降必然导致农村剩余劳动力减少。

表2　　2003~2010年我国低端劳动力供给数量　　单位：万人

	全国初中毕业生直接工作人数	全国高中阶段教育毕业直接工作人数	低端劳动力供给数量
2003年	750.6	438.8	1189.4
2004年	699.6	464.4	1164.0
2005年	590.0	587.7	1177.7
2006年	452.6	672.4	1125.0
2007年	313.5	769.8	1083.3
2008年	218.5	818.3	1036.8
2009年	98.8	819.2	918.0
2010年	43.7	806.9	850.6

注：①高中阶段教育包括普通高中、成人高中、中等职业学校。

②初中毕业直接参加工作人数统指初中毕业后未进入高中阶段教育的人数。

③高中阶段教育毕业直接参加工作人数是指高中学历教育毕业后未进入普通高等学校学习的人数，包括职高毕业生。

资料来源：历年全国教育事业发展统计公报、《中国教育年鉴》和《中国统计年鉴》。

3. 农村剩余劳动力下降对农民工工资有显著影响

为便于分析，我们以2001年为基期（2001年=100），计算了2001~2010年农村剩余劳动力数量变化和农民工工资变化的定基指数。从图3可以看出，农民工资变动与农村剩余劳动力数量变化高度相关，二者相关系数为-0.95，即农村剩余劳动力数量的下降直接导致了农民工工资的上升。

进一步的计量分析表明，农民工实际工资与滞后一年的农村剩余劳动力的长期弹性系数为-1.68，即从长期来看，农村剩余劳动力每减少1%，次年的农民工实际工资就会上涨1.68%。二者的短期弹性系数为-1.06，即从短期来看，农村剩余劳动力每减少1%，次年的农民工实际工资会上涨1.06%。长期弹性系数要高于短期弹性系数，说明农村剩余劳动力减少对农民工实际工资的提高存在累积、滞后效应，长期影响更为显著。

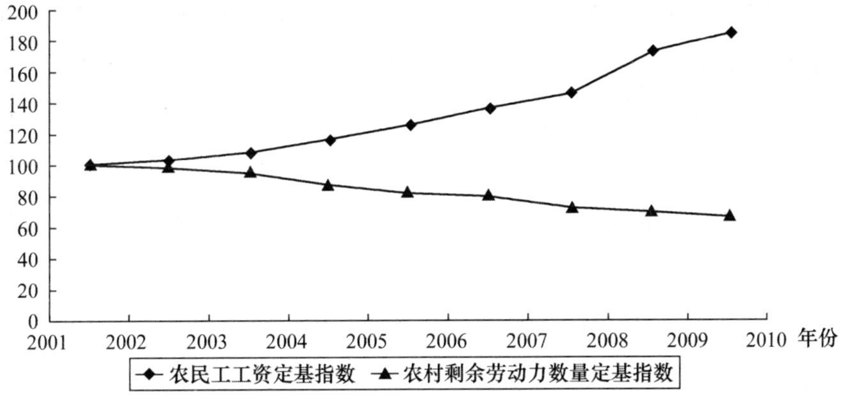

图3　农村剩余劳动力与农民工工资定基指数（2001年=100）

三、积极应对农民工工资趋势性上涨的建议

目前，我国农村有效剩余劳动力已不到3000万人，根据农民工的需求、新增农民工数量综合预测，这3000万左右的农村剩余劳动力将在2017年左右转移完毕。2010～2017年间，农村剩余劳动力数量年均将下降6.4%左右。按照剩余劳动力下降速度与农民工工资实际增长速度之间的数量关系来推算，这一期间农民工工资年均实际增速将达到10.8%。如果再考虑物价水平上涨因素，并假定这一期间CPI年均涨幅为3%，则这一期间农民工名义工资年均将增长14%左右。另外根据《人力资源和社会保障事业发展“十二五”规划纲要》，未来5年，我国最低工资标准年均增长13%以上，绝大多数地区最低工资标准将达到当地城镇从业人员平均工资的40%以上。由于农民工工资主要由最低工资和加班补偿构成，因此从政策层面来看，未来农民工工资实际增速不会低于13%。

由于农民工工资与制造业、低端服务业、农业雇工工资高度相关，因此，从“十二五”到“十三五”期间，这些行业普通劳动力工资名义增速也将保持在14%左右。劳动力成本的持续上升会增加行业成本，对行业竞争力和产品价格产生一定的影响。但同时，劳动力成本的持续上升会改变生产要素投入比例，增大资金、技术等生产要素的相对重要性，有利于产业结构优化升级和产品附加值提升；对提高劳动者收入水平和劳动者报酬在国民收入分配中的比重有积极作用，有利于促进消费增长。因此，面对劳动力成本持续上升的趋势，一方面要充分认识到这一趋势的合理性和积极意义，进一步采取措施改善劳动者社会保障和福利水平，切实维护劳动者权益，在提高劳动力市场资源配置效率的同时，让劳动者充分分享经济发展成果；另一方面，也要加大教育和培训的投入，提高劳动者技能和素质，增强农民工在城镇就业居住的稳定性，鼓励技术进步和产业升级，通过提高劳动生产率来减轻劳动力成本上升的负面影响。

一是加强农民工职业技能培训，提高劳动力质量。在继续做好在岗农民工技能培训的同时，更加重视对农村富余劳动力、“两后生”的技能培训，加快发展农村中等职业教育，积极发展高等职业教育，培养适合市场需求的高级技术工人，从源头上提高新生代农民工的职业技能素质，适应和促进劳动生产率的提高。

二是推进农民工融入城市，形成稳定的产业队伍和中产阶层。从农民工的现实需求、地方政府的财力基础等实际情况出发，鼓励各地通过降低落户门槛和公共服务均等化并行，推动农民工市民化，使农民工成为稳定的产业工人和城市中产阶层。对于已在城镇稳定就业、稳定居住的农民工，应进一步降低落户门槛，使之成为市民并享受市民待遇；对于市民化能力较弱的农民工，以及市民化成本较高的地区，应以农民工最关注的住房、子女教育等基本民生需求为重点，使相关福利与户籍脱钩，让农民工部分享受市民待遇。

三是鼓励设备和技术投资，用资本和技术替代劳动。面对劳动力成本的持续上涨，国内很多企业已经开始用设备替代劳动，各级政府应适时适度地支持企业的这种替代行为。一方面，要建立有利于企业用资本替代劳动的财税政策体系，加强对企业技术创新活动的税收支持，落实好结构性减税政策，降低企业税收成本。另一方面，要制定差别化的监管政策，引导金融机构、特别是中小金融机构增加对企业设备和技术投资活动的融资。注重发展设备融资租赁行业，加快中小企业技术改造升级的步伐。

四是完善劳动力市场制度体系。从国际经验来看，经济体在进入劳动力成本快速上升阶段以后，如何应对工人涨工资的诉求，成为保持社会安定、改善收入分配、创造庞大消费群体的一个关键因素。因此，我国必须加快健全包括劳动合同制度、最低工资制度、工资协商制度等劳动力市场制度体系，让它和劳动力供求机制共同发挥作用，减轻劳动力成本上升对社会稳定的影响。

中央专项彩票公益金支持革命老区扶贫调查

刘守英[①] 李 青 周群力

中央专项彩票公益金自2008年启动革命老区扶贫建设项目至“十二五”结束，已覆盖22个省、421个县，资金总量达55.35亿元。项目扶贫效果显著，政治意义彰显，受到贫困老区群众青睐。我们在较全面了解项目实施情况基础上，对广西凤山县、乐业县及山东费县、五莲县进行了实地调查，形成本报告。

一、项目进展与成效

1. 中央彩票公益金与扶贫

彩票公益金是从彩票发行收入中按规定比例提取，专项用于社会福利、体育等社会公益事业的资金。财政部和地方各级财政部门负责公益金的管理和监督检查，国家体育总局和民政部负责公益金的收缴事宜，资金全额缴入财政彩票公益资金专户，实行收支两条线管理。

从2005年起，彩票总收入扣除发行费（15%）、奖金池（50%）后的35%形成彩票公益金，中央与地方按50∶50的比例分配。中央分得的彩票公益金在社会保障基金、中央专项彩票公益金、民政部和国家体育总局之间，按60∶30∶5∶5的比例分配。其中，中央专项彩票公益金一般用于医疗救助、教育助学、扶贫等各项社会公益事业，分别由民政部、教育部、文化部、国家扶贫办等组织实施。

近年来，作为我国公益扶贫的一种有益尝试，中央专项彩票公益金用于扶贫的资金

① 国务院发展研究中心农村经济研究部原副部长、研究员，现中国经济时报社社长、总编辑。

有所增加，占中央专项彩票公益金比例从2008年的2.89%提高到2013年的9.4%。2008~2015年，国务院扶贫办共安排彩票公益金55.35亿元。其中，2008~2013年安排31.35亿元，2014年15亿元，2015年计划安排9亿元。项目覆盖面由2008年的4省8县，扩大到“十二五”结束时的22省421个县。

2. 中央专项彩票公益金支持老区扶贫效果显著

中央专项彩票公益金扶贫项目由国务院扶贫办和财政部农业司进行总体规划、共同管理和组织落实。主要支持了片区县和重点县中的老区县以及福建、江西、广东3省原中央苏区县、山东沂蒙革命老区和四川、陕西、甘肃革命老区县，开展整村推进、小型公益设施建设、扶贫开发创新试点三类项目。

整村推进项目实施期为2年，内容包括如下：①贫困村基础设施建设，主要为村级道路建设，小型农田水利设施建设，石坎梯地、土坎梯地、旱地改良等农田基本建设等；②贫困村环境和公共服务设施建设，主要为改灶、改厕、改圈、改厨、建沼气和建院坝，人畜饮水池、垃圾处理设施等；③产业发展，主要为建立村级发展互助资金，发展和培育农业特色优势产业，围绕产业发展开展适用技术推广、培训，依托农业发展休闲旅游以及红色旅游等。目前，这类项目已投入23.85亿元，在19个省、169个县、1659个村实施。其中2008~2010年间，每年投入1.7亿，共投放资金5.1亿元，在河北、山西等中西部11个省、27个县、360个贫困村实施，县均投入1500万元。2011~2014年间，共投入资金18.75亿元，在19个省、142个县、1299贫困村实施，县均投入1000万~1500万元，村均投入约150万元。

小型公益设施建设项目实施期为1年，2013年开始在未实施过彩票公益金项目的连片特殊困难地区中的革命老区实施，2014年扩展到福建、广东原中央苏区和山东沂蒙革命老区。内容包括如下：①交通设施建设。建设村组（屯）道路、生产路（机耕道）、联户路；②水利设施建设。建设集中供水点、灌溉蓄水池、塘坝和灌溉渠道；③环境改善项目。建设垃圾收集点、污水处理点和村内公共厕所。项目县从以上内容中选择1~2项实施，目的是集中力量解决项目县某一区域最突出问题。目前已投入15亿元，覆盖20省、140县。

扶贫开发创新试点项目实施期为1年。2012~2013年，扩大到福建、江西、广东原中央苏区，山东沂蒙革命老区和四川、陕西、甘肃3省革命老区中的70个县开展创新试点，主要建设机耕路、农田水利等小型的、生产性的公益设施类项目。截至2013年底，共投入资金7.5亿元，县均投入约1100万元。

中央专项彩票公益金扶贫项目成效显著。据不完全统计，2008年至2013年底，国务院扶贫办利用中央专项彩票公益金建设村级道路、入户路、联户路、生产路6516.43公里，建设供水管道1313.25公里，集中供水2150处，新建或整治灌溉渠543.3公里，建成水库蓄水池等水利设施6611.8处，改良石坎梯地、土坎梯地、旱地改良等基本农田13820.2亩，改灶、改厕、改圈、改厨、建沼气26774户；种植粮食、经济等作物33635亩，建养殖小区11个，技术培训47598人次，成立互助资金组织445个。我们在2省4县调查发现，这些项目的实施，实实在在地帮助了贫困老区的减贫，体现了彩票公益金的公益性。

二、中央专项彩票公益金扶贫项目的价值

1. 更加赢得了革命老区民心

2008年以来，中央不断加大对老区脱贫致富的投入，利用中央专项彩票公益金扶贫项目资金专门用于改善当地老百姓的生产生活条件，聚焦贫困老区人民，帮助他们脱贫致富，彰显中国共产党仍然心系着老区人民，具有凝聚老区民心的重大政治意义。我们在地方调研中处处感受到老区干部对项目的珍惜和群众对项目的感恩之情。地方政府对基层干部和项目施工者要求非常严格："项目做得好，就是功德碑；做得不好，就是耻辱碑！"受益农户将利用彩票公益金修成的生产路赞为"致富路"、"共产党的功德碑"。中央专项彩票公益金扶贫项目深受老区人民欢迎，赢得了民心和口碑。

2. 着力解决老百姓最急需的"最后一公里"问题

我国目前的扶贫资金大头主要来自部门资金和财政专项资金。各部门的扶贫项目资金多为切块式按比例投放，由于部门之间互不衔接，项目之间互不关联，往往是大面积投入，难以抵达老百姓生产生活急需的"最后一公里"。财政专项扶贫资金尽管投入量大，但离真正改善群众日常生产生活条件还差"最后一口气"。各类专项扶贫资金基本以项目形式投放，指定用途，要求地方各级财政进行相应配套。贫困革命老区自身财力不足，财政收支缺口大，需要上级政府大量的转移支付才能保障日常运转。这些地区往往用上面投放的资金完成面上区域性较强的大型投资，由地方配套的部分往往因自身财力不够而无法进行，使最后一公里问题在贫困地区得不到有效解决。中央专项彩票公益

金扶贫项目投入小但见效快，项目小但影响面大，重点解决贫困老区老百姓生产和生活最急需、最迫切的“行路难、饮水难、发展生产难”问题。从2010年到2013年，广西侧重于老百姓急需的村内基础设施建设，完成新建村道公路95.65公里，整治村道公路39公里，新建村组道路339.12公里，整治村组道路272.86公里，新建生产路137.55公里、联户路72公里、护村坝0.3公里，架设桥梁13座。山东沂蒙革命老区侧重于改善老百姓产业发展所需的生产道路等建设，共修建生产路614.3公里，各类桥涵292座，排水沟164.3公里，管道51.8公里，蓄水池214座，塘坝27座，架电5788米，变压器9台，扬水站19座，拦河坝41座，深井9眼。这些项目补充覆盖其他扶贫项目未涉及到的空白，切实解决了“最后一公里”问题。

3. 实施精准扶贫的有益尝试

我国在新时期提出实行精准扶贫，建档立卡，确保扶贫到村到户。中央专项彩票公益金扶贫项目因地制宜，“一村一策”，聚焦各村群众最迫切的需求，项目下沉到村到户，为实施精准扶贫进行了有意义的探索。这些项目从宗旨、到立项、到实施，依据项目区域的地貌特点、气候条件、产业发展状况精准推进，彩票公益金资金选择1~2个优势特色主导产业予以培植和壮大，建设体现公平性、公益性和扶贫性的小型生产性公益设施，有限的资金发挥了最大的效益，效果明显。广西凤山县、乐业县的贫困人口散居在群山之中，群众交通极为不便。为此，扶贫项目多选择建设村组路、联户路、人畜饮水设施等小型生活类项目，数量众多。山东沂蒙地区的费县、五莲县的经济条件、交通条件较好，其扶贫资金的使用相对较为集中，多用于发展生产，如修建生产路，建设核桃、樱桃产业园区等。

4. 创新了扶贫模式

中央专项彩票公益金扶贫项目充分调动农民参与建设和监督管理项目的积极性，避免了扶贫资金被挪用，提高了扶贫资金的使用效率。

一是引入竞争机制选县定村，确保专项资金分配公开公正。国务院扶贫办制定了整村推进项目操作指南，要求在项目县、项目村的确定中引入竞争机制，选择项目县和项目村。各地结合本地的实际情况，在选择项目县、项目村上，形成制度化安排。第一步是实行竞争立项分配资金，在参选县中确定项目县。从2010年开始，广西采取公开竞争方式择优遴选扶贫项目县。项目资金实行分档差额分配，将竞选县综合得分分为3个档次，每档资金差额200万元。竞选过程包括成立竞选领导小组和评审专家组、制定竞选方案和参选资格、申报材料审查、召开公开竞选会等步骤。第二步是实行竞争选村。项目县政府在项目区域的落实、招投标管理、项目建设推进等事项出方案，明确乡镇及部门工作职责、时间进度和工作要求，签订目标管理责任书，组织整村推进贫困村进行项目竞选，通过村民委员会陈述、专题咨询和评委打分等环节，确定项目村，并进行公告公示。

二是借鉴参与式扶贫经验，保证群众全程参与。确定项目村以后，项目村召开全体村民会议，采取群众投票表决的民主方式，提出本村急需解决的项目清单，由村民委员会形成项目规划申请，经县乡扶贫工作组论证，确定出村级具体实施项目，并在村内进行公告公示，保证项目公开透明、家喻户晓。群众的深度参与使项目针对性强，起到改善贫困对象生产生活条件的目的。

三是规范项目管理，促进项目实施。首先，严格项目招投标管理。乐业县专门出台项目工程招投标管理实施办法，执行项目招投标管理制度，以施工单项合同估算价确定施工队，50 万元以上的项目采取公开招标方式确定，50 万元以下的采取竞争性谈判方式确定，10 万元以下的项目由群众自行实施。凤山县出台小型基础设施项目实施方案，明确项目招标办法和实施方式，对投资 50 万元以下的工程，采取竞争性谈判的方式进行项目发包，对投资 50 万元以上的工程，采取公开招投标的办法进行工程发包。竞争性谈判发包办法由财政、扶贫、交通、审计、纪检等相关人员和项目村群众代表组成评审小组，对符合竞争性谈判发包的项目进行评审发包。其次，严格资金管理。项目县对项目资金实施层层把关，确保专款专用，资金从县本级国库拨入财政专户统一核算，按工程进度进行报账支付，实行专户管理，分账核算，还设置项目验收、公示、委托审计等关键环节，确保资金使用安全。

三、政策建议

1. 革命老区应成为“十三五”脱贫主战场

我国 592 个扶贫重点县中有 297 个是革命老区县，占扶贫重点县总数的 50%，加上重点县外新阶段扶贫攻坚的 14 个集中连片区域中有 60 个革命老区县，共计 357 个贫困革命老区县。截至 2011 年底，357 个县中扶贫对象约 4470 万人，占全国贫困人口的一半以上。贫困革命老区的贫困发生率为 31.9%，是同期全国平均水平的 2.5 倍。贫困革命老区由于自然地理条件恶劣、人力资本缺乏、发展机会错失等因素，总体经济社会发展水平低，自我发展能力不足，贫困面大、程度深，扶贫任务十分艰巨，是我国2020年全面建成小康社会必须攻坚克难的主战场。按照习总书记指示精神，“让老区贫困人口尽快脱贫致富，确保老区人民同全国人民一道进入全面小康社会，是我们党和政府义不容辞的责任”。建议“十三五”期间，在增加政府制度化扶贫投入的同时，加大社会和公益扶贫力度，充分利用彩票公益金作为一种公益扶贫方式，发挥彩票公益金扶贫定位准、制度规范、群众参与等优势，将彩票公益金项目和资金覆盖老区县所有贫困村，并向贫困县片区县外的老区县、贫困村延伸。

2. 进一步提高扶贫在彩票公益金中的地位

彩票发行的主要目的是为社会福利、社会公益事业筹集资金，“扶老、助残、救孤、济困、赈灾”是体现彩票公益性的主要领域。但是，在实际运行中，彩票资金的使用和结构存在一些亟待解决的问题。据披露，一些彩票资金的使用违背了公益性质，被大量用于非公益性领域，也有些资金由于监管不力，被挪作他用，甚至用于盖大楼、买游艇、补亏空。在资金安排上，与社保等资金相比，彩票公益金用于扶贫的比例太小。扶贫与民政是扶助贫困对象的两大载体，但功能差异很大，扶贫重点是针对农村有劳动能力的贫困人口实施开发式扶贫，民政更多是对没有劳动能力的对象开展救助，两者互相支撑，不可替代。但是，与救济、救助类项目相比，彩票公益金用于扶贫的公益性地位不突出。建议修改彩票公益金的有关规定，将“减贫”单独列为彩票公益金的支持目标之一，明确扶贫是重要的社会公益事业，提升扶贫事业在彩票金中的公益性地位。

3. 提高中央彩票公益金用于扶贫比例，明确地方彩票公益金用于扶贫配套资金

彩票公益金近几年在扶贫方面的投放力度不断加大，但也存在一些问题。一是中央彩票公益金用于扶贫的比例偏低，扶贫项目公益金仅占整个中央集中彩票公益金的3%左右。二是彩票公益金发行费用占比较高。我国的发行费用比例为15%，高于其他国家5%的一般水平。三是地方彩票公益金主要用于扶老、助残、救孤、济困、赈灾等项目，没有专门用于扶贫这项公益性事业。建议明确中央集中专项彩票公益金用于扶贫的比重；逐步降低彩票发行费用，将减下来的资金追加用于扶贫；明确地方彩票公益金用于扶贫的比例，对于有中央彩票公益金投放的省，明确地方彩票公益金进行一定比例的配套。

4. 增加项目投入力度和覆盖面，形成制度化、常态化扶持机制

目前的彩票公益金扶贫项目采取分期向财政部争取、申报，缺乏制度化保障，不确定性大。项目在地方实施时由于周期短、后续资金保障不确定，影响扶贫规划和效果。建议将彩票公益金用于扶贫项目支持制度化、常态化。提高项目实施的连续性，对每个项目村持续3～5年的投入，力争实现整体脱贫。

加快村庄建设治理　筑牢安疆稳疆基础

肖俊彦

按照第一次中央新疆工作座谈会精神，新疆维吾尔自治区从2010年起实施“安居富民”工程；国家住房城乡建设部、发展改革委、财政部制定了《新疆农村安居工程规划（2011－2015年）》，确定完成150万户农牧民的住房新建改造。到2013年末，全区农村安居工程累计投入资金740亿元，预计“十二五”期间总投资将达1200亿元。该项工程有效改善了千家万户各族农牧民的生活条件，深受群众衷心拥护。

鉴于近年来新疆形势，下一步要精心谋划，加大力度、广度、速度，将加快村庄建设治理作为重大战略抓手，寓管理于服务，见实效于基层，下沉政府职能，着力公共服务，推进民族融合共处，帮扶农牧民就业增收，构筑安疆稳疆的铜墙铁壁，为维护新疆社会稳定与长治久安夯实基础。

一、成效显著

1. 有效改善了广大农牧民居住条件，确保其生命财产安全

到目前，已有共92万多户、360余万各族农牧民喜迁新居，占全区农村居民总户数的30%。一大批农牧民永远告别世世代代居住的土坯房、土石房，搬进砖混结构安居房，不再为地震、风沙、下雨、过冬等难事而困扰。安居房屋质量连续几年被评为全国第一，经受住了2011～2014年20余次5～7级地震的考验，新建安居房屋无一毁损。

2. 促进民族凝聚团结

中央、新疆维吾尔自治区和援疆省市给予资助，广大农牧民建房积极，充分体现了祖国大家庭的温暖。累计投入的740亿元建房资金中，农牧民自筹占53.1%，中央补助占11.4%，自治区补助占11.1%，对口援疆省市补助占10.6%，地县配套占3.6%，银行贷款占11.1%。

3. 带动地方经济发展，拓宽农村就业门路

2011～2013年，全区安居富民工程建设住房完成总面积7000多万平方米，为全区房地产开发总量的1.57倍，投资约占同期全区全社会固定资产投资的5%。农村建房潮还催生出一批农村工匠，共转移80多万农村富余劳动力。

二、突出问题

1. 现有规划不能满足农牧民建房需求

新疆维吾尔自治区住房城乡建设厅测算，“十二五”期间全疆需改造建设的农房达217万户，但“十二五”规划仅安排150万户，规划期缺口达67万户；到“十三五”期间，由于人口增长与分户因素，需改造建设的农房将达到100万户以上。

2. 南疆农牧民收入水平低，自筹资金困难

以综合造价1000元/平方米测算，新建一套80平方米砖混结构农房需8万元。对每户建房农牧民的补助，中央1.05万元、自治区0.8万元、对口援疆省市1万元，其余5万多元主要由农牧民自筹，这还不包括入户的水电等设施费用。2013年，新疆农牧民人均纯收入7400元，南疆农牧民收入大多只有全区平均收入的一半；全区农村困难群体（低保护、五保户、困难户）共53.7万户，南疆4地州就有33.8万户。许多农牧民仅能维持温饱，即使政府补助也难以建房。

3. 村庄基础设施建设管理滞后，缺乏资金来源

突出问题如下：一是村庄内配套基础设施短缺，存在“最后几十米瓶颈”，水路电等设施建到村口，但缺少资金，进村入户困难；二是建设、管理力度偏小，建新房不见新村，脏乱现象严重，缺少公共文化设施；三是居住过于分散，部分村庄人口过少，不利于公共服务管理和生产经营。新疆维吾尔自治区住房和城乡建设厅估算，到2020年基本完成基础设施建设需要投入740多亿元，而2011～2013年仅投入62亿元。

4. 自然条件恶劣，就业致富难度大

新疆大部分地区自然条件恶劣，常年干旱、盐碱、沙尘、干热风、冰雹、洪水等，加之幅员广阔，居住分散，路途遥远，一般农牧民生产经营难度大、成本高。南疆农业更是典型的弱质产业。人均收入最低的克孜勒苏柯尔克孜自治州，位于高寒的帕米尔高原，缺土少草；沙漠地带的和田地区，水资源匮乏，人均占有耕地还不足一亩半。

上述问题反映出新疆农村经济社会发展仍然滞后，相当部分农牧民群众的生产生活迫切需要深度帮扶，这也是近年来极端宗教思想、民族分裂思潮、暴力恐怖活动的生存之地主要在农村地区的重要原因。

三、建 议

最近召开的第二次中央新疆工作座谈会强调，要坚定不移推动新疆更好更快发展，对南疆发展实行特殊政策，打破常规，特事特办。据此建议如下。

1. “十三五”期间继续实施农村安居工程

继续将农村住房新建改造列入国家“十三五”规划，总规模不低于100万户；中央、新疆维吾尔自治区、对口援疆省市继续给予补助，并根据建房成本上涨情况适当提高补助标准。

2. 尽快实施村庄基础设施建设工程

当前，新疆应当从自治区层面开始加大投入，整合衔接各部门现有专项规划、资金，与“安居富民”工程相结合，尽力同步配套进行村内外基础设施建设，方便农牧民使用。

对南疆地区、边境一线村庄基础设施建设，应当制定专项规划，主要由中央、新疆维吾尔自治区给予资金投入，高标准、快速度完成。

3. 尽快实施村庄社会服务建设工程

加快推进城乡一体化进程，整体比照兵团团场公共服务水平推进，优先在南疆地区、边境一线村庄试行。

县乡政府管理服务职能下沉，公共服务网点、设施、人员尽可能对接村庄、农户服务；县乡村三级联动组建农牧业服务队伍并配置相应设施，向农牧民提供低偿服务；设立公益性工作岗位，建立村庄综合管护队伍，承担村庄基础设施、治安、环境卫生维护等项事务。

抓住村庄建设治理时机，进行人口、民族居住结构调整。适当合并规模过小的非边境村庄；鼓励多民族嵌入居住，有序将高寒、干旱、偏远地区贫困农牧民迁入经济条件较好的非边境村庄。

村庄社会服务工程也需要中央、新疆维吾尔自治区做出设计，有侧重地给予资金支持，稳步实施。

4. 优先优惠优质建设好南疆地区、边境一线村庄

鉴于南疆地区、边境一线的特殊重要性，对其村庄建设要坚持“好事办到底”，采取一次性整体建设模式，配套建设村庄内外的基础设施；进一步提高对农牧民的建房补贴；对无经济能力的困难户，可先由政府出资建房供其入住，以后分期偿还。

5. 发挥兵团优势，服务农牧民群众

发挥兵团优良传统和组织管理、农业现代化等方面的优势，团场对周边乡村给予长期帮扶；兵团招录团场职工、企业职工，要有计划地从新疆贫困农牧民中录用；兵团集中力量，为改变南疆贫困面貌办几件大事实事。

边疆民族地区基础教育发展亟待解决的几个突出问题

冯明亮　单大圣[①]

21 世纪以来，我国民族教育事业得到了很大发展。但是，由于历史、自然、经济发展水平、社会文化传统等原因，民族教育事业整体上仍然十分薄弱。最近，我们赴云南省对边疆民族地区基础教育发展进行了调研，就亟待解决的几个特殊困难和突出问题提出政策建议。

一、边疆民族地区基础教育发展面临的突出问题

1. 中小学生流失严重，控辍保学难度大

经过攻坚克难，目前边疆民族地区已经基本普及九年义务教育，但普及成果还不稳固，不少地方中小学生流失严重，令人担忧。2013 年，怒江州[②]初中辍学率达 12.4%。中小学生辍学，除学习困难、家庭、社会不良因素影响外，还有许多特殊原因，进一步加大了控辍保学难度。一是封闭落后，社会发育程度较低，接受教育愿望淡薄。二是读书无用论影响。由于就业形势严峻，一些家长觉得子女升学和今后就业无望，读书无用，更倾向于让子女尽早放弃学业外出打工就业。三是民族风俗习惯影响。抢婚、早婚习俗在一些地方仍然盛行，部分学生因早婚辍学。四是家庭经济困难。尽管实行了“两免一补”政策，仍有极少数家庭难以承担学生在校日常生活费用，只得放弃子女就学。

---

① 国务院发展研究中心机关党委副研究员。

② 怒江州，怒江傈僳族自治州的简称，以下同。

五是上学困难。边疆民族地区大多地处山区，学校布点少，寄宿条件不足，有的学生要用三四个小时翻山越岭到学校，不少学生因此辍学。

2. 高中阶段毛入学率远低于全国平均水平，办学质量低

边疆民族地区高中阶段教育资源普遍不足，全国还有一些民族自治县和边境县没有普通高中和中等职业学校，导致高中阶段教育发展缓慢。以红河州①为例，2013 年该州少数民族占比高的南部 6 县高中阶段毛入学率仅 37.1%，远低于该州北部 7 县市平均水平 71.9% 和全国平均水平 86%。教育质量差异更为明显，2014 年红河州参加高考考生 17244 人，一本上线 1866 人，上线率为 10.8%；而南部的元阳县参加高考考生 784 人，一本上线仅 10 人，上线率仅为 1.28%。一些边远村落迄今还没有一名大学生。在一些民族聚居地区，大量青少年升学无望、就业无门、致富无术，极易被敌对势力拉拢利用，影响民族地区社会稳定。

3. 中小学教师留不住、进不来，队伍很不稳定

一是流失严重。2013 年河口县录用中小学教师 82 名，当年流失 24%。流失教师主要是调往相对发达地区、进入政府机关或辞职。二是补充困难。2012 年德宏州②预计新补充教师 1287 人，实际招聘到教师仅 924 人，出现年年招聘、年年缺人的现象。

许多教师不愿意在边疆民族地区任教，除了当地条件艰苦、待遇低外，还有一些特殊原因。一是在现行教师招考制度下，许多外地教师进入边疆民族地区任教，由于地理、语言、习俗等原因，他们很难融入当地环境，大量流失。如元阳县最近 3 年流失的教师中，外县教师占 86%。二是职业激励不足。目前中学教师职称最高为副高级，小学为中级，许多教师不愿从教，更愿意进入公务员队伍，有的干脆辞职创业。三是政府扶持不够。调研中，许多教师反映，边疆民族地区教师地位待遇与内地教师以及当地公务员相比，没有明显优势，而毗邻的越南对边境地区教师实行了非常优厚的扶持政策，比如实行最高的薪酬补助系数、工龄 1 年按 1.5 年计算等。

4. 学生营养改善计划标准低，覆盖面有待拓宽

农村义务教育学生营养改善计划在实施中，暴露出一些问题。一是范围窄。计划仅覆盖义务教育阶段学生，而没有惠及正处在最佳干预期的学前儿童，普遍出现“学前班

---

① 红河州，红河哈尼族彝族自治州，以下同。

② 德宏州，德宏傣族景颇族自治州，以下同。

的弟弟妹妹看着小学阶段的哥哥姐姐吃营养餐”的现象。二是标准低。一些地方反应，当前每生每天3元的补助标准仅能保证吃饱，难以真正实现“改善营养”的政策意图。三是政策不配套。目前膳食制作、工勤人员用工和食堂运行成本主要由地方政府承担，许多地方财政困难，往往违规挤占公用经费甚至挪用中央补助金，严重影响项目运行。

二、集中攻坚，加快改善边疆民族地区基础教育面貌

1. 实行更加精准的救助政策，确保贫困家庭子女全部入学

一是创新工作机制，推动政府、教育部门、学校、家庭齐抓共管。二是逐步将家庭经济困难寄宿生生活补助扩大到民族自治地方所有农村学生，提高补助标准。建立更加完善的救助政策体系，实现救助全覆盖。三是办好教学点，保障低年级小学生就近入学，在条件成熟的小学高年级阶段和初中阶段适度开展农村寄宿制学校建设。

2. 加快发展高中阶段教育，为每个少数民族家庭培养一名中职生或高中生

一是扩大高中阶段教育资源。支持民族自治县和边境县新建或改扩建一批普通高中、职业学校，或在初中设立高中部。二是以未能继续升学的初中、高中毕业生为重点，率先在边疆民族地区实行中等职业教育免费制度，实现职业教育全覆盖，让每个青年都有一技之长。三是对边疆民族地区学生接受普通高中教育免费，如红河州从2014年春季学期开始，免除南部6县农村户口普通高中学生学费。四是中央财政设立专项资金，支持边疆民族地区在区域内优质高中开设民族高中班和中职班。以红河州为例，该州民族高中班规模500人，州政府每生每年补助2500元，大部分学生升入大专院校就读，每个学生高中阶段资助7500元就能显著改变数以千计民族家庭命运。五是针对高考录取率低的现状，出台省内重点高校面向边疆民族地区定向招生的政策。

3. 对边疆民族地区教师实行特殊优惠政策，让教师进得来、留得住、干得好

一是提高待遇。对长期在边疆民族地区工作的教师，在薪酬、工龄核算、工作调动、住房补贴、医疗补贴和退休待遇方面实行特殊优惠政策。二是改革职称制度。尽快在全国实施统一的中小学教师职称制度，在中小学设立正高级职称，在职务、职称方面对边疆民族地区教师实行倾斜政策。三是建立更加务实、更为有效的教师补充机制。中央安排专项经费，为边疆民族地区定向培养一批能够扎根本土、特别是具备双语教学能力的教师。改革教师招聘方式，更多面向本地生源招录教师，鼓励他们长期安心从教。

4. 扩大学生营养改善计划覆盖面，提高补助标准

一是扩面。将边疆民族地区义务教育阶段所有贫困学生和学前班学生全部纳入计划。二是提标。提高中央财政补助标准，确保满足学生营养需求，让学生吃饱吃好。三是建立管理运行成本分担机制。按照学生规模合理确定工勤人员数量，并建立成本分担机制，确保项目顺利实施，把好事做好。

新疆村庄变迁情况调研报告①

冯明亮

正如费孝通在《乡土中国》中所说：中国乡土社区的单位是村落。村庄既是农村群居生活的共同体，也是农民生产经营的组织化单位，是乡村治理的基本单元。村庄承载着农民日常的生产生活，是农村基础设施、社会组织、文化生活的载体，也是观察理解农业、农村和农民问题的重要窗口。近 10 年来，村庄变迁集中折射出了基层社会的变化、公共治理的变革和农村经济的演进等各方面特点，是我们系统谋划下一阶段农村改革发展稳定工作的关键背景。

在新疆，农业是最基础的产业，农村是最大的社区，农民是人数最多的社会群体，村庄变迁问题值得高度重视。随着现代化推进，10 年来，村庄外部发展形势和强农惠农富农政策环境，对村庄的影响日益明显，新疆与内地其他省区一样，农村日益活跃开放、发展变革加速。但是，受自然环境、区位地缘、要素禀赋、人口结构和发展进程等多重因素影响，新疆的村庄变迁与全国的普遍情况并不完全一致，表现出了鲜明的独特性。具体情况报告如下。

一、近 10 年来村庄变迁情况

2003 年以来，新疆的村庄在数量、人口、经济结构、基础设施和村庄环境、基层治理和平安建设等方面出现了一系列新的变化。这些变化既是外围市场条件和政策环境的演进所带来的，带有现代化进程中的普遍特征；同时，它又植根于新疆独特的区情和发

① 本文系作者在新疆挂职期间撰写的研究报告。

展进程，呈现出有别于全国普遍情况的独特性。总体上看，10 年来新疆的村庄在总数上略有下降，但降幅低于内地省区，且部分地州还出现了小幅上升的情况；新疆的局部地区虽然也有一些村庄存在人口流出和空心化的问题，但多数村庄、尤其是南疆农区的村庄出现了人口增加的局面。

1. 村庄总数有所下降，但降幅较小

从数量上看，近 10 年来新疆的行政村的数量略有下降。2003 ~ 2013 年新疆（不含兵团）设村民委员会的行政村数量从 9421 个下降到 8608 个，减少了 813 个，降幅为 8.63%。（历年变化情况参见表 1）村庄布局调整、行政村合并、撤村建居等是导致村庄数量减少的基本原因。但是，与同期全国村委会数量的降幅相比，新疆的村庄撤并的力度相对较小。

表 1　近 10 年新疆各地州行政村数量变化情况　单位：个

年份 / 地区	2003	2004	2005	2006	2007	2008	2009	2010	2011	2012	2013
总计（不含兵团）	9421	9001	8923	8935	8936	8772	8770	8767	8741	8645	8608
乌鲁木齐市	110	110	99	100	176	177	177	176	176	176	175
克拉玛依市	6	6	6	6	6	6	6	6	6	6	6
吐鲁番地区	221	172	172	172	174	174	172	172	170	175	175
哈密地区	182	183	167	167	171	171	170	170	170	170	170
昌吉回族自治州	1052	805	804	804	728	591	578	571	545	453	453
伊犁哈萨克自治州	705	682	661	666	666	654	656	656	656	656	658
塔城地区	838	816	795	791	793	780	780	781	781	781	790
阿勒泰地区	537	511	510	510	506	493	493	494	499	505	508
博尔塔拉蒙古自治州	257	257	255	254	254	254	250	250	249	227	223
巴音郭楞蒙古自治州	387	384	387	386	390	392	404	407	409	409	409
阿克苏地区	1146	1125	1117	1107	1104	1103	1107	1107	1105	1105	1105
克孜勒苏柯尔克孜自治州	223	223	223	223	234	238	238	238	238	238	243
喀什地区	2354	2354	2354	2354	2344	2349	2353	2353	2350	2360	2309
和田地区	1403	1373	1373	1395	1390	1390	1386	1386	1387	1384	1384

数据来源：新疆自治区统计局。

各地州在村庄数量上的变化不一，多数地州呈现出略微下降的态势。但其中，天山北坡的昌吉州降幅较大。扣除行政区划调整（2007 年将昌吉州的米泉市划入乌鲁木齐导致行政村减少 76 个）因素影响，仅从 2007 年至 2013 年期间，村庄数量从 728 个骤减到 453 个。

扣除行政区划调整因素，10 年来唯一增加了村庄数量的地区仅有克孜勒苏州，从 2003 年的 223 个增加到 2013 年的 243 个。巴音郭楞蒙古自治州、阿勒泰地区、喀什地区等地在 10 年间的某些年份也出现过村庄数量增加的情况。村庄数量增加主要是由于游牧民定居后形成了一些新的村落。此外，个别地方为进一步加强对农村工作的管理，将个别规模大、人口多、有多个居民点的行政村（队）作了拆分；同时，一些地方大面积新开发了耕地，种植户为方便生产，就近在开发土地附近选址安家，形成一定规模的居住区，通过设立村支部和村委会，增加了行政村数量。

全疆 2011 年底共有 2. 58 万个 20 户以上的自然村，平均每个行政村约由 3 个自然村组成。10 年来，自然村的变化也呈现出差异性，不同地区自然村有增加、减少或维持不变等不同情况，但增减幅度不大。自然村数量减少，主要是有些地方设立更为集中的居民点后将分散的自然村聚集起来，或者移民搬迁导致原有的自然村消失。而自然村数量增加，则主要是新的居民点出现，这包括政府主动规划设置的新居民点，也包括自然变迁生成的新的自然村。如前些年由于农村规划建设管理职能薄弱，农民在建设住宅时存在随意性，个别农民子女分家分户后，因原村庄宅基地问题难以解决，就选择在交通便利的路边、耕地附近的空地上建设住房，规模逐渐扩大，从一两户逐渐发展到一二十户。

2. 农村人口总量保持平稳，村庄人口密度增大

10 年来，新疆的总人口数量从 1933. 95 万增加到 2264. 3 万，而农村人口从 1268. 84 万减少到 1257. 37 万，农村人口规模相对平稳。根据自治区农经部门汇总的村集体经济组织的农户人口数据，村集体总人口数从 2003 年的 939. 8 万人增加到 2013 年的 1096. 8 万人，平均每个村庄的人口数量从 980 人增加到 1245 人。(参见表 2)。

随着二、三产业发展，越来越多的农村劳动力转移到非农部门就业，在天山北坡经济带和天山东麓的局部区域，出现了劳动力外流、村庄人口减少的情况。在哈密、昌吉等地的一些传统农区，尤其是以汉族农民为主体的农区，村庄人口减少一半以上，留在村庄内的往往是年龄偏大、缺乏转移就业能力的人口。此外，部分家庭为了让子女享受

表 2　　2003～2013 年新疆村集体经济组织及农户、人口情况

年　份	汇总村数（个）	农户及人口情况	
		汇总农户数（万户）	汇总人口数（万人）
2003	9586	205	939.8
2004	9350	207.9	946.4
2005	9180	212	962.2
2006	9096	216	979
2007	8936	221.1	992.4
2008	8790	225	1005
2009	8773	233.6	1019.3
2010	8762	239.9	1038.2
2011	8763	246.3	1067.4
2012	8857	252.4	1082.8
2013	8806	257.3	1096.8

数据来源：自治区农经局。说明：部分地区村庄合并以后并村不并账，原有的村庄仍然作为独立核算的村组参加到农经部门的村集体经济组织核算系统，因此数据比历年行政村的数量略高；也有部分村组没有纳入到农经统计中，所以汇总的农村人口数量比实际人数要低。

到城镇更加优质的基础教育，也离开农村、到城镇买房或者租房，使得农村的人力资源和资金资源加速外流。

但是，内地比较突出的空心村问题在新疆表现并不普遍。多数村庄、尤其是南疆 3 地州村庄内的人口在 10 年中不减反增。这一方面反映了新疆人口规模的变化情况，10 年来新疆的人口出生率高达近 16‰，高于全国平均水平。2013 年新疆人口自然增长率近 11‰，是当年全国人口自然增长率的两倍以上。另一方面，也是由于新疆的城镇化和工业化进程相对滞后，非农就业的空间有限。2013 年新疆的城镇化水平为 44.5%，低于全国平均水平 8.9 个百分点。新疆的三次产业结构中，第一产业占比较高，到 2013 年仍占全地区生产总值的 17.39%，比全国平均水平高 7.39%；对就业容纳能力较强的第三产业占比较低，2013 年占全地区生产总值的 36.19%，比全国平均水平低 9.9%。（新疆历年产业结构变化情况参见表 3）新疆的第二产业中 45% 为石油工业，而能源行业作为资本密集型行业，对劳动力的吸纳有限。这也使得新疆的农村劳动力转移就业的空间和机会不足。加之农牧民受传统观念限制、语言障碍和技能不足等因素的影响，转移就业的意愿和能力也不够，导致农村聚集的人口规模仍然较大。

表 3　　2003～2013 年新疆的三次产业结构（%）

产业类别＼年份	2003	2004	2005	2006	2007	2008	2009	2010	2011	2012	2013
第一产业	22.03	20.21	18.97	17.66	17.97	16.44	17.78	19.9	17.33	17.54	17.39
第二产业	42.45	45.91	44.74	47.63	46.38	49.64	45.67	46.76	50.03	47.28	46.42
第三产业	35.52	33.88	36.29	34.71	35.65	33.92	36.55	33.34	32.64	35.18	36.19

数据来源：自治区统计局。

3. 村庄经济结构趋于优化，农民收入大幅增加

从 2003 年到 2013 年，新疆农民收入水平实现了大幅增长，农牧民人均纯收入从 2106 元增加到 7296 元。尤其是 2010 年中央新疆工作座谈会以来，自治区把农民增收作为农村工作的首要任务，农民收入从 2009 年的 3883 元迅速提升，年均增幅超过 18%。

新疆农村的第一产业和二、三产业的结构在过去 10 年中趋于优化。农民人均纯收入中，来自农村二、三产业的收入从 2003 年的 307.57 元增加到 2013 年的 1070 元。农产品加工业、民族传统手工业等的发展为壮大农村二、三产业创造了契机。但是总体上看，二、三产业的发展仍然滞后，影响到农村经济的总体水平不高，过度依赖种植业和养殖业。这也影响到农民的就业空间和收入来源，表现为农民的收入对家庭经营耕地的依赖性较高。2013 年种植业、林业和畜牧业在农民收入中的占比仍高达 68.9%。

在农村集体经济组织的资产和收益方面，10 年来新疆村庄的集体收入略有上升，但并不稳定；负债情况也出现波动，近年负债有所增加。目前仍有 25% 以上的村集体经济组织是没有收入的“空壳村”，55.6% 的村集体经济组织收入在 5 万元以下，主要靠财政转移支付来维持村级组织运转（参见表 4）。

表 4　　2003～2013 年村集体经济组织资产负债和收益情况

年　份	村集体经济组织资产负债情况（单位：万元）		村集体经济组织收益情况（单位：个）		
	资产合计	负债合计	汇入本表村数	①当年无收益的村	②当年有收益的村
2003	799152	307408	9586	3201	6385
2004	763557.47	309476	9293	2267	7026
2005	730317.56	268749.57	9123	2197	6926
2006	752174	283362	9065	2239	6826

续表

年份	村集体经济组织资产负债情况（单位：万元）		村集体经济组织收益情况（单位：个）		
	资产合计	负债合计	汇入本表村数	①当年无收益的村	②当年有收益的村
2007	790138.7	276645.9	8736	2135	6601
2008	828147.42	291815.72	8363	2082	6281
2009	895364.3	322610	8762	2776	5986
2010	984428.2	363403	8615	2308	6307
2011	1106841.4	384835.7	8702	2137	6565
2012	1309198	454567	8787	2394	6393
2013	1350404	483263	8649	2172	6477

数据来源：自治区农经局。

4. 村庄基础设施建设力度加大，农牧民生产生活条件改善明显

近10年来，新疆农村的生产条件得到显著改善。2003～2013年，全疆新增水库120座，恢复改善灌溉面积3661万亩；改造中低产田面积1689万亩；新增饲草料地灌溉面积121万亩；新增高效节水面积2287万亩。农村安全饮水工程覆盖了农村总人口的90%；2014年解决15.64万户无电人口后，将实现全区农牧民户户通电；建制村公路通达率达到98%、通畅率达到79.46%。

与此同时，2003年以来、尤其是中央新疆工作座谈会以来，新疆农牧民的生活条件也显著改善。从2004年到2010年年底，全区累计新建农村抗震安居房194.9万户（每户面积在30～50平方米）。2010年开始新疆将实施农村安居富民工程作为解决新疆民生领域突出问题的首要任务，坚持每户面积80平方米以上高起点规划、高水平建设、高效益配套。2011～2013年全区开工建设安居富民工程94.84万户，竣工92.09万户。各地建成的农村安居房质量合格，先后经受住了2011～2013年20余次5级以上地震考验，特别是2012年新源－和静6.6级地震和2014年于田7.3级强震中安居富民工程无一损毁。

游牧民生产生活条件逐步改善。游牧民定居工程从2009年开始启动，计划实施11.05万户，截至2013年底，共完成游牧民定居8.04万户，完成计划的72.77%。除中央和自治区补助资金外，各项目县市积极整合捆绑项目资金，将退牧还草、牧区水利示范工程、农村饮水安全、农业综合开发、扶贫开发、农村道路、农村沼气、农网改造、乡镇卫生院、村级组织活动场所等涉农项目整合使用，同步用于配套建设水、电、路、通讯等基础设施及学校、卫生室、文化站等公共服务设施。到2013年底，25项定居兴牧水利水源骨干工程、133项配套水利骨干工程已经完工。

5. 村庄治理改善，平安建设加强

随着政策环境的改善，国家在农村坚持“多予、少取、放活”的方针，新疆的村庄治理也出现了明显改善。2003年开始，国家加大对农业的投入和支持力度，开始探索并逐步实施农业补贴制度，并于2006年全面取消农业税和“三提五统”，减轻了农民负担。同时，国家建立并逐步完善财政转移支付制度，保障了农村基层政权和基层组织运转。取消农业税和“三提五统”，改善了农村基层组织与村民关系，为村庄治理的改善创造了条件；而一系列强农惠农富农政策的出台和落实，为进一步密切干群关系营造了有力的政策环境。近年来自治区党委不断加大基层基础工作力度，提出“好事让基层组织干，好人让基层干部当”的工作思路，并从2014年开始在全疆各级机关抽调20万名干部驻村工作、开展为期3年的“访民情、惠民生、聚民心”活动，实现基层组织凝心聚力的作用。

自治区还加大农村平安建设力度，农村公共安全体系逐步健全，农村平安建设能力增强。按照“打防结合、预防为主，专群结合、依靠群众”的方针，不断完善农村社会治安防控体系，加强村级警务室建设，全面实现村级警务“一村一警”，部分地方已经实现“一村多警”。

二、村庄变迁的后果和影响

1. 近10年来村庄社会结构的变化较大，影响到村庄建设布局和农业提质增效

南疆地区农村人口规模增加，影响到农业现代化的推进。由于新疆农村人口仍然保持较大规模，尤其是在南疆地区农村1998年以来新增人口总量大、转移就业不足，农村人地矛盾日益突出。

一方面，转移就业不足导致农民收入高度依赖土地经营。2013年新疆农民收入中，家庭经营收入仍然占全部收入的63.8%，比全国平均水平高21.2%；工资性收入仅占总收入的18%，比全国平均水平低27.3%，人均工资性收入的绝对数值比全国平均水平低

2713元。尽管近3年来新疆农民转移就业的工资性收入保持持续增长、成为农民增收举措中的重要支柱，但其对农民收入的支撑作用仍然不足。

另一方面，它导致人均占有耕地少、土地经营进一步细碎化，影响土地流转和适度规模经营的开展。在南疆地区，这一问题表现得尤为突出。2013年南疆喀什地区、和田地区和克孜勒苏柯尔克孜自治州纳入农经部门统计的土地流转规模仅占家庭承包土地总面积的1.63%，远远低于全自治区15.7%的平均水平。土地经营的细碎化，使得南疆3地州的农业机械化和高效节水技术难以推开，农业现代化的推进面临重重障碍。

而在北疆和天山东麓，村庄的空心化也导致村庄的发展建设步伐放缓。由于劳动力、特别是年轻人大量外流，农村的各种资源也随着人力资源外流。比如留在村庄里的老人，为了支持儿女在城市安家，将多年的资金积累投入到城市买房。而村庄内遗留的各个年代的住宅，有些已经久无人居、破败不堪。由于农民对宅基地和农村住房的物权比较完整，如果户主不愿意维修，那么各级政府和基层组织也很难对其开展工作。这就使得村庄建设的布局调整难以完全实现，村庄整体面貌的改善也无从谈起。

2. 近10年来村庄的调整变革实现了资源的优化配置，但是村庄撤并后的管理问题突出、整合难度较大

10年来、特别是中央新疆工作座谈会召开以来，村庄布局的调整和基础设施的改善带来显著成效。新疆的村庄撤并重组、尤其是农村生产生活条件的改善，改变了农村面貌，推动了农村经济快速发展和农民收入快速增加。其成效表现如下。

一是农牧民生产生活条件得到改善。通过村庄布局调整不仅有效解决了零星分散的农牧民、边远农牧民和生存环境恶劣的农牧民人畜饮水难、养殖难、种植难、就医难、行路难、上学难等问题，而且，通过规划引导村庄合理撤并，有效地整合了农村各种资源，农村基础设施建设、社会事业发展、主导产业培育以及农牧民生产生活条件均得到明显提高，村庄面貌显著改观。

二是农牧民收入大幅提高。在村庄布局调整前，农村经济结构单一、农民收入渠道狭窄，大部分农民单靠农业种植和养殖创收。布局调整后，农村二、三产业发展空间扩大、农民外出就业机会增加，拓宽了收入渠道。特别是通过实施整村推进扶贫工程，使贫困农牧民的收入大幅度提高。如哈密地区2013年整村推进村贫困农牧民人均收入达到7800元，人均增收2200元，增长35%，超过了该地区农牧民人均收入平均增幅。

三是农村生态环境得到有效改善。村庄布局的调整优化了资源配置，在一定程度上节约了村镇建设用地，提高了土地利用效率，减少了对原来村落周围的环境破坏。同时，集中进行基础设施建设，尤其是垃圾和污水处理基础设施的配套建设，为农村生态环境的改善创造了条件。

但是，村庄撤并也带来了突出的管理问题，实现整合的难度较大。一段时期内，新疆村庄撤并的主要动力并非自然和市场因素，而是行政推动的政策性变迁。村庄撤并变迁仅仅是村庄的规模范围和人口数量的增加或者是由村变为社区，而非行政村地理位置的迁移。有些即使规划了新的居民点，但是往往由于基础设施配套不到位，影响居民入住；或者，居民在新村建房后并没有拆除旧房屋，使得原有的居民点无法腾出。村组合并和撤村建居后，仍存在不少突出问题。

一是社会管理力度较为薄弱。管理和服务存在“三难”。“强村并组”前，原来村规模较小，合并后由于行政村辖区范围扩大，管理服务工作面加宽，但是村干部的职数减少，而以前的自然村并没有减少，导致村级管理出现组织党员学习活动难、安排部署工作难、为群众服务难的问题。有的村庄合并后，在运作过程中磨合不好，两委班子对工作推诿扯皮，渐渐弱化了组织力量。

二是“富村”和“穷村”合并，产生新的矛盾和问题。在强村并组过程中，有的村集体收入多，村民收入高，村里民风淳朴；有的村是没有集体收入的“空壳村”，村里债权、债务比较复杂，村民之间的矛盾纠纷比较多。当两个村合并后，产生了新的矛盾和冲突：富村认为过去的集体收入应为本村使用，现在还要用于穷村搞建设，甚至还要为穷村偿还债务，引起了富村村民的不满。

三是村庄的合并难以实现实质性整合。行政村规模调整涉及生产结构、局部利益、风俗习惯、群众意愿、干部情绪和基层稳定等一系列问题，这些问题在一定程度上影响了“强村并组”工作的开展。有些村民对长久形成的宗族、血缘、地域等的情结和村落文化难以割舍，不愿一下子放弃原有的传统、甚至留传至今的村名，对新的村名一时难以接受。

四是公共服务建设水平方面相对滞后。虽然近年来各级加大了对农村公共服务的投入，但力度上还不够，村庄布局调整后公共服务的供给和传递仍然难以满足农村生活的需要。村庄合并后，乡镇小学、初中、高中撤点并校，对适龄学生的教育造成了影响。部分农村家庭因为学校远，无力承担寄宿和学习费用，便让孩子辍学在家务农。有些村庄合并后，增加了农闲时无所事事的青少年之间的横向接触，农村犯罪现象增多。

三、村庄变迁的规划与考虑

1. 村庄变迁规划

至2013年底，新疆已经完成了8839个村庄规划编制与审批工作。自治区将按照人口聚集、用地节约、市政配套集中、环境优美、生活舒适、产业发展科学的要求，推进村庄建设，从根本上改善农村的生产生活条件。未来村庄建设将主要从以下三个方面入手。

（1）就地提升改造现有村庄。对那些有一定产业基础、各方面条件较好、人口比较集中的村庄，结合安居富民和定居兴牧工程进行就地提升改造。不同区域采用不同改造策略，科学规划管理，逐步建成产业集中、土地集约、居住集中、环境优美的特色社区，实现经济发展规模化、人文素质市民化、社会管理规范化的目标。对历史村落采取低强度的开发模式进行保护更新，保证历史建筑风貌的协调，保护历史村落的格局。

（2）整村搬迁。对条件恶劣、不适合人类生存的村落，从保护水环境和山区原生态环境，改善山区农牧民居住环境和生活生产条件出发，整村搬迁至平原地区进行农业生产安置、城市化安置、插花安置。及早谋划村庄人口迁移后的就业安置，为农牧民搬迁、定居创造条件。

（3）村庄撤并或撤村建居。充分考虑村庄人口和区位等多重因素，在有条件的地方做好村庄的布局优化调整。在城市规划建成区内的村庄，按照城镇规划要求、按照城市化标准进行改造、建设。

2. 村庄变迁的考虑因素

新疆村庄的变迁应围绕城镇化和农村人口转移的长期趋势作规划，并结合农村产业发展和农民收入增加等现实需要通盘考虑、系统谋划。在此之外，还需要考虑如下具体因素。

（1）村庄布局调整需考虑绿洲环境的影响。新疆虽然全境面积达166.49万平方公里、占全国国土面积的1/6，但是农业和农村主要分布在星罗棋布的数百块被戈壁、沙漠和高山所包围隔离的8万平方公里绿洲中。村庄布局大致呈现出以下三种形态。

1）团状分布。在绿洲平原地貌区，村庄分布相对集中，规模较大，且较为紧凑。（如图1所示）

图 1　团状分布的村庄——喀什地区叶城县村庄图

2）带状分布。沿着河流和交通干线周边，村庄布局呈带状分布的特点。（如图 2 所示）

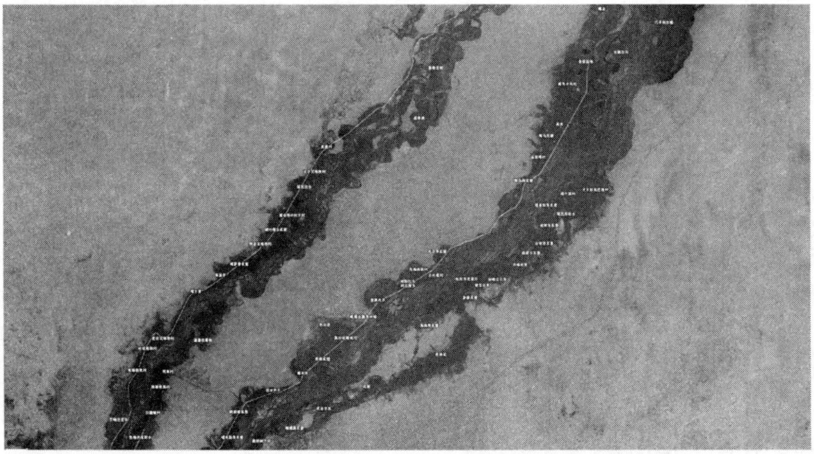

图 2　带状分布的村庄——和田县局部村庄图

3）点状分散布局。受传统草原畜牧业生产方式影响，草原牧区的村庄分布较为分散，人口规模普遍较小。（如图 3 所示）

新疆的绿洲资源和地理环境因素对村庄布局产生重要影响。在自然条件下人类自发聚居形成的村落往往与绿洲重合，绿洲与绿洲之间的距离较远。而行政村的设置既要考虑人口因素，也要考虑地理因素，如果村庄的辐射半径过大，就容易导致行政成本高且很难开展有效的基层治理。所以，考虑到这一因素，新疆的村庄布局调整存在特殊性，不能简单随意调整。

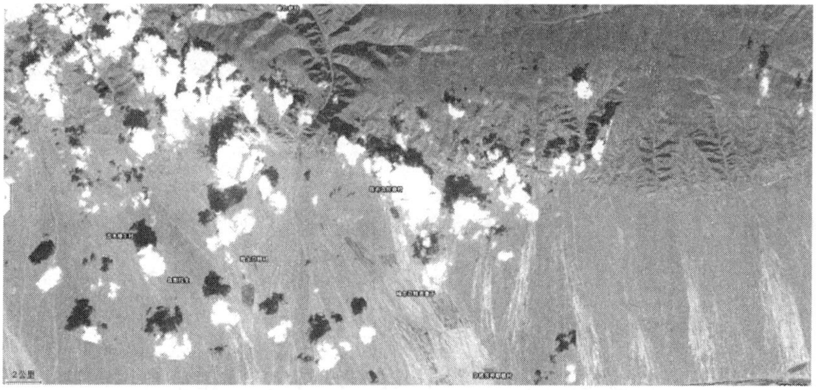

图3　点状分布的村庄——和布克赛尔县局部村庄图

（2）村庄布局调整需考虑守边固边的需要。新疆周边依次与蒙古、俄罗斯、哈萨克斯坦、吉尔吉斯斯坦、塔吉克斯坦、阿富汗、巴基斯坦、印度8个国家接壤，国界线长达5742.2公里，占全国陆地边境线的1/4。近年来，周边国家稳定形势日益严峻，国际恐怖势力与境内“三股势力”相勾结，成为危害周边稳定的邪恶势力，对国家的安全构成极大威胁，对新疆的稳定提出了更大的挑战，也对边民防边固边、维护社会稳定、长治久安提出了更高的要求。

边境村庄在守边固边中发挥着重要作用。“一座毡房就是一个哨所，一个边民就是一个流动的哨兵”是边境农牧民生活的真实写照。在村庄布局调整中，应考虑维稳戍边的需要，坚持有利于边疆安全原则。边境线地区村庄，原则上不能随意撤并，并且要通过财政补贴和对口援建机制，完善电力、给水、邮政等基础设施和公共服务，使边境线地区的农牧民安心维稳戍边。

（3）村庄布局调整需考虑游牧民定居规划。新疆的村庄布局也受传统草原畜牧业的游牧生产方式影响。由于30年来草原所承载的人口上升，草场牲畜严重超载，导致草原生态难以为继、80%以上天然草地退化，牧民收入增长乏力。而草原休养生息、生态奖补机制的实施又缩减了草原畜牧业的发展空间。为了改善牧区的基层治理和公共服务、转移草原承载的人口，自治区开展了定居兴牧工程，并逐步引导牧民向定居、农耕乃至二、三产业转型。这一转型既是生活方式的转变，也是生产方式的转变，更是文明的转型跨越。

自治区编制的《新疆维吾尔自治区现代畜牧业“十二五”发展规划》提出，力争实现1/3牧民从事草原生态畜牧业生产，1/3牧民“农牧结合”从事农牧业生产，1/3牧民转移到城镇从事二、三产业，采取“集中定居、插花定居、分流转产”3 种定居安置模式，2020 年解决 16.93 万户、76.18 万牧民的定居安置方案。未来村庄布局的调整、产业的培育，必须将牧民定居的因素纳入考量，为实现新疆传统草原畜牧业的转型升级创造条件。

（4）村庄布局调整需考虑对社会稳定和长治久安的影响。社会稳定和长治久安是新疆一切工作的出发点和着眼点。当前，新疆与全国一样，正在经历城乡利益格局的深刻调整、农村社会结构的深刻变动、农民思想观念的深刻变化。但与全国不同的是，新疆还深受国际上分裂主义、恐怖主义、极端主义的影响，农村社会管理面临极其特殊的挑战，其表现如下：一是农村宗教狂热和极端宗教思想不断升温，非法宗教活动大量存在，意识形态领域斗争复杂尖锐；二是农村社会治安防控薄弱，日益成为暴力恐怖活动的重灾区，近来不少暴力恐怖活动就发生在农村；三是一些地方农村年轻人难以实现稳定就业，教育管理问题突出。这些都给农村社会管理提出了新的挑战。

因此，村庄布局的调整需要考虑其对基层治理、尤其是基层治理能力的影响。要以保证基层组织能够有效行使管理职能为重要考量，不能简单撤并村庄、随意扩大村庄的服务半径。

四、建　议

1. 考虑各地实际和农民意愿，实行有弹性的差别化政策

由于各地在发展进程、自然和社会条件等方面存在明显差异，国家在出台关于村庄建设的规划时，应充分考虑不同地区的实际情况，针对内地和边疆出台差别化的政策。在新疆尤其应该将稳定边疆作为村庄建设的目标之一，并综合考虑生产条件、生活需求、民族结构等多重因素，做好整体规划。

在组织推动的村庄变迁中，应充分尊重农民意愿和市场选择，逐步推进，不宜下达“硬任务”、一刀切。保持政策弹性，允许各地因地制宜、分类推进。尤其是在南疆地区，要根据农牧民转移就业的进度、土地流转和规模经营的进度等因素综合考虑，村庄建设以改造和提升现有村庄为主。

2. 统筹规划村庄的生活功能和生产功能

村庄是农民生产和生活的载体。在村庄的建设中要充分考虑村庄的生产和生活功能

的整合，在改善生活性基础设施、拓展农村公共服务的同时，要加大力度改善生产性基础设施，尤其是要着力培育农村二、三产业，为农村二、三产业发展创造有力环境。

在游牧民定居工程中，要围绕让游牧民“定下来、稳得住、能致富”的目标，在完善生活性基础设施的同时，为游牧民的生产、就业创造条件。从近年牧民定居的实施来看，综合考虑畜牧业的发展方式转型、定居点的基础设施配套和公共服务供给以及新的生产就业机会等因素，户均定居所涉及的公共成本达40万元以上。在后续的牧民定居工程中，必须根据各地的条件培育适宜牧民从事的产业，明确投入机制和保障，才能避免定居牧民出现反弹、造成资源浪费。

3. 重视配套基础设施投入，建立投入保障机制

在现有的安居富民和定居兴牧工程中，需要加大配套基础设施投入力度。当前在新疆农村，“垃圾靠风刮、污水靠蒸发”的问题仍然具有普遍性，即使是在安居富民和定居兴牧工程中新设立的居民点，规划的起点高，但基础设施的配套明显不足。应结合“美丽乡村”建设，在村庄建设中系统考虑农民的住房和庭院、村庄的道路和饮水、垃圾和污水处理等全方位需求，统筹推进村庄建设。

鉴于新疆各地、特别是南疆3地州财政自给率较低，农牧区配套基础设施建设欠账较多、严重滞后，建议国家、援疆省市设立专项资金，将各地、特别是南疆3地州乡、镇、村基础设施（供排水、道路、供电、供气等）建设纳入支持范围，加快农牧区基础设施现代化步伐。

4. 结合深化农村改革部署，健全城乡发展一体化体制机制、盘活农村各类资源

村庄的发展最终离不开对农村资本、土地、劳动力、技术等生产要素的优化配置。要实现城乡发展一体化，必须创造更加有力的体制机制和发展环境，让生产要素在城乡之间合理流动。盘活农村的各类资源，结合农村土地和住房抵押担保、产权流转交易等方面的改革，实现城乡生产要素的平等交换。

要结合十八届三中全会提出的“建设城乡统一的建设用地市场”的改革部署，做好农村集体经营性建设用地的规划安排，为深化农村改革、实现农村发展预留空间。在新型城镇化和新型工业化的推进中，缩小征地范围，规范征地程序，完善对被征地农民合理、规范、多元保障机制，真正实现“以城带乡、以工促农”的发展格局。

5. 推进农村劳动力转移就业，解决村庄变迁的动力机制问题

大力发展劳动密集型产业，增加农牧民转移就业的机会。加强对农牧民培训力度，提高农牧民就业技能。积极开展异地转移就业，使新疆的农牧民获得更加广阔的就业空间。通过农村劳动力转移就业带动人口向城镇集中，逐步减少农村承载的人口压力，为缓解人地矛盾、增加农民收入、发展现代农业创造条件，实现农民特别是青年农民“有事干、有钱挣、有奔头”。

要发挥市场在资源配置中的决定性作用，通过市场、尤其是就业市场引导人口流动和村庄布局调整，从根本上解决村庄变迁的内在动力机制问题，避免仅靠行政指令和长官意志强行推动村庄变迁。要因势利导，在市场调节的基础上，加强跟踪观察，逐步引导优化。

清代移民与当代村庄宗族结构

——影响村庄社会资本的历史地理因素

周群力　陆　铭[①]

一、引　言

中国经历了几千年的传统农业社会，古代中国县以下的乡村治理一般以宗族网络为载体，依靠儒家伦理等道德规范来实施乡绅自治。家族本位的宗族网络是这种伦理与自治的基础，曾深深影响着人们的行为模式。自1949年之后，中国共产党领导的政府通过持续不断的努力在农村建立现代意义上的治理结构，试图改变传统的农村社会。特别是改革开放以后，在工业化和城市化的进程中，大量的农村剩余劳动力从农村转移到城市，当前城市人口和农村人口大致各占一半，传统的基于宗族网络的农村治理模式正在受到这种经济转型的巨大冲击（陆铭和周群力，2013）。但这些现代化的努力并不能完全消解传统的宗族网络的作用，它仍对当前的农村治理和农民福利产生着重要影响（周群力，2013）。

宗族网络以血缘关系为纽带，在网络内部，宗族成员之间建立起了很强的信任，并遵从儒家思想所推崇的一套礼仪规范（Peng，2004）。Putnam（1993）认为，社会资本的功能就是促进人们之间的协调功能和合作，其主要构成是“社会网络、信任以及社会规范”。从这三个维度上讲，宗族网络是一种典型的社会资本，能够有效地降低集体行动的协调成本，有利于宗族的治理。然而，中国农村存在着“差序格局”（费孝通，1948），宗族成员之间的很强的信任并不会外推到其他的宗族成员身上（Grief and Tabel-

① 上海交通大学特聘教授、复旦大学兼职教授。

lini，2012）。宗族之间存在着明显的界限，甚至相互竞争多于相互合作（Baker，1979），宗族的边界使得宗族内的资源不易被外部成员所分享（Pan，2011）。因此，村庄的宗族结构不同，村民之间的信任程度和集体行动的协调成本就不同，村庄治理和农民福利也会有所差异。我们需要探讨村庄宗族结构的影响因素，来深化我们对乡村治理的认识。

以血缘为基础形成的家族同时也是一种地缘性组织，家族往往聚族而居，繁衍生息，演变成了村落。村落之间的婚嫁和人口迁移等人口变迁不断地影响着村庄的姓氏宗族结构，本文试图从历史上的移民的视角来考察影响当前农村宗族结构的历史地理的原因。具体地说，我们将利用中国家庭动态跟踪调查（Chinese Family Panel Studies）CFPS2010 的村庄问卷中的有关数据来考察当前中国农村的宗族结构，并利用清代人口信息来揭示影响当前村庄宗族结构的历史地理因素。本文由六个部分构成：一是引言；二是文献评论，揭示村庄宗族结构在当前农村生活中的重要影响；三是数据介绍，报告当前中国农村宗族结构的典型特征；四是历史上的移民与1776 年的人口统计，扼要梳理了历史上的移民潮，特别是清初的移民史的特点；五是实证分析，汇报我们关于清代移民对当前村庄宗族结构的影响的实证检验；六是结论。

二、文献评论

具有血缘关系的宗族成员之间彼此信任、共享宗族网络内的资源并遵循共同的基于儒家伦理的行为规范。根据 Putnam et al.（1993）关于社会资本的定义，宗族网络兼有社会网络、信任和规范的含义，是一种典型的社会资本，因而可以促进人们之间的协调与合作。这是因为宗族网络提供了很强的合作激励和不合作的惩罚。首先，宗族网络里的家庭间往往是有几代人的交往，知根知底，人们甚至有这样的认识：即便我自己用不到别人的帮助，我的后代可能在未来需要帮助。这种关心后代子孙福利的观念使得人们关注更长远的利益，更乐于帮助他人。其次，一旦不合作，宗族成员失去的不仅是未来的经济上的一些机会，还会面临其他方面的惩罚，比如会被禁止参与宗族的社交活动和祭祀活动。在古代中国这是非常重的惩罚，即使在今天，这种声誉上的考量也是一个很重要的因素。关于宗族网络促进合作的作用，Peng（2004）就发现，在乡镇企业发展的早期，宗族网络有助于保护产权、降低交易成本。

面对合作的激励和不合作的惩罚，相比而言，大姓宗族成员会更愿意进行合作。这是因为，如果不合作而被排除在宗族网络之外，大姓宗族成员将失去更多的资源，损失更大。另外，Calvo - Armengol and Jackson（2004）指出，在一个成员间两两彼此联系的完全网络中，如果网络规模越大，网络成员各自就业状况之间的相关性就会减弱。Pan（2011）运用 CHIPS 数据也发现，宗族规模越大，宗族成员之间收入波动的相关性就越小。因此大姓宗族分散风险的能力也更强。总之，大姓宗族成员互惠合作的意愿和能力都更强，因而相比而言会更容易获得某种优势。杨汝岱等（2011）发现，社会网络越发达的农户，民间借贷行为越活跃。马光荣和杨恩艳（2011）也发现，拥有更多社会网络的农民将获得更广泛的私人融资渠道，更有可能从事自营工商业。特别要指出的是，随着农村金融逐渐地正规化，宗族网络仍然在发挥作用，甚至影响到了正规借贷的可及性。我们关于温州市洞头县农信社的农户信用评级的研究就发现，如果村民属于该村第一大姓宗族，那么给他的信用评级就较高，从而能获得更高的个人小额信用贷款（周群力和丁骋骋，2013）。此外，Pan（2011）也发现，大姓宗族成员更容易当选为村干部，更容易获得收入更高的非农就业机会等。

然而，当我们将视角投向公共品领域时，上述大姓宗族网络成员在个人福利上享有优势的故事就变得有所不同。如果村庄的姓氏宗族较杂，各宗族力量很分散，对公共品的偏好也会不一致，反而不利于公共品的提供；而当村庄有大姓宗族时，就更可能协调集体行动，达成一致的意愿，发挥集体的能力，有利于公共品的提供。一致的意愿指的是，村庄有大姓宗族时村民们关于是否提供公共品的偏好较为一致，容易达成提供公共品的共识；集体的能力指的是，村庄有大姓宗族时其动员资源的能力更强。Tsai（2007）利用 2001 年的中国 4 省 316 个村庄的调研数据发现，有大姓宗族的村庄，道路、校舍、自来水等公共品的提供更多。因为村干部往往来自于大姓宗族（Pan，2011），宗族网络形成了对“村长”的非正式的问责，如果村长不为村民提供公共品以增进农民福利，会受到舆论的谴责和声誉上的损失。Chen（2010）运用 2005 年 24 个省的调查数据又进一步证实了这一发现。

村庄宗族结构的重要性还体现在村庄直选的基层民主化进程中。O' Brien and Han（2009）和 Manion（2009）认为，宗族网络结构直接影响了基层选举的结果和选举过程中冲突的可能性。Pan（2011）发现，大姓宗族成员当选村干部的概率更高。Tsai（2002）基于中国南方 4 个村的案例研究就发现，在那些姓氏较多的杂姓村，村民与村领导之间更容易冲突和不信任。更进一步的，Manion（2006）考察村庄宗族结构对村庄中村民对干部的信任程度的影响，文章借用市场结构理论中赫芬达尔指数的算法，运用问卷调查的样本中各姓宗族在该村样本中的比重平方和的倒数这样一个指标来衡量村庄的宗族结构，认为这一指数越高，宗族力量越分散，就不易造成宗族冲突，村民更信任村干部。Kennedy（2002）考察村民对选举的满意度时也发现，最不满意的村往往就是有两三个大姓的村，因为村里如果是有两三个势均力敌的大宗族，就更难于协调一致、达成集体行动了。

在注意到村庄宗族结构对基层民主的重要影响之后，一些考察中国农村基层民主实施效果的文献为了缓解村庄直选的内生性问题，往往利用村庄宗族结构做村庄是否发生直选的工具变量，试图得出更为准确的估计和结论。Zhang et al.（2004）用村庄第一大姓的比重作为是否发生基层选举的工具变量，运用江苏省6个县60个村的调查数据，发现农村的基层选举显著增加了村庄人均公共支出，同时减少了人均税费筹资额。Shen and Yao（2008）用村庄第一大姓的比重和村庄中姓氏的数目作为工具变量，发现村庄选举有助于减少收入不平等。本文试图去探讨影响村庄宗族结构的历史地理因素，为村庄宗族结构提供一个可能的工具变量，有助于进一步深化这些文献，加深我们对农村发展和乡村治理的理解。

三、数据介绍

先让我们通过中国家庭动态跟踪调查（CFPS）2010年村庄数据来考察一下当前中国农村宗族结构的情况。中国家庭动态跟踪调查（Chinese Family Panel Studies，CFPS）是北京大学中国社会科学调查中心（ISSS）实施的一项旨在通过跟踪搜集个体、家庭、村庄/社区三个层次的数据，反映中国社会、经济、人口、教育和健康的变迁。2010年在全国（西藏、青海、新疆、宁夏、内蒙古、海南、香港、澳门、台湾不在其列）正式实施，调查规模为16000户，每年一次跟踪调查。CFPS2010数据涉及25个省（市、自治区）、160个区（县）、640个村（居），本文使用的就是CFPS2010数据集里村庄层面的有关数据来度量村庄宗族结构。调查员记录了该村/居在调查的当年是村委会还是居委会，是村委会的，我们称为农村样本；为居委会的，我们称为城市样本。

为研究农村宗族结构，我们首先在412例全样本中删去144例城市样本。CFPS2010村庄问卷调查中询问了“去年/村改居当年，你村有占总户数10%或以上的大姓吗?”，如果回答是“有”，则进一步询问“①该村有几个户数占比超过10%的大姓宗族；②第一大姓宗族的比重是多少”；若回答“没有”或者“不清楚/不知道”，则跳过这一问题。我们以村庄是否有大姓宗族作为核心变量。我们发现144例城市样本的绝大多数（139例）都无法明确回答“是”或者“否”，而是“不清楚”或者“不知道”；作为对比，268例农村样本中全部明确回答了“是”（213例）或者“否”（55例）。这是很好理解的，城市居委会外来流动人口较多，受访者不能准确地了解其大姓宗族的情况。而关于那5例汇报了该居委会的大姓数目（有3例的大姓数目是0，1例是2个大姓，1例是5个大姓）的样本，我们有理由相信它们是在近期完成的村改居，所以能够清楚地回答该村是否有大姓宗族这一问题。果然，我们查到了这5例城市样本对于“您村居是哪年完成的村改居”这一问题的回答：2例是在2009年，1例是在2008年，2例是在2007年。这就说明我们删除城市样本是合理且必要的，并且农村样本中这一变量的数据质量是很高的。这样就获得了268例农村样本，这些村庄汇报的大姓数目如表1所示。从表1中我们看到，在268个农村观测点中，有55例样本没有占比超过10%（含）的大姓宗族，占总数的20.5%；其余的79.5%的样本均存在大姓宗族。另外，有大姓宗族的213个村庄里，大部分样本的大姓宗族的个数为1～3个（分别是74例，66例和46例），只有12.7%的样本大姓数目超过3个（27例）。最普遍的情形是只有1个大姓，占了有大姓宗族的村庄样本的34.7%，占整个村庄样本的27.6%。

表1　　　　大姓数目的分布情况

大姓数目（个）	0	1	2	3	4	5	6	9	10
样本频数（个）	55	74	66	46	17	7	1	1	1
样本比率（%）	20.52	27.61	24.63	17.16	6.34	2.61	0.37	0.37	0.37

“村庄是否有大姓宗族”这一变量相对而言并不是农户所能主动选择和改变的。第一，中国1958年的户籍登记制度严格地限制了人口的自由流动，农民被限制在出生地，因此，农村的宗族结构自1958年开始基本就是稳定不变的了（Pan，2011）。第二，我们使用的CFPS2010调查数据里的老年人在1958年也不过是十几二十岁，数据集里的大部分人还没出生，因此，在我们使用的数据集里，“村庄是否有大姓宗族”不大可能是个人主动决策的结果。随后人民公社建立起来了。按照农业经济集体劳作的需要，几个地理位置毗邻的宗族组成生产大队。一个生产大队通常包含300～500户农户，约1000

~2000 人。基于这样的规模，特别大的宗族还会被拆分成若干个单一姓氏的生产大队。1980 年代以来，“人民公社制”逐步消亡，公社作为一个行政单位被乡镇取代，公社下属的生产大队被村委会取代。不过这并不会对村庄的宗族结构产生多大的改变。第三，自 1980 年代以来开始的改革开放使得户口登记制度有所放松，但并不足以改变村的宗族结构。虽然农村大量的剩余劳动力迁移到城市去寻求非农就业机会，但与城市居民相比，农民工在城市里享受到的医疗、养老、住房和子女教育等一系列的公共福利政策还是受到歧视的，他们很难成为永久的从农村到城市的移民。大部分农民工一年里或多或少地会返回家乡几次。这样的人口流动并不足以永久性地改变村庄的大姓宗族结构。

当然，在理论上可能存在两种可能性，使得 1980 年以来的农村劳动力流动影响农村的宗族结构。一种情况是，农村的外出劳动力在不同姓的宗族中是不同比例的。另一种情况是，外来的劳动力数量较多，使得原有的村中的大姓宗族比例下降。为此，根据问卷中调查的村庄总人口、常住人口、户籍人口和外来流动人口的数量，我们计算了外来流动人口占总人口的比重，其统计性描述见表 2。我们发现外来人口的比重约为 11%，并不足以使原有的大姓宗族比例下降很多。

表 2　　村庄人口情况的统计性描述

变量名	样本量	均值	标准差	最小值	最大值
总人口	268	2474	2413	170	20000
户籍人口	267	2101	1580	31	9306
常住人口	268	2057	1693	170	11779
外来流动人口	263	424. 7	1241	0	11000
外来流动人口比重	263	0. 109	0. 166	0	0. 846

接下来我们进一步统计村庄的一些特征指标，如人口、人均收入水平、地理位置等，见表 3a。众所周知，秦岭—淮河线是中国北方与南方之间重要的自然及人文地理分界线，南方北方呈现出明显不同的面貌，我们又考察了这些村庄特征的南北差异，见表 3b。

表 3b 的结果表明，村庄宗族结构的影响因素中，南北差异是一个不可忽视的原因，但更深层次的历史地理因素在于历史上不绝如缕的移民潮。或者是由于受到土地承载能力的限制，或是由于躲避战乱，我国历史上始终存在着一波又一波的举族迁徙的移民浪潮。随着新移民的不断融入，迁入地的单姓村就渐渐变成了杂姓村。这样，各地区迁入

表 3a　村庄特征的统计性描述

变量名	样本量	均值	标准差	最小值	最大值
是否有大姓宗族	268	0.795	0.405	0	1
是否南方地区	268	0.549	0.499	0	1
村总人口取对数	268	7.476	0.828	5.136	9.903
是否少数民族地区	268	0.142	0.349	0	1
人均年度纯收入（元）取对数	257	7.872	0.864	3.970	9.798
外来人口比重	263	0.109	0.166	0	0.846
到县城距离（公里）取对数	267	2.927	0.932	-0.693	4.867

表 3b　村庄特征的南北差异

变量名	南方			北方			t 值
	样本量	均值	标准差	样本量	均值	标准差	
是否有大姓宗族	147	0.748	0.036	121	0.851	0.032	2.086
第一大姓比重	104	0.398	2.47	108	0.488	2.58	2.723
总人口	147	3181.7	239.4	121	1613.6	105.3	5.587
户籍人口	147	2571.7	144.5	120	1525.2	100.4	5.692
常住人口	147	2519.2	161.5	121	1495.3	96.8	5.158
外来流动人口	144	676.4	135.0	119	120.2	23.8	3.706
外来人口占比	144	0.147	0.016	119	0.064	0.010	4.135
人均年度纯收入（元）	139	3637.0	264.6	118	3484.6	201.5	0.445

注：①第一大姓比重，只有那些回答“有”大姓宗族的样本才需要回答这一问题，所以损失了一些样本。
②除人均年度纯收入的南北差异不显著外，其他变量的南北差异均是显著的。

的移民比例的不同就直接影响了村庄宗族结构。接下来我们将扼要介绍一下中国近代的移民潮与村庄宗族结构的形成。

四、历史上的移民与1776年的人口统计

中国的村庄宗族结构是在历史上逐步形成的。自宋朝以来，民间的宗族网络逐渐兴盛，以血缘为基础形成的家族同时也是一种地缘性组织，家族往往聚族而居，繁衍生息，演变成了村落。到了明清，特别是在南方，聚族而居成为较为普遍的现象。这种家族聚居的现象甚至在今天的农村也没有实质性的改变（姜涛，1992）。村庄内各个姓氏

宗族人口的分布比重就决定着村庄的宗族结构，除非发生大规模的人口变动，村庄的宗族结构相对而言是比较稳定的。事实上，村落间不同姓氏宗族之间的互相通婚会不断缓慢而细微地影响着村庄的宗族结构，但与之相比，人口的举族迁徙对村庄的姓氏宗族结构的影响就更为明显。

人们的居住是以家族为单位，迁徙也是如此。葛剑雄（1997）在《中国移民史》第一卷中指出，“移民在迁入地的定居表现出强烈的地域性和宗族性，即相当多的移民是以原籍甚至原籍、原村为单位定居，或聚族而居的”（葛剑雄，1997，第 31 页）。同书第六卷指出，“要想在迁入地重建宗族的力量，宗族人口的共同迁移就显得尤为重要”（葛剑雄，1997，第 306 页）。“移民氏族的构建在很大程度上有赖于许多血缘的和非血缘的同姓宗族的组合”（葛剑雄，1997，第 309 页）。或是因为乱世时躲避战乱，或是因为盛世时原住地人多地少、生计艰难，随着王朝的盛衰循环，历史上始终存在着一波又一波的规模各异的移民浪潮，比较著名的大规模移民迁徙有魏晋南北朝时期的永嘉南渡，北宋末年靖康之乱后的南迁和元末明初的洪武大移民等（葛剑雄，1997）。随着新移民的不断融入，迁入地的单姓村就渐渐变成了杂姓村。这样，各地区迁入的移民比例的不同就直接影响了村庄宗族结构。考虑到疆域规模的可比性和数据的质量，本研究将着重考察清朝中叶康乾盛世时期的大移民对今天农村宗族结构的影响。我们先扼要介绍清朝初年至康乾时期移民潮的图景，再详细探讨乾隆四十一年（1776 年）的人口分布情况，以展开我们后面的实证分析。

中国人口的分布和迁移会受到历史的和地理的因素的影响和制约，并有其运动的历史惯性。举例来说，400 毫米等降雨量线是中国一条重要的地理分界线，它把中国大致分为东南与西北两大半壁，是中国的半湿润和半干旱区的分界线。这条等降雨量线与胡焕庸教授在 1935 年发现的作为当时人口分布界限的瑷珲—腾冲线（“胡焕庸线”①）的走向是一致的。这就说明了地理因素对人口分布的长期相对稳定的影响。此外，气候变化的因素也对人口的分布和迁徙产生了重大影响。竺可桢（1979）指出，5000 年来的中国气候，已经历了 4 个温暖期和 4 个寒冷期的周期性交替变化。姜涛（1992）指出，中

① 瑷珲—腾冲线大致分全国为东南与西北，两侧的人口密度差异极大。胡焕庸（1935）指出，东南部的面积约占全国总面积的 36%，而其人口占全国总人口的比重则高达 96%。当然，由于当时划归西北部的外蒙古现已成为蒙古国，“胡焕庸线”两侧的面积以及比例也略有变化。姜涛（1992）指出，1982 年底，此线东南一侧的面积占全国的 42.9%，人口占比为 94.4%。

国历史气候由暖转冷的总趋势，正是游牧民族不断南侵，中原民族不断南迁的气候原因。这也导致了从南宋以后，南方的人口比重超过了北方，且越来越大。中国历史上两次最大规模的人口南迁，即西晋末年的永嘉南渡和北宋末年靖康之乱后的南渡，就分别发生在第二次和第三次寒冷期。明清时代则是第四次寒冷期，最冷的是 17 世纪，其次是 19 世纪，而这正是明末清初与清末人口分布急剧变动的时期（姜涛，1992）。

中国古代的人口迁移运动主要有两种形式：一是涟漪式的扩散，多发生在人口稠密地区和政权相对稳定的时期；另一种是北进南退，多发生在战乱时期，比如永嘉南渡和靖康南渡。但清朝初年却并没有出现王朝更迭时曾多次出现的大规模的人口南迁现象。这是因为当时满洲贵族迅速稳定了北方局势，更由于当时人口分布已是南重北轻，历史上因北方少数民族入侵而造成中原汉族人口大量南迁的局面没有再出现。在康乾盛世的 100 多年里，全国人口有了较大的增长，据统计（这里加上人口增长的数据），由于人口数量急剧增长，造成局部地区人多地少，于是，涟漪式的由中心向边疆的人口扩散也就渐渐发展起来。由于人口分布地域的扩大和各地区人口发展的不平衡，人口迁移不再表现出以中原为唯一中心的“扩散式”运动，而是以秦岭—淮河一线为界，相当明显的区分出北方与南方两大地域系统①。秦岭—淮河线是中国北方与南方之间重要的自然及人文地理分界线，这条线分隔了南北两侧人口迁徙的洪流，南北方的人口迁徙表现出不同的面貌。北方的人口迁徙基本上仍然是古代以中原为中心（有清一代是人口密度较高的山东、河北、河南 3 省）向边疆的辐射式迁徙的继续，只是不再越过秦岭—淮河一线。康雍乾时期较著名的有直隶、山东“闯关东”向东北的移民潮，直隶、山西“走西口”（出山西之杀虎口）向内蒙古的移民潮，政府招募内地民众屯垦甘肃、新疆等。

北方涟漪式的人口迁徙有一个明显的人口流出中心（中原地区）和人口流入中心（边疆地区），南方的人口迁徙则不然。首先，有研究表明南方人口密度最高的苏、浙、皖 3 省人口外迁的比例很小，相反这些地方由于近代手工工商业的兴起，城市化程度较高而吸纳了大量外来人口，所以南方没有明显的移民迁出的发源地。其次，由于南方本身面积有限，只占全盛时期全国总面积的 21% 左右（姜涛，1992），除西南边疆和边远山区以外，本身并没有大量待开发的地区，因此南方的移民潮也没有特别明显的移民迁入的汇聚地。清代前期南方规模最大、持续最久的当属“湖广填四川”，这是为了填补明末清初

① 历史上人口迁移和人口分布的这种南北差异会影响到我国今天人口分布的南北差异，参见表 3b。

四川战乱导致的人口稀少，不过这股移民潮至乾隆初期已经因四川人满为患而停止了。

总之，清代前期的移民分为两种类型：一是明清易代之际兵连祸结的地区的人口恢复型增长，二是新开疆域的移民开发。前者规模更大，并且战乱期人口损失越大，人口迁入就越多。这类地区本就是传统的农耕之地，移民迁入后，当地的农业和经济就恢复得很快。分地区而言，四川及西南等地的移民主要来自于湖南、湖北、广东、江西和安徽各省；东南山区及岭南地区的移民主要为迁自闽西及粤东的客家人；北方边外的移民则来自于华北地区的山东、河北和山西。在清代前期的移民潮中，移民的主要输出地是湖北、湖南和广东，次则福建、江西和山东；地处腹心地带的江苏、浙江、安徽、河南等省区几乎未受移民大潮之影响。

历史上的移民情况直接影响了当代中国的农村宗族结构，历史上外来移民比重越高的地区，今天在村庄中出现大姓宗族的可能性越低。但我们需要选取一个合适的历史朝代的移民信息，选取的历史朝代太远或者太近都不合适。历史太远，那时的移民对今天村庄宗族结构的影响就较弱，另外年代久远也不能保证统计口径的一致和数据质量的可靠；历史太近，这时的移民可能与今天村庄宗族结构同时受到某个因素的影响。首先，从人口统计的口径上讲，古代封建王朝为征收税赋和徭役而进行的“人丁”（16~60岁的成年男子）统计通常只是纳税户口的数字而不是全国的实际人口（何炳棣，1989），与现代的人口统计相去甚远，直至近代才有比较接近现代意义的全民人口统计。此外，历朝历代人口统计数据的质量也是我们需要考虑的因素，一般认为，王朝强盛时人口统计的范围和数据质量较为准确，王朝衰微时的统计质量就较差。综合这些考量，我们利用《中国移民史》第六卷（葛剑雄，1997）里的《乾隆四十一年（1776年）中国各地的移民迁入》（见表4）作为构建历史移民变量的基础数据。

表4　乾隆四十一年（1776年）中国各地的移民迁入比例　单位：%

地　区	移民占比	地　区	移民占比	地　区	移民占比
四　川	62.3	浙　江	1.5	吉　林	100
陕　南	82.8	湘　东	25.0	黑龙江	100
湘鄂西	40.9	台　湾	94.4	承　德	100
贵　州	3.8	广　东	4.0	察哈尔	100
云　南	22.0	广　西	11.2	土默特	100
江　西	7.1	辽　东	93.7	新　疆	100

数据来源：葛剑雄《中国移民史》第六卷《清、民国时期》表15－1。

乾隆年间人口统计数据的质量是很可靠的，这有赖于中国古代发达的户口统计制度。中国的户口统计历史悠久，自秦汉以来即已建立全国规模的人口调查制度。自西汉后，无论王朝统一还是分裂，均留下了户口统计资料，明代初年更进行过全国性的人口调查。梁方仲认为历史上古代中国的人口调查制度，“毫无疑问是资本主义时代以前世界各国中最先进的，甚至在某些方面的规定比之资本主义国家更完备严密得多”（梁方仲，1980）。不过，因为古代王朝调查户口的主要目的在于掌握征收税赋、征调徭役，只要赋税按期如数缴纳，对实际人口的多少并无严格要求。以明朝为例，明朝税赋分田赋和丁赋，丁赋也是按田产多少派证，与实际人口并无大的关系。明中期实行一条鞭法，将各种赋役杂税都编入地丁统一征收，所见户口统计数字更远离实际。表现在数据上，有明一代人口数总停留在 6000 万上下（路遇、藤泽之，2000）。姜涛（1992）在《中国近代人口史》中也认为，古代直至清代初叶的“人丁户口”统计与清代中叶以后的“民数”统计分属两种统计册报体系，其性质截然不同，前者乃是纳税单位（罗尔纲，1949），比如康熙五十一年（1712 年）提出“新增人丁永不加赋”（《清圣祖实录》卷二四九），采用“计银编丁”的丁赋征收方式，丁数并不能反映人口变化。何秉棣（1989）也认为 1740 年前的所谓人丁统计，“既不是人口数，也不是户数或纳税的成年男子数，而只不过是赋税单位”。清前期实行保甲制与编审制两套户口管理制度，康雍乾三朝逐渐推行的“摊丁入亩”制度将原来由人丁承担的赋役银全部摊到地亩中征收，使人口统计与赋税征收脱钩，大量匿报户口才如实上报。再加上棚民、岛民等无籍人口也渐渐在保甲制度下获得户籍身份，全国范围的少数民族地区的“改土归流”也基本完成，全国疆域也大体稳定，这种种因素使得人口统计逐渐接近实际。乾隆五年（1740 年）基本完成“摊丁入亩”改革，停止了编审制，并于乾隆三十七年（1772 年）永停编审。至此，清朝确立了建立在保甲编查基础之上的人口统计制度，对于以前的人丁编审制度是一个巨大的历史进步。从名不副实的“人丁户口”的统计发展到对全体“民数”的统计，使得中国的人口统计第一次彻底摆脱了赋税的束缚，从而能够准确地反映人口变动的实际情况。

接下来，我们比较乾隆前后人口统计的数据质量。整个民国时期，社会动荡不安，长期内忧外患，中央政府政令不畅，虽然政府多次进行了全国范围的人口统计，但这数据质量很难保证。比如人口学家陈达（1981）和严中平（1986）就指出，1933 年国民党政府内政部发表的《民国十七年各省市户口调查统计报告》的数据质量严重存疑，他们批评这个调查统计的范围覆盖不全，各地区统计的时间节点也参差不齐，并且数据多根据上期调整和推算。类似的，清朝后期由于鸦片战争、太平天国等各种内忧外患，数据质量也严重存疑。总体来说，清代自乾隆六年（1741 年）始有民数的统计，直至光绪二十四年（1898 年）为止，计 158 年，其中以乾隆、嘉庆、道光三朝的统计较为完全，咸丰年间即因爆发太平天国革命导致每年造册上报的民数每次均缺若干省份，不能算是全国性的统计了。最后，珀金斯（1984）统计了乾隆二十九年（1764 年）到道光十四年（1834 年）间地方官员进行人口登记的详细例证，他发现认真负责的 7 例官员有 2 例发生在乾隆五十五年（1790 年）以前，胡乱登记的 4 个案例均发生在嘉庆十八年（1813 年）到道光八年（1828 年）之间。所以，一般认为乾隆年间的人口统计资料的可信度要高于嘉庆、道光两朝。

乾隆时期的人口统计质量还与一个历史事件有关。乾隆四十年（1775 年）发生了一起湖北赈灾案，湖北巡抚陈辉祖在办赈过程中发现该省因天灾而要求赈济的人口竟比有关县的“民数”多得多。他报告皇帝后，乾隆皇帝就因地方州县人口造报的不实而龙颜大怒，进而明发上谕要求全国各地的督抚“将实在民数核上”。并且具体指出“但恐督抚等泥于岁底奏报之期，不免草率从事，仍属有名无实。所有本年各省应进民册，均著展限至明年年底缮进，俾得从容办理，以期得实。或今年有陆续报道者，该部（指户部）即行驳回，毋庸汇进”①。根据这道旨意，1776 年的数据反映的正是这次人口普查的结果，因此是比较可信的。此外，这道谕旨所强调的这次全国人口普查必须将各地的“实在民数”通核上报，是按实际人口居住地登记原则进行的人口统计，不同于以往的按户籍统计人口，人口统计更加准确。由于这种人口统计极为费时费力和“扰民”，像 1775 年这样的全国规模的人口清查直到 1851 年没再举行过，在这之后的人口统计只是在这一基础上根据严密的保甲制度统计出新增人口和死亡人口而已，即“逐里逐甲查审均平，详载原额、新增、开除、实在四柱，造册报部”。综上所述，乾隆四十一年（1776 年）各省移入的移民比例的数据质量很高，我们将据此展开后面的实证分析。

① 《清高宗实录》卷九九五，乾隆四十年闰十月，据《清朝文献通考》卷十九引文校订。参见姜涛《中国近代人口史》第三章第四节。

五、实证分析

历史上的疆域与行政区划与今天中国的疆域与行政区划有着不小的差异，因此，表4中清代的移民数据不能直接用于我们的实证分析。我们采取了姜涛（1992）的换算方法，根据谭其骧（1982）主编的《中国历史地图集》第八册里1820年（嘉庆二十五年）[①]的清代全国政区图和当代中国的政区图进行换算。具体的换算是这样的：一个当代省区的“历史移民比例”是历史上相关行政区的移民比例的加权平均，权数为乾隆四十一年（1776年）的分省人口，数据来源于姜涛《中国近代人口史》中根据清代户部历年的《汇造各省民书谷数清册》（简称《清册》）所统计的《1749–1898年分省人口统计》（见表5a）。具体来说，河北省取承德和察哈尔的数据加权平均，山西取察哈尔的数值，内蒙取察哈尔与土默特的数值的加权平均，重庆取四川的数值，辽宁省取辽东的数值，吉林省的数据由辽东和吉林的数据加权平均，陕西省取陕南的数值，湖北省的数据取湘鄂西的值，湖南省的数据由湘鄂西的值和湘东的值做加权平均得到，其余的此表中未涉及的省份我们用周边省份的加权平均来衡量[②]，再剩下的没有办法获得移民比例信息的省份我们赋值为0。这样我们就得到了CFPS村庄数据中受访村所属的各省在乾隆四十一年（1776年）所迁入移民占总人口的比重，见表5b。

表5a　　乾隆四十一年（1776年）分省人口统计　　单位：万人

地　区	人口数	地　区	人口数	地　区	人口数
奉　天	76.4	福　建	1122.0	甘　肃	1506.8
吉　林	7.4	湖　北	1481.5	新　疆	—

① 由于数据的可得性，我们没有1776年的二级政区的人口分布情况。姜涛（1992）《中国近代人口史》指出，成书于道光二十二年（1842年）的《嘉庆重修大清一统志》（简称《嘉庆一统志》）以及主要根据该志资料编制的《中国历史地图集》第八册，详细统计了各二级政区的人口、面积等各项信息，是考察清代前期人口分布重要的参考资料。

② 由于葛剑雄《中国移民史》第六卷中指出，在清代前期的移民潮中，地处腹心地带的江苏、浙江、安徽、河南等省区几乎未受移民大潮之影响，人口的变动主要表现为原籍人口的出生和死亡。考虑到这些地区的宗族结构受到更早期移民情况的影响，我们假定移民与原住民的生育模式大致相同，用这些省份在明朝初年洪武大移民时期的移民比例来作为这些省份乾隆四十一年的移民比例的代理变量（当然这样的代理变量还是存在测量误差的问题），而不是用这些省份的周边接壤省份的数据取平均，做了一个稳健性检验，本文的结论仍然成立。

续表

地　区	人口数	地　区	人口数	地　区	人口数
直　隶	2056. 7	湖　南	1499. 0	四　川	779. 0
安　徽	2756. 7	山　东	2149. 7	广　东	1482. 1
江　苏	2880. 8	河　南	1985. 8	广　西	538. 2
江　西	1684. 9	山　西	1250. 3	云　南	310. 3
浙　江	1936. 5	陕　西	819. 3	贵　州	500. 3

数据来源：作者摘录于姜涛《中国近代人口史》附录。乾隆四十一年（1776 年）全国总人口 26823. 8 万人。

表 5b　　CFPS 数据中各省在乾隆四十一年（1776 年）移民迁入比例　　单位:%

地　区	移民占比	地　区	移民占比	地　区	移民占比
天　津	100	浙　江	1. 5	广　东	4. 0
河　北	100	安　徽	24	广　西	11. 2
山　西	100	福　建	2. 25	重　庆	62. 3
辽　宁	93. 7	江　西	7. 1	四　川	62. 3
吉　林	97	山　东	50. 6	贵　州	3. 8
黑龙江	100	河　南	74. 8	云　南	22. 0
上　海	1. 5	湖　北	40. 9	陕　西	82. 8
江　苏	1. 5	湖　南	33	甘　肃	72. 5

数据来源：作者根据表 4 和表 5a 所做的推算。

首先，CFPS 村庄数据中受访村所属的省在乾隆四十一年（1776 年）所迁入移民占总人口的比重这一工具变量的均值是 48. 7，方差为 37. 6。其中南部省份的均值为 20. 7，北部省份的均值为 82. 7，t 检验的结果表明这一差异十分显著，北方的移民比例远远高于南方。但前面表 3b 中发现，北方有大姓宗族的概率要高于南方，这不符合我们的移民比例越高，大姓宗族出现概率越小的假说。我们需要通过回归分析仔细考察 1776 年各省迁入的移民比重与今天村庄是否有大姓宗族之间的关系，被解释变量为村庄是否有户数占比超过 10% 的大姓宗族，核心解释变量为 1776 年各省迁入的移民比重。我们还控制了村庄人口、人均收入等村庄特征，回归结果见表 6a。列（1）的结果表明，1776 年移民比例越高的地方，今天该村庄出现大姓宗族的概率就显著得更低。这是符合直觉的，因为根据前面的背景描述，随着各地的不同姓氏宗族的移民的加入，单姓村渐渐变成了杂姓村，移民比例越高的村庄今天出现大姓宗族的概率就越小。此外，南方有大姓宗族的概率更低，这似乎也反映了历史上人口不断南迁使得南方地区宗族更多更杂，其大姓宗族出现概率越小的图景。

表 6a　　清代移民与村庄宗族结构（probit 模型）

	(1)	(2)	(3)
1776 年各省迁入的移民比重	-0.026*** (0.005)	-0.026*** (0.005)	-0.024*** (0.005)
1820 年府级人口密度		-25.494*** (9.721)	
2009 年村庄人口密度			0.878 (0.733)
是否南方	-1.935*** (0.375)	-2.518*** (0.414)	-1.819*** (0.398)
对数总人口	-0.159 (0.139)	-0.071 (0.157)	
少数民族地区	-0.742*** (0.295)	-0.898*** (0.329)	-0.893*** (0.321)
对数人均收入	-0.144 (0.128)	0.059 (0.138)	-0.178 (0.130)
外来人口比重	1.195* (0.716)	1.254* (0.767)	1.089 (0.728)
到县城距离	0.023 (0.104)	0.089 (0.117)	0.039 (0.112)
常数项	5.523*** (1.517)	3.678*** (1.657)	4.265*** (1.180)
样本量	252	229	228
拟 R2	0.18	0.24	0.20

注：①被解释变量：村庄是否有大姓宗族（1 = 是）。

②*表示 10% 水平上显著，**表示 5% 水平上显著，***表示 1% 水平上显著。

③人口密度的单位：万人/平方公里。

我们试图用迁入人口的比重在省级层面的变异性来解释今天村庄的宗族结构的差异，这里暗含着省内各村庄是同质的假设。让我们考虑这样一种情形：如果人口只在省内进行较大规模的跨村迁移，虽然村庄宗族结构发生了变化，但各省迁入人口的比重这一数据并没有改变。另外，如果两省之间的村庄整体互换，各省迁入的人口比重发生了变化，但村庄宗族结构并没有改变。整村迁徙还有一种极端情形，如果迁入地是荒无人烟的不毛之地（比如战乱、瘟疫等消灭了当地原住民），人口从外地整体迁入时，也是只有移民比重的变化而无村庄宗族结构的变化。为了使我们的解释变得更加可信，我们需要进一步阐述移民潮的两个特点：主要是省际迁移而非省内迁移；主要是基于宗族的自发迁移而非基于村庄的行政性整体迁移。首先，葛剑雄（1997）给出了移民的定义，是“具有一定数量、一定距离、在迁入地居住了一定时间的迁移人口”（《中国移民史》第一卷，第10页）。在这个定义中，“人们在日常生活中由北街改住南街，东门迁到西门，乡下搬到城里，甲村移居乙村，此县徙于彼县”是不算移民的（同书第15页）。换句话说，移民必须具有一定数量，足以改变迁入地的姓氏宗族结构乃至原住民与外来户的力量对比。另外，清朝前期的移民，如“湖广填四川”等，多是由人多地少的省份往地广人稀处的省际迁移。这是因为省内迁徙较为容易，人们很自然地就从人多地少处迁往地广人稀处，因此省内的人地关系相对而言较为同质，省内迁移并不能缓解人地矛盾，处于土地承载能力限制的人口迁移多以省际迁移为主。最后，人口以村为单位的整体搬迁只能是出于行政式命令，清代移民多为行政引导下的自发移民，史料中少见这种整体搬迁。另外，只要迁入地还存在着原住民，即便是行政命令式的整体搬迁也会改变迁入地的村庄宗族结构。通过上述的讨论，我们排除了极端情形，增加了我们用省级迁入人口比重来解释村庄宗族结构的说服力。接下来我们将讨论人口密度的作用机制。

前面指出，和平盛世时的移民多是由于人口增殖造成了土地的承载压力，人口密度是影响移民的重要因素。历史上的人口密度可能会影响到今天的人口密度，进而影响到今天的村庄宗族结构。忽略了人口密度的影响，我们的回归就存在遗漏变量偏误的问题。

首先让我们看一下1776年的人口密度与1776年的移民比重的关系。我们并不知道乾隆四十一年（1776年）的行政区划，从而算出该时点上的人口密度。不过姜涛（1992）《中国近代人口史》一书中统计了18行省261个二级政区在嘉庆二十五年（1820年）、宣统二年（1910年）和1952年末3个时点上的人口数目、人口密度和所占比重的变化情况（参见该书第七章第七节）。因为其行政区划是以1820年为准[①]，我们

① 姜涛指出，其行政区划面积的确定是根据谭其骧主编的《中国历史地图集》第八册。我们查阅了这册地图集，发现地图集里绘制的正是1820年的各行政区划的地图。

摘录出其1820年的各省人口总数和人口密度，再根据乾隆四十一年（1776年）的分省人口总数做相应的调整，算出1776年的分省人口密度。这两个时点的行政区划的差异当然会产生度量误差，不过这两个年份相距不远，误差不会很大，结果见表7a。根据这里算出的1776年的人口密度数据，我们做出1776年各省的人口密度与移民比重的散点图，见图1。图1说明，1776年各省移入的移民比例与人口密度之间的确存在明显的负相关关系，这似乎反映了盛世移民是受土地承载能力驱动的这一事实，虽然由于各地资源禀赋的不同，南北方的单位土地所能承载的人口所对应的土地承载能力不能直接相对比。

表7a　　1820年和1776年的人口与人口密度的比较

地　区	1820年人口（万人）	1820年人口密度（人/平方公里）	1776年人口（万人）	1776年人口密度（人/平方公里）
直　隶	2030. 7	57	2056. 7	57. 7
安　徽	3506. 5	245	2756. 7	192. 6
江　苏	3951. 0	371	2880. 8	270. 5
江　西	2365. 2	142	1684. 9	101. 2
浙　江	2741. 1	271	1936. 5	191. 5
福　建	1676. 0	137	1122. 0	91. 7
湖　北	2907. 2	159	1481. 5	81. 0
湖　南	1882. 4	88	1499. 0	70. 1
山　东	2893. 1	192	2149. 7	142. 7
河　南	2359. 8	142	1985. 8	119. 5
山　西	1462. 7	74	1250. 3	63. 3
陕　西	1197. 6	64	819. 3	43. 8
甘　肃	1523. 9	29	1506. 8	28. 7
四　川	2804. 9	46	779. 0	12. 8
广　东	2155. 8	94	1482. 1	64. 6
广　西	741. 6	33	538. 2	23. 9
云　南	606. 6	20	310. 3	10. 2
贵　州	534. 9	30	500. 3	28. 1

数据来源：前两列数据来自姜涛《中国近代人口史》第七章第七节的表格。第三列数据来自表5a，第四列数据是作者按比例计算得到的。

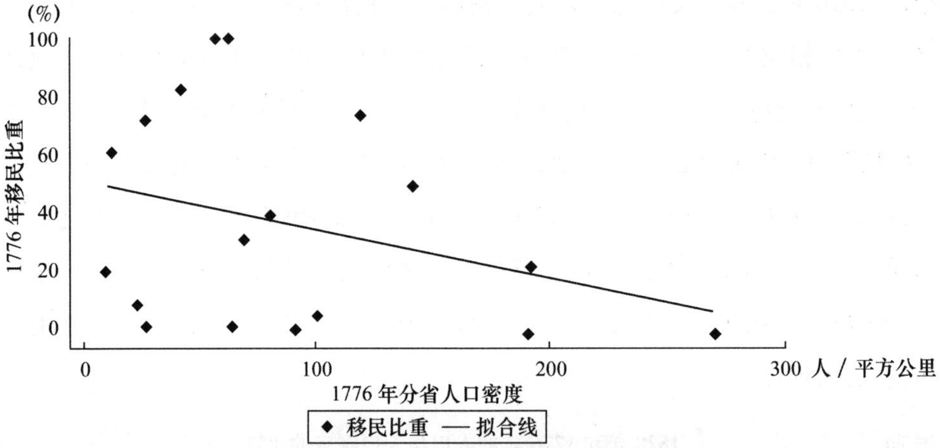

图 1　1776 年各省人口密度与该省移入的移民比重

接下来我们来考察一下 1776 年的人口分布与今天的人口分布的关联性。表 7b 给出了 2009 年的分省人口统计，表 7c 则给出了这个年份的人口的对比，据此我们做出了图 2，以 1776 年的人口为横轴，2009 年的人口为纵轴。图 2 意味着历史上人口多的地方现在的人口也多。这样一来，由于历史上的人口密度会影响到历史上的移民比例（图 1），历史上的人口分布又直接影响了今天的人口分布（图 2），因此，历史上的移民就完全可能通过人口密度的中间机制而影响今天的村庄宗族结构。其实，人口密度可能会影响到村级的人口数量和经济发展水平，而这两个变量，我们均在回归中控制了。尽管如此，我们仍然无法排除历史上的人口密度仍然可能通过其他机制来影响今天的村庄宗族结构，为此，我们进一步做了两组回归。第一组回归中控制历史上的人口密度，这里我们假定历史上的人口密度会影响历史上的村庄宗族结构，而这种村庄宗族结构会一直持续影响到今天。第二组回归中将历史上的人口密度替换成了 2009 年的人口密度，以排除历史上的移民会通过影响当代的人口密度而影响当前村庄宗族结构的可能性。

在第一组回归中，我们需要控制 1776 年的人口密度，以捕捉历史上的人口密度会影响历史上的村庄宗族结构进而影响到今天的村庄宗族结构的作用机制。由于我们没有各村 1776 年的人口密度数据，据姜涛《中国近代人口史》所载，我们以历史上该村所属的二级政区（府、直隶厅等）在 1820 年时的人口密度作为控制变量，重复了前面的回归，见表 6 列（2）。结果表明，1776 年的移民比重越高，村庄今天出现大姓宗族的概率越小；村庄所属的二级行政区在 1820 年的人口密度越高，村庄今天出现大姓宗族的概率越小。这是很好理解的，因为历史上人口密度越高的地区多是土地承载力较强的南方富饶地区，能吸引外地人口流入，这就导致了南方农村的宗族更多更杂，大姓宗族出现的概率就小。表6列（3）中我们改为控制2009年村一级的人口密度，重复前面的回归，结果表明村庄当前的人口密度并不会影响当前的宗族结构。

表7b　　2009年全国分省人口统计　　单位：万人

地　区	总人口	地　区	总人口	地　区	总人口
北　京	1755	安　徽	6131	四　川	8185
天　津	1228	福　建	3627	贵　州	3798
河　北	7034	江　西	4432	云　南	4571
山　西	3427	山　东	9470	西　藏	290
内蒙古	2422	河　南	9487	陕　西	3772
辽　宁	4319	湖　北	5720	甘　肃	2635
吉　林	2740	湖　南	6406	青　海	557
黑龙江	3826	广　东	9638	宁　夏	625
上　海	1921	广　西	4856	新　疆	2159
江　苏	7725	海　南	864		
浙　江	5180	重　庆	2859		

数据来源：该年统计年鉴。2009年全国总人口为133474万人。

表7c　　乾隆四十一年（1776年）与2009年分省人口比较　　单位：万人

地　区	1776年人口	2009年人口	地　区	1776年人口	2009年人口
奉　天	76.4	4319	山　东	2149.7	9470
吉　林	7.4	2740	河　南	1985.8	9487
直　隶	2056.7	10017	山　西	1250.3	3427
安　徽	2756.7	6131	陕　西	819.3	3772
江　苏	2880.8	9646	甘　肃	1506.8	2635
江　西	1684.9	4432	四　川	779.0	11044
浙　江	1936.5	5180	广　东	1482.1	9638
福　建	1122.0	3627	广　西	538.2	4856
湖　北	1481.5	5720	云　南	310.3	4571
湖　南	1499.0	6406	贵　州	500.3	3798

数据来源：作者整合表5a和表6b，根据行政区划调整做的计算。

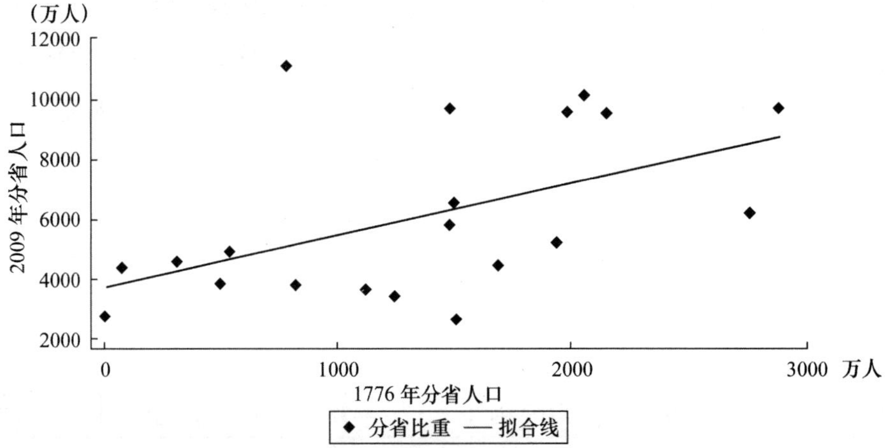

图2 乾隆四十一年（1776 年）与 2009 年分省人口比较

至此，我们较为深入地考察了历史上的移民迁入对今天村庄出现大姓宗族概率的影响。我们发现，乾隆四十一年（1776 年）迁入的移民比例越高的省份，该省所辖的村庄如今出现大姓宗族的概率就越低。这是因为迁入地的村落接受各地举族迁徙而来的移民，会由单一姓氏变成各姓杂居，出现大姓宗族的概率就越低。另外，我们进一步考虑人口密度的影响以缓解遗漏变量偏误，结果表明，嘉庆二十年（1820 年）人口密度越大的各府，该府所辖的村庄如今出现大姓宗族的概率也越低。这是因为历史上人口密度越高的地区多是土地承载力较强的南方富饶地区，能吸引外来人口流入，这就导致了南方地区的宗族更多更杂，大姓宗族出现的概率就小。

在发现了历史上的移民迁入比重与村庄今天出现大姓宗族的概率之间的负向关系之后，我们来进一步研究 1776 年各省迁入的移民比重是否也会影响到今天村庄第一大姓宗族的比重（参见表 3b）。但我们发现，受访者在回答第一大姓的比重这一问题时，绝大多数的回答都是百分之几十或百分之几十五，只有零星的样本回答的百分数不是 10 或 5 的倍数①。这似乎说明对于这一连续变量的回答，受访者只是提供了一个大约的数字，其度量的准确性是值得怀疑的。于是，我们将这一百分数归并到 10% ~50% 和 51% ~100% 这两个区间，分别称之为“相对多数”（赋值为 1）和“绝对多数”（赋值为 2），并把无第一大姓宗族的样本赋值为 0，这样构建出一个 3 元变量“第一大姓比重”，作为我们的被解释变量，运用有序 probit 模型重复表 6a 的回归，结果见表 6b，前面的结论仍然成立。

---

① 这样的样本只有 24 例，占总样本的 10%。

表 6b　　清代移民与村庄宗族结构（有序 probit 模型）

	(1)	(2)	(3)
1776 年各省迁入的移民比重	-0.022*** (0.004)	-0.023*** (0.004)	-0.020*** (0.004)
1820 年府级人口密度		-20.665*** (7.651)	
2009 年村庄人口密度			0.777** (0.371)
是否南方	-1.774*** (0.282)	-1.883*** (0.295)	-1.807*** (0.309)
对数总人口	-0.293*** (0.103)	-0.263** (0.110)	
少数民族地区	-0.502*** (0.242)	-0.621** (0.258)	-0.587** (0.266)
对数人均收入	-0.152 (0.095)	-0.017 (0.103)	-0.200** (0.098)
外来人口比重	1.119** (0.503)	1.161** (0.523)	0.739 (0.511)
到县城距离	-0.020 (0.081)	0.014 (0.086)	0.014 (0.086)
截断点 1	-6.343 (1.138)	-5.410 (1.194)	-4.315 (0.925)
截断点 2	-4.676 (1.111)	-3.658 (1.168)	-2.628 (0.903)
样本量	252	229	228
拟 R2	0.12	0.14	0.13

注：①被解释变量：第一大姓宗族比重（2 = 绝对多数，1 = 相对多数，0 = 无大姓宗族）。

②*表示 10% 水平上显著，**表示 5% 水平上显著，***表示 1% 水平上显著。

③人口密度的单位为万人/平方公里。

此外，为避免第一大姓比重的区间划分的主观性，我们换了几个更细致的区间重复上面的回归，如 10% ~ 40%、41% ~ 70%、70% ~ 100% 三个区间；10% ~ 30%、31% ~50%、51% ~70%、71% ~100% 四个区间。这些稳健性检验的结论仍然不变。至此，我们就比较全面地讨论了历史上的移民迁入对村庄今天的宗族结构的影响：历史上的移民迁入越多，村庄今天出现大姓宗族的概率就越低，并且村庄第一大姓宗族的比重相对而言更不可能占到绝对多数。

六、结　论

本文将清代人口数据与家庭动态跟踪调查（CFPS2010）问卷里所涉及的村庄相匹配，考查了历史上的移民迁徙这种历史地理的因素对当前中国农村宗族结构的影响。我们发现，乾隆四十一年（1776 年）迁入的移民比例越高的省份，该省所辖的村庄如今出现大姓宗族的概率就越低。这是因为迁入地的村落接受各地举族迁徙而来的移民，会由单一姓氏变成各姓杂居，出现大姓宗族的概率就越低。另外，我们进一步考虑人口密度的影响以缓解遗漏变量偏误，结果表明，嘉庆二十年（1820 年）人口密度越大的各府，该府所辖的村庄如今出现大姓宗族的概率也越低。这是因为历史上人口密度越高的地区多是土地承载力较强的南方富饶地区，能吸引外来人口流入，这就导致了南方地区的宗族更多更杂，大姓宗族出现的概率就小。最后，我们考察了第一大姓宗族的比重，仍然发现历史上迁入的移民比重越高，村庄第一大姓宗族的比重相对而言更不可能占到绝对多数。我们的发现为理解中国农村的宗族结构和乡村治理提供了一个历史地理的视角。

参考文献

[1] Baker，H. D. R.，1979，Chinese Family and Kinship，London：Macmillan

[2] Calvo－Armengol，A. and M. O. Jackson，2004，“The Effects of Social Networks on Employmentand Inequality，” The American Economic Review，Vol. 94，No. 3，pp. 426～454

[3] Chen，J.，2010，“Social Networks，Informal Accountability，and Public Goods Provision in Rural China：A Reassessment，” Working Paper，Old Dominion University

[4] Greif，A. and G. Tabellini，2012，“The Clan and the City：Sustaining Cooperation in China and Europe，” Working Paper，Stanford University and Bocconi University

[5] Kennedy，J. J.，2002，“The Face of ‘Grassroots Democracy’ in Rural China：Real versus Cosmetic Elections，” Asian Survey，Vol. 42，No. 3，pp. 456～482

[6] Manion，M.，2006，“Democracy，Community and Trust：the Impact of Elections in Rural China，” Comparative Political Studies，Vol. 39，No. 3，pp. 301～324

[7] Manion，M.，2009，“How to Assess Village Elections in China?” Journal of Contemporary China，Vol. 18，No. 60，

pp. 379 ~383
[8] O'Brien, K. , and R. B. Han, 2009, "Path to Democracy? Assessing Village Elections in China," Journal of Contemporary China, Vol. 18, No. 60, pp. 359 ~378
[9] Pan, Y. , 2011, "Born with The Right Surname: Lineage Networks and Political and Economic Opportunities in Rural China," Working Paper, Department of Economics, Louisiana State University
[10] Peng, Y. S. , 2004, "Kinship Networks and Entrepreneurs in China's Transitional Economy," The American Journal of Sociology, Vol. 109, No. 5, pp. 1045 ~1074
[11] Putnam, R. , R. Leonardi and R. Nanetti, 1993, Making Democracy Work: Civic Tradition in Modern Italy, Princeton: Princeton University Press
[12] Shen, Y. , and Y. Yao, 2008, "Does Grassroot Democracy Reduces Income Inequality in China?", Journal of Public Economocs, Vol. 92, pp. 2182 ~2198
[13] Tsai, X. L. 2002, "Cadres, Temple and Lineage Institutions, and Governance in Rural China," China Journal, Vol. 48, pp. 1 ~27
[14] Tsai, X. L. , 2007, Accountability without Democracy: Solidary Groups and PublicGoods Provision in Rural China, Cambridge: Cambridge University Press
[15] Zhang, X. B. , S. G. Fan, L. X. Zhangand J. K. Huang, 2004, "Local Governance and Public Goods Provision in Rural China," Journal of Public Economics, Vol. 88, pp. 2857 ~2871
[16] 陈达. 现代中国人口（中译本）. 天津：天津人民出版社，1981
[17] 费孝通. 乡土中国. 上海：上海三联出版社，1948
[18] 葛剑雄，吴松弟，曹树基. 中国移民史（全六卷），福州：福建人民出版社，1997
[19] 何秉棣. 1368 -1953 年中国人口研究（中译本）. 上海：上海古籍出版社，1989
[20] 胡焕庸. 中国人口之分布. 地理学报，1935（2）（已收入其《论中国人口之分布》，华东师范大学出版社 1983 年版）
[21] 姜涛. 中国近代史. 杭州：浙江人民出版社，1992
[22] 梁方仲. 中国历代户口、田地、田赋统计. 上海：上海人民出版社，1980
[23] 陆铭，周群力. 迈向儒法并重的市场经济——论中国的社会结构与发展道路. 经济社会体制比较，2013（4）
[24] 路遇，藤泽之. 中国人口通史. 济南：山东人民出版社，2000
[25] 罗尔纲. 太平天国革命前的人口压迫问题. 中国社会经济史集刊，1949，8（1）
[26] 马光荣，杨恩艳. 社会网络、非正规金融与创业. 经济研究，2011（3）
[27] 珀金斯. 中国农业的发展：1368 -1968 年（中译本）. 上海：上海译文出版社，1984
[28] 杨汝岱，陈斌开，朱诗娥. 基于社会网络视角的农户借贷需求行为研究. 经济研究，2011（11）
[29] 严中平. 科学研究方法十讲——中国近代经济史专业硕士研究生参考讲义. 北京：人民出版社，1986
[30] 周群力，丁骋骋. 姓氏与信用：农户信用评级中的宗族网络. 世界经济，2013（8）
[31] 周群力. 宗族网络与农村转型发展. 复旦大学博士论文，2013
[32] 竺可桢. 中国五千年来气候变迁的初步研究. 竺可桢文集. 北京：科学出版社，1979

第四部分

比较与借鉴

从美国城市建设和管理看如何推进我国新型城镇化

叶兴庆

根据国务院发展研究中心领导安排，2014年8月18日至9月22日我参加了中组部主办、中国发展研究基金会承办的2014年新型城镇化与公共管理专题研究班学习。国内阶段，在清华大学公共管理学院进行了为期两周的集中学习，听取了国务院发展研究中心领导和国内知名专家关于经济形势、城镇化、公共管理的专题讲座，哈佛大学三位教授介绍了领导力和新公共管理的前沿理论及分析框架。美国阶段，与美国国务院、科恩集团、国际与战略研究所有关人士进行了交流和对话，拜访了国际货币基金组织总裁拉加德女士，考察了大急流、萨默维尔、剑桥市的城市建设和管理，在哈佛大学肯尼迪政府学院进行了为期两周的集中学习。

本期新型城镇化与公共管理专题研究班，突出城镇化这个主题，在讲授内容和考察安排上紧紧围绕城镇化所涉及的产业转型、基础设施、公共服务、社会治理等重大课题。我带着问题参加学习和考察，在听讲和考察过程中联想到国内的城镇化讨论与实践，在观察中比较，在比较中思考。我深切体会到，美国城市建设和管理有许多好经验、好做法值得我们学习，但也要注意从美国城市建设和管理面临的困境中吸取教训，坚定不移地走中国特色新型城镇化道路，以改革创新的方式更好地落实中央关于推进新型城镇化的战略部署。

通过学习和考察，我对如何推进我国新型城镇化有以下几点粗浅认识和体会。

一、在推进新型城镇化中促进城乡发展一体化

美国等新大陆国家没有传统村落，其城市化过程并不表现为农村人口大量进城，而

是不同地区人口密度的消长变化，人口密度高的地区定义为城市，人口密度低的地区定义为乡村，城市与乡村之间没有明显的边界。城乡之间除了人口密度不同，其他方面实现了一体化。无论城市地区还是乡村地区，水、电、路、气等基础设施都是一样的，居住在低密度乡村地区的人多数在附近城市就业。我们在波士顿周边的 Lexington、Newton 等小城镇看到，居民住房非常分散。按我们的统计口径，居住在这些地区的人很难统计为城镇人口，但这些地区的基础设施都很齐备，居民也不从事农业。对比中美，乡村之间的差距远远超过城市之间的差距。我国正处于城镇化快速推进阶段，人口继续向高密度空间集聚是必然趋势，但即便将来城镇化率达到 70%，也仍将有 4 亿多人生活在农村地区。我们在把城市地区建设好的同时，也要把农村建设好，使城乡居民享受到均等的公共服务，城乡之间除了人口密度不同不应再有其他差别。

二、以产业转型升级支撑城市繁荣发展

“二战”后的几十年来，美国不同城市人口增减反差较大。从 1950 年至 2010 年，圣路易斯由 86 万人减少到 32 万人，下降 63%；底特律由 185 万人减少到 71 万人，下降 61%；克利夫兰由 91 万人减少到 40 万人，下降 56%；巴尔的摩、芝加哥、费城等城市人口减少也较明显。同期，也有部分城市人口在增长，如洛杉矶由 197 万人增加到 379 万人，增加了 92%；纽约由 789 万人增加到 818 万人，增加了 4%。仅百老汇表演业，2012 ~2013 演出季就为纽约市提供了 8. 7 万个全职就业。我们所到的大急流、萨默维尔、剑桥市，属于人口在 10 万左右的小城市，非常重视改进营商环境、促进产业发展。剑桥市利用著名大学所在地的优势，在 Kendall 地区进行城市更新，把肥皂、糖果等传统产业的用地空间腾出来发展生物等高科技产业，创造了大量就业机会。美国城市发展正反两方面的事实充分表明，城市化的实质是经济活动在空间上的集聚，城市因产业兴而兴、因产业衰而衰。一个城市如果不注重产业的转型升级，就有可能出现产业衰退、就业减少，人们就不得不到其他地方寻找就业机会，这个地方的人口就会减少。产业是城市的根基，创新是产业的灵魂。波士顿地区受国际金融危机影响较小，与这里大学密集、创新人才集聚、高科技产业蓬勃发展有很大关系。我们推进以人为核心的新型城镇化，应把产业发展放在首位，把增加就业作为农民进城的基础；培养创新人才，把创新能力的竞争作为中美竞争的核心，以创新推动产业发展和城市繁荣。

三、有效管控城镇化进程中的房地产泡沫风险

美国城市化经历了漫长过程，从 1800 年的 6% 提高到 1900 年的 40%，再提高到 2011 年的 82%。这个过程并非一帆风顺，而是经历了巨大的社会风险，尤以房地产泡沫为甚。哈佛大学 Glaeser 教授提供的阅读材料《一个赌徒的国度：房地产投机和美国历史》，分析了美国历史上著名的房地产投机及其后果。中部地区公共土地价格，1817 年为 2 美元（约合 2012 年 35 美元）/英亩，1818 年涨到 7.4 美元（约合 2012 年 134 美元）/英亩。当时土地投机猖獗，一位亲历者描述："1836 年我们到达的时候，我从来没有见过一个比这儿更繁忙的地方，街上挤满了土地投机者，匆匆从一笔销售到另一笔"，"仿佛所有人都被一种流行的狂热所感染，绅士们走在街上，商店人员招呼他们，向他们提供农场和土地的信息，建议他们在土地价格上涨之前做投机买卖"。但恐慌过后，土地价格大幅下降，1850 年土地价格仅为 17 美分（约合 2012 年 5 美元）/英亩。1830 ~1856 年，芝加哥环线房地产经历了一轮大起大落。1830 年为 32 美元/英亩，1836 年涨到 13000 美元/英亩，1841 年跌到 1400 美元/英亩，到 1856 年又远远超过 1836 年的价格水平。1996 ~2006 年，美国房地产出现了一轮持续上涨，2007 年开始出现持续下跌。纵观这几轮房地产泡沫，有一些共同点值得警示：在泡沫形成的过程中，人人认为价格还要涨，不可能下跌；一旦泡沫破灭，又陷入恐慌性抛售。无论是较早期的地价泡沫，还是最近这一轮房价泡沫，都对美国经济造成巨大伤害。给我们授课的哈佛教授非常关心中国房地产市场形势，反复提醒要注意避免房地产泡沫。目前我国房地产形势较为复杂，部分地区供大于求较为严重，应继续加强和改进调控，逐步消化存量，切忌一针刺破泡沫。目前一些人主张社会资本到农村购买农用地、宅基地，对这类主张可能带来的经济和社会后果，要保持清醒认识和高度警觉。一个国家实行什么样的土地制度，要立足本国国情，考虑路径依赖。深化农村土地制度改革，必须按党的十八届三中全会做出的部署有序进行。面对社会上五花八门的"土改"主张，我们应有足够的定力。

四、建立可持续的城市建设投融资机制

如何为基础设施建设筹资，是中外专家在授课中关注的焦点之一。"二战"后的 30

年里，美国建立了有效的资金筹措机制，投入巨资兴建州际高速公路，当时土地也很容易获得，这为美国经济发展发挥了巨大作用。但美国后来的基础设施建设筹资机制出现了很多问题，导致跨州、跨城市基础设施建设陷入困境。美国“高铁梦”难以成真，充分暴露了美国体制的弊端。哈佛大学的一个著名案例分析了波士顿的“大挖”工程，该工程由位于波士顿市区的隧道、桥梁、主干道三部分组成，旨在缓解市区交通拥堵问题。由于该工程投资主要来自联邦政府拨款，导致工程预算一再追加，并且巨额债务需要70年才能靠收费还清。我们在哈佛期间每天必经的查尔斯河上连接哈佛商学院与主校区的两座桥梁，已经维修了两年多，至今仍未完工，这与桥两端的波士顿市和剑桥市缺乏沟通机制有很大关系。这两个案例告诉我们，即使在美国这种体制下，基础设施建设过度依赖上级财政，也会带来严重的预算软约束，不利于提高资金使用效率；过度依靠地方政府自己筹资，也会导致毗邻地区之间的联通工程建设难以进行。国内有些人主张借鉴美国做法，通过征收房地产税、发行市政建设债券，以筹集城市基础设施建设资金。我们在所到的几座城市了解到，美国房地产税税率由各市自行决定，靠房地产税维持城市日常运转尚可，但难以为大规模城市建设筹集足够资金；发行市政建设债券，一般城市难以得到好的评级，成本很高。在我国目前体制条件下，地方政府行为难以像美国那样得到有效约束和监督，对地方政府自主发债可能出现的后患要有足够估计。我们应珍惜和发挥好我国在基础设施建设方面的体制优势，对“土地财政”要实事求是、一分为二地看待，在没有有效的替代工具之前不能轻易放弃。同时，要积极探索项目融资、公私合作等新的筹资手段。

五、加强城市治理能力建设

在学习和考察过程中，我对美国城市的治理水平留下了深刻印象。大急流市区人口不足10万人，但专业化的立体停车场随处可见，既方便了市民停车，又使街道两边整洁通畅。萨默维尔市人均财政支出在马塞诸塞州属于最低水平，但通过实行数据导向的政府管理创新，优化了财政支出结构，提高了公共服务绩效，2012财年和2013财年仅全市路灯用电支出就分别减少了86万美元和42万美元，市民对公共服务的满意度大幅提高。剑桥市创新城市规划和建设理念，大力推广建筑节能技术，通过建筑翻新等措施，2008～2013年建筑物能源消耗降低了20%；修建专用自行车道，倡导市民绿色出行，骑车和步行上班的比例已分别达到4%和13%，在全美处于领先水平。从哈佛大学教授的案例教学中，我们还了解到，芝加哥市通过警务改革，提高市民参与度，降低了犯罪率；洛杉矶市对餐馆卫生进行分级和强制标志，降低了食物中毒发生率；纽约市前市长朱利安尼在9·11事件中的有效应对，以及对纽约犯罪现象的严厉打击、对42街的整治，赢得了人们的尊敬。我体会到，把城市建起来不易，把城市治理好更难。中美城市化差距，不在高楼大厦，也不在城市化率，而在城市治理。我们应把提高城市治理能力作为提高国家治理能力的重要组成部分、作为新型城镇化建设的重要内容，把以人为本的理念切实体现到城市规划、建设、管理的各个环节，把我们的城市建设成为安定和谐、井然有序、绿色低碳、生态宜居的城市。

日本农地规模经营制度及其对我国的启示

程 郁 张云华

近期，我们赴日本调查农地制度与规模经营状况，实地访问了北海道足寄町农委、士幌町农协、北海道信用联社，并与日本农林中金综合研究所、北海道大学农学院专家进行座谈。调研发现，日本的农业发展状况与我国有很多相似之处，其农地规模经营制度值得借鉴。

一、日本农业面临“后继无人”、耕地抛荒与生产能力下降问题

1. 农业劳动力老龄化、兼业化，农业生产“后继无人”

20 世纪 50 ~ 80 年代，日本经济高速发展，大量的劳动力从农业转向二、三产业，从 1950 年到 1980 年农业就业人口比例从 45.4% 下降到了 9.8%。期间，农业机械大规模应用，农业现代化程度提高，农业产值在 1984 年达到峰值。此后，日本农民的农业从业意愿不断降低，农业劳动力数量加速下降，农业发展受到影响。从 1990 年到 2011 年，农户数和农业从业人口分别从 297.1 万户和 459 万人下降到了 156.1 万户和 247 万人，20 年内下降了近一半。同时，日本农业劳动力的平均年龄从 1995 年的 59.1 岁增长到了 2012 年的 66.2 岁，65 岁以上的劳动者占到了农业劳动力的 60%，40 岁以下的农业劳动者比例仅为 10%。

由于农业比较收益低，小规模农业难以维持家计，日本农业劳动力以兼业为主。20 世纪 70 年代，日本兼业农户比超过了 80%，1984 年专业农户比例仅占 13.5%，“第一

兼业农户”占15.4%，“第二兼业农户”占71.1%①。随着稳定农业生产者政策的实施，以及农业生产规模和效率的提升，农业生产经营能够达到社会平均收益水平，专业农户的比例有所提升。但到2011年，日本专业农户比例不足30%，即使在销售农户②中，专业农户也只占28%，“第一兼业农户”占14%，“第二兼业农户”比例仍高达58%。

2. 耕地连年减少、抛荒严重

随着工业化、城市化快速发展，日本耕地面积已经连续60年减少，在20世纪末耕地减少趋势进一步加速。1980～2011年间，日本的可用耕地面积从519.9万公顷下降到了437.6万公顷，是之前25年耕地减少面积的1.5倍。同时，因为劳动力短缺，耕地抛荒现象严重。2010年，日本抛荒耕地面积为39.6万公顷，占全国耕地总面积的近10%，与20世纪90年代相比，增长约1倍。根据2012年农林水产省对耕地荒废情况的调查，这些抛荒耕地中有27.2万公顷完全荒废，其中可再生利用的只有14.7万公顷。

20世纪50年代，日本成功进行了土地改革，确立了“耕者有其田”的自耕农制度，并通过《农地法》对农地买卖及流转作出了严格的限制。日本耕地大规模抛荒的另一原因是自耕农制度固化了土地所有，造成了农地经营的分散化、碎片化。尽管几十年来，日本一直努力促进农业规模经营，不断调整《农地法》逐步放宽对农地转让和租赁的限制，但在土地私有制下，农民放弃土地的意愿很低，耕地资源一直很难实现高效利用。日本拥有耕地的非农户（或称不在村地主）从1990年的77.5万户增加到了2010年的137.4万户，20年期间增加了近60万户，占总农户数的比例从10%提升到27%。2013年，全国户均耕地面积为2.12公顷，除北海道外的都道府县户均耕地面积仅有1.52公顷。

3. 农业生产能力持续下降，食物自给率降低

因为耕地与农业劳动力大幅度下降，农地规模化经营推进缓慢，日本农业30年来持续减产。20世纪90年代开始，主要农产品的生产指数连年下降，以1960～1964年为基期100计算，2000～2004年期间的农业综合生产指数已经从1985～1989年期间的134下降为115。以种植面积最大的水稻为例，2005年以来水稻的种植面积和收获量持续下

① 第一兼业是指以农业收入为主要生活来源，第二兼业则是以非农收入为主。

② 销售农户是年销售额在50万日元以上农户，自给农户是耕地面积小于0.3公顷、销售额小于50万日元的农户。

降，2011 年跌至最低谷，种植面积和收获量仅分别为 157.6 万公顷和 840.2 万吨（参见图 1）。

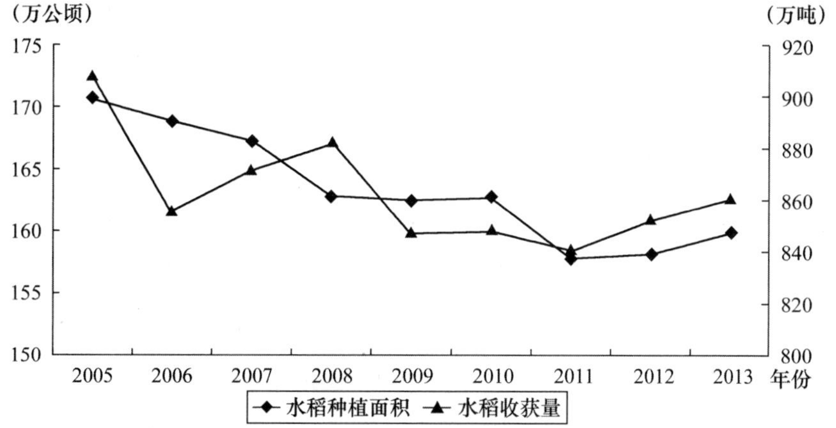

图 1　2005～2013 年日本水稻种植面积与收获量变化

自 20 世纪 60 年代开始，日本食物自给率一直下降，按热量计算从 79% 下降到目前约 40%。按生产额统计，2013 年度日本粮食自给率为 65%。目前，日本约 60% 的食品需求依赖进口，需要进口几乎全部的饲料粮以及 90% 的小麦。基于对主粮安全的考虑，日本竭力维持大米的自给率，2009 年大米的自给率为 95%，其中主食大米的自给率为 100%。但这是以日本水稻种植面积约占耕地总面积 34.3%、约占水田面积 63%、国内大米价格约为国际市场价格的 9 倍为代价的。

二、日本农地规模经营制度体系

为稳定农业生产、提高效率，日本确立了农业规模化经营的改革发展方向。在已有政策制度的基础上，2012 年出台"人与农地计划"（也称"地域农业基本计划"），旨在推进农业经营者的培育强化和土地的连片集中。2014 年，政府为该计划投入了 12 亿日元（约 7300 万元人民币）。

1. 培育和强化农业专业经营者

1993 年，《农业经营基础强化促进法》确立了认定农业者制度。认定农业者是日本农业政策执行的重要抓手，通过选拔和确立年轻的、有经营能力的专业经营者，给予农业经营基础强化、经营安定所得、低利率融资以及农地集中转让等政策，支持核心经营体扩大规模、提高生产效率。根据“人与农地计划”，认定农业者主要能够享受以下两大优惠政策。第一，经营集聚协力金①支持。在都道府县经营4公顷以上农田的农户，在北海道经营10公顷以上农田的农户或者实行统一销售、收入核算和分配的20公顷以上的村落营农②，按照耕地面积给予每公顷2万日元资助。第二，农业经营安定所得补偿制度。对种植米、麦、大豆、甜菜等作物给予补贴，包括生产补贴和价格补贴。前者是对执行农业生产计划按面积给予定额补贴，比如大米按面积根据生产目标折算后全国统一每公顷补贴75000日元（约合人民币4500元）③；后者是按不同产品的实际交付量给予市场价格与目标价格之间差额补贴，比如小麦的目标价格是6320日元/60公斤。截至2013年2月，日本认定农业者数量达到23.34万个，其中法人1.67万个（特别农业法人836个），14717个村落营农组织中63.34%都是认定农业者。

除重点支持认定农业者外，日本还着力培育新兴的农业接班人。一是鼓励青年人从事农业经营。对45岁以下有意独立自营农业的认定新务农人员给予每年150万日元“青年务农给付金”支持，研修结束后1年内可以提供最长2年的经营准备资助，自经营开始给予最长5年的经营补助。二是加强对新农业生产者的培训。对农业经营组织雇佣新的农业生产者以及对其进行技能培训和研修给予最长2年每年最高120万日元的资助，对接受短期农业就业体验的实习生给予每名2万日元的支持；对农业经营的继承者、先进法人的研修给予每月最高10万日元的资助，最长资助期限不超过2年。三是建立农民年金制度。对未满35岁和35岁以上的认定农业者由国库分别给予每月4000～10000日元的保险补助，用于补充农业者的养老年金④，以保障农业生产者老年后的生活，使农业生产者能够安定从事农业经营。

2. 促进农地向核心经营者集中

日本于2011年制订的《农业改革基本方针及行动计划》提出要在5年内使每个农户或法人的经营面积扩大10倍，达到每户20～30公顷。“人与农地计划”的重要任务

---

① 协力金是对符合政策要求的主体给予的补贴。

② 村落营农是指同一村落里各个分散的农户在协商的基础上，联合起来“组成一个生产合作组织”，在集中起来的土地上“充分利用劳动力和机械等生产资源”，实现农业生产过程部分或全面的合作。

③ 因为日本水稻生产成本过高，2014年起日本废除了大米生产调整政策，不再控制水稻的生产面积，同时水稻生产补贴从原来每0.1公顷1.5万日元降至7500日元，并计划在2018年度彻底取消补贴。

④ 按照日本的农业者年金制度，如果65周岁以后要享受农业者年金，每个月要支付起码2万日元。

就是要促进农地向核心农业经营者集中。为此，2013 年日本国会批准在各都道府县设立农地中间管理机构，以支持和促进农地的流转和集中连片经营。

第一，建立土地积聚协力金制度，促进耕地向种田能手集中。向转出耕地者提供经营转换协力金支持耕地流转，缔约租期 10 年以上，转出规模为 0.5 公顷以下、0.5 ~ 2.0 公顷和 2.0 公顷以上的转出方，分别给予每户 30 万、50 万和 70 万日元的资助。地区积聚协力金则是对推动农业集中连片经营的中介组织给予支持，对流转土地占所在地区耕地的比例在 20% ~50%、50% ~80% 和 80% 以上的，分别给予每公顷 20 万、28 万和 36 万日元的支持。

第二，加强对农地流转的组织管理，成立农地中间管理机构。2014 年，为了促进农地的集中利用，在全国范围所有都道府县成立了“农地中间管理机构”，负责集中流转和平整土地，再出租给农业企业和大型农户。农林水产省预算计划拨付 1064 亿日元支持农地中间管理机构推进耕地连片集中经营，其中 138 亿日元用于建立农地基本台账、电子地图以及耕地放弃者的意愿确认等农地积聚的基础性工作，314 亿日元用于对农地中间管理机构土地租赁、管理、整备等事务支持。

第三，强化税收优惠激励，鼓励通过中间机构买卖和租赁土地。按照农地利用计划获得当地农业委员会批准流转的耕地，通过中间管理机构、土地流转推进组织买卖和转让的，流转双方均可获得相应的税收优惠。农地的出让方可以获得税前 800 万日元的扣除，农地受让方的不动产交易登记税税率可以由 1.5% 降低到 0.8%、不动产取得税则可以减免 2/3。这有利于土地向中间管理机构集中，从而使其能够在市场机制下对农地进行集中连片改良。

3. 放宽工商企业经营农地限制政策

工商企业经营农业是促进规模经营的一条途径，但出于对自耕农和农地的保护，长期以来日本对工商企业购买或租赁农地实行限制政策。不过，随着形势的变化，限制性政策在逐步放宽。

第一，具备农业生产法人资格的工商企业可以买入农地，且农业生产法人资格在逐步放宽。农业生产法人是指有农业生产经营法人资格的合作社和企业，获得这一资格需要具备相应的条件，主要是要真正从事农业生产。日本的农地买卖仅限于农业经营者之间，包括农民和农业生产法人。对于非农业生产类工商企业，法律明确禁止其买入农地。此举是为了避免没有农业生产经营能力或无心真正从事农业的工商企业凭借其雄厚的资本实力囤地、圈地，以致农地生产经营不善以及普通农民失去土地。根据1962年《农地法》修正案创设的日本农业生产法人制度，最初是一个限定极其严格的制度，几乎把对自耕农的条件复制到了法人身上。农业生产法人从事农业生产要满足法人形式、营业内容、成员要件、业务执行人员4个要件。面对农业持续衰退、农业经营者老龄化及退出等状况，1993年颁布《农业经营基础促进法》开始放宽农业生产法人条件。

第二，取消特定法人租赁制度，但购买、租赁农地仍必须符合一定条件并经过市町村农业委员会审核，且须农地农用。日本在2005年曾设立特定法人租赁制度，这是一种由市町村对租地从事农业经营的企业进行审批的制度。不过，由于农业从业人数不断减少、弃耕地增加、农业经营规模小等问题突出，以及迫于拉拢企业选票的政治目的，2009年日本对《农地法》进行了最新修订，取消了特定法人租赁制度，企业自由租用农地经营实现合法化。但企业租赁农地仍须经当地农业委员会审核批准。日本市町村的农业委员会是由农民选举代表（兼职）组成的自治非官方管理机构，日常工作由聘请的专职行政人员办理，主要负责农地买卖和租赁的审核、农业项目和补贴的申请与管理等。市町村农业委员会引导本市町村内的农民之间优先进行农地交易，以有利于扩大农业经营规模和有效利用农地资源。在日本，购买或租赁农地必须符合一定条件。日本《农地法》要求购买或租赁农地者应有效利用土地、农机、劳动力等农业资源，提前做好计划；要求从事农业生产的企业参加村庄的农田道路维护和水利设施建设，遵守农用路的使用等当地规则；不能影响周边农户的正常农业生产活动，与周边农民保持和谐等。出租土地的市町村和农民保留一项重要权利，即租用土地的经营者如果有损坏农地、抛荒等不适当行为，租地合同将被解除，出租农户有权收回土地。

4. 金融政策助力规模经营

一是对认定农业者提供农业经营基础强化资金（又称“超级L资金”），支持农业生产者扩大生产规模。认定农业者可以向日本政策金融公库申请个人最高3亿日元（约1800万元人民币）、法人最高10亿日元（约6100万元人民币）的无担保、无抵押贷款，贷款期限最长可达25年，利率在0.4%～1%之间。“人与农业计划”当中的核心经营者可以免除头5年的利息。二是青年务农资金。对18～45岁的青年务农人员以及65岁以下有知识和技能的农业生产者，给予最高3700万日元无担保、无抵押的农业生产改良贷款支持，贷款最长期限为12年，并免除5年内的利息。三是农业现代化资金。这主要是由农协系统金融机构在政府贴息支持下提供的无担保、无抵押的低息贷款，贷款的最长期限为 15 年，个人和企业法人最高贷款额度分别为 1800 万日元和 2 亿日元，利率一般为 1%，对认定农业者利率仅为 0.4% ~0.85%。

三、启示与建议

1. 加大对农地规模经营的资金扶持力度

我国已初步具备了实行适度规模经营的经济社会条件，当前应出台具体措施给予农地规模经营主体发展资金的支持。第一，各级财政奖励规模经营主体，对规模经营主体应用新技术、建立销售渠道、开拓新市场的费用给予补贴；第二，加强政策性金融对规模经营主体土地集中连片整理、优化改良的长期性资金需求的支持，探索完善承包地的经营权抵押贷款制度，形成支持规模经营主体的商业金融可持续发展机制。

2. 促进农地合理有序向规模经营主体集中

第一，对长期流转出土地的农户给予充分的社会保障、再就业或创业的扶持及适当的流转奖励，鼓励不再以农业为主的农民转出土地。第二，在农村集体范围内探索农地承包经营权“有偿退出、永久转让”制度，对后继无人的农民、在城市有稳定职业和居所的农民，如果其本人愿意，可以有偿退出其农地承包经营权，但转让范围目前应仅限于本集体经济组织范围内。第三，培育农村土地流转市场，规范土地流转行为，在充分保障流转双方权益的基础上促进土地合理有序向规模经营主体集中。支持集体经济组织与中介服务组织有序组织实施土地集中连片整理、农田改造和土壤改良，为规模经营主体提供集中连片的优良土地。

3. 建立农地流转的审查和过程监管制度

通过农地流转实现规模经营是一个趋势，但在此过程中应建立农地流转准入和监管制度，尤其对工商企业租赁和利用农地必须进行严格监管。第一，严格限制农地的用途，政府相关部门与农民集体及其代理者集体经济组织（或村委会）有权对有意转入农地的申请者的资格、信用、农业生产经营能力、生产计划、流转期限和面积、风险防范措施等进行审查。第二，对农地经营过程进行有效的监管，针对经营者不履行建设经营义务、污染和掠夺性经营土地、随意改变用途、撂荒、不遵守当地的农业生产规则等行为，农民集体、转出户、相关政府部门都有权要求终止流转协议，收回农地经营权，并根据情况索取补偿。

4. 重点培养青年职业农民

针对中国同样存在的农村人口老龄化、青壮年农民不愿务农而外出打工经商、农业后继无人的情况，可以借鉴日本“人与农地计划”、“青年务农给付资金”政策、“认定农业者制度”，制定青年职业农民培养和扶持计划。第一，通过农业职业教育和专业培训培养青年职业农民。第二，建立青年职业农民申请和档案制度，对青年职业农民给予专项补贴。第三，加强农业产业化等项目资金对青年职业农民的支持。

我国台湾地区的两种土地征收与借鉴

刘守英　王瑞民[①]

在我国台湾地区，土地征收是政府兴办公益事业而强制取得私人土地的重要手段之一。根据土地开发目的的不同，土地征收又分为一般征收和区段征收两类。一般征收即通常意义上的土地征收，限于公益事业；区段征收则用于实施特定的经济政策。

一、一般征收

1. 征收范围

由于一般征收牵涉面广，台湾地区慎之又慎，严格遵循“公共利益”原则，且必须是经过充分讨论的重大公共利益，以避免过度侵害被征收人的财产权利。具体来讲，台湾地区将一般征收的范围限定在兴办“国防”、交通、公用、水利、公共卫生及环境保护等10类公共事业。

一般征收主要针对土地所有权进行，但征收后附着在土地上的地上权、抵押权、租赁权等其他权利也随之消失，土地改良物一并征收。特别值得注意的是，大众捷运系统等交通设施的建设只需要穿越土地上空或地下，根据土地征收的必要性原则，并不需要征收土地所有权[②]。用地机构可通过协商的方式取得地上权，如无法协商一致，方可通过征收方式取得。此外，古迹、现有公共事业用地、耕地等土地应尽量避免征收。

---

① 国务院发展研究中心农村经济研究部2014年度实习生、中国人民大学博士研究生。

② 陈锡祯：《台湾之土地征收》第6页，台湾土地改革纪念馆，2010年。

2. 征收补偿

征收补偿是土地征收的核心问题，地价查估则是征收补偿的基础。

地价查估包括规定地价与公告土地现值两项。规定地价主要作为征收土地增值税的依据①，由政府按照法定程序规定每宗土地的地价，每三年（必要时可延长）调整一次，称为重新规定地价②。公告土地现值的调整则更为灵活，直辖市或市县政府在充分调查的基础上，综合考虑土地用途管制、交通、自然条件、公共设施及发展趋势等因素，编制地价区段图并估计相应的地价，于每年年初进行公告，作为土地流转、交易的参考。土地征收时，按照当期的公告土地现值进行补偿。一般来讲，公告土地现值已十分接近正常交易价格。

征收时除了对土地所有权进行补偿外，还应根据实际情形补偿土地改良物（建筑改良物与农作物改良物）、土地改良费用、合法营业损失以及迁移费等。

3. 征收程序

一般征收需严格按照法律规定的程序进行，除了通常意义上的征收申请、审议核准、公告、执行等程序，还特别设置了必要的前置程序与例外情形下的后续程序，以充分保障被征收人的土地权利。

前置程序包括勘选用地、举行公听会、地籍调查、协议价购与土地改良物查估等。勘选用地应以损失最小为原则，且应尽量避免耕地。用地机构或个人在申报征收计划前应举办公听会，听取土地权利人的相关意见，以促进决策透明化。除了国防、交通、水利、公共卫生及环保事业外，用地机构或个人应先与土地所有权人协议价购或以其他方式取得土地所有权，未达成一致方可申请征收③。由于协议价格不得低于土地征收补偿，用地机构或个人倾向于以征收价格取得，协议价购程序往往流于形式，并无实际作用。

土地征收后如未按照征收计划在规定期限内开发，或原本不在征收范围内的土地因征收而无法利用，则启动撤销征收、剩余土地一并征收以及收回权等后续程序。撤销征收的情形主要包括工程变更、都市计划规定以市地重划等其他方式开发或因情况变化而导致被征收土地闲置等。土地被征收后如导致剩余部分土地面积过小或细碎化而无法有

① 1954 年《平均地权条例》颁布后开始实施。

② 卓辉华：《台湾之地价查估》第 3 页，台湾土地改革纪念馆，2010 年。

③ 陈锡祯：《台湾之土地征收》第 16 页，台湾土地改革纪念馆，2010 年。

效利用，则将剩余土地一并征收。被征收的土地如未在规定期限内开发，原土地权利人可按征收补偿价收回被征收的土地，设置收回权的目的在于防止政府进行不必要的征收或拖延公共设施的建设。

4. 一般征收规模

截至2013年底，台湾地区共一般征收377337宗、37981.06公顷土地（表1），每宗平均0.1公顷。其中，征收面积最大的是交通事业，共征收20265.91公顷，占比53.36%；其次是水利事业，共征收6664.25公顷，占比17.55%。

表1　　台湾地区的一般征收

征收项目	面积（公顷）	比例（%）
国防设备	986.16	2.60
交通事业	20265.91	53.36
公用事业	1218.68	3.21
水利事业	6664.25	17.55
公共卫生及环境保护	357.4	0.94
政府机关、地方自治机关及公共建筑	463.57	1.22
教育学术及文化事业	2599.06	6.84
社会福利事业	1.22	0.003
国营事业	920.71	2.42
其他	4504.1	11.86
总计	37981.06	100.00

数据来源：台湾“内政部”内政统计查询网（http：//statis.moi.gov.tw/micst/stmain.jsp?sys=100），本数据起始年份为1987年，不包括1987年前的征收数额。

二、区段征收

一般征收会为政府带来较为沉重的财政负担，除公益事业所必需的土地征收，台湾地区采取区段征收方式。

区段征收的理念源于孙中山“地尽其利，地利共享”的平均地权思想，为防止私人垄断土地，由地方政府于开始建设之前，照价收买建设区内的全部土地。

根据补偿方式的不同，区段征收的发展可分为“传统区段征收”和“抵价地式区段征收”两个时期。

1. 传统区段征收：涨价归公

1954年，台湾地区政府颁布《实施都市平均地权条例》，将区段征收作为其重要的城市土地政策之一，直辖市或县市政府根据都市发展建设需要，可选择适当地区施行区段征收。区段征收的土地可分宗放领给原土地权利人，并限制每户面积以3公亩[①]为限，旨在消除大地主，保障小地主权益。1960年代，台湾经济起飞，城市化加速，大量人口涌入城市，政府希望以区段征收的方式为其提供廉价住宅。但由于区段征收补偿标准偏低，土地所有权人无法以补偿价格买回3公亩土地。例如，1973年完成的基隆安乐小区征收案，总面积62公顷，私有土地占72%，全部土地都用于国民住宅，政府并未办理分宗标售，原土地所有权人仅能领取补偿，无法购回土地，引发强烈抗争，最后政府将补偿标准提高3倍，并优先配售拆迁户每户50坪[②]，重建住宅，始消除民怨。1970年代，台湾面临一系列政治经济危机，遂实行本土化政策，本土政治精英越来越多地进入决策层，加之外来精英也多已置办产业，不利于大地主的土地政策逐渐瓦解，区段征收制度向保障土地权利人利益的方向演进[③]。1977年修订《实施都市平均地权条例》为《平均地权条例》，放宽土地所有权人的买回权益，规定区段征收土地所有权人得以开发成本，按其原有土地价值比例优先买回，最高面积为10公亩。

在此期间，区段征收共办理5区，3区为旧市区更新，2区为新小区开发，征收总面积141.3171公顷，土地权利人优先买回10.8473公顷，占征收面积的8%左右（如表2所示），这一比例与大陆地区留地安置的留地比例（5%～10%）比较接近。

2. 抵价地式的区段征收

由于传统区段征收在施行过程中遭遇了极大阻力，为促进土地的开发利用及国民住宅和公共设施用地的取得，台湾地区政府于1980年出台《区段征收改进要点》，实现了两大原则上的突破：一是规定区段征收得以土地抵付补偿地价（即所称的抵价地），此举打破了传统以现金补偿的方式；二是放宽对原土地所有权人买回土地面积的限制，抵

---

① 长10米宽10米的一块地为一公亩地，即100平方米。

② 1坪＝3.30378平方米，坪原为日本面积单位，19世纪末日本占领了朝鲜半岛和台湾之后，坪这个单位也在这些地方通用，沿用至今。

③ 李素兰：《台湾区段征收之政经分析》第26页，台湾大学硕士论文，2010年。

表 2　　传统区段征收统计

	办理时间	总面积（公顷）	土地权利人优先买回面积(公顷)	开发类型	优先买回限额
台北市华江地区第一期	1969. 11 ~ 1974. 12	6. 4417	2. 7768	旧市区更新	3 公亩
基隆市安乐小区	1972. 7 ~ 1973. 12	62. 17	0	新小区开发	
台北市华江地区第二期一区	1976. 9 ~ 1980. 6	3. 3287	0. 2324	旧市区更新	
台北市华江地区第二期二区	1978. 5 ~ 1981. 9	2. 5064	0. 6787	旧市区更新	
台北市木栅万芳小区	1978. 11 ~ 1984. 3	66. 8703	7. 1594	新小区开发	10 公亩
总　计		141. 3171	10. 8473	—	—

数据来源：台湾“内政部”地政司网站。

价地面积以区段征收总面积 40% 为限。《区段征收改进要点》的目的在于使原土地所有权人权益能与参加市地重划所获得的权益相接近。

1986 年修订《平均地权条例》，并将上述原则性的突破列入立法，土地所有权人可以自行选择领取现金补偿或申领抵价地补偿。抵价地式的区段征收中，抵价地总面积须考虑各地区特性、开发目的、开发总费用、公共设施用地比例、土地使用强度、土地所有权人受益程度及实际发展状况等因素决定。抵价地总面积以征收总面积 50% 为原则，最低不得少于 40%（曾经办过农地重划之土地，最低不得少于 45%）。抵价地总面积最低虽为征收总面积的 40%，但原土地所有权人实际领回的抵价地面积，可能高于其被征收土地面积的 40%，也可能低于 40%，并不是每一位都刚好是 40%。

经过《区段征收改进要点》的突破和《平均地权条例》的正式修订，区段征收实质上已经变为一种具有强制性、同时又具有合作性的整体开发方式。政府以抵价地作为征收补偿并出售部分土地覆盖公共设施的建设费用，区段征收后原土地权利人领回的土地面积虽有所缩小，但因公共设施完善，土地价值不减反增，生活品质亦有所提升；政府则无偿取得了公共设施用地与国民住宅用地，减轻了财政负担。

3. 区段征收的实施与效果

实施区段征收时，主管机关应核算区段征收区域内土地的平均开发成本，并充分考虑区段征收后各街廓的位置、道路宽度、基础设施情况以及未来的发展趋势，估计区段价格，作为原土地权利人领取现金补偿或者抵价地的计算标准。除领取抵价地补偿以外，区段征收的其余程序与一般征收相同。

截至2013年底，抵价地式区段征收共进行95区，共征收7857.62公顷，平均每区82.71公顷。其中，公有土地1376.11公顷，占比17.51%；私有土地6481.53公顷，占比82.49%。整理后建筑用地面积为4223.27公顷，占53.75%；公共设施用地3634.26公顷，占比46.25%（参见表3）。

表3　　抵价地式区段征收统计（1981～2013年）

<table>
<tr><th colspan="2">项　目</th><th>面积（公顷）</th><th>比例（%）</th></tr>
<tr><td colspan="2">总面积</td><td>7857.62</td><td>100</td></tr>
<tr><td rowspan="2">土地来源</td><td>公　有</td><td>1376.11</td><td>17.51</td></tr>
<tr><td>私　有</td><td>6481.53</td><td>82.49</td></tr>
<tr><td rowspan="2">土地分配</td><td>建筑用地</td><td>4223.27</td><td>53.75</td></tr>
<tr><td>公用设施用地</td><td>3634.26</td><td>46.25</td></tr>
</table>

数据来源：台湾“内政部”内政统计查询网。

回顾台湾区段征收的变迁过程，从“涨价归公”理念下允许土地权利人优先买回一定的土地，到放宽买回面积，再到抵价地补偿，变迁的方向是对土地权利人的利益保障不断加强。土地增值收益的分配，由区段征收开始时的大部分由政府所得，变为由政府与原土地权利人共享。

4. 区段征收与一般征收的异同

一般征收和区段征收均是政府主导的、强制性的土地开发利用方式。总体上看，无论是总规模还是宗数，一般征收都比区段征收多，但区段征收项目的平均规模较一般征收要大得多。具体来看，两者主要存在以下异同（如表4所示）。

表4　　一般征收和区段征收的异同

	一般征收	区段征收
目的	公共事业	开发新市镇，都市更新
主体	政府	政府或政府委托私人
范围	公共事业所必需者为限	都市计划范围内外之公私有土地
补偿方式	货币	货币和抵价地

续表

	一般征收	区段征收
公共设施	征收一宗或多宗土地建设单一公共设施	需设置道路、沟渠、公园、绿地、儿童游乐场、广场、停车场、体育场所及国民学校用地等公共设施，并无偿登记为当地直辖市有、县市有或乡镇有
政府财政负担	按土地公告现值补偿，政府负担十分庞大	抵价地补偿，政府财务负担较小

从开发目的上讲，一般征收是为了公共利益的需要，征收范围亦以公共事业所必须者为限，而区段征收的范围要更广一些，都市更新和开发新市镇均可，都市计划范围内外之公私有土地均可进行区段征收。

一般征收的主体是政府，区段征收的主体早期也是政府，后又引入了社会资本，政府和政府委托的私人均可办理。从补偿方式上讲，一般征收须由政府按土地公告现值补偿，政府负担十分庞大；而区段征收则由抵价地支付征收补偿，公共设施用地由开发地区负担，且可以出售一部分土地获取开发经费，政府的财政负担较小。

从公共设施的设置上来看，一般征收本身就是征收一宗或多宗土地建设单一公共设施，如道路拓宽等征收一定的土地，故征收完后由用地人自行使用征收取得之土地，无所谓法定公共设施事宜；而区段征收作为一种大面积的都市开发手段，需设置道路、沟渠、公园、绿地、儿童游乐场、广场、停车场、体育场所及国民学校用地等公共设施，并无偿登记为当地直辖市有、县市有或乡镇有。

总体上来看，一般征收便于政府直接有效率地取得公益事业用地，但是成本较高；通过区段征收政府亦可取得较多土地，且便于管制，且土地分配不受原位次的影响，利于整体开发，由于是自偿性事业，政府的负担也较小。因此，近年来，区段征收已经成为政府取得公共设施用地的主要方式。

三、对大陆征地制度改革的借鉴

十八届三中全会做出了征地制度改革的部署，有关试点方案也已发布。鉴于我国台湾地区的土地征收经历了大致与内地相似的阶段，在处理征地问题上积累了丰富的经验，形成了相对成熟的制度安排，值得我们在试点中予以借鉴。

第一，实行一般征收和区段征收并用。从台湾地区的做法来看，根据不同用途和不同区段实行不同的征收方式，既有利于缓和政府与农民的矛盾，也有利于减低政府财政负担。这种更加灵活的征收方式，更有利于城市化进程中公益性用地的取得和产业发展等建设用地的获得。在新型城镇化试点中，建议借鉴台湾地区做法，一方面进一步完善一般征收制度安排，制定更加严格的公益性征地目录，建立更加科学的公告地价体系，对于发展阶段较高、土地价值明显显化的城市一般征收，试点公告价接近市场价的方式。另一方面，对于工业园区和特殊产业发展用地，试点区段征收办法，既让原农民集体所有权人分享一定比例的土地利益，也可降低政府财务成本，为产业发展与升级提供用地保障。

第二，建立科学的一般性征收补偿体系。我国现行土地征收采取农用地产值倍数的补偿办法，补偿标准过低，广受诟病。台湾地区采取公告土地现值的办法补偿，较为接近土地市价，其法理更为可取，被征收人的土地权利也得到了更为充分的保障。建议在试点地区，逐步建立公告地价体系，试行土地现值补偿办法。一是允许集体经营性建设用地在符合规划和用地管制下进入市场交易，由此形成的土地市场价格作为公告土地现值的参照。二是参照市场价格形成规定地价。三是成立地价评议委员会对区段地价和公告土地现值进行第三方评定。

第三，制定区段征收实施办法。在台湾地区的土地征收中，区段征收是对我国目前处理土地使用与权益补偿中最有借鉴价值的制度。在沿海经济发达地区、城市区域和农村社区建设中，如果继续沿用现行的征地补偿制度，不仅抬高建设成本，而且不利于原土地权利人权益保护，易引发社会不稳定因素①。建议在试点地区制定《区段征收实施办法》，明确实施区段征收的范围、抵价地比例、剩余土地出让后的收入用途等。

---

① 刘守英：《地尽其利，地利共享》，载于《中国国土资源报》2013 年 4 月 8 日。

我国台湾地区市地重划的做法与借鉴

刘守英　王瑞民

随着城市化从外延扩展转向内涵发展，土地利用矛盾发生转化，缺乏规划的自发发展导致土地利用细碎化，小块土地难以开发。在新增城市空间资源有限的条件下，城市发展转向城市更新，通过盘活存量土地，对空间资源进行可持续利用。然而，在城市更新尤其是城中村和城郊村改造过程中，历史遗留问题错综复杂，所有权和产权纠纷增多，谈判成本高昂。在征地卖地城市化模式难以继续推行后，城市更新面临巨大的资金成本，如何利用土地的增值收益的分享解决城市基础设施建设资金来源，同时又平衡土地权利人利益，成为城市发展和更新过程中的核心问题。我国台湾地区通过市地重划办法比较好地解决了上述问题。

一、市地重划的背景与目的

在我国台湾地区，土地政策依循孙中山的平均地权思想，追求“地尽其利、地利共享”目标，市地重划制度是台湾实现城市化进程中地利共享的重要手段。它“依照都市计划规划内容，将都市地区一定范围内之土地，全部重新规划整理，兴办各项公共设施，并于扣除法律规定之公共设施用地及应抵缴之工程费用、重划事业费用、贷款利息等所需抵费地之后，按原有土地相关位次，经交换分合为形状整齐之土地，重新分配予原土地所有权人。经重划后之各宗土地均可直接临路，且立即可供建筑使用①”。

台湾市地重划的历史较为悠久。1937 年，为开发建设都市，日本人在台中丰原的旧

① 谢静琪：《土地重划》第 4 页，五南图书出版公司，2007 年。

街市实施区划整理（类似于市地重划[①]），先后办理20处，面积4397公顷。

国民党迁台后，1954年颁布《实施都市平均地权条例》，要求都市土地举办“规定地价”[②]，土地所有权人自行申报地价，由直辖市、县（市）政府征收土地增值税。1958年，《实施都市平均地权条例》第一次修订，增订第35条有关市地重划的规定[③]；同年，为建设加工出口区，在高雄实施第一期市地重划，高雄市政府制定了《高雄市土地重划施行规程》作为其实施市地重划的细则。1964年台湾地区政府修订《平均地权条例台湾省施行细则》时，增订了市地重划相关条文。1977年将《实施都市平均地权条例》修订为《平均地权条例》，大幅扩充了市地重划内容。在《平均地权条例》第60条中，明确了市地重划的三条原则：一是按照收益比例共同负担基础设施建设费用；二是可以用土地折价抵付这一费用；三是折价抵付的比例不超过重划区总面积的40%。此后，台湾地区政府又先后制定了《市地重划实施办法》《奖励土地所有权人办理市地重划实施办法》等市地重划法令，建构了完整的市地重划制度。

台湾早期的市地重划主要是为了进行地籍整理[④]。通过市地重划，提高土地利用效率，解决土地因继承、买卖、分割等造成的细碎化问题，促进都市发展，并为国民住宅提供土地。此外，重划后的土地比较方正，可以消除地界纠纷，便于户政、地政、邮政等管理。

20世纪60年代，台湾经济快速发展，房价飞涨，地价也随之攀升，政府取得公共设施用地的难度越来越大。随着大量的公共设施保留地即将到期[⑤]，但政府财政无力负担公共设施保留地的征收补偿 。按照台湾地区的规定，计划征收的公共设施保留地逾期无法征收，即视为撤销征收。在此背景下，台湾地区政府于1986年6月修订《平均地权条例》第60条，强化了以市地重划取得公共设施用地的功能。具体而言包括如下：

---

① 中国台湾《土地法》将土地分为市地、农地及富源地三类。土地重划中根据土地性质的不同，分为市地重划和农地重划。21世纪初，台湾再将农地重划中分出农村社区土地重划。

② 规定地价是指按照法定程序规定每笔土地之地价。政府在办理第一次规定地价后，为使地价税之课征更为公平、合理，每三年（必要时得延长之）按地价涨跌重新办理规定地价，称为重新规定地价。

③ 1958年修订的《实施都市平均地权条例》第35条：直辖市及县（市）政府得视都市发展之需要，选择无建筑物地区，征得该地区私有土地全体所有权人三分之二而其所有土地面积亦超过重划区内土地总面积三分之二者之同意，举办土地重划；其重划区内，供公共使用之道路、沟渠、广场等所需土地，由该地区土地所有权人，按其土地受益比例共同负担。其余土地，依各宗土地原定地价数额，比例分配与原所有权人。

④ 谢静琪：《土地重划》第6页，五南图书出版公司，2007年。

⑤ 谢静琪：《土地重划》第11～12页，五南图书出版公司，2007年。

一是重划区内的土地所有权人按受益比例分摊的公共设施项目由原来的道路、沟渠、邻里公园、广场、零售市场5项增加到10项，即增加儿童游乐场、绿地、国民小学、国民中学及停车场5项；二是折价抵付共同负担的土地比例上限提高至45%；三是将此重划规定的效力限制在都市计划范围内，也就是说市地重划政策仅适用于都市土地。市地重划目的的转变，为改进城市基础设施，实施使用者付费原则，将基础设施建设成本内部化，促进住宅用地的利用，发挥土地的外部经济效益，发挥了重要作用。正因为此，政府在评价市地重划效果时，也以“无偿取得公共设施用地面积”、“节省政府建设经费”以及“提供建筑用地面积”三个维度来评价。

台湾地区的市地重划从单纯的地籍整理到地籍整理与配套必要的基础设施并重，最终演化成为政府取得公共设施用地的重要手段，是其经济发展及城市化进程引发的诱致性制度变迁的结果。市地重划本质上是一种自偿性的土地开发行为，用土地增值收益为基础设施建设融资，在实现城市更新的同时，有效保障原土地权利人的利益。就社会整体层面而言，市地重划不仅有利于健全地籍管理，消除地界纠纷，促进都市土地的利用，还可以有效地节约政府进行城市更新的资金，减轻政府的财政压力。就重划区的原土地权利人而言，经交换分合之后重新获得的地块面积虽有所缩小，但是由于基础设施更加完善，价值提升，原土地权利人的生活品质亦有所提升。

二、市地重划的做法与效果

1. 市地重划的类型

按照实施主体的不同，台湾的市地重划可分为三类：政府主管机关主动办理；土地所有权人申请、政府优先办理；土地所有权人自行组织重划会办理。

政府机关主动进行的市地重划，主要是为了建设新市镇、新社区或者改善旧都市区的基础设施条件。土地所有权人申请、政府优先办理的市地重划，要求人数和土地面积均超过半数以上，但是否办理，由政府权衡决定。在实践中，这一类的市地重划案例非常少。第三类最为普遍，为促进土地利用并扩大市地重划范围，台湾地区鼓励土地所有权人自行组织重划会办理市地重划，并给予一定的政策优惠，包括低息重划贷款、减免地籍整理费用、减免地价税与田赋，并优先建设重划区及其相关地区的基础设施。台湾地区于1981年完成了第一个自办市地重划项目。

2. 重划区的选定

重划区范围至少为一个街廓。所谓“街廓”，即重划区的四至都要临路。重划区的选定需要考虑以下因素：城市规划、土地所有权人的意愿、所在地区发展潜力、人口增长情形与建设用地需求量、重划区现状、重划后地价预期增长幅度以及财务平衡情况。

市地重划要求尽量与都市计划①保持一致，市地重划本身就是在执行都市计划，所以当重划区尚未编制细部规划（控制性详细规划）或细部规划要变更时，须先编制细部规划或完成细部规划变更以后，再实施市地重划方案。选定重划区后，重划区内的土地开发及交易即被禁止，期限最长可达一年半。

3. 公办市地重划的实施

选定重划区后，为防止土地投机，重划区内土地所有权人的土地开发与买卖行为即被禁止。此后，公办市地重划还要拟定重划计划书、权属调查与地价评估、计算负担及土地分配、拆迁补偿及工程施工、公告通知与异议处理、地籍整理、交接与清偿、财务结算等程序，其核心是计算负担与土地分配设计。一般来讲，公办市地重划项目自选定重划区到重划完成，需要两到三年时间。

（1）权属调查与地价评估。地价评估关乎土地所有权人的切身利益。因此，在调查中对各宗土地的位置、地势、交通、周边土地的当期交易价格等，都要进行详尽的调查，一宗一宗评估。但是重划以后的地价，则是综合考虑重划区内的各种因素后做统一的评定。

（2）计算负担、土地再分配。市地重划旨在由重划区内的土地所有权人按受益比例共同负担基础设施用地及相关费用。台湾在市地重划过程中，重划区内的公共道路、沟渠、邻里公园、儿童游乐场、广场、绿地、国民小学、国民中学、停车场、零售市场10项用地，除以原公有道路、沟渠、河川及未登记地4项土地折抵以外，不足的部分及工程费用等由土地所有权人按照受益比例分担，一般以重划区内的土地折价抵付，或以现金缴纳。逾期不缴纳，则交由法院强制执行。

折价抵付的土地总面积一般不超过重划区面积的45%，但经重划区内土地所有权人半数以上且其土地面积亦超过半数者同意，公共设施用地的比例可以更高。所谓重划负担比例不得超过45%，也是指重划区平均负担比例，个别土地所有权人负担可能超

① 中国台湾所谓的“都市计划”，即为内地所讲的“城市规划”。

过 45%。

重划区内土地扣除折价抵付部分后，其余土地仍依各宗土地地价数额比例分配给原土地所有权人。分配土地时，如因未达到最小分配面积标准而不能分配土地者，可以获得货币补偿。实际分配面积大于应分配面积者，要缴纳差额地价，实际分配面积小于应分配面积者，可获得差额补偿。差额地价的补缴具有强制性，不缴纳差额地价的土地不能进行交易。

原有土地进行分合交换按以下四项原则分配。

一是最小分配面积标准原则。重划后的土地会设定一个最小分配面积标准，由主管机关根据各街区土地使用情况规定，但不得小于畸零地使用规则及都市计划书所规定的宽度、深度及面积。同一土地所有权人在重划区内所有土地面积总和未达到重划区内最小分配面积 1/2 者，土地所有权人可申请和其他土地所有权人合并分配，或申请现金补偿，已经达到 1/2 者，可按照地价较低街区的最小分配面积分配或者经主管机关协调分配。

二是土地原位次分配原则。重划后土地分配位置应尽量与原土地位置相同，即所谓原位次分配原则。重划前已有的合法建筑物，不妨碍城市规划、重划工程及土地分配者，按原有位置分配。重划区内都市计划公共设施用地，除道路、沟渠用地以外，在重划前业已经主管机关核准兴建者，应仍分配给原土地所有权人。

三是共有土地分配原则。由数个土地所有权人共有的土地，共有人应得份额达到最小分配面积者，经共有人半数以上及其应得份额过半数以上或应得份额大于2/3以上者同意，可以分配为单独所有，应得份额不足最小分配面积者，除了通知土地所有权人合并分配外，应以货币方式补偿或仍分配为共有。

四是抵费地处理原则。重划完成后，要对重划区内的抵费地加以处分。抵费地除了按底价（基准价）划拨为国民住宅用地、公共事业用地以外，其余部分按底价公开标售，若经两次公开标售仍无法售出，则在不影响重划区财务平衡的原则下，降低底价再次公开标售或者招租、招标设定地上权。标售、让售底价不得低于各宗土地评定的重划后地价。销售所得价款除了抵付重划的费用以外，剩余部分留供重划区后续管理、维护及扩充平均地权基金，两者各占 50%。重划区后续公共设施建设、管理与维护不足的部分，由平均地权基金补贴。

4. 自办市地重划的实施

（1）自办市地重划的条件。首先，只有都市计划范围内的住宅区和商业区可以自办市地重划，工业区及非都市土地不能自办。自办市地重划的范围亦不能小于一个街区，面积一般在10公顷以内，以2～3公顷为主，核定边界所遵循的原则与公办市地重划相同。土地所有权人需在两人及以上，所有权人仅有一人者不得办理。自办市地重划公共设施负担用地须达到15%，也就是说，扣除原公有道路、沟渠、河川用地及未登记地抵充部分后，新增的公共设施用地需达到重划区面积的15%。此外，重划区内私有土地所有权人数及其所有面积半数以上同意，方可举办。

自办市地重划通常有以下三种类型。

一是整体开发地区，多是因都市计划变更而来。变更前为农业区或保护区或工业区或公共设施用地，变更后为住宅区或商业区，这样的地区需要完成市地重划以后土地所有权人才可以进行房地产开发。因此，整体开发地区是自办市地重划的主要构成部分。

二是公共设施未开发地区。这类地区早期（大约在1980年代以前）即规划为住宅区或商业区，但一直未有公共设施配套，难以开发建设，土地所有权人为尽快进行开发，主动自行办理市地重划。

三是大规模建筑地区。实践中，多为房地产公司开发某一地区时以自办市地重划的形式配套基础设施建设。

（2）相关利益主体。重划会是自办市地重划的主体，包括会员大会、理事会和监事会，重划会一般设在重划公司内。会员大会是重划会的最高决策机关，由全体土地所有权人组成，理事会是执行机关，监事会履行监督职责。

理论上讲，任何具有一定资金能力的土地所有权人均可自办市地重划，但实践中，往往是一位或少数几位资金雄厚的土地所有权人主导着整个自办市地重划的过程。重划公司负责整个自办市地重划的进行，提供重划的资金、技术以及征求土地所有权人的同意等，自办市地重划可视为重划公司的投资行为。

（3）政府的奖励措施。政府为鼓励市地重划，在作业费、工程费及税费方面均有一定的优惠。作业费主要是指相关地籍图纸及证书的费用减免，自办市地重划项目的公共设施由地方政府相关主管机关在重划工程施工时完成。税费减免包括地价税与田赋以及土地增值税。土地所有权人依法负担的公共设施用地及抵费地的增值税全免，重划区内未达到最小分配面积而领取差额地价的土地所有权人的土地增值税亦全免。

（4）实施程序。自办市地重划的实施程序与公办市地重划类似，但由于其实施主体是土地所有权人发起成立的重划会或其委托的重划公司，在个别环节存在一定的差别。

首先，在重划发起阶段，要成立筹备会。根据台湾《奖励土地所有权人办理市地重划实施办法》第8条规定，“自办市地重划应由土地所有权人过半数或七人以上发起成立筹备会”，筹备会负责向主管机关提出自办市地重划的申请并按要求提供相关的材料。

其次，在选定重划区并征得土地所有权人同意以后，要成立重划会。由重划会组织进行权属调查与地价评估、计算负担与土地分配设计等。重划会在进行地价评估时，应委托专门的不动产估价师办理。

重划完成以后重划会即可申请解散。

（5）市地重划的效果。根据中国台湾“内政部”的相关统计资料，从1958年高雄市实施光复后首例市地重划项目以来，截至2013年底，台湾地区市地重划总规模为15626.85公顷（表1）。其中，公办市地重划规模为12887.04公顷，比重为82.47%；自办市地重划规模为2739.81公顷，比重为17.53%。较之自办市地重划，公办市地重划的总体规模及单个重划区的规模都要大得多。

公办市地重划中，建筑用地8253.2公顷，占比64.04%；交通水利用地2461.3公顷，占比19.10%；公园315.87公顷，占比2.45%；其他用地1856.67公顷，占比14.41%。

自办市地重划中，建筑用地1831.3公顷，占比66.84%；交通水利用地567.8公顷，占比20.72%；公园82.16公顷，占比3.00%；其他用地258.55公顷，占比9.44%。

表1　　台湾市地重划规模及用地类型（1958~2013年）　　单位：公顷

用地类型	公办		自办		总计	
	面积	比例	面积	比例	面积	比例
建筑	8253.2	64.04%	1831.3	66.84%	10084.5	64.53%
交通水利	2461.3	19.1%	567.8	20.72%	3029.1	19.38%
公园	315.87	2.45%	82.16	3%	398.03	2.55%
其他	1856.67	14.41%	258.55	9.44%	2115.22	13.54%
总计	12887.04	100%	2739.81	100%	15626.85	100%

数据来源：中国台湾“内政部”内政统计资料 http://statis.moi.gov.tw/micst/stmain.jsp?sys=100。

三、对大陆的借鉴作用

伴随快速的城市扩张，大陆地区许多城市已无法继续推行征地扩增土地模式。这些城市占用大量耕地，带来区域环境恶化、城市存量土地利用低效等问题，妨碍产业升级和城市质量提升。另一方面，无论是新增土地还是存量土地的征收，随着农民权利意识提高和土地成本上升，继续沿袭征地城市化模式，已面临征地拆迁成本攀升和政府资金难以平衡的严峻挑战，尤其是在城市更新和城乡结合部地区的改造中，必须寻求新的城市发展模式。台湾地区的市地重划做法为大陆许多城市的更新改造、产业升级和城市质量提升提供了有益的借鉴。

我们建议，在正在推进的新型城镇化试点城市，可以进行以下探索。

一是可以选取若干城乡结合部地区和城市更新区，制定《城市更新与市地重划试点办法》，对城中村和城乡结合部地区的集体存量建设用地在不改变集体所有权主体下，通过土地的重新分担，寻求资金平衡，既解决城市更新资金来源，又保障农民土地利益的分享，实现城市发展与农民利益增加的双赢。

二是探索多主体城市更新改造模式。传统的城市建设模式就是城市政府和开发商两个主体，原土地所有权人被排斥在外。不仅滋生土地腐败、群体事件，而且诱发农民与集体组织共谋抬高拆迁补偿费，加大城市化成本。台湾地区自办市地重划的经验表明，只要制度细化，规划到位，土地重划与资金平衡精细，由农民作为城市更新的主体，更有利于推动城市更新，既保障了农民利益，也避免了政府介入过深，陷入利益漩涡。

我国台湾地区农民合作的做法与启示

刘守英　王瑞民

“二战”后，我国台湾地区在农业上取得的绩效成为其经济起飞的基石，农会制度功不可没。农会是台湾地区历史最悠久、组织最庞大、会员人数最众多的综合性农民组织，兼具经济、政治、社会、教育等组织功能。农会深入基层社会，一直扮演着政府与农民之间的桥梁角色：政府通过农会推广农业技术、改善农民生活、发展农村经济。

一、台湾地区农会的历史演变与主要特征

1. 历史演变

台湾地区农会在发展过程中，先后受到日本的“产业组合”、美国的民主制衡与权责划分制度以及国民党大陆时期农会作为“职业团体”三种不同理念的交织影响。

1900 年，台北县三角涌（今三峡镇）的佃农自发组织了台湾地区第一个农会，以“确保耕作权与减租”为目标①。1909 年日本政府将各地相继成立的 16 所农会改组为台北、宜兰等 12 所厅农会，农会获得法人地位。1937 年“七七事变”以后，日本为加强对台湾的控制，颁布《台湾农会令》，成立省级农会，各地的县级独立农会变成了省农会的二级单位，县以下在郡②设分会，街庄设地方委员，负责具体业务与联络等事宜。太平洋战争爆发后，又将各地的各类农民组织改组合并，原县和乡的农会、畜牧会、产业组合及其联合会、农机制造会社的贩卖部、食粮协会整合为一元化的省、县、乡镇三

① 张炳南：《台湾农会之研究》，第 2～6 页，中国文化学院农业研究所，1965 年。

② 郡为日据时期介于州厅与街庄之间的行政层级，大致相当于乡镇。

级制农业会，各级农业会的正副会长由各级政府一把手兼任、理事由会长推荐后再由政府任命，只有监事由各级代表大会选任，农业会变为准政府机构。

1945 年台湾光复，农业会由台湾行政长官公署农林处接收，继而进行改组，不久改称农会，同年 10 月，成立合作金库。按照当时大陆地区农会与合作社分立的惯例，新农会分成了农会与合作社两个独立的系统，以“农会政治、合作社经济”为原则，各级农会的经济与金融业务划归合作事业管理委员会。但是，在日常运营过程中，农会与合作社的业务多有重复，冲突不断①。1949 年 7 月，农会与合作社再度合并。

国民党迁台后，开展土地改革，发展农民合作。1949 年起推行“三七五减租”、实施“公地放领”，并于 1953 年实施“耕者有其田”政策。台湾地区农会历经数次改组与合并，成员构成极为复杂，公务员、地主、商人、工人、农民混杂，农会为非农民把持。农会颁布的相关措施与农民的需求不符，权责合一的理事长制弊端层出不穷，340 个农会中有 190 个亏损。1950 年，美国康奈尔大学安德生（W. A. Anderson）教授赴台考察农业，完成《台湾之农会》研究报告，建议清理会员资格、引进民主制衡原理并建立权责划分的组织运作制度。按照安德生的建议，台湾地区农会再次进行改组。改组后，农会会员分为正式会员与赞助会员两类，农业收入占其个人收入 50% 以上者方可成为正式会员，正式会员有选举权与被选举权，每户以一人为限，其余为赞助会员，赞助会员仅可当选监事，且监事中的赞助会员不得超过监事总数的 1/3，除此之外，赞助会员无其他选举权与被选举权。

1974 年修订《农会法》，台湾地区政府废止了农会依合作原理建立的股金制度，原有的股金改为事业资金，将源自国民党大陆时期的“农会为职业团体”的属性渗透到台湾地区农会之中②。

2. 主要特征

历经 100 多年的演变，台湾地区的农会组织呈现出以下特征。

第一，多功能目标特性。农会兼具经济、政治、社会、教育功能。三级农会均采取综合经营的模式，与日本农协“基层（市町村）综合经营、上层（都道府县）专业经营”的模式有所不同。

---

① 胡胜光、廖朝贵、颜建贤：《台湾农会史》（下），第 8 页，“中华民国”农民团体干部联合训练协会。

② 郭敏学：《多目标功能的台湾农会》，第 33 页，台湾商务印书馆，1976 年。

第二，实行权责划分制。农会的决策权、行政权与监督权分立。会员代表大会为农会的最高决策机构，并在会员代表大会选举理事和监事。理事会决定农会的运营管理，聘任总干事一人，为农会执行首长，负责处理农会的各种业务与人事任免，并执行理事会的决议事项，向理事会负责。监事会则负责监督农会的运营。

第三，职业团体属性。农会是公益社团法人，其宗旨是保障农民权益、提高农民知识技能、促进农业现代化、增加生产收益、改善农民生活、发展农村经济。农会的公益性目标有别于股金制的逐利性，职业团体属性使其能够更好、更全面地服务于农业、农村和农民。

第四，政府政策的执行者。农会是政府与农民之间的桥梁，建立了与各级行政层级相对应的组织体系，并以行政区域为其组织区域，开展的业务中 2/3 以上为政府交办或委办业务，成为政府在推动与实施农业政策时不可或缺的机构。

二、农会的组织框架

1. 农会的组织

从农会的组织来看，目前实行三级制①，分别为“全国”农会②、县（市）农会及直辖市农会、乡（镇、市、区）农会，“全国”农会设总干事。根据《农会法》第 8 条规定，“乡（镇、市、区）内具有农会会员资格满五十人时，得发起组织基层农会。乡（镇、市、区）农会成立三个以上或经中央主管机关之核准，得组织上级农会”。下级农会是上级农会的会员，并接受上级农会的指导。各级农会的会址位于各级政府及乡、镇（市）、区公所所在地。乡镇农会为各级农会中最重要的一环，县市级以上农会以监督指导和技术协助为主。乡（镇、市、区）农会以下设立农事小组，作为农业推广的基层单位。

2. 会员、理监事与职员

农会的会员资格以“实际从事农业”为中心，农民、农业推广技术员或者服务于农

① 1974 年修订的《农会法》规定，允许农会采取弹性体制，主管机关可视情况将市区、山地或运转不良的农会调整为二级制。

② 2012 年 1 月 29 日《农会法》修订后，2013 年 4 月 18 日省农会、直辖市农会与县（市）农会合并组建“全国”农会。

业的职员均可成为农会会员。各级农会会员代表中，自耕农、佃农和雇农的比例不能低于2/3。其他人员或组织可依照相关规定加入当地农会并成为赞助会员。截至2013年底，农会共有个人会员193.9万，其中，普通会员104.7万人，占比54%；赞助会员89.2万，占比46%。普通会员中，自耕农94.5万，佃农5.1万，雇农4.8万。另台湾地区农会有团体会员1449个，普通团体会员301个，团体赞助会员1148个。如表1所示。

表1　　台湾地区农会会员构成（2013年）

类　型	个人会员		团体会员	
普通会员	总计1046654人		301个	
	自耕农	944899人		
	佃农	50590人		
	雇农	48369人		
	农校毕业生	1114人		
	农林牧场职工	1682人		
赞助会员	892397人		农业合作组织	100个
			公司行号/工厂	1408个
合　计	1939051人		1809个	

数据来源：台湾地区农会2014年年报（http：//www. farmer. org. tw/basic_ report. aspx），下同。

从会员构成的变化（图1）来看，2004～2013年，个人会员总体规模基本保持稳定，但普通会员比重稍有所上升；团体会员总体呈增加趋势，但主要是赞助会员增加所引致的。

《农会法》对各级农会的理事、监事的相关资格条件也做出了规定。一是入会期限的限制，需满两年以上。二是学历与任职经历的限制，需国民中学毕业或者国民小学毕业且担任过农会理事、监事、会员代表、总干事、农事小组组长、副组长一任以上。各级理事和监事中，自耕农、佃农和雇农的比例不能低于2/3。此外，农会的理事和监事不得兼任农会的聘、雇职位。从对会员代表和各级理事、监事的资格要求上，保障了农会中农民的主体地位。

农会的总干事、各部门主管、事务及技术人员为农会的业务人员，经营农会的各种业务，向农会支取薪酬。农会的总干事与聘任或雇佣人员均为专职，不得从事其他工商

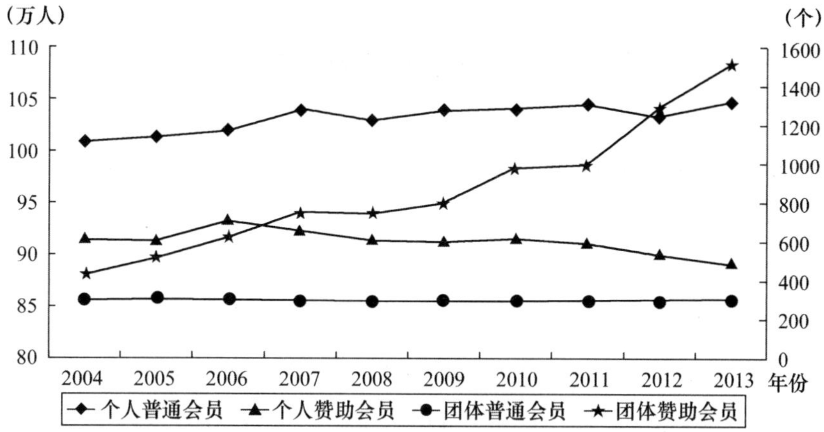

图1　台湾地区农会会员构成变化（2004～2013年）

业或者在其他团体任职，也不得担任各级民意代表，如竞选公职，一经当选就职，视为辞职，农会将其自动解聘。

3. 经费来源

农会的经费由入会费、常年会费、事业资金、农业推广经费募集收入、农业金融机构补助、政府补助费、农会各种事业盈余及政府委托事业划拨收入八大类构成。

入会费为会员入会时一次性缴纳，由会员代表大会决定，常年会费也由会员代表大会决定，且下级农会应将常年会费的20%上缴至上级农会。事业资金限于举办各种事业。农业推广筹集收入源于日据时期的地税及对家畜征收的农会会费，后改“政府”强制代征为农会自主募集，各乡镇农会根据农户的种植面积和家畜饲养规模进行募集，募集收入乡镇农会得80%，县市农会得15%，省（全台湾）农会得5%。《农会法》第38条规定，各级农业金融机构[①]需要将不少于其年纯利润的10%拨出，作为各级农会指导或者进行农业推广的经费。农会的业务盈余以及办理政府委托业务的收入也是农会的重要资金来源。农会的盈余中，公积金占比15%，不得用于分配；公益金占比5%，用于地方公益事业；农业推广与文化、福利事业的占比不得低于62%；各级农会间有关推广、互助及训练经费8%；各级理事、监事以及聘用的职员的薪酬不得超过10%。农会经济事业、金融事业、保险事业以及农业推广事业的会计人员相互独立，从制度上保障了其经费使用的透明性。

① 包括合作金库、台湾土地银行以及中国农民银行。

三、农会的主要职能

农会将处于弱势的农民联合起来，以集体的力量争取在市场中的平等交易地位并增加其经济效益①。

根据《农会法》的相关规定，农会的业务范围十分广泛，包括保障农民权益、传播农业法令及调节农事纠纷，改良农田水利、水土保持、森林培育，良种及肥料推广，指导农业生产、农业机械化与提高劳动效率，指导并推行共同经营、委托经营、家庭农场发展及代耕业务，农产品运销与农资、日用品供应，农业仓库，会员金融，农业、农民保险与农舍建设，农村合作与社会服务事业，倡导农村副业与农村工业，改善农地利用，农业病虫害防治，农村旅游等 21 项。加以整合以后，可分为以下四大块。

1. 经济事业

台湾地区农会的经济事业主要包括政府委托、会员共同利用、供销、运销、市场及服务业六大块，如表 2 所示。2013 年农会经济业务收入 796843 万元②，其中：政府委托业务手续费收入 45753 万元，会员共同利用业务收入 48896 万元，供销业务利润 200107 万元，运销业务手续费收入 122979 万元，市场业务收入 82541 万元，服务业收入 263927 万元，其他收入 32640 万元。

表 2　　农会的经济事业（2013 年）

<table>
<tr><td rowspan="7">政府委托业务</td><td rowspan="2">代管物资</td><td>经收稻谷</td><td>656497 吨</td></tr>
<tr><td colspan="2">配销肥料</td></tr>
<tr><td rowspan="2">代购物资</td><td>稻谷</td><td>103569 吨</td></tr>
<tr><td>杂粮</td><td>26848 吨</td></tr>
<tr><td>代销物资</td><td colspan="2">食盐</td></tr>
<tr><td rowspan="2">委托加工</td><td>稻谷碾糙米</td><td>153285 吨</td></tr>
<tr><td>糙米碾白米</td><td>43470 吨</td></tr>
</table>

① 郭敏学：《合作化的台湾农会体制》，第 2 页，台湾商务印书馆，1981 年。

② 新台币，下同。

续表

会员共同利用业务	农仓业务	稻谷	59412 吨
		冷藏库服务	7400 吨
	加工利用业务	稻谷	126964 吨
		糙米	14255 吨
		其他	68559 吨
供销业务	门市部	308 处	利润 79546 万元
	超市	100 处	利润 61486 万元
	调配处理中心	11 处	利润 13123 万元
	农民购物中心	154 处	利润 45952 万元
运销业务	毛猪	3486456 头	手续费 122979 万元
	果菜	6449251 吨	
	花卉	8799189 支	
	一般稻谷运销	121417 吨	
	军队营养午餐副食供应	74778 万元	
市场业务	果菜市场	4544562 吨	管理费 26369 万元
	花卉市场	779332 支	管理费 5278 万元
	家畜市场	2327230 头	管理费 35657 万元
	其他收入	15237 万元	
服务业	医疗收入	36698 万元	
	休闲农场收入	34526 万元	
	加油站收入	121008 万元	
	农业旅游	3596 万元	
	其他	68099 万元	
其他	收入 32640 万元		

2. 金融事业

农会信用部存款与放款程序简单、收益比较稳定，受到农民欢迎。但 1974 年新《农会法》颁布以前，农会信用部的存、放款业务并没有相应的法律依据。新《农会法》第 4 条明确规定农会可办理会员金融业务，亦可接受非会员存款。此外，由于台湾合作金库与土地银行等金融机构在部分乡镇没有分支机构，相应的贷款通过农会信用部贷出。20 世纪 90 年代中期以后的金融自由化对农会信用部造成了巨大冲击，部分农会的信用部被政府强制规定由相关银行接管。

截至 2013 年底，台湾各级农会中，设立信用部的 590 家，未设立信用部的 23 家，另有纯信用部分部 227 家。农会信用部存款总额 15969.9 亿元，放款 8609.6 亿元，代理业务手续费 79628 万元，保险箱租金收入 8532 万元，如表 3 所示。

表 3　农会的金融事业（2013 年）

存款业务	总计 159699061 万元	金　额	比　重
	会员	68067005 万元	42.6%
	赞助会员	31618721 万元	19.8%
	内部存款	2528642 万元	1.6%
	其他（含公库存款）	57484693 万元	36.0%
放款业务	总　计	86095728 万元	100.0%
	会　员	25970813 万元	30.2%
	赞助会员	25580601 万元	29.7%
	非会员	32949554 万元	38.3%
	政府部门	1261698 万元	1.5%
	经济部门（内部借款）	333062 万元	0.4%
代理业务	代售有价证券		
	代办统一发票	11432877 本	
	代办通汇	9713772 件	
	代收/代付票据	4028275 件	
	代售印花		
	代收石油款	27666 万元	
	代收烟酒款	150038 万元	
	其他代收款	3082544 万元	
	代办保险	40613 万元	
保险箱事务	租金收入	8532 万元	

3. 保险事业

农会如代办农业保险或者农民保险业务，需要设立相应的保险部。农会代办的保险种类主要有家畜保险、农民健康保险、全民健康保险和老年农民福利津贴四类，如表 4 所示。

表 4　　农会的保险业务（2013 年）

家畜保险	一般保险	承保 6297965 头	保费收入 31507 万元
		死亡 1184755 头	赔偿 21855 万元
	运输伤亡保险	承保 1574253 头	保费收入 5779 万元
		死亡 22943 头	赔偿 2739 万元
农民健康保险	参保人数	会员 740937 人	非会员 683980 人
	生育给付	4315 人	9137 万元
	丧葬及残疾补助	41216 人	654280 万元
全民健康保险	本　人	735387 人	687023 人
	眷　属	297445 人	360801 人
老年农民福利津贴	参保人数	会员 376936 人	非会员 286059 人

4. 农业推广

农业推广主要包括农村社会事务和推广教育两大类，如表 5 所示。具体来看，农村社会事务涵盖农村文化福利、代耕、育苗、康乐活动、专案等，例如，2013 年农会代耕了 19.6 万公顷土地；推广教育则由农事推广、四健①推广、家政推广及推广指导方法组成。农会用于农业推广的经费主要由政府补助、农会盈余提取以及向会员募集。

农会作为政府与农民的中介，进行农业推广的突出优势是信息成本低，推广效率高。农会是农民自己的组织，推广人员由农会聘任，与农民相互熟识，对农民的实际需求较为了解，农业推广针对性强。

表 5　　农会的农业推广业务（2013 年）

农村社会事务	农村文化福利	托儿所	216 班	4304 人
		农村副业技能训练	1595 班	39206 人
		奖学金	34993 万元	50422 人
		代书服务	117881 件	
		其他福利设施与文化服务	12048 次	576945 人
	代耕服务	195943 公顷		
	育苗中心	166 处		26700 公顷

① 四健源于美国的农业推广体系，主要针对农村青少年，强调手脑并用，全面发展，分别指健全头脑（Head）、健全心胸（Heart）、健全双手（Hands）、健全身体（Health）。

续表

农村社会事务	康乐活动		2022 次	478623 人
	专案	农民第二专长训练	362 人次	
		农村青年创业训练	1597 人次	
推广教育	农事推广	举办村里数	8315	
		产销班	15419 班	331285 人
		示范农家数	5153	
		事业费	36918 万元	
	四健推广	举办村里数	13475	
		四健会	5406 作业组	167632 会员
		业务指导员	13679 人	
		事业费	4747 万元	
	家政推广	举办村里数	8329	
		家政班	10445 班	263044 人
		业务指导员	9763	
		事业费	8594 万元	
	推广指导方法	农家访问	593755	
		集会	40651 次	1399705 人次
		方法示范	6551 次	270538 人次
		新闻报道或广播	12751 次	
		展览或展示	4848 次	3375984 人
		经验发表及鉴别比赛	1411 次	77573 人
		讲习训练	12447 次	567370 人
		观摩研习	3360 次	189832 人
		竞赛活动	1614 次	135999 人

四、台湾地区农会对大陆农民合作的启示

台湾地区农会在连接政府与农民、组织农民合作、服务农业与农村发展方面，都积累了宝贵的经验，值得借鉴。

第一，农会是确保农民主体地位的组织。一方面，台湾地区通过立法的形式，确保

农会是农民的组织。如前所述，按照《农会法》的规定，农会各级代表和各级理事、监事中，农民的比例都不低于2/3，农民享有充分的自治权和发言权，确保农会制定的各项政策与措施符合农民的实际利益并在必要的时候做出及时调整。另一方面，农户规模小、单家独户经济力量单薄，台湾依托农会将农民组织起来，形成合力，提高市场谈判地位，保障农民利益。

第二，农会、专业合作与信用合作三位一体。台湾经历过农会、合作社与信用部的分分合合，最后证明三者缺一不可。没有农会组织，合作社没有组织合作的内在需求；没有信用合作，农会缺乏经济实力，难以长期维持。台湾的经验表明，信用部一直是农会的核心部门。农业的天然弱质性以及自然、市场和政策三方面的风险使得农民较难获得商业化的金融服务。农会通过会员之间的信用合作，并吸纳非会员的存款，有效地为农民的生产和生活进行了资金融通，促进了农业增产和农民增收，并实现了农会自身的发展。

第三，农会是实施政府政策目标的工具。在台湾，农会不仅仅是一个农业组织，更是一个农村组织。农会的职能丰富多样，政治、经济、社会、教育，涉及农民生活的方方面面，农会成为农民生活的重要组成部分。特别是在城市化与工业化进程中，农民在总人口中的比例下降，农户兼业化的比重也不断上升，农会的社会与教育职能就显得尤为重要。在农业和农村发展中，政府农业政策工具的使用非常重要。这些政策如果都由政府部门实施，不仅效率低，而且可持续性不足。台湾地区政府大多数农村政策经由农会实施，起到了政府与农民之间的桥梁作用。